高等职业教育铁道工程类专业经典系列教材

# 桥隧维修与养护
# （第二版）

王淑媛　梁淑影　主　编
高生伟　主　审

中国铁道出版社有限公司

2025年·北　京

## 内 容 简 介

本书为高等职业教育铁道工程类专业经典系列教材之一，共分为六个单元。单元一主要介绍桥隧维修与养护的基本知识；单元二主要介绍桥梁病害检测维修与养护；单元三主要介绍涵洞的维修与养护；单元四主要介绍隧道的维修与养护；单元五主要介绍路基的维修与养护；单元六主要介绍桥隧维修与养护的标准。

本书可作为高等职业院校铁道工程类专业教材，也可作为相关专业桥隧课程的教材，还可作为现场桥隧维修人员的学习参考书。

**图书在版编目(CIP)数据**

桥隧维修与养护 / 王淑媛，梁淑影主编. — 2 版. 北京 ：中国铁道出版社有限公司，2025. 4.（2025. 7 重印）—（高等职业教育铁道工程类专业经典系列教材）（“十四五”职业教育国家规划教材）. — ISBN 978-7-113-31710-2

Ⅰ. U448.135.7；U459.1

中国国家版本馆 CIP 数据核字第 20240G4S18 号

**书　　名：桥隧维修与养护**
**作　　者：**王淑媛　梁淑影

**责任编辑：**陈美玲　　**编辑部电话：**(010)51873240　　**电子邮箱：**992462528@qq.com
**封面设计：**刘　莎
**责任校对：**刘　畅
**责任印制：**高春晓

**出版发行：**中国铁道出版社有限公司（100054，北京市西城区右安门西街 8 号）
**网　　址：**https://www.tdpress.com
**印　　刷：**北京铭成印刷有限公司
**版　　次：**2020 年 8 月第 1 版　2025 年 4 月第 2 版　2025 年 7 月第 2 次印刷
**开　　本：**787 mm×1 092 mm　1/16　**印张：**14　**字数：**358 千
**书　　号：**ISBN 978-7-113-31710-2
**定　　价：**45.00 元

# 第二版前言

2020年8月《桥隧维修与养护》出版以后，被全国多所高职院校选用，获得了广大师生的认可。2023年7月入选"十四五"职业教育国家规划教材，为了能更好利用现代化的学习手段，适应桥隧维护新技术的更新，作者积极对《桥隧维修与养护》进行了修订，形成了本教材。修订后的教材在内容上积极贯彻习近平新时代中国特色社会主义思想和其关于教育的重要论述，融入了相关思政元素，同时为满足"高铁路桥隧设备构造与维护"课程教学的需求，适当增加了路基的维修与养护的相关内容，引入桥隧维护发展所需要的新知识、新技术、新工艺和新方法，更新教材相关内容，突出对学生专业核心职业岗位技能的培养；同时融入桥隧工"1+X"职业技能等级认证的内容，使教材达到"岗、课、赛、证"相互融合的效果。

与第一版相比，本次修订具体做了以下工作：第一，对单元顺序及内容做出了适量调整。在保持教材整体结构和编写风格不变的基础上，新增了路基的维修与养护内容。第二，在本教材的单元目标中增加了具体素质目标的相关内容。第三，对教材相关资源做了补充和更新，提高教材信息化程度。其中，对新技术、新方法等内容，采用视频的形式呈现，扫描相应二维码即可获取。另外，对习题做了补充和完善，新增了选择题和填空题等，为教材配套了完整课件，确保教材更加适合学生学习。在修订的过程中，将爱岗敬业、工匠精神、创新精神等职业素养融入课程内容，帮助学生树立正确的人生观、价值观。

本次修订由哈尔滨铁道职业技术学院王淑媛和黑龙江交通职业技术学院梁淑影担任主编，中铁三局集团有限公司工程管理部高生伟担任主审。具体编写分工如下：哈尔滨铁道职业技术学院舒展负责编写单元一和单元二学习项目一～学习项目四，哈尔滨铁道职业技术学院马嘉优负责编写单元二学习项目五，哈尔滨铁道职业技术学院侯屹峰负责编写单元二学习项目六～学习项目八，王淑媛负责编写单元三，梁淑影负责编写单元四，哈尔滨铁道职业技术学院陈亚男负责编写单元五，哈尔滨铁道职业技术学院孟朝龙负责编写单元六，黑龙江省龙建路桥第六工程有限公司魏国峰负责编写各单元作业。哈尔滨铁道职业技术学院张凤阳、刘畅、徐京达参与了本书视频制作。

在编写本教材的过程中，我们参考了大量的文献资料，在此表示诚挚的谢意！由于编者水平有限，书中难免存在疏漏，敬请读者批评指正。

编　者

2025年2月

# 第一版前言

本书贴近职业教育的特点和内容，以实用、实际、实效为原则，培养面向铁路桥隧施工、维护一线岗位的高素质技能型人才为目标，采用了行业最新规范，适应当前铁路维护岗位的需求。

本书共分为5个单元，主要内容包括：桥隧维修与养护的基本内容和方法、桥梁材料性能和工程制品的检测、桥梁检查、桥梁荷载试验、桥梁上部结构的维修、桥梁支座的维修、桥梁下部结构的维修、桥梁的养护、涵洞的常见病害维修与养护、隧道的常见病害维修与养护和桥隧维修与保养质量评定的规定。本书在编写过程中依据《普速铁路桥隧建筑物修理规则》（TG/GW 103—2018）等最新规范，考虑了桥隧建筑物养护、检查、维修专业人员应具备的专业知识和职业技能要求。为了帮助学生扩展相关知识，还编写了知识拓展，且每个单元都附有思考题。

本书由哈尔滨铁道职业技术学院王淑媛和齐齐哈尔市公路管理处王鑫担任主编，哈尔滨铁道职业技术学院舒展担任副主编，中铁三局集团有限公司工程管理部高生伟担任主审。具体编写分工如下：舒展负责编写单元一和单元二项目一～项目四，黑龙江交通职业技术学院梁淑影编写第二单元项目五，辽宁铁道职业技术学院李福林编写第二单元项目六和项目八，辽宁铁道职业技术学院王华编写第二单元项目七，王淑媛负责编写第三单元，王鑫负责编写第四单元，哈尔滨铁道职业技术学院孟朝龙负责编写第五单元，黑龙江省龙建路桥第六工程有限公司魏国峰负责编写各单元作业及实作技能。

本书在编写过程中，得到了哈尔滨铁道职业技术学院、黑龙江交通职业技术学院、齐齐哈尔市公路管理处、中铁三局集团有限公司同仁们的大力支持和帮助，在此深表感谢。

由于编者时间仓促，水平有限，本书还存在不足，谨请各位读者批评和指正。

编　者

2020年6月

# 目录

# 单元一　桥隧维修与养护的基本知识

## 学习导读

桥梁和隧道是铁路工务设备中永久性的大型结构物，也是铁路行车设施的重要组成部分和确保铁路运输安全畅通的关键设备，具有结构复杂、技术性强、修建困难、造价较高的特点。一旦损坏，轻则限速减载，重则中断行车。

我国铁路桥梁和隧道自修建铁路以来，由于建造年代不同、技术标准不一和设计施工中的局限性，存在着许多问题。随着我国国民经济建设的持续发展，铁路运输强度的不断增长，为适应列车提速、重载运输的需要，桥梁和隧道必须具有更好的承载、抗灾能力和安全可靠度，这对桥隧养护部门提出了更高的要求。因此，做好桥隧养护工作，对于确保铁路运输安全，促进我国经济建设的发展，具有十分重要的意义。

本单元主要介绍桥隧检测的基本内容、桥隧维修与养护的基本内容与分类，了解桥隧维修与养护的意义。

## 能力目标

1. 具备桥隧具体检查工作的能力；
2. 具备桥隧维修养护工作评定等级的能力。

## 知识目标

1. 掌握桥隧维修工作的管理；
2. 熟悉桥隧维修与养护的基本内容与分类；
3. 了解我国桥隧病害的现状。

## 素质目标

1. 培养良好的职业道德和吃苦耐劳的优良品质；
2. 培养分析问题、解决问题、积极思考和勇于创新的能力；
3. 培养知识收集、分析总结等信息处理能力。

## 学习项目一　桥隧维修与养护的基本理论

### 一、国内外桥隧病害的现状

(一)铁路桥梁病害

铁路是我国综合立体交通网的骨干，对社会经济的发展以及稳定有一定的影响。铁路桥梁作为铁路系统的一个重要组成部分，其发展分为以下几个时期：第一阶段，19世纪中期到末期，铁路桥梁的修建阶段，材料多以钢材为主，而且很少涉及深水基础；第二阶段，20世纪初期到末期，钢桥的发展突飞猛进，钢筋混凝土材料的桥梁慢慢崛起，这个时期桥型多以拱桥为主，此时已开始用沉箱和沉井做深水基础；第三阶段，20世纪中期至今，我国一直发展预应力钢筋混凝土桥梁，同时开始涉猎新的桥型。随着近几年我国在铁路工程建设上的大力投入，我国的铁路工程取得了喜人的成果，主要体现在建设速度以及建设规模的显著提升，在部分江河湖海也架起了桥梁，横跨水面、连通两岸，为铁路网的安全和畅通提供了基础的保障。

当前我国已跻身世界桥梁大国之列，但由于设计、施工、养护、管理、材料本身等诸多因素，很多桥梁都存在不同程度的病害。主要原因包括：早期桥梁的设计标准还不够规范，随着荷载设计要求的不断增加，铁路运力的不断加大，桥梁设计的不合理性逐步影响到桥梁的稳固性；其次，在一些既有铁路桥梁的施工中，前期的勘测工作未落实到位，导致桥梁在实际施工中对基底地质情况出现了遗漏，又受到来自河水的冲刷，河床出现变化，致使桥梁的墩台基础逐渐暴露在河水表面，对稳定性产生影响；最后，随着社会经济的快速发展，人们的生活水平得到了明显提高，交通压力也变得越来越大，而越来越多重型车辆的增加，导致桥梁长期处于超负荷的工作状态，其工作性能也会不断降低。因此，若不能及时对既有桥梁进行养护和维修，采取相应的加固措施，则会影响到桥梁的质量。

桥梁病害的发生，在各个国家都有所存在。美国土木工程师协会2020年报告称，美国境内共有约61.8万座各类桥梁，这些桥梁的状况令人担忧。美国全境近一半的桥梁已有至少半个世纪的历史，近十分之一的桥梁已严重受损。其中，约有5.7万座桥梁存在结构缺陷，每天有1.78亿人次通过这些结构有缺陷的桥梁。如今，国内外已经有多种基于检查数据的桥梁病害等级评估方法，其中德国与加拿大在桥梁性能状况等级评估中形成的方法比较系统和成熟。

(二)铁路隧道病害

隧道作为铁路系统里一个重要组成部分，随着我国国民经济的发展，我国的隧道建设也取得了长足的进步。我国是个多山的国家，山地、丘陵和高原面积约占国土总面积的70%以上，为保护自然环境、消除山地危害，修建隧道工程成为当前最主要的解决方法。纵观我国铁路隧道的发展，从1889年在台湾省台北至基隆的铁路线上建成的第一座261.4 m的狮球岭隧道起，截至1949年的60年间，共建铁路隧道331座，总延长100.1 km。到20世纪80年代中期，我国已成为世界上铁路隧道最多的国家之一。如今，经过几十年的努力，我国隧道与地下工程修建技术已比肩欧美，成为世界隧道大国。目前，全球地下基础设施的建设与发展仍在不断突破创新，例如瑞士阿尔卑斯山底，长57 km、覆土达2 300 m的圣哥达基线隧道于2016年6月正式开通，成为建成时世界覆土最深，也是最长的铁路隧道，超过了日本53.9 km的青函隧道以及英国与法国之间50.5 km的英吉利海峡隧道。

隧道病害是一个世界性的难题，国内外对隧道病害及安全性问题都进行了大量的研究工作。国外主要侧重于隧道的定期养护，而国内则偏重于防治方面的研究。已有的研究工作也大多是局限于某一类具体的病害及某一类具体的工程，而且对隧道病害机理的认识不够深入，因此整治措施的可靠性和可操作性均不够理想。目前我国铁路运营隧道存在的主要问题是：

(1)隧道病害数量大且类型多、整治难度大、所需费用多、周期长，而且修理投资缺口较大。

(2)由于年代不同，基础资料不完整，管理手段落后。

(3)对隧道病害的检查和检测手段落后且不够规范，早期病害难以发现，使某些可以早期整治的病害得以发展成严重的病害，彻底整治更加困难。

(4)受施工环境恶劣及材料耐久性差的影响，一些隧道病害的整治效果不明显。

(5)新建隧道的设计和施工遗留问题较多，某些隧道还相当严重。

综上所述，在桥梁与隧道所产生的病害中，有些病害短期内不会对使用性能产生明显影响，但病害的滞后处理，不仅增加构件的维修更换成本，更会严重危害结构后期的安全性及耐久性，最终影响构件的使用寿命。统计资料表明，桥隧结构性能的严重损伤问题有很重要的原因是来自其构件病害没有得到及时合理的维护，因此要做出及时合理的养护对策，就必须制订出行之有效的养护方法，也是其意义所在。

## 二、桥隧养护工作的任务

桥隧养护工作按业务范围和工作性质可分为检查、保养、维修和大修等内容。桥隧养护工作，必须确立以“保证行车安全”为主要目标，遵循“设备质量保安全”的指导思想，做到每座设备“基础牢固、结构良好、状态均衡、设备改善、保证安全”。桥隧养护的基本任务是：

(1)根据桥隧运营中的状态变化，合理投入人力、物力，适时进行维修养护，预防或延缓设备状态的劣化，经常保持状态均衡完好，以保证列车按规定的速度，安全不间断地运行。

(2)随着铁路运输强度的提高，有计划地加固和改善桥隧设备状态，提高承载能力，满足建筑限界和孔径要求，增强抗洪、抗震能力，充分发挥使用效能。

## 三、桥隧养护工作的原则

桥隧养护工作要满足铁路运输发展和行车安全的需要，而大部分施工作业又是在行车条件下进行既有设备的拆除、恢复或修理更换。因此，桥隧养护必须讲求科学合理、安全可靠，并遵循以下主要原则，力求在设备结构、作业手段、管理水平等方面有所成效。

(1)全面贯彻相关方针政策，结合实际需要和具体条件，制订桥隧养护维修工作计划和规划目标。

(2)严格执行《普速铁路桥隧建筑物修理规则》(TG/GW 103—2018)(简称《桥隧修规》，以下同)规定的技术条件、技术标准、设备检查和管理制度等要求，同时还应遵照《铁路技术管理规程(普速铁路部分)》、《普速铁路工务安全规则》(TG/GW 101—2023)等其他有关规章、规范、标准的规定，并将它们作为桥隧养护维修的基本法则。

(3)桥隧养护工作应根据铁路运输需要和设备技术状态，按照“预防为主，预防与整治相结合”的原则进行，有计划地整治重大病害、加固改造设备，防止病害发生和发展，及时消除危及行车安全的处所，保持桥隧设备经常处于均衡完好状态，提高整体结构强度。

(4)桥隧养护工作作业，应特别注意行车和人身安全，正确处理施工与运输的关系，在保证安全和质量的前提下，尽量减少中断行车和限制行车速度的时间。

(5)积极依靠科技进步，全面实行现代化管理，大力发展桥隧养护机械化，不断提高工作效率和经济效益，逐步实现结构现代化和管理科学化。

## 四、桥隧维修工作的管理

桥隧维修工作的管理主要包括两个方面，即对管辖桥隧设备的管理和维修工作生产全过程的管理。若按照业务分工，还有技术、计划、劳力、料具、成本、质量、安全以及教育等分项管理。各项管理工作是由特定的管理体制运作而实施的，并通过相应的工作制度加以保证。为使桥隧修理工作的管理逐步走上标准化、规范化的轨道，也为实现管理科学化创造条件，还应建立起行之有效的管理工作体系。

我国桥隧维修工作管理的技术业务隶属于中国国家铁路集团有限公司(简称国铁集团)，实行铁路局集团公司—工务段—车间—工区四级管理。有关桥隧维修工作总的方针、原则和标准，由国铁集团制订发布，铁路局集团公司进行决策和组织，工务段桥隧科负责管内桥隧及其附属设备的管理、检查、维修工作，落实桥隧维修年度计划，每月向工区下达月度生产计划，组织桥隧工区开展桥隧检查、维修工作，检查指导现场作业标准化执行情况，控制桥隧维修作业安全和质量，对桥隧综合维修进行初验。桥隧工区负责管内桥隧建筑物的检查观测工作，负责桥隧设备的适时保养和预防性周期保养工作，及时消灭超限处所和临近超限处所，调查维修计划的工作量，配合工务段对综合维修进行初验。

具体的维修工作由工务段下设的桥隧车间、工区和班组担任。车间、工区的设立标准可根据管内桥隧建筑物的类型和数量的多少来确定的。由于钢桥、圬工桥、涵渠等每年需要花费的维修工作量不一样，而且相差很大，为了便于统计计算和合理配备维修人员，需把各类建筑物按其维修长度换算成统一的桥隧换算长度。桥隧换算长度是以跨度 40 m 以下钢板梁桥的维修长度为标准，把其他桥涵都换算成钢板梁桥的维修长度，然后根据桥隧建筑物的总换算长度来设置车间、工区和配备维修人员。《桥隧修规》规定各类桥隧建筑物的换算标准，见表 1.1。

**表 1.1 桥隧换算长度计算标准**

| 序号 | 设备分类 | 分类明细 | 折合桥隧换算米 |
|---|---|---|---|
| 1 | 钢梁和组合梁桥 | 跨度 40 m 以下的钢板梁(包括结合梁、箱形梁) | 1.0 |
| | | 跨度 40 m 及以上的钢板梁、结合梁、箱形梁及跨度小于 64 m 的钢桁梁 | 1.5 |
| | | 跨度 64～80 m 的钢桁梁 | 2.0 |
| | | 跨度 64～80 m 的混凝土梁＋钢管拱组合结构 | 2.2 |
| | | 跨度大于 80 m 的钢桁梁 | 3.0 |
| | | 跨度大于 80 m 的混凝土梁＋钢管拱组合结构 | 3.2 |
| 2 | 圬工桥 | 圬工桥(含框构桥) | 0.3 |
| 3 | 隧道 | 隧道、明洞和棚洞(全长在 1 500 m 以下) | 0.4 |
| | | 隧道(全长在 1 500 m 以上) | 0.5 |
| 4 | 涵洞 | 涵洞 | 0.2 |
| 5 | 河调 | 调节河流建筑物及桥涵上下游防护设备(每 1 $m^3$ 体积) | 0.025 |
| 6 | 桥涵限高防护架 | 钢管或型钢防护架(每吨钢材) | 1.0 |
| | | 钢轨防护架(每吨钢材) | 0.5 |
| | | 钢筋混凝土防护架(按跨度每米) | 0.2 |

注：①混合桥按类分别计算；
②公路、铁路两用桥的公路部分及站内检查坑、渡槽比照圬工桥，天桥比照桥梁，地道比照隧道，倒虹吸管比照涵洞；
③设有整体道床的隧道，维修长度每米增加 0.1 桥隧换算米；设有通风及照明的隧道，维修长度每米增加 0.005 换算米。

《桥隧修规》中补充了：设有通风及照明的隧道每米增加 0.05 换算米。铁公立交桥涵限高防护架：钢管或型钢防护架每吨钢材折合 1.0 换算米；钢轨防护架每吨钢材折合 0.5 换算米；钢筋混凝土防护架每米(按跨度)折合 0.2 换算米。

桥隧设备的维修管理工作由工务段(包括桥工段)负责，实行检查与养修分开的管理体制。

工务段应根据管辖桥隧建筑物的数量，设立检查监控车间和桥隧车间，在检查监控车间下设桥隧检查监控工区，在桥隧车间下设保养工区和机械化维修工区（或工队），设置桥隧车间管辖换算长度宜为 9 000～12 000 m。未设检查监控车间的工务段应在桥隧车间设置桥隧检查监控工区。有长大隧道或隧道较多的工务段，还应视情况设置专门工区负责隧道通风、照明及消防工区。桥梁的大修改造，另由专业大修部门承担，桥梁动态特性和病害诊断由铁路局集团公司组织桥梁检定队通过试验进行评估，从而实行对桥梁维修工作的全面管理。

随着铁路运输载重增加、列车密度加大、行车速度提高，势必造成设备状态损耗加剧、养修作业时间减少。由于运输组织的调整、小站慢车的关停，给桥隧维修工作带来了更大的难度。因此，桥隧施工维修的管理，在组织体制、修程修制、养修方式、作业手段等方面进行相应的改革，也是势在必行的。根据国外对桥隧维修工作的管理经验，结合我国的具体实际，将管理基层的工务段作为设备管理部门，注重对桥隧设备的检查、管理和日常维修，实行养修成本控制。桥隧的大修和维修由专业部门负责进行，从而将粗放性的管理机制转变为经营性的管理机制，以保证桥隧维修工作管理水平的提高。

## 学习项目二　桥隧维修与养护的基本方法

### 一、桥隧维修养护方式的发展

回顾中华人民共和国成立以来我国铁路桥隧维修养护的方式，曾经历了以下几个阶段：

中华人民共和国成立初期，桥隧养护是附属于线路养护范围而进行的，以养路段的形式，在养护线路的同时兼修桥隧。后来才改变为线路与桥隧分别养护的工作方式。

20 世纪 50 年代，从当时的设备状况和养桥工作的实际情况考虑，参照了苏联当时推行的“养桥法”，建立了“桥隧计划预防性维修工作制度”，对维修方针、技术标准、检查验收、工区管理、经济核算等问题，制定了一些规章制度。

在 20 世纪 60 年代末到 70 年代中，一些行之有效的规章制度和工作方法遭到破坏，出现了桥隧养护工作中“以养代修”“养修不分”的不正常现象。

20 世纪 70 年代末期开始，随着工作重点的转移，对桥隧养护方面也做了许多整顿工作，开展了全面质量管理，使桥隧养护工作有所加强。

20 世纪 80 年代初铁道部提出了线桥维修改革的意见，突破了一年一遍计划预防维修的模式，实行钢桥 1～2 年，圬工桥、隧道、涵渠 2～3 年维修一遍的维修方法，从宏观上对“过剩修”的状况进行了初步的改善。

综观我国桥隧养护制度的发展过程发现长期以来所采用的养护维修方法，虽然对保证行车安全起到了一定的作用，但依然存在着许多不合理的弊端。前期采用的“事后维修”方式，其弊端是“头痛医头，脚痛治脚，治病不治根，治标不治本”，其结果造成设备失修，不能充分保证列车安全平稳地运行。然而，后期采用的“一刀切”的周期性维修制度，则是不管设备类型和实际状态，不分运量大小和速度高低，统一规定一年或两年做一遍维修的方法，没有考虑各种不同因素，忽视了设备本身的状态变化，没有实行科学的预防，往往由于费用和劳动力的限制，富裕多做，紧张少做，不可避免地会造成“养修不分”或“以养代修”。不该修的设备“提前修”，急需修的设备没有“适时修”或“简化修”，从而带来的后果是，故障经常存在，不能做到设备均衡完好。

为了改变“事后修”或“一刀切”的维修方法，必须根据桥隧养护工作的特点，按照设备“状态修”的原理，进行维修方式的改革。“状态修”，即对于有发展过程可以预测的故障，可以通过检测，按预知的状态进行修理，这也是最好的科学预防方法。

要推行桥隧状态修，还必须把状态修理论与行之有效的传统管理有机地结合起来，对现有的管理体制、修程标准、养修方式、工作制度等做相应的改变，才能克服原有方法所存在的弊端，达到养护工作的真正目的，使状态修的方法有一定的可操作性(图 1.1)。

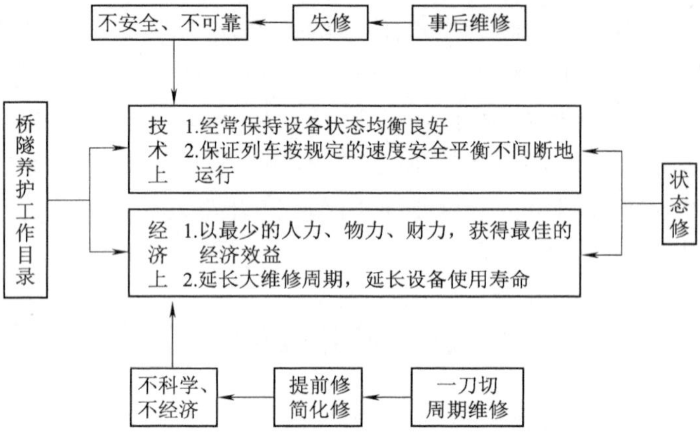


图 1.1　维修工作方式改革模式

## 二、桥隧维修养护的方式

按照设备综合工程学的原理，桥隧设备的养护要区别不同的结构类型，选择确切的修理方式、修理点和间隔时间，进行状态临界修或周期预防修。为此，必须合理地划分修程、制订标准、确定周期、建立体系。

(一)划分修程

根据设备状态变化规律和故障特性，把桥梁的整个检修过程，划分为经常保养、综合维修和大修三个修程，实行“养修分开”的修理制度。

整座桥梁设备是由多种不同构件组成的，包括桥面、梁部、支座、墩台和附属设备等，各个构件相互传递着来自列车的荷载，并保持整体平衡完好。由于各个构件的材质不同、构造不同、功能不同，其自身的状态变化规律也不同。还应根据不同规律和构件特点，区分出保养、维修、大修的不同修程范围，确定不同修程的作业项目和要求。

(二)制订标准

在划分保养、维修和大修三个修程的界限后，还要解决每个修程在何种状态下进行养护，养护到何种状态，并制订出相应的状态临界标准、作业质量标准和工作标准，使设备状态、作业质量、养修投入得到有效的控制。

(三)确定周期

为使桥隧养护工作有效运作，必须合理确定“临界修”和间隔时间，也就是要确定合理的周期。由于桥隧设备的结构类型不同，使用条件不同，新旧程度不同，其“临界修”和间隔时间有很大的区别，因此合理确定周期是桥隧养护工作中的一个重要决策问题。

周期的合理确定，应以设备状态变化规律、设备安全可靠程度和总费用最节省为依据，一般取决于设备的变化速率和出现故障的平均间隔。所确定的周期，决不允许设备出现失修状态，以设备的储备能力略有过剩为好。对具体的每座桥梁来说，还要“因地制宜”，不能“一刀切”，要以状态控制来调整保养或维修或大修的间隔时间。综合维修周期，宏观上应按照不同设备类型控制，即钢梁桥（含混合桥钢梁）两至三年，圬工桥（含混合桥圬工梁）四至五年，隧道、涵渠、框构桥等设备的维修周期，视技术状态而定。

（四）建立体系

为了使“状态修”的原则在维修养护中切实应用，还必须作出实施的具体规定，建立起保养、维修和大修工作管理体系。

1. 保养体系

（1）通过观测分析找出不同部件的变化规律后，要重点找出与行车关系较大的部件的状态变化规律。

（2）根据变化规律，统筹考虑，使每次保养后都要留有一定的储备能力。克服劳力多、多保养，劳力少、少保养，或追求“格上格”等盲目保养的状况。

（3）要对状态质量和作业质量实行全面控制。对设备的检查，要根据“状态修”的需要，除做好常规检查外，还需开展全员、全设备、全项目的检查，建立检查负责制和状态分级控制的办法，对作业质量的控制，除强调作业标准化，严格作业纪律外，对关键项目运用质量管理图，实行作业质量控制。

2. 维修体系

（1）根据设备状态变化规律和整体功能的需要，确定维修的控制项目和控制条件，建立状态标准。

（2）以改善设备状态、均衡质量、延长维修周期和设备使用寿命为目的，明确维修的项目范围和要求，建立工作标准。

（3）明确维修在技术上和作业上的要求，也就是养护到何种状态时建立作业标准。

3. 大修体系

（1）按照桥隧设备整体功能和安全可靠度的需要，根据状态变化规律和故障性，确定大修的修程范围和控制条件。

（2）以提高质量、均衡状态为目的，通过对更换桥面、钢桥涂装寿命周期、最佳经济效益的分析研究，合理匹配三大修程周期，逐步走上设备良性循环的轨道。

（3）明确大修工作的技术管理要求，建立作业标准和工作标准。

（4）桥隧大修按照设备状态劣化程度、工程性质、工程量大小和复杂情况，可分为周期大修、重点大修和一般大修等。

## 学习项目三　桥隧维修与养护的基本内容

### 一、桥隧设备检查

桥隧设备检查是做好桥隧大修、维修工作的重要依据。对桥隧建筑物进行周密检查的目的是详细了解桥隧建筑物在运营中所发生的变化，及时发现病害和分析病害原因，并据以采取有效防治措施，合理安排大修、维修工作；积累技术资料，系统地掌握桥隧设备状态，准确规定建筑物的使用条件，使设备经常保持完好状态，保证列车安全和不间断地运行。对桥隧建筑物的检查是桥隧维修工作中极其重要的组成部分。

检查制度包括：水文观测、经常检查、定期检查、临时检查、安全巡视、专项检查、检定试验等。

（一）水文观测

凡有洪水通过的桥涵，应在上游设置稳固而垂直的水标尺或在墩台侧面的上游处或涵洞的进口端用油漆画出水标尺。水标尺的起点需与国家水准基点高程相对应，标出历史最高洪水位和发生年月日。

水文观测包括河床断面测量、洪水通过观测、结冰及流冰观测。凡跨越江河水库的特大桥、大桥及其他需要了解墩台基础冲刷、河床变化、河道变迁、流量、冰凌等情况的桥梁，均应进行河床断面测量、洪水通过观测、结冰及流冰观测。其他有洪水通过的桥梁和涵洞，只需观测最高洪水位。

1. 河床断面测量

河床断面测量，应符合以下要求。

(1)测量时间：常年有水桥梁，至少每年洪水后测量一次；对季节性河流上的桥梁，洪水冲刷河床断面发生变化时，汛后测量一次。

(2)测量地点：一般在桥下及桥梁上下游各 25 m 的三个断面上进行，每次测量的断面应固定。

(3)测量范围：应在桥梁全长范围内进行。

(4)测点位置：应能明确表示出河床断面，每隔 10 m 左右一个测点，必要时应增加测点；每次测量的测点应相对固定。

(5)对常年有水的桥梁，需要了解墩周冲淤变化时，应以桥墩中心为圆心，一定距离为半径，测量该范围内的水下地形，必要时，在墩台周边进行潜水摸测。

(6)每次测量结果应绘在图纸上，用不同色笔绘制历年冲刷总图，每五年更换一次；图上应绘有各种水位、轨底、墩台顶、基底、河床的标高以及水深、墩台中心线及河床断面。

2. 洪水通过观测

(1)洪水通过时，应观察水流流向、旋流、斜流、流木、漂浮物等情况，观测水位、水流流速等，同时应监视墩台、调节河流建筑物、防护设备和桥头路基状态。对排洪能力不足和墩台稳定易受影响的桥涵，应特别加强观测。

(2)对冲刷严重的墩台，可在该处设置自动记录的测深装置或在洪水通过时使用铅鱼等设备进行测深，必要时使用仪器测深。

(3)洪水过后，应立即检查河道、河床、防护设备、调节河流建筑物和桥头路基的状态。

(4)位于泥石流区的桥涵，应注意检查泥石流动态、谷坊内储量和冲积扇的变化。

(5)设有巡守工的桥梁，应在汛期或水库放水时期每日上午八时观测水位一次，其余时间每旬首日上午八时观测水位一次，并填写水位观测记录。在主汛期水位上涨时，应增加观测次数，找出当年最高水位及其发生日期。其他排洪桥涵应设洪峰观测水尺，指派专人记录当年最高洪水位。设备管理单位应根据水位观测记录，定期绘制水位曲线图。

3. 结冰及流冰观测

(1)结冰初期，须观测结冰时间、封冰情况和气温、水温、风力及风向。

(2)结冰期，须经常观测冰层厚度、河面及河岸处是否结冰、有无冰槽(亮子)及水温、气温。

(3)解冻期，须观测水位、冰层厚度、冰色及冰槽(亮子)的变化和冰层初期移动时间、流冰密度等，并测水温、风向，以判断流冰的可能及流向。

（二）经常检查

对桥隧设备状态变化较快和直接影响行车安全的部位应经常检查。

桥隧检查工区应根据“桥隧检查计划表”(工桥-2,见《桥隧修规》),每月对钢梁和工务段规定的重要桥隧设备及重点病害设备检查一遍;至少每半年对管内设备全面检查一遍;在每座桥隧综合维修时,应进行一次全面检查。仅通行货车且年运量小于500万t的线路可适当放宽检查周期。

桥隧车间主任(副主任、技术员)每半年有计划地对管内桥隧设备全面检查一遍;至少每季度对钢梁和工务段规定的重要桥隧设备及重点病害设备检查一遍。

对使用年久、结构特殊及有严重病害的桥隧建筑物,应按工务段规定由指定人员进行定期检查,填写“桥隧病害观测记录簿”(工桥-13,见《桥隧修规》)。发现重要病害或病害发展较快时,应立即逐级上报,留存影像资料,必要时绘制病害示意图,记入桥隧登记簿或桥隧卷宗内。

桥隧车间主任(副主任、技术员)、桥隧检查工区对每次检查情况,应运用管理系统认真填写“桥隧检查记录簿”(工桥-3,见附表Ⅰ),桥隧检查工区还应填写“桥隧检查结果汇总表”(工桥-4,见附表Ⅱ),将检查结果上传到桥隧车间,桥隧车间组织分析桥隧检查结果,形成月度检查分析报告,于每月25日前报工务段备存。对超过保养标准处所,由桥隧车间通过管理系统及时向桥隧养修工区下达“桥隧紧急保养通知书”(工桥-5,见《桥隧修规》),并由桥隧检查工区检查其完成情况。对检查发现的其他问题,由桥隧车间根据轻重缓急,编制月度计划,经工务段批准后,组织桥隧养修工区修理。

工务段段长至少每年对工务段规定的重点病害设备检查一遍;主管副段长至少每年对工务段规定的重要桥隧设备及重点病害设备检查一遍;桥隧科或路桥科至少每半年对钢梁和工务段规定的重要桥隧设备及重点病害设备检查一遍。

工务段应对桥隧车间、桥隧检查及养修工区、桥隧检测小组填写的检查数据和状态描述进行不定期现场抽查核对,对检查质量进行考核。桥隧车间对桥隧检查及养修工区也应进行相应的考核。

(三)定期检查

定期检查是指春融及汛前,应对桥隧设备的排水、泄洪及度汛防护设施进行一次检查。秋季应对桥隧设备进行全面检查,据以进行桥隧设备技术状态评定,拟定病害整治措施、安排设备改善计划。检查工作由工务段根据铁路局集团公司的要求组织进行,铁路局集团公司应有重点地进行检查。

对桥隧设备各部分的技术状态,应按“铁路桥隧建筑物状态评定标准”的规定,进行全面细致的检查,必要时用仪器检测或试验,以查明各种病害情况及发生原因。

工务段根据秋检结果,对每座设备填写“桥隧状态评定记录表”(工桥-6,见《桥隧修规》),凡劣化桥隧建筑物应填写“桥隧状态评定明细表”(工桥-7,见《桥隧修规》),并汇总填写“桥隧状态评定报告表”(工桥-8,见《桥隧修规》),提出病害发生原因、增减情况等状态分析报告,铁路局集团公司审查汇总后于10月底上报国铁集团。

(四)临时检查

临时检查是当桥隧设备遭受地震、洪水、台风、火灾及车船撞击等紧急情况或发生突发性严重病害时,由工务段组织临时检查,必要时由铁路局集团公司组织。

(五)专项检查

1.限界检查

重要线路的桥隧限界每五年、其他线路的桥隧限界每十年检查一遍,并根据检查结果绘出每座桥隧综合最小限界图,填写“单个桥隧综合最小建筑限界尺寸表”(工桥-9,见附表Ⅲ)及“线路(区段)桥隧综合最小建筑限界尺寸表”(工桥-10,见附表Ⅳ)。铁路局集团公司应绘制管内各区段桥隧综合最小限界图，当发现桥隧建筑物有变形、修理加固、线路拨线后，应立即检查该桥隧建筑物的限界。如影响原有最小尺寸时，应及时修正限界图并上报。

2. 挠度和拱度测量

凡跨度在 40 m 及以上的钢梁，由工务段负责至少每三年测量一次挠度和拱度(固定测点位置)。对有病害的钢梁、钢筋混凝土梁和预应力混凝土梁挠度、拱度和跨中横向振幅的测定由铁路局集团公司确定。挠度测量时，可先测动荷载所产生的挠度，必要时再复测静荷载所产生的挠度。

3. 墩台变位测量

(1)技术复杂、重要桥梁及墩台基础病害严重的桥梁，对其墩台均应进行下沉或偏斜的观测。墩台标高测量应与附近国家水准点相联系，基准线在观测区以外应有控制系统。观测工作一般每年一次，经多年观测基本稳定时，可每隔若干年观测一次。历年观测资料应妥善保存，绘制出汇总后的图表，分析了解其变化趋势。

(2)固定观测测点一般应设在墩台顶面的两端，全桥通视；设置强制归心装置，其“标心”既是仪器固定点，又是垂直位移和平面位移的观测点。

(3)观测应尽可能使用精密仪器及相应的配套设施。大跨度桥梁观测墩台间距离的变化可采用激光测距等方法。

墩台基础类型和埋深不明时，应采用挖验、钻探、物探、声波、遥感等探测技术予以查明。

检查墩台及基础是否存在严重病害，可通过测量墩台、承台顶水平横向振动，与同类型墩台相比较，观测其波形、振幅和频率来判定。必要时挖验承台底与桩顶的连接状态。

检查桥墩水下墩身和基础有无裂损、冲空时，可采用水下摄影或摸探等方法。

(六)桥隧巡守

桥隧巡守人员应具备下列条件：

(1)熟悉有关规章制度及桥隧业务。

(2)有处理故障和应急处置能力。

(3)巡守人员(含替班人员)应经工务段培训考试合格，持证上岗。

桥隧巡守工应严格执行下列制度：

1. 交接班制度

桥隧巡守人员交接班时，填写“桥隧巡守工交接班记录簿”(工桥-11，见《桥隧修规》)。接班者未按时到位，值班巡守工不能离开工作岗位。

2. 汇报制度

(1)发现有危及行车安全的故障(钢轨折断、护锥滑移、钢梁裂纹、基础冲空、洞口塌方落石、衬砌掉块等)时，应立即采取防护措施，并按规定上报。

(2)每月定期向工长汇报行车及人身安全、桥隧设备病害变化等情况。

## 二、状态分析评估

桥隧设备通过各项检查，掌握其实际工作状态后，还需进一步进行科学的分析判断，以能采取有针对性的整修加固。目前，对运营桥隧状态的评估方法，主要有以下几种：

(一)状态劣化评定

工务段每年应结合秋季设备大检查，对每座桥隧建筑物按项目进行一次状态评定。

状态评定按劣化程度分为 A、B、C 三级，A 级又分为 AA、A1 两等。

(1)凡结构物或主要构件功能严重劣化，危及行车安全，评定为 A 级 AA 等。

(2)凡结构物或主要构件功能严重劣化,进一步发展会危及行车安全,评定为A级A1等。

(3)凡结构物或构件功能劣化,进一步发展将会升为A级,评定为B级。

(4)凡结构物或构件劣化,对其使用功能和行车安全影响较小,评定为C级。

结构物或构件状态评定为A级者,其病害一般需要通过大修或更新改造进行整治;当结构物存在影响行车安全的病害,应采取相应的限速或限载措施,遇紧急情况,应立即采取临时加固措施,并视具体情况,尽快安排彻底整治或列入下一年度的桥隧大修或更新改造计划及时进行整治。

结构物或构件状态评定为B级者,其病害一般需要通过维修进行整治(个别病害需要通过大修进行整治)。

结构物或构件状态评定为C级者,其病害可通过维修进行整治,个别病害只需加强观测并根据其变化情况采取相应的措施。

(二)病害诊断及剩余寿命评估

桥隧在运用检修的寿命周期内,根据状态变化和健全衰退的程度,进行适时的修理,使其最大限度地恢复原有的功能。但随着时间的推移,其健全度(结构物完成其特定功能的健康安全度或损伤度)必将逐步丧失,以至失去应有功能而报废。因此,对桥隧在运用过程中,应科学地诊断病害、有效地整治病害,在确保行车安全和适应运输发展前提下,充分发挥桥隧功能的潜力,最大限度地延长使用寿命,取得最佳的技术经济效益,具有十分重要的意义。

(三)状态评估专家系统

随着计算机技术的普及应用,人们运用专家知识和模拟专家行为进行计算机编程,解决了较为复杂的疑难问题,这就是所谓的专家系统,如桥梁损伤评估专家系统、隧道病害(变异)诊断专家系统(简称TDD专家系统)和隧道整治专家系统等。这项技术已在铁路局集团公司推广使用,效果良好,使桥隧状态评估更简捷、更准确。

### 三、预防与整治病害

我国铁路运输桥梁中的病害桥梁已超过桥梁总数的五分之一,虽不断进行整治,但新生病害的增长趋势仍未很好地抑制。桥隧建筑物的修理工作分为检查、维修和大修。因此,桥隧的维修工作是在做好设备检查和状态评估的基础上,根据不同的劣化程度,有针对性地进行经常保养、综合维修和大修整治,做好各项作业验收评定工作,有效地预防或控制病害的发生或发展。

(一)经常保养

经常保养是桥隧养护维修的主要环节。经常保养工作一般以整座设备进行,也可分区段进行。保养周期应按不同设备类型的状态变化加以控制,钢梁桥(含混合钢梁桥)木桥枕明桥面每半年一遍,其他桥隧设备保养周期1～2年一遍。在做好适时保养的同时,还应加强预防性的周期保养,使设备质量经常控制在保养合格状态。经常保养工作范围:

(1)更换连二、横梁边及钢轨接头四根中的失效桥枕和桥涵其他木质部分的防腐、修理。

(2)各种联结铁件、螺栓涂油或更换。

(3)明桥面护轨整修。

(4)钢梁清扫和补充、拧紧少量高强度螺栓,局部涂层修补。

(5)支座清扫、涂油,整修排水坡。

(6)隧道除冰,清理危石及衬砌掉块,疏通排水沟、补充水沟盖板等。

(7)涵洞少量清淤,修补涵洞护坡、翼墙、管节勾缝。

(8)添补防火设备内的水、砂。

(9)各种标志的刷新和补充。

(10)补充作业通道、吊篮等步板,整修危及人身安全的安全检查设备。

(11)修补圬工梁、墩台勾缝,清除梁端石砟及梁缝止水装置内的杂物,疏通排水管。

(12)清除桥下小量淤积,修理砌体圬工。

(13)梁端横向位移的限位装置、防落梁装置复位。

(14)桥涵限高防护架涂装及不影响结构稳定的小量整修。

(15)地道、调节河流建筑物等设备保养。

(16)及时消除可能危及行车安全的病害。

桥隧车间应根据桥隧设备项目周期和设备状态编制“桥隧检养维修月度计划及完成表”(工桥-14,见《桥隧修规》)。根据桥隧养修计划、季节性工作和桥隧检查工区的检查结果,以及养修工区提报的可支配劳动力,在管理系统上编制月度保养计划,上传至工务段,批准后在管理系统上编制日计划,下达至桥隧养修工区执行。实施情况、班前安全质量预想防控项点及措施记录在“桥隧检养修日计划及完成表”(工桥-15,见《桥隧修规》)内。

桥隧建筑物保养质量评定考核如下:

(1)通过工区自评、车间定期评定和工务段抽查评定的方式进行。定期评定工作,可由车间主任、副主任或主管技术人员组织检查工区,结合春检和秋检,按照保养周期进行保养质量评定。工务段派主管工程师会同车间进行抽查评定。

(2)每座设备的保养质量评定是根据该设备各部分存在的问题,按照“桥隧建筑物保养质量评定标准”的规定,根据扣分的情况来评定保养质量的优劣。每座设备扣分的总和除以该设备的维修长度(取整数)即为该设备的保养质量平均分(取小数点后一位)。保养质量每米维修长度平均分在 5 分及以下且无单项质量扣 10 分者为合格,否则为失格。

(3)每次评定的情况,均应填写“桥隧保养质量评定记录表”(工桥-16,见《桥隧修规》),以备抽查。

(4)工务段每月应对车间、工区经常保养的质量和数量进行现场抽查核实,根据抽查结果进行考核。车间对工区也应进行相应的考核。

(二)综合维修

综合维修是桥隧维修的重要修程。综合维修采用状态修和周期修相结合的方式,钢梁桥(含混合桥钢梁)钢杆件和木桥枕明桥面实行周期修,其他实行状态修。大桥、特大桥可分孔或分段进行。钢梁桥(含混合桥钢梁)和木桥枕明桥面维修 2～3 年一遍,采用新技术和新工艺的可适当延长维修周期。其他桥隧设备设施按状态修适时进行维修。综合维修工作范围如下:

(1)单根抽换木桥枕及桥涵其他木质部分的防腐、修理和个别更换、整修复合材料桥枕。

(2)桥梁各种螺栓、联结铁件的涂油、修理、补充和更换。

(3)钢结构维护性涂装(包括钢梁上盖板),少量铆钉、螺栓或联结系杆件的更换,杆件裂纹、损伤和弯曲等就地修理,结构不良的小型改善,增设防爬角钢。

(4)圬工梁拱、墩台裂缝整治、圬工勾缝、抹面、小量喷浆和压浆,局部翻修和加固修理及局部增设防水层,排水设备的修理和部分增设。

(5)支座整平、修正、涂油和捣垫砂浆,支座更换和增设座板,更换和补充锚螺栓,钢部件维护性涂装。

(6)混凝土梁横隔板开焊脱落、裂缝整治、掉块和露筋修补。

(7)梁缝止水装置少量修理或更换。

(8)梁端横向位移的限位装置的修理。

(9)明桥面护轨、防火设备、安全检查设备、抗震设施、水标尺、支座防尘罩以及各种标志的修理、零更换和增设。

(10)桥涵的调节河流建筑物和防护设备的局部修理。

(11)桥涵上下游 30 m 范围内河床的少量清理,隧道内结冰和洞口危石处理。

(12)隧道漏水的少量整治,排水沟清理,衬砌少量圬工修补,隧道通风、照明设施修理。

(13)立交桥涵限高防护架的修理,框构桥涵渗漏水整治。

(14)涵洞局部改善,管节修理和个别更换。

(15)其他不属于大修范围的少量工作。

桥隧综合维修作业质量的验收,要严格执行工区、车间、工务段三级验收制,分级把关,异体监督,控制综合维修质量。综合维修作业质量评定分为合格、不合格两个等级。全部项目一次验收达到合格,可评为“合格”,否则为“不合格”。若出现不合格处所,经返修复验合格,评为“合格”。

(三)大修整治

桥隧大修按照设备状态劣化等级实行状态修,根据工程性质、复杂程度和工程量大小,可分为重点大修和一般大修。整孔更换桥面、整孔钢梁(或钢塔架)重新涂装或罩涂面漆、中桥以上更换梁跨、扩孔、移梁、墩台大修、基础加固、复杂的钢梁加固、增设或更换隧道衬砌及需要便线施工的工程等为重点大修;其他病害整治的大修为一般大修。

桥隧建筑物大修工作范围主要包括:

1. 桥梁大修

(1)整孔更换桥面,包括整孔更换桥枕,换铺分开式扣件,更换护轨,钢梁上盖板、上平纵联的保护涂装,更换上盖板松动、失效铆钉等。

(2)更换或增设整孔作业通道和安全检查设备(包括避车台、防火设备)。

(3)整孔钢梁或整个钢塔架的重新涂装或罩涂面漆。

(4)加固钢梁或钢塔架,包括更换、加固、修理损伤杆件,提高承载能力,扩大建筑限界,改善不良结构,更换大量铆钉和高强度螺栓。

(5)更换支座,包括跨度 80 m 以上钢梁支座的起顶整正。

(6)更换钢梁或圬工梁。

(7)整孔圬工梁裂缝注浆、封闭涂装或钢筋混凝土保护层中性化裂损、钢筋锈蚀整治。

(8)更换或增设整孔圬工梁拱防水层。

(9)圬工梁横隔板加固、横隔板断裂修补、梁体加固。

(10)加固圬工墩台及基础。

(11)更换墩台。

(12)更换或修复支承垫石、更换折断的支座销钉。

(13)修复或加固防护及河调建筑物。

(14)整治威胁桥梁安全的河道。

(15)整治梁端顶死、线间距不足的移梁施工。

(16)更换整孔作业通道步行板。

(17)加固或恢复桥涵限高防护架。

(18)孔径不足的桥梁的扩孔。

(19)成段修复或加固桥梁声屏障、防抛网。

(20)整桥栏杆涂装或更换。

(21)更换梁缝止水带、盖板。

2. 隧道大修

(1)加固、更换、增设衬砌或扩大限界。

(2)隧道空洞、掉块、冷缝、防水板切割二次衬砌整治。

(3)加固洞门。

(4)加固明洞。

(5)成段翻修铺底、仰拱。

(6)整治漏水,改善和增设排水设备。

(7)整治洞口边坡、仰坡。

(8)修理隧道消防设施、照明、防护门及机械通风。

3. 涵洞大修

(1)加固涵洞,更换盖板。

(2)修复或加固防护及河调建筑物。

(3)整治危及涵洞安全的河道。

(4)孔径不足的涵洞扩孔。

4. 归属工务管理的站内机车检查坑、地道大修

此处不详细描述。

## 知识拓展——港珠澳大桥

港珠澳大桥是连接香港大屿山、澳门半岛和广东省珠海市的跨海大桥。工程路线起自香港国际机场附近的香港口岸人工岛,向西接珠海/澳门口岸人工岛、珠海连接线,止于珠海洪湾,总长约 55 km。大桥主体工程采用桥隧组合方式,大桥主体工程全长约29. 6 km,海底隧道长 6. 7 km。

在主体工程方面,由东、西人工岛连接桥梁和海底隧道,岛体结构采用深插式大直径钢圆筒和抛石斜坡堤组合结构,钢圆筒沿人工岛岸壁前沿线布置,西人工岛使用 61 个钢圆筒,东人工岛则使用钢圆筒 59 个。每个钢圆筒直径 22 m,高 40. 5～50. 5 m,质量约 500 t。在整个大桥项目中,连接大桥东、西人工岛的沉管部分是国内首条于外海建设的超大型沉管隧道,海底隧道由 33 个巨型沉管组成。每节管道长 180 m,宽 37. 95 m,高 11. 4 m,单节重约 6. 9 万 t。

拓展阅读

港珠澳大桥

港珠澳大桥采用最高建设标准,抗震达 8 度(地震烈度),能抗 16 级台风,设计使用寿命 120 年,并设有观景平台。在隧道工程方面,港珠澳大桥海底隧道采用两孔一管廊截面形式,是迄今为止世界上埋深最深、规模最大、单节管道最长的海底公路沉管;沉管全部采用工厂法流水预制,之后拖运至施工地点进行安装。

综上,为了完善国家和粤港澳三地的综合运输体系和高速公路网络,加强珠江西岸地区与香港地区的经济社会联系,改善珠江西岸地区的投资环境,加快产业结构调整和布局优化,拓

展经济发展空间，提升珠江三角洲地区的综合竞争力，保持港澳地区的持续繁荣和稳定，促进珠江两岸经济社会协调发展，建设港珠澳大桥的意义是十分重大的。

## 单元作业

### 一、选择题

1.《普速铁路桥隧建筑物修理规则》将劣化程度分级，AA 表示（　　）。

A. 中等　　B. 严重　　C. 极严重　　D. 较重

2. 桥隧大修整治中每项工程质量综合评定，分为（　　）个等级。

A. 二　　B. 三　　C. 四　　D. 五

3. 桥隧综合维修作业质量全部项目一次验收达到合格及以上，主要项目均达优良即评为（　　）。

A. 良好　　B. 合格　　C. 优良　　D. 优秀

4. 不属于无损检测技术的方法是（　　）。

A. 涡流仪法　　B. X 射线法　　C. 射击法　　D. 磁试验法

5. 铁路局集团公司实行（　　）级管理。

A. 三　　B. 四　　C. 五　　D. 六

6. 桥梁保养质量的评定，按其（　　）长度来计算。

A. 维修长度　　B. 总长　　C. 桥长　　D. 桥隧换算长

### 二、填空题

1. 桥梁按工程规模分________、________、________、________等。

2. 桥孔总长是指桥梁排水宽度，既桥梁各________的总和。

3. 从受力特点来看，拱桥与梁式桥的最大区别在于，拱桥受到________的作用。

4. 铁路桥常以________作为标准跨径。

5. 桥隧养护工作应根据铁路运输需要和设备技术状态，按照________的原则进行。

### 三、判断题

1. 桥隧检查制度包括水文观测、经常检查、定期检查、临时检查、专项检查和检定试验等。（　　）

2. 桥隧养护工作原则的“预防为主，整理为辅”。（　　）

3. 桥隧养护工作作业，应特别注意行车和人身安全，正确处理施工与运输的关系，在保证安全和质量的前提下，尽量增加中断行车和限制行车速度的时间。（　　）

4. 混凝土无损检测是在不破坏混凝土内部结构的情况下利用声、光、电、磁和射线等方法测定有关混凝土性能的物理量，推定混凝土的强度、缺陷等的测试技术。（　　）

5. 特大钢梁桥及长隧道应设巡守。（　　）

6. 明桥面上线路整平，增设或更换防磨胶垫，冻结钢轨接头属于综合维修工作。（　　）

7. 普速铁路和高速铁路并行，如普速作业需侵入高速铁路建筑限界，相邻高速铁路也必须同时封锁。（　　）

### 四、简答题

1. 桥隧养护的基本任务有哪些？

2. 为了使“状态修”的原则在维修养护中切实应用，必须建立怎样的管理体系？

3. 对桥隧建筑物进行检查时，检查制度主要有哪些？

4.《普速铁路桥隧建筑物修理规则》将劣化程度分为几个等级，分别采取怎样的措施？

5. 在做好设备检查和状态评估的基础上，为有效地预防或控制病害的发生或发展，应有针对性地采取怎样的措施？

6. 桥隧大修工程的质量，分为哪几个等级？

# 单元二　桥梁病害检测维修与养护

## 学习导读

自从水泥问世以来，桥梁建设出现了一个飞跃的发展。钢筋混凝土具有价格低廉、成型容易、经久耐用等优点，使之几乎取代了其他所有的桥梁建筑材料。但随着时间的推移，号称"永久结构"的钢筋混凝土出现了一些人们所没有认识到的危害，如混凝土的老化、碳化以及钢筋的锈蚀等许多不可逆的物理、化学变化，使钢筋混凝土的寿命大打折扣。

桥梁总是长年累月受到外界各种因素的影响，缺陷不断扩大。由于表层损坏，使保护层减薄或钢筋外露，导致钢筋锈蚀；严重时就会削弱结构的强度和刚度。致使桥梁结构破坏；有些表层损坏还会向深度发展，造成强度逐渐降低，危及结构安全使用，从而缩短桥梁的寿命。常说"三分建桥、七分养护"就是这个道理。

本单元主要介绍混凝土材料检测、桥梁的检查内容、桥梁荷载试验和桥梁的维修，熟悉桥梁的养护，了解桥梁工程制品的检测内容。

## 能力目标

1. 具备对桥梁主要材料性能检测的能力；
2. 具备初步检测桥梁混凝土结构缺陷的能力；
3. 具备初步对桥梁进行经常检查和混凝土强度检测的能力。

## 知识目标

1. 掌握桥梁中主要工程材料的检测方法；
2. 掌握桥梁工程中混凝土缺陷损伤的检测；
3. 掌握桥梁检查的主要内容和方法；
4. 熟悉桥梁工程制品的检测。

## 素质目标

1. 培养良好的职业道德和吃苦耐劳的优良品质；
2. 培养分析问题、解决问题、积极思考和勇于创新的能力；
3. 培养桥梁施工维护作业中严谨细致、追求卓越的工匠精神；
4. 培养在桥梁施工维护作业中的团队协作精神。

## 学习项目一　桥梁材料性能的检测

桥梁材料性能检测是对其结构及构件质量所存在的缺损状况进行详细检测、试验、判断的过程，是对桥梁的专门检验，属于桥梁诊断的范畴。根据缺损的类型、位置和检测要求，可选择表面测量、无破损检测、半破损检测等。桥梁材料性能检测主要内容如图 2.1 所示。

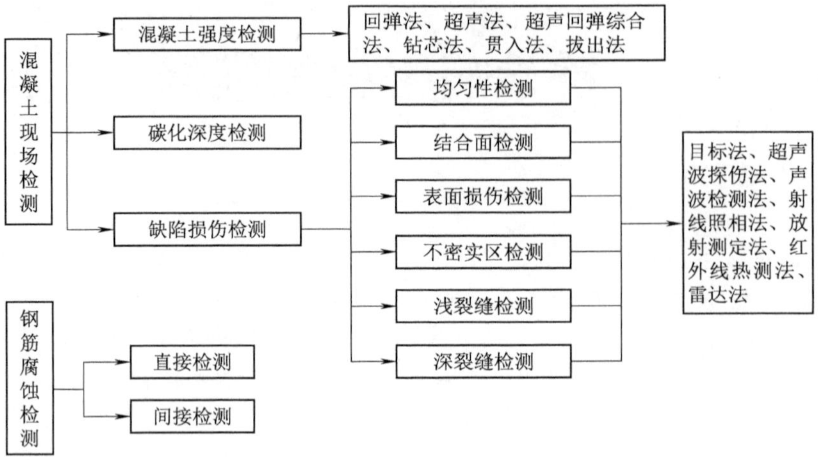


图 2.1　桥梁材料性能检测主要内容

## 一、无损检测技术概述

混凝土的无损检测技术，是指在不影响结构受力性能或其他使用功能的前提下，直接在结构上通过测定某些物理量，推定混凝土的强度、均匀性、连续性、耐久性等一系列性能的检测方法。桥梁工程中无损检测技术的形成和发展与混凝土无损检测技术的发展密切相关。

(一)混凝土无损检测技术的形成和发展

早在 20 世纪 30 年代，人们就开始探索混凝土无损检测技术。1930 年首先出现了表面压痕法。1948 年瑞士人施密特(Schmid)研制成功回弹仪。1949 年加拿大的莱斯利(Leslie)等运用超声脉冲进行混凝土检测获得成功。随着无损检测技术的日臻成熟，许多国家也相继制定了有关的技术标准。我国在 20 世纪 50 年代开始引进瑞士、英国、波兰等国的回弹仪和超声仪，并结合工程应用开展了许多研究工作。20 世纪 60 年代罗马尼亚的费格瓦洛(Facaoaru)提出超声回弹综合法。这些研究为混凝土无损检测技术奠定了基础。

经过几十年的研究和工程应用，我国研制了一系列的无损检测仪器设备，结合工程实践进行了大量的应用研究，逐步形成了《回弹法检测混凝土抗压强度技术规程》(JGJ/T 23—2011)、《超声回弹综合法检测混凝土抗压强度技术规程》(T/CECS 02—2020)、《拔出法检测混凝土强度技术规程》(CECS 69—2011)、《无损检测　术语　超声检测》(GB/T 12604.1—2020)等技术规程，并由此解决了工程实践中的问题，产生了巨大的社会经济效益。

无损检测技术与常规的混凝土结构破坏试验相比，具有以下特点：

(1)不破坏被检测构件，不影响其使用性能，且简便快速。

(2)可以在构件上直接进行表层或内部的全面检测，对新建工程和既有结构物都适用。

(3)能获得破坏试验不能获得的信息，如能检测混凝土内部空洞、疏松、开裂、不均匀性、表层烧伤、冻害及化学腐蚀等。

(4)可在同一构件上进行连续测试和重复测试，使检测结果有良好的可比性。

(5)测试快速方便，费用低廉。

(6)由于是间接检测，检测结果要受到许多因素的影响，检测精度相对低一些。

混凝土无损检测技术主要用于既有结构的强度推定、施工质量检验、结构内部缺陷检测等方面。随着对混凝土制作全过程质量控制要求的不断提高，对既有结构物维修养护的日益重视，无损检测技术在工程建设中会发挥越来越重要的作用。

（二）常用无损检测方法的分类和特点

由于混凝土无损检测技术不仅能推定混凝土的强度，而且能够反映混凝土的均匀性、连续性等各项质量指标，因此在新建工程质量评价、已建工程的安全性评价等方面具有无可替代的作用，越来越受到人们的重视。

1. 混凝土强度的无损检测方法

在工程实践中，需要运用无损检测方法推定混凝土实际强度的情况主要有如下几种：一是在施工过程中，由于管理、工艺或意外事故等原因影响了混凝土质量，或预留试块的取样、制作、养护、抗压试验等不符合有关技术规程或标准的规定，以致预留试件的强度不能代表结构混凝土的实际强度时，可以采用无损检测方法推定混凝土强度，作为混凝土合格性评定及验收依据。二是当需要了解混凝土在施工期间的强度增长情况，以便进行拆模、吊装、预应力筋张拉或放张等后续工序时，可运用无损检测方法连续监测结构混凝土强度的发展，以便及时调整施工进程。同时，无损检测方法也可作为施工过程中质量控制的重要手段。三是对于既有桥梁结构，在使用过程中，有些桥梁已不能满足当前通行荷载的要求，有些桥梁由于各种自然原因而产生不同程度的损伤与破坏，有些桥梁由于设计或施工不当而产生各种缺陷。对于这些桥梁的维修、加固、改建，可通过无损检测方法推定混凝土强度，以便提供加固、改建设计时的基本强度参数和其他设计依据。

混凝土强度的无损检测方法根据原理可分为以下三种。

（1）半破损法

半破损法是以不影响构件的承载能力为前提，在构件上直接进行局部破坏性试验，或直接钻取芯样进行破坏性试验。属于这类方法的有钻芯法、拔出法、射击法等。这类方法的特点是以局部破坏性试验获得混凝土强度，因而较为直观可靠，其缺点是造成结构物的局部破坏，需进行修补，因而不宜用于大面积检测。

①钻芯法是利用专用钻机，从结构混凝土中钻取芯样以检测混凝土强度或观察混凝土内部缺陷的方法。钻芯法检测混凝土强度具有直观准确的优点，但其缺点是对构件的损伤较大，检测成本较高。因此，一般宜将钻芯法与其他非破损方法结合使用。

②拔出法是使用拔出仪器拉拔埋在混凝土表层内的锚固件，将混凝土拔出一锥形体，根据混凝土抗拔力推算其抗压强度的方法。该法分为预埋法和后装法两种，前者是浇筑混凝土时预先将锚杆埋入，后者是在硬化后的混凝土上钻孔，装入（粘结或胀嵌）锚杆。

③射击法也称穿透探针法或贯入阻力法，是采用一种称为温泽探针的射击装置，将硬质合金钉打入混凝土中，根据钉的外露长度作为混凝土贯入阻力的度量并以此推算混凝土强度。钉的外露长度愈多，表明其混凝土强度愈高。这种方法适宜于混凝土早期强度发展情况的测定，也适用于同一结构不同部位混凝土强度的相对比较。该法的优点是测量迅速简便，由于有一定的射入深度（20～70 mm），受混凝土表面状况及碳化层影响较小，但受混凝土粗骨料的影响十分明显。

（2）非破损法

非破损法以混凝土强度与某些物理量之间的相关性为基础，检测时在不影响混凝土性能的前提下，测试这些物理量，然后根据相关关系推算被测混凝土的强度。属于这类方法的有回弹法、超声波法、成熟度法、射线法等。这类方法的特点是测试方便、费用低廉，但其测试结果的可靠性主要取决于混凝土的强度与所测试物理量之间的相关性。

①回弹法是采用回弹仪进行混凝土强度测定，属于表面硬度法的一种。其原理是回弹仪中运动的重锤以一定冲击动能撞击顶在混凝土表面的冲击杆后，测出重锤被反弹回来的距离，以回弹值作为与强度相关的指标，来推定混凝土强度。

②超声波法检测混凝土强度的基本依据是超声波传播速度与混凝土弹性性质的密切关系。在实际检测中，超声声速又通过混凝土弹性模量与其力学强度的内在联系，与混凝土抗压强度建立相关关系并推定混凝土的强度。

③成熟度法主要以"度时积"作为推定强度的依据。

$$M(t)=\sum(T_s-T_0)\Delta t \tag{2.1}$$

式中　$M(t)$——成熟度；

$T_0$——基准温度；

$T_s$——$\Delta t$ 时间内混凝土的平均温度。

主要用于现场测量控制混凝土早期强度发展状况，一般多作为施工质量控制手段。

④射线法主要根据射线在混凝土中的穿透衰减或散射强度推算混凝土的密实度，并据此推定混凝土的强度。这种方法由于涉及放射线防护问题，目前在国内外应用较少。

(3)综合法

所谓综合法就是采用两种或两种以上的无损检测方法，获取多种物理参量，并建立强度与多项物理参量的综合相关关系，以便从不同角度综合评价混凝土的强度。由于综合法采用多项物理参数，能较全面地反映构成混凝土强度的各种因素，因而它比单一物理量的无损检测方法具有更高的准确性和可靠性。综合法有超声回弹综合法、超声钻芯综合法和超声衰减综合法等，其中超声回弹综合法在工程中应用广泛。其他综合法由于适用条件的限制，工程应用也受限。

2.混凝土缺陷的无损检测方法

所谓混凝土的缺陷，是指那些在宏观材质不连续、性能参数有明显变异，而且对结构的承载能力和使用性能产生影响的区域。即使整个结构的混凝土的普遍强度已达到设计要求，这些缺陷的存在也会使结构整体承载力严重下降，或影响结构的耐久性。因此，必须探明缺陷的部位、大小和性质，以便采取切实的处理措施，排除工程隐患。混凝土缺陷的成因十分复杂，检测要求也各不相同。混凝土缺陷现象大致有：内部空洞、蜂窝麻面、疏松、断层(桩)、结合面不密实、裂缝、碳化、冻融、化学腐蚀等。

混凝土缺陷的无损检测方法主要有超声脉冲法、脉冲回波法、雷达扫描法、红外热谱法、声发射法等。

(1)超声脉冲法检测内部缺陷分为穿透法和反射法。穿透法是根据超声脉冲穿过混凝土时，在缺陷区的声时、波幅、波形、接收信号的频率等参数所发生的变化来判断缺陷的，因此它只能在结构物的两个相对面上或在同一面上进行测试。目前超声脉冲穿透法已较为成熟，并已普遍用于工程实践，许多国家都已编制了相应的技术规程。反射法则根据超声脉冲在缺陷表面产生反射波的现象进行缺陷判断。由于它不必像穿透法那样在两个测试面上进行，因此对某些只能在一个测试面上检测的结构物(如桩基础、路面等)具有特殊意义，也取得了广泛的工程应用。

(2)脉冲回波法是采用落球、锤击等方法在被测物件中产生应力波，用传感器接收回波，然后采用时域或频域方法分析回波的反射位置，以判断混凝土中缺陷位置的方法。其特点是激励力足以产生较强的回波，因而可检测尺寸较大的构件，如深度达数十米的基桩或厚度较大的混凝土板等。

(3)雷达扫描法是利用混凝土反射电磁波的原理，先向被检测的结构物发射电磁波，在电特性(电容率及电导率)不同的物质界面产生反射波，再根据反射波的性质，分析反射波的影像，便可检测出结构的内部缺陷。其特点是可迅速对被测结构进行扫描，适用于道路、机场等结构物的大面积快速扫测。

(4)红外热谱法是测量或记录混凝土热发射的方法。当混凝土中存在缺陷时，这些有缺陷的部位与正常部位相比，温度上升与下降的状况是不同的，其外表面会产生温度差。所以，从红外线照相机所测得的温度分布图像中，便能推断出缺陷的位置和大小。

(5)声发射法是利用混凝土受力时因内部微小区域破坏而发声的现象，根据声发射信号分析混凝土损伤程度的一种方法，这种方法常用于混凝土受力破坏过程的监视，用以确定混凝土的受力历史和损伤程度。

3. 混凝土其他性能的无损检测方法

除了强度和缺陷检测以外，混凝土还有许多其他性能可用无损检测方法予以测定。其他性能主要是指与结构物使用功能有关的各种性能。主要有碳化深度、保护层厚度、受冻层深度、含水率、钢筋位置、钢筋锈蚀状况和水泥含量等。现代工程结构物所处的环境越来越复杂，对其他性能的要求越来越高，强度高未必其他性能就好，因此，其他性能的无损检测技术正迅速发展。常用的检测方法有共振法、敲击法、磁测法、电测法、微波吸收法、中子散射法、中子活化法、渗透法等。

## 二、混凝土强度检测

混凝土强度的现场检测方法目前主要有非破损检测法和半破损检测法。非破损检测法主要有回弹法、超声波法、超声回弹综合法等；半破损检测法主要有拔出法、钻芯法、拔脱法、射击法等；其中最常用的方法有回弹法、钻芯法、超声回弹综合法、拔出法等。

### (一)回弹法现场检测混凝土强度

回弹法主要测试仪器是回弹仪(机械式无损检测仪器)。因混凝土的抗压强度与其表面硬度之间存在一定的关系，而回弹仪的弹击锤被一定的弹力击打在混凝土表面上，其回弹高度(即回弹值)与混凝土表面硬度有一定的比例关系。因此用回弹值可反映混凝土表面硬度，从而推出混凝土的抗压强度。

回弹法在我国的使用已有数十年的历史。国外使用回弹法的精度不高，有的只能定性判断混凝土的质量，但回弹法在我国应用相当广泛，这不仅是由于回弹法设备简单、操作方便、测试迅速，更是我国已经解决了回弹法使用精度不高和不能推广的关键问题。回弹值影响因素(操作方法、仪器性能、气候条件等)较多，使用不当会产生较大的误差，故需正确掌握操作方法。

1. 测区、测点的选择

单个构件检测时，应在每个构件上均匀布置测区，对一个方向的尺寸不小于4.5 m、另一个方向的尺寸不小于0.3 m的构件，测区数不应少于10个；当不满足上述条件时，测区数不应少于5个。

批量检测时，抽检数量不得少于同批构件总数的30%，且不少于10件，每个构件测区数量不应少于10个(抽检构件应具一定代表性)。

测区应选在使回弹仪处于水平方向检测混凝土浇筑侧面，当不满足这一要求时，可使回弹仪处于非水平方向的混凝土浇筑侧面、表面和底面。

测区表面应清洁、平整、干燥，不应有接缝、饰面层、粉刷层、油垢、蜂窝、麻面等(否则所测回弹值会偏低)；必要时可用砂轮、粗砂纸等清除杂物，磨平不平整处，并擦去残留粉尘、灰屑。

相邻两测区的间距应控制在 2 m 以内，测区离构件边缘的距离不宜大于 0.5 m。

测区宜在构件的可测表面上均匀分布，并直接避开位于混凝土内保护层附近设置的钢筋和预埋铁件。测区需在构件的两相对表面上有两个基本对称的测试面(测面)，如不能满足这一要求时，一个测区只允许有一个测面。

测区的面积不宜大于 0.04 $m^2$。测点宜在测区范围内均匀分布，相邻两测点的间距一般不小于 20 mm。测点距构件边缘或外露钢筋、铁件的距离一般不小于 30 mm。测点不应在气孔和外露石子上。同一测点只能弹击一次，每个测区应记取 16 个回弹值。

2. 测区平均回弹值的计算

当回弹仪水平方向测试混凝土浇灌方向的侧面时，应从测区两个相对测试面的 12 个回弹值中，分别去除 3 个最大值与最小值，剩余的 10 个回弹值按式(2.2)计算。

$$R_{\mathrm{m}}=\frac{\sum_{i=1}^{10}R_i}{10} \tag{2.2}$$

式中　$R_{\mathrm{m}}$——测区平均回弹值(计算精确至一位小数)；

$R_i$——第 $i$ 个测点的回弹值。

当回弹仪为非水平方向测试时，根据回弹仪轴线与水平方向的角度 $\alpha$(图 2.2)，将测得数据按式(2.2)求出测区平均回弹值 $R_{\mathrm{m}\alpha}$，再按式(2.3)修正。

$$R_{\mathrm{m}}=R_{\mathrm{m}\alpha}+R_{\mathrm{a}\alpha} \tag{2.3}$$

式中　$R_{\mathrm{m}\alpha}$——回弹仪与水平方向成 $\alpha$ 角测试时测区的平均回弹值；

$R_{\mathrm{a}\alpha}$——按表 2.1 查出不同测试角度 $\alpha$ 的回弹修正值。

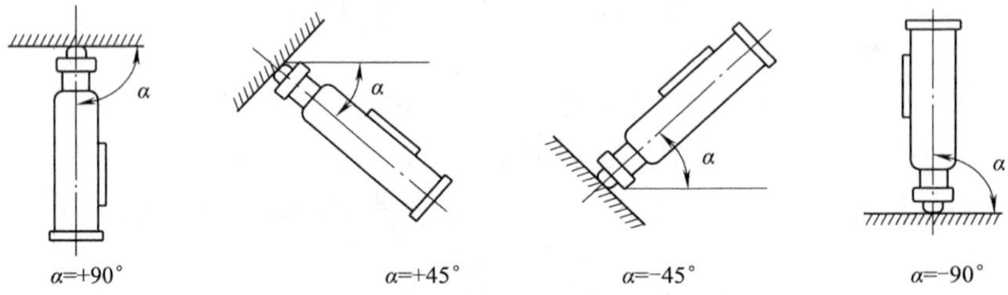


图 2.2　回弹法测试角度 $\alpha$ 示意

**表 2.1　不同测试角度 $\alpha$ 的回弹修正值 $R_{\mathrm{a}\alpha}$**

| $R_{\mathrm{m}\alpha}$ | 测试角度 $\alpha$ | | | | | | | |
|---|---|---|---|---|---|---|---|---|
| | +90° | +60° | +45° | +30° | −30° | −45° | −60° | −90° |
| 20 | −6.0 | −5.0 | −4.0 | −3.0 | +2.5 | +3.0 | +3.5 | +4.0 |
| 30 | −5.0 | −4.0 | −3.5 | −2.5 | +2.0 | +2.5 | +3.0 | +3.5 |
| 40 | −4.0 | −3.5 | −3.0 | −2.0 | +1.5 | +2.0 | +2.5 | +3.0 |
| 50 | −3.5 | −3.0 | −2.5 | −1.5 | +1.0 | +1.5 | +2.0 | +2.5 |

当回弹仪处于水平方向测试时，应将测得数据按式(2.2)求出平均回弹值 $R_{\mathrm{m}}^{\mathrm{t}}$ 和 $R_{\mathrm{m}}^{\mathrm{b}}$，再按式(2.4)和式(2.5)修正。

$$R_{\mathrm{m}}=R_{\mathrm{m}}^{\mathrm{t}}+R_{\alpha}^{\mathrm{t}} \tag{2.4}$$

$$R_m = R_m^b + R_\alpha^b \tag{2.5}$$

式中　$R_m^t$，$R_m^b$——水平方向检测混凝土浇筑表面、底面时测区平均回弹值；

$R_\alpha^t$，$R_\alpha^b$——表面、底面回弹值的修正值（表 2.2）。

**表 2.2　不同浇筑面的回弹值的修正值 $R_\alpha^t$、$R_\alpha^b$**

| $R_m^t$、$R_m^b$ | 20 | 25 | 30 | 35 | 40 | 45 | 50 |
|---|---|---|---|---|---|---|---|
| $R_\alpha^t$ | +2.5 | +2.5 | +1.5 | +1.0 | +0.5 | 0 | 0 |
| $R_\alpha^b$ | −3.0 | −2.5 | −2.0 | −1.5 | −1.0 | −0.5 | 0 |

当回弹仪为非水平方向且测试非浇筑侧面时，应先进行角度修正，再进行浇筑面修正。

3. 平均碳化深度的计算

混凝土碳化深度会直接影响混凝土表面硬度，应考虑混凝土碳化对混凝土强度的影响。回弹法测量完成后，应选取有代表性的位置测量碳化深度，测点不应少于构件测区数量的 30%，且不应少于 3 次。当出现测区碳化深度值极差大于 2.0 mm 时，预示混凝土强度不均匀，要求在每一测区测量碳化深度。测量碳化深度值时，可用钻头、凿子等适合的工具在测区表面凿成直径约 15 mm 的孔洞，其深度应大于混凝土的碳化深度（一般取保护层厚度）。然后清除净孔洞中的粉末和碎屑（不得用水冲洗），之后立即用浓度为 1%酚酞酒精溶液滴在孔洞内壁的边缘处，再用深度测量工具测量已碳化与未碳化混凝土交界面（颜色变化处）到混凝土表面的垂直距离多次，取其平均值。该距离即为混凝土的碳化深度值，每次读数精确至 0.5 mm。

在测区中选取 $n$ 个碳化深度测点，得到相应碳化深度测量值，即可进行平均碳化深度值的计算，公式如下：

$$d_m = \frac{\sum_{i=1}^{n} d_i}{n} \tag{2.6}$$

式中　$d_m$——测区混凝土的平均碳化深度值（mm），精确至 0.5 mm；

$d_i$——第 $i$ 个测点的混凝土碳化深度测量值（mm）；

$n$——测区的碳化深度测点数。

根据测区混凝土碳化深度值依相关表格查混凝土强度。

4. 测区混凝土强度值计算

构件第 $i$ 个测区混凝土强度换算值 $f_{cu,min}^c$，可由平均回弹值 $R_m$ 和平均碳化深度值 $d_m$ 查测区《回弹法检测混凝土抗压强度技术规程》（JGJ/T 23—2011）的附录 A 可得。

构件混凝土强度平均值 $m_{f_{cu}^c}$ 依据式（2.7）计算。

$$m_{f_{cu}^c} = \frac{\sum_{i=1}^{n} f_{cu,i}^c}{n} \tag{2.7}$$

式中　$m_{f_{cu}^c}$——构件混凝土强度平均值（MPa），精确至 0.1 MPa；

$n$——单个构件检测时，为构件上测区的总和；抽样检测时，为各抽检构件测区数之和。

标准差 $S_{f_{cu}^c}$ 按式（2.8）计算。

$$S_{f_{cu}^c} = \sqrt{\frac{\sum_{i=1}^{n} (f_{cu,i}^c)^2 - n\,(m_{f_{cu}^c})^2}{n-1}} \tag{2.8}$$

结构或者构件的混凝土强度推定值 $f_{cu,e}$应按下列要求确定：

(1)当结构或者构件测区数少于 10 个时：$f_{cu,e}=f^{c}_{cu,min}$。其中，$f^{c}_{cu,min}$为构件中最小的测区混凝土强度换算值。

(2)当结构或者构件测区强度中出现小于 10.0 MPa 时：$f_{cu,e}<10.0$ MPa。

(3)当结构或者构件测区数不少于 10 个时：$f_{cu,e}=m_{f^{c}_{cu}}-kS_{f^{c}_{cu}}$。

$k$ 为推定系数，宜取 1.645。当需要进行推定强度区间时，可按国家现行有关标准的规定值取值。

对于按批量检测的构件，当构件混凝土强度标准差出现下列其中之一的情况时，则该批构件全部按单个构件检测：该批构件混凝土强度平均值小于 25 MPa、$S_{f^{c}_{cu}}>4.5$ MPa 时；该批构件混凝土强度平均值不小于 25 MPa 且不大于 60 MPa，$S_{f^{c}_{cu}}>5.5$ MPa 时。

5. 测强曲线

在进行测区强度换算时，要用到测强曲线，测强曲线分为统一测强曲线、地区测强曲线和专用测强曲线。统一测强曲线是由全国代表性的材料、成型养护工艺配制的混凝土试件，通过试验所建立的回弹代表值 $R_m$ 与测区混凝土强度 $f^{c}_{cu,i}$的关系曲线。统一测强曲线已经使用了数十年，效果较好，《回弹法检测混凝土抗压强度技术规程》(JGJ/T 23—2011)中的测区混凝土强度换算表是据统一曲线绘制的，抗压强度适用范围为 10～60 MPa。地区测强曲线是通过本地区常用的材料、成型养护工艺建立的曲线。专用测强曲线是由与结构或构件混凝土相同的材料、成型养护工艺所建立的曲线。强度换算时应按专用测强曲线、地区测强曲线、统一测强曲线的次序选用。

当检测条件与测强曲线的适用条件有较大差异时，可采用同条件试件或钻取混凝土芯样进行修正，试件或芯样数量不少于 6 个。钻取芯样时每个部位应钻取一个芯样，计算时，测区混凝土强度换算值应乘以修正系数。修正系数按下列公式进行计算：

$$\eta=\frac{1}{n}\sum_{i=1}^{n}f_{cu,i}/f^{c}_{cu,i} \tag{2.9}$$

或

$$\eta=\frac{1}{n}\sum_{i=1}^{n}f_{cor,i}/f^{c}_{cu,i} \tag{2.10}$$

式中 $\eta$——修正系数，精确至 0.01；

$f_{cu,i}$——第 $i$ 个边长为 150 mm 立方体混凝土试件抗压强度值(MPa)，精确至 0.1 MPa；

$f_{cor,i}$——第 $i$ 个混凝土芯样试件抗压强度值(MPa)，精确至 0.1 MPa；

$f^{c}_{cu,i}$——对应第 $i$ 个试件或芯样部位回弹值和碳化深度值的混凝土强度换算值(MPa)，精确至 0.1 MPa；

$n$——试件数。

(二)超声回弹综合法检测混凝土强度

无损检测，还有一种常用的方法是用超声波的方法来检测混凝土强度，当声波在混凝土中传播时，其纵波波速的平方与混凝土的弹性模量成正比，与密度成反比，而混凝土的强度又与其密度有关，一般而言，声波在混凝土中传播速度越快，其强度就越高。利用声速与混凝土强度的关系检测混凝土强度的方法即为超声法。

单独采用回弹法和超声法均有其缺陷。对回弹法来说，如果检测条件与测强曲线的适用条件差异较大，且又未能以钻芯取样法修正时，此时精度就不高；采用超声法时，其精度也在很大程度上取决于检测条件与测强曲线所适用条件之间的差异。所以工程中很少单独用超声法来测混凝土强度。

超声回弹综合法是以超声波穿透试件内部的声速值和试件表面硬度的回弹值来综合检测结构混凝土的抗压强度的方法。这一方法是 20 世纪 60 年代研究开发出的一种无损检测法，与单一方法比较，其精度高、适应范围广，在我国建工、公路、铁路系统已广泛应用。

超声回弹综合法中超声波检测仪合格工作频率为 10～500 kHz 的模拟式或数字式低频超声仪。换能器的工作频率一般为 50～100 kHz，常用的换能器具有厚度振动方式和径向振动方式两类。

换能器的布置方式以测试位置的不同可有三种方法，即对测法、角测法和平测法。换能器探头的布置方法，如图 2.3 所示。

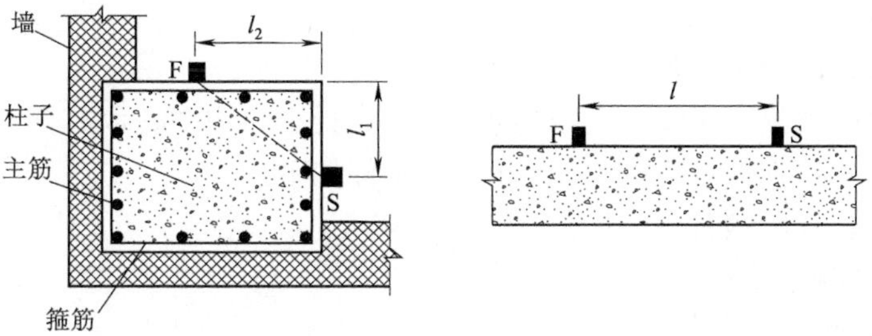


（a）角测法　　（b）平测法

$l_1$—换能器 S 到桩子边缘的距离；$l_2$—换能器 F 到柱子边缘的距离；$l$—换能器 F 到换能器 S 的距离。

图 2.3　换能器探头的布置方法

综合法的测区及其尺寸等相关要求与回弹法基本相同，但应注意以下几点：

(1)采用平测法，测区宜为 400 mm×400 mm。

(2)对于每一测区，应先回弹测试，后超声测试。

(3)计算混凝土强度时，非同一测区的回弹值和声速不得混用。

在进行超声测试时，声速代表值 $v_a$ 应根据测区中 3 个测点，按式(2.11)计算声速值。

$$v_a = \frac{\lambda\beta}{3}\sum_{i=1}^{3}\frac{L_i}{t_i - t_0} \tag{2.11}$$

式中　$v_a$——修正后的测区声速代表值(km/s)；

$\beta$——测试面声速修正系数；

$\lambda$——测试方法修正系数；

$L_i$——第 $i$ 个测点的超声测距(mm)；

$t_i$——第 $i$ 个测点的声时读数($\mu$s)；

$t_0$——声时初读数($\mu$s)。

对测或斜测时，$\lambda=1$；平测时，宜采用同一构件的测速 $v_d$ 与平测声速 $v_p$ 之比求得修正系数($\lambda=v_d/v_p$)；当被测结构或构件不能进行对测与平测对比时，宜选取代表性的部位，以测距 $L$=200～500 mm，以 50 mm 为一级，逐点测读相应的声时值 $t$，用回归法求出直线方程 $L=a+bt$，以回归系数 $b$ 代替 $v_d$。

在混凝土浇筑顶面或底面对测或斜测时，$\beta=1.034$；顶面平测时，$\beta=1.05$；底面平测时，$\beta=0.95$。

按前述回弹法求出回弹代表值 $R_{at}$ 和声速代表值 $v_{at}$ 后，应优先采用专用测强曲线或地区测强曲线，进行强度换算。

当无专用和地区测强曲线时，可按《超声回弹综合法检测混凝土抗压强度技术规程》(T/CECS 02—2020)规定的方法进行验证后，按规范中的统一测区混凝土抗压强度换算表计算，也可按下列公式进行强度换算。

(1)当粗集料为卵石时：

$$f_{\mathrm{cu},i}^{\mathrm{c}}=0.005\ 6v_{\mathrm{at}}^{1.439}R_{\mathrm{at}}^{1.769} \tag{2.12}$$

(2)当粗集料为碎石时：

$$f_{\mathrm{cu},i}^{\mathrm{c}}=0.016\ 2v_{\mathrm{at}}^{1.656}R_{\mathrm{at}}^{1.410} \tag{2.13}$$

式中　$f_{\mathrm{cu},i}^{\mathrm{c}}$——第 $i$ 个测区混凝土抗压强度换算值(MPa)，精确至 0.1 MPa。

测区混凝土强度的计算、修正及评定基本同回弹法。所不同的是，当一批构件的抗压强度平均值 $M_{f_{\mathrm{cu}}^{\mathrm{c}}}>50.0$ MPa，标准差 $S_{f_{\mathrm{cu}}^{\mathrm{c}}}>6.5$ MPa。同时采用钻芯取样修正时，综合法要求芯样数量可比回弹法少 2 个。

(三)钻芯法检测混凝土强度

钻芯法检测混凝土强度是指利用特定设备，从混凝土结构中钻取芯样，以测定普通混凝土强度的方法。这是一种直观准确的方法，其使用条件如下：

(1)对试块抗压强度的测试法具有怀疑时。

(2)因故发生混凝土质量问题。

(3)混凝土受到损害。

(4)需检测多年使用的结构物(如旧桥)。

钻芯取样检测混凝土强度应注意以下几个问题：

(1)有些情况下不宜采用回弹、超声等非破损方法检测混凝土强度时，如混凝土内外质量不一致、混凝土腐蚀或火灾、混凝土在硬化过程中冻伤等。

(2)如非破损测强曲线技术条件差异较大，又如旧混凝土结构等，可结合非破损检测技术，通过钻取少量芯样，以提高非破损检测的测试精度。

(3)对于强度等级小于 C10 的混凝土，钻芯过程易破坏砂浆与集料的粘结力，不易采用钻芯法。

(4)对于正在工作中的结构，特别是经使用多年的旧结构，应尽量采用非破损检测技术；必须采用钻心法时，对取样位置、取样数量等应严格控制。

(5)钻取芯样后的构件应及时对孔洞进行修补，修补可采用树脂或微膨胀细集料混凝土。

钻芯取样的设备主要包括：

(1)钻取芯样的钻芯机。

(2)加工芯样或符合试验尺寸要求的锯切机。

(3)加工芯样削面的研磨机。

(4)探测钢筋位置的磁感仪、雷达等。

芯样钻取应符合以下要求：

(1)芯样钻取位置应尽量选在结构或构件受力较小的部位；选取混凝土强度有代表性的部位；取芯位置应尽量避开钢筋、管线；用钻芯法与非破损法综合测定强度时，应与非破损法取同一测区。

(2)按单个构件检测时，每个构件的芯样数不应少于 3 个，较小构件可取 2 个。

(3)芯样直径不宜小于集料最大粒径的 3 倍，并不得小于集料最大粒径的 2 倍。芯样直径一般为 100 mm 或 150 mm，芯样的高度直径比应在 1～2 的范围内。

影响芯样强度的因素很多，其主要影响因素有：

(1)芯样尺寸，特别是芯样高度对其抗压强度影响较大。一般来说，芯样高度与直径均为

100 mm 时与边长为 150 mm 的立方体试件强度相当。

(2)芯样含筋率对其强度有一定影响。有螺纹筋的芯样会提高强度，有光圆钢筋的芯样会降低强度，故芯样钻取时应尽可能地避开钢筋。

(3)芯样的含水率对强度影响明显。一般而言，含水率多则强度低，故按自然干燥状态试验时，芯样应在室内自然干燥 3 d；按潮湿状态试验时，芯样应在水中泡 40～48 h。

芯样强度的换算值系指芯样将实测强度换算成边长为 150 mm 立方体试件的抗压强度值。换算值按式(2.14)计算。

$$f_{cu}^{c}=\alpha\frac{4F}{\pi d^2}\tag{2.14}$$

式中　$f_{cu}^{c}$——试件混凝土强度换算值(MPa)，精确至 0.1 MPa；

$F$——试验时施加的最大压力(N)；

$d$——芯样平均直径(mm)；

$\alpha$——高径比换算系数，按表 2.3 采用。

**表 2.3　强度换算系数**

| 高径比 $h/d$ | 1.0 | 1.1 | 1.2 | 1.3 | 1.4 | 1.5 | 1.6 | 1.7 | 1.8 | 1.9 | 2.0 |
|---|---|---|---|---|---|---|---|---|---|---|---|
| 换算系数 $\alpha$ | 1.00 | 1.04 | 1.07 | 1.10 | 1.13 | 1.15 | 1.17 | 1.19 | 1.21 | 1.22 | 1.24 |

单个构件或其局部区域，芯样强度换算值中的最小值为其代表值。

(四)拔出法检测混凝土强度

拔出法属于微破损检测范畴。它具有精度高、破损程度小、使用方便、适用范畴广等特点。这一方法是在硬化混凝土表面钻孔、磨槽、嵌入锚固件，使用拔出仪进行拔出试验，测定极限拔出力，并根据预先建立的拔出力与混凝土强度之间的相关关系检测混凝土强度。拔出法包括后装拔出法和预埋拔出法，后装拔出法是在已硬化的混凝土表面钻孔、磨槽、嵌入锚固件，并安装拔出仪进行拔出法检测，测定极限拔出力，并根据预先建立的极限拔出力与混凝土抗压强度之间的相关关系推定混凝土抗压强度的检测方法。预埋拔出法是对预先埋置在混凝土中的锚盘进行拉拔，测定极限拔出力，并根据预先建立的极限拔出力与混凝土抗压强度之间的相关关系推定混凝土抗压强度的检测方法。试验装置如图 2.4 所示。

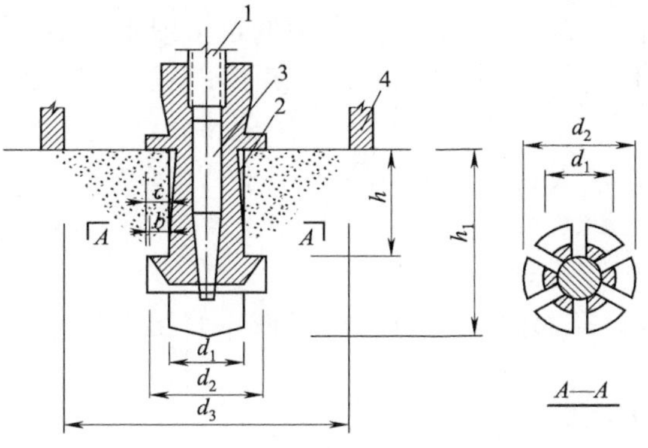


1—拉杆；2—胀簧；3—胀杆；4—反力支承。

(a)三点式后装拔出法检测装置

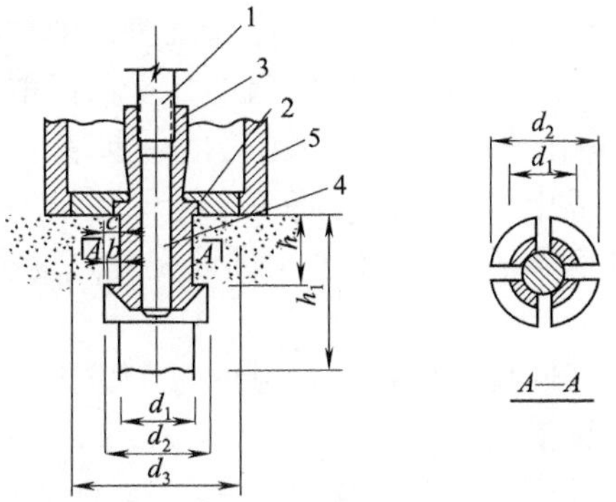


1—拉杆；2—对中圆盘；3—胀簧；4—胀杆；5—反力支承。

(b)圆环式后装拔出法检测装置

图 2.4　拔出法检测混凝土强度装置

1. 拔出法测试要求

按单个构件检测时，应在构件上均匀布置 3 个测点。当 3 个拔出力中的最大拔出力和最小拔出力与中间值之差的绝对值均小于中间值的 15%时，可仅布置 3 个测点；当最大拔出力或最小拔出力与中间值之差的绝对值大于中间值的 15%（包括两者均大于中间值的 15%）时，应在最小拔出力测点附近再加测 2 个测点。

当同批构件按批抽样检测时，抽检数量应符合现行国家标准的有关规定，每个构件宜布置 1 个测点，且最小样本容量不宜少于 15 个。

测点宜布置在构件混凝土成型的侧面，当不能满足这一要求时，可布置在混凝土浇筑面。

在构件的受力较大及薄弱部位应布置测点，相邻两测点的间距不应小于 250 mm；当采用圆环式拔出仪时，测点距构件边缘不应小于 100 mm；当采用三点式拔出仪时，测点距构件边缘不应小于 150 mm；测试部位的混凝土厚度不宜小于 80 mm。

测点应避开接缝、蜂窝、麻面部位以及钢筋和预埋件。被测构件应处于干燥状态；测试面应平整、清洁，对饰面层、浮浆、薄弱层等应予清除，必要时应进行磨平处理。

成孔尺寸应满足下列要求：

(1)钻孔直径 $d_1$ 允许偏差为+1.0 mm。

(2)钻孔深度 $h_1$ 应比锚固深度 $h$ 深 20～30 mm。

(3)锚固深度 $h$ 应符合相应规定，允许偏差为±0.5 mm。

(4)环形槽深度 $c$ 不应小于胀簧锚固台阶宽度 $b$。

2. 混凝土强度换算及推定

混凝土强度换算值根据汇总后的回归方程式计算。

$$f_{cu}^{c}=AF+B \tag{2.15}$$

式中　$f_{cu}^{c}$——混凝土强度换算值(MPa)，精确至 0.1 MPa；

$F$——拔出力(kN)，精确至 0.1 kN；

$A$,$B$——测强公式回归系数。

当被测结构所用混凝土的材料与制订测强曲线所用材料有较大差异时，可在被测结构上钻取混凝土芯样，根据芯样强度对混凝土强度换算值进行修正。芯样数量不应少于 3 个，每个钻取芯样附近 3 个测点，取 3 个拔出力的平均值代入式(2.15)计算每个芯样对应的混凝土强度换算值。

单个构件的拔出力计算值按下列规定取值：当构件 3 个拔出力中的最大或最小拔出力与中间值之差均小于中间值的 15%时，取小值作为该构件的拔出力计算值；当加测时，加测的 2 个拔出力值和最小拔出力值一起取平均值，再与前一次的拔出力中间值比较，取小值作为该构件拔出力计算值。将单个构件拔出力计算值代入式(2.15)计算强度换算值(或者用 $\eta$ 乘以强度换算值)作为单个构件混凝土强度推定值，即

$$f_{cu,c}=f_{cu}^{c} \tag{2.16}$$

将同批构件抽样检测的每个拔出力按式(2.15)计算强度换算值(或用修正系数 $\eta$ 乘以强度换算值)。

混凝土强度的推定值 $f_{cu,c}$按下列公式计算：

$$f_{cu,c1}=m_{f_{cu}^{c}}-1.645S_{f_{cu}^{c}} \tag{2.17}$$

$$S_{f_{cu}^{c}}=\sqrt{\frac{\sum_{i=1}^{n}(f_{cu,i}^{c}-m_{f_{cu}^{c}})^2}{n-1}} \tag{2.18}$$

$$m_{f_{cu}^c} = \frac{1}{n}\sum_{i=1}^{n} f_{cu,i}^c \tag{2.19}$$

式中　$m_{f_{cu}^c}$——检验批中构件混凝土强度换算值的平均值(MPa)，精确至 0.1 MPa；

$f_{cu,i}^c$——第 $i$ 个测点混凝土强度换算值(MPa)；

$S_{f_{cu}^c}$——检测批中构件混凝土强度换算值的标准差(MPa)，精确至 0.1 MPa；

$m$——检验批抽检的构件数；

$n$——检验批中所抽检构件的测点总数。

取式(2.17)、式(2.18)中的较大值作为该批构件混凝土强度的推定值。

对于按批抽样检测的构件，当全部测点强度标准差或变异系数出现下列其中之一的情况时，则该批构件应全部按单个构件检测：当混凝土强度换算值的平均值不大于 25 MPa 时，$S_{f_{cu}^c}>4.5$ MPa；当混凝土强度换算值的平均值大于 25 MPa 且不大于 50 MPa 时，$S_{f_{cu}^c}>5.5$ MPa；当混凝土强度换算值的平均值大于 50 MPa 时，$\delta$ 大于 0.10。

## 三、混凝土损伤和缺陷的检测

桥梁在施工、使用过程中，构件往往会产生一些缺陷和损伤。混凝土构件中常见的缺损有裂缝、碎裂、剥落、层离、蜂窝、空洞、腐蚀和钢筋锈蚀等；钢构件中常见的缺损主要有锈蚀、裂缝(包括由于应力集中和疲劳等引起的裂缝)、机械损伤、局部变形、焊缝缺陷和防护层损坏等。

这些缺陷和损伤往往会严重影响结构物的承载能力和耐久性，因此是桥梁养护工作中必须检测的项目。形成这些缺陷和损伤的主要原因有：因施工不当造成内部孔洞、不密实区、蜂窝和保护层不足、钢筋外露等；混凝土非外力作用裂缝；外力作用形成裂缝；长期腐蚀或冻融造成构件由表及里的层状疏松等。

混凝土缺陷探伤是以无损检测的手段，确定混凝土内部缺陷的存在、大小、位置和性质。可用于探伤的无损检测手段有超声脉冲法、射线法、声波检测法、射线照相法、红外线检测法、雷达检测法等。其中超声法是目前使用最多、最有效的探伤方法(金属探伤也利用超声波在内部缺陷界面上的反射特性判断内部缺陷状态)。

超声探伤法常用来探查钢材、焊缝和混凝土中存在的裂缝、空洞、夹渣及火灾损伤等。由于混凝土是非匀质材料，必须用方向性弱的低频脉冲(20～150 kHz)且传递距离不大于 80 cm；平行脉冲方向的钢筋对探测结果影响很大，故配筋多的混凝土构件测试方法会有所限制；窄的裂缝会通过接触点或钢筋传递脉冲。所以，超声探伤法最适合用来探测较大的空洞和裂缝。

因低频超声在混凝土中遇到缺陷时发生绕射，故可按声时、声程的变化判别和计算缺陷的大小；因超声波在缺陷界面上产生反射，故可按到达接收探头时能量显著衰减的现象判断缺陷的存在及大小；因超声脉冲各频率成分在遇到缺陷时衰减程度不同，故可按接收频率明显降低，或接收波频谱产生差异来判别内部缺陷；因超声波在缺陷处波形转换和叠加，故可按其造成的接收波形畸变现象来判别缺陷。

超声法混凝土缺陷检测主要有以下几方面的内容：混凝土均匀性检测、混凝土结合面质量检测、混凝土表面损伤层检测、混凝土不密实区和空洞检测、裂缝检测等。这里只介绍一些常用的检测方法，详细内容可参照《无损检测　术语　超声检测》(GB/T 12604.1—2020)。

（一）混凝土均匀性检测

混凝土的不均匀性可引起脉冲速度的差别，这种差别和质量差别相关。脉冲速度的测量可以用来研究混凝土的均匀性，为达此目的，应均匀地布置该混凝土结构的若干测点，测点间距一般为 200～500 mm；测点布置时应避开与声波传播方向一致的钢筋（这种平行方向的钢筋对探测结果影响很大）。

各测点的声速值按式（2.20）计算。

$$v_i=\frac{L_i}{t_i} \tag{2.20}$$

式中　$v_i$——第 $i$ 点混凝土声速值（km/s）；

$L_i$——第 $i$ 点声径长度或称测距值（mm）；

$t_i$——第 $i$ 点混凝土的声时值（$\mu$s）。

各测点混凝土的声速值平均值 $\bar{v}$、标准差 $S_{\mathrm{v}}$，及离差系数 $C_{\mathrm{v}}$ 按式（2.21）～式（2.23）计算。

$$\bar{v}=\frac{1}{n}\sum_{i=1}^{n}v_i \tag{2.21}$$

$$S_{\mathrm{v}}=\sqrt{\frac{\sum_{i=1}^{n}v_i^2-n\bar{v}^2}{n-1}} \tag{2.22}$$

$$C_{\mathrm{v}}=\frac{S_{\mathrm{v}}}{\bar{v}} \tag{2.23}$$

式中　$\bar{v}$——声速平均值（km/s）；

$n$——测点数；

$v_i$——第 $i$ 点的声速值（km/s）；

$S_{\mathrm{v}}$——声速标准差；

$C_{\mathrm{v}}$——声速离差系数。

根据 $S_{\mathrm{v}}$、$C_{\mathrm{v}}$ 可以比较相同测距的同类结构或各部位混凝土均匀性的优劣。

（二）混凝土结合面质量检测

测试前应确定结合面的位置及走向，以正确确定需测部位及布置测点；结构的被测部位应具有使声波垂直或斜穿结合面的一对平行测试面；布置测点应避开平行声波传播方向的主钢筋或预埋铁件。也可采用斜测法布置测点（图 2.5），测点应使测试范围覆盖全部结合面或有怀疑的部位。各对 T、R 换能器连线的倾斜角及测距应相等。测点的间距视结构尺寸和结合面外观质量情况而定，可控制在 100～300 mm，在测出各测点的声时、波幅和频率值后，应对某一测区各测点声时、波幅和频率值分别进行统计和异常值判断。当通过结合面的某些测点的数据异常，并可排除其他因素影响时，可判定混凝土结合面在该处结合不良。

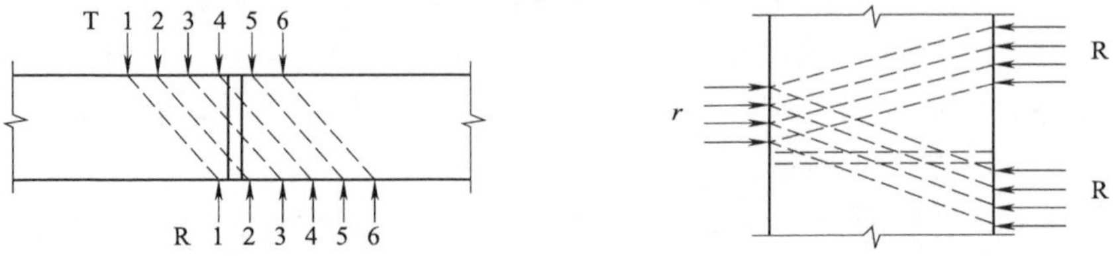

（a）梁平面图　　（b）柱侧面图

图 2.5　检测结合面的换能器布置

（三）混凝土表面损伤层检测

根据结构的损伤情况和外观质量选取有代表性的部位布置测区；结构被测表面应平整并处于自然干燥状态，且无接缝和饰面层；测点布置时应避免 T、R 换能器的连线方向与附近主钢筋的轴线平行。

表面损伤层检测应选用低频的厚度振动式换能器。测试时 T 换能器应耦合保持不动，然后将 R 换能器依次耦合在测点 1，2，3，…位置上，如图 2.6 所示，读取相应的声时值 $t_1,t_2,t_3,\cdots$，并测量 R 换能器每次移动后，每组 R、T 换能器内边缘之间的距离 $L_1,L_2,L_3,\cdots$，R 换能器每次移动的距离不宜大于100 mm，每一测区的测点数不得少于 5 个。当结构的损伤层厚度不均匀时，应适当增加测区数。

以各测点的声时值 $t_i$ 与相应测距值 $L_i$，绘制“声时—测距”坐标图，如图 2.7 所示可得到声速改变所形成的拐点，并按式(2.24)和式(2.25)算出损伤混凝土的声速 $v_d$ 和未损伤混凝土的声速 $v_n$。

$$v_d=\cot\alpha=\frac{L_2-L_1}{t_2-t_1} \tag{2.24}$$

$$v_n=\cot\beta=\frac{L_4-L_3}{t_4-t_3} \tag{2.25}$$

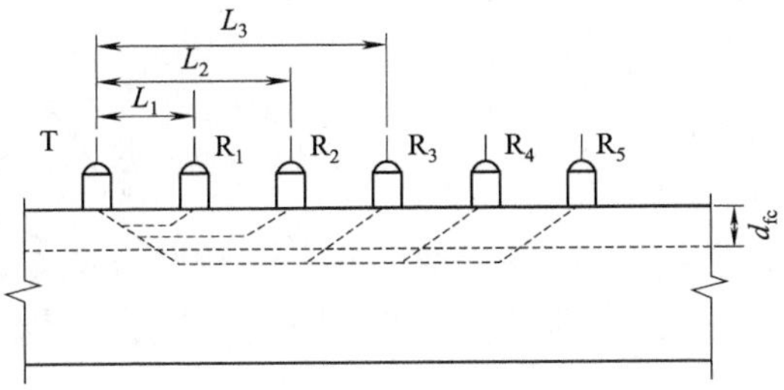

图 2.6　结合面料法换能器布置

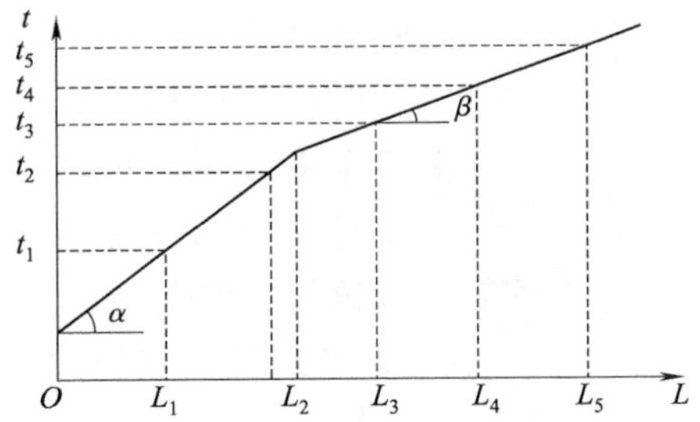

图 2.7　声时—测距坐标

（四）裂缝检测

超声法除了可用来检测混凝土强度外，还可用来检测混凝土病害，如空洞、沉陷，也可用来探测钢筋钢束位置。由于裂缝是常见的病害，前述的方法只能检测而不能测其深度，而超声法就可以解决这一问题。

当结构的裂缝部位只有一个可测表面且估计的裂缝深度又不大于 500 mm 时，可用单面平测法。测量时应在裂缝处以不同的测距，按不跨缝和跨缝布置测点(避开钢筋)，其步骤如下。

1. 不跨缝声时测量

将发射声波的换能器 T 和接收超声波的换能器 R 置于裂缝同侧附近，以 T、R 内边缘间距 $L_i'$ 从 100 mm 开始，以 50 mm 为一级递增，分别读取声时值 $t_i$，绘制时距图(图 2.8)或用回归分析法求出声时与测距的回归方程 $L_i=a+bt_i$。声波实际传播距离 $L_i$ 为

$$L_i=L_i'+|a| \tag{2.26}$$

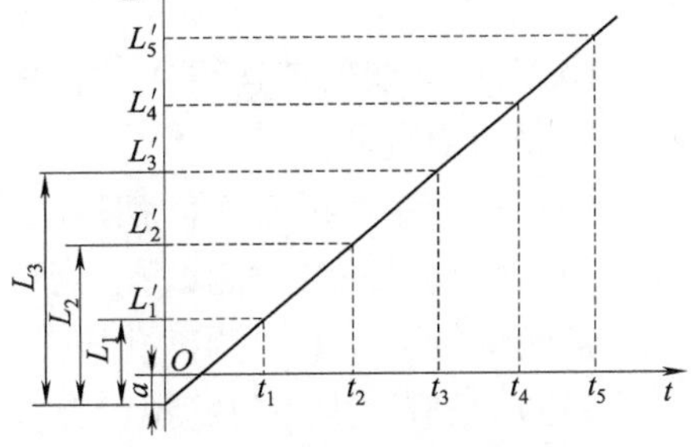

图 2.8　浅裂缝平测时距

式中　$L_i$——第 $i$ 的超声波实际传播距离(mm)；

$L_i'$——T、R 换能器内缘间距(mm)；

$a$——回归方程的常数项。

回归系数 $b$ 即为不跨缝平测时混凝土的声速值 $v$(km/s)。

2. 跨缝声时测量

将 T、R 换能器分别置于裂缝两侧，$L_i'$ 从 100 mm 起，以 50 mm 为级数增加，分别读取声时值 $t_i^0$，同时观察首波相位的变化。

根据如图 2.9 所示的几何关系，裂缝深度依式(2.27)和式(2.28)计算。

$$h_{ci}=\frac{L_i}{2}\cdot\sqrt{\left(\frac{t_i^0 v}{t_i}\right)^2-1} \tag{2.27}$$

$$m_{h_c}=\frac{1}{n}\cdot\sum_{i=1}^{n}h_{ci} \tag{2.28}$$

式中 $L_i$——不跨缝平测时第 $i$ 点的超声波实际传播距离(mm)；

$h_{ci}$——第 $i$ 点计算的裂缝度值(mm)；

$t_i^0$——第 $i$ 点跨缝平测声时值(μs)；

$m_{h_c}$——各测点计算裂缝深度的平均值(mm)；

$n$——测点数。

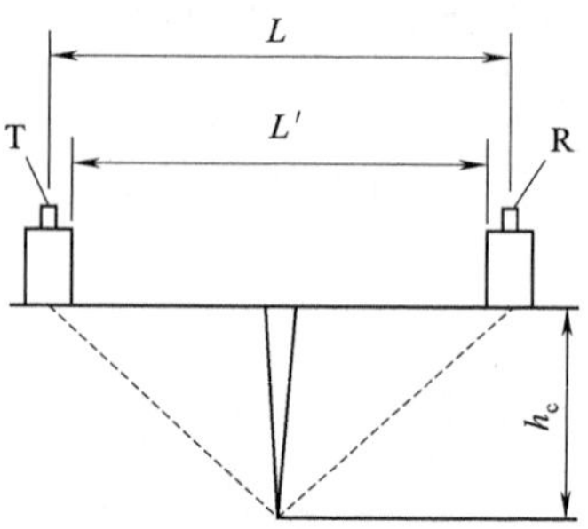


$L$—超声测距；$h_c$—裂缝深度。

图 2.9 平测法跨缝测试

试验证明，跨缝测量时，首波反相与裂缝深度有关。当在某测距发现首波反相时，可用该测距及两个相邻测距计算 $h_{ci}$ 值，取此三点 $h_{0i}$ 的平均值为裂缝深度值 $h_c$。有时候由于受钢筋或裂缝中局部连通影响而难以发现反相首波，以不同的测距计算 $h_{ci}$ 和 $m_{h_c}$，当 $L_i'<m_{h_c}$ 或 $L_i'>3m_{h_c}$ 时，应剔除该数据。

当结构的裂缝部位具有两个相互平行的测试表面时，可采用双面穿透斜测法。测点布置如图 2.10 所示，将 T、R 换能器分别置于两个测试表面对应测点 1，2，3…的位置读取相应声时值 $t_i$、波幅 $A_i$ 及主频 $f_i$。

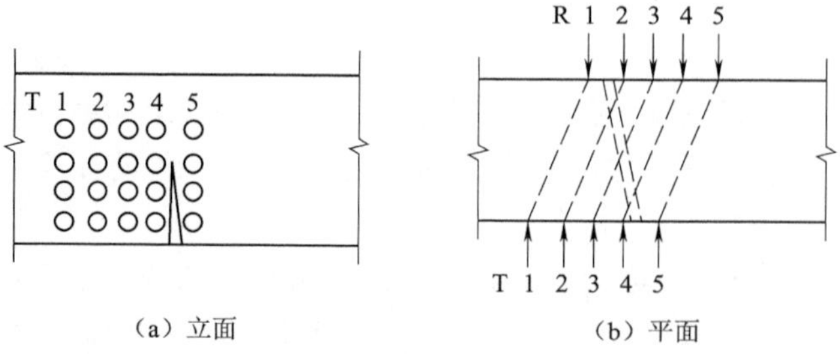


图 2.10 裂缝斜测法示意

当 T、R 换能器的连线通过裂缝，根据波幅、声时和主频突变可以评定裂缝深度以及是否在所处断面内贯通。

钻孔对测法适用于大体积混凝土，预计深度在 500 mm 以上的裂缝检测。如可在被检测混凝土构件裂缝两旁钻测试孔，则可采用此对测法，但裂缝中不应有水或泥浆。

被测结构上钻取的测试孔应满足下列要求：

(1)孔径应至少比裂缝预计深度深 700 mm，经测试若浅于裂缝深度，则应加深钻孔。

(2)对应的两个测试孔，必须始终位于裂缝两侧，其轴线应保持平行。

(3)两个对应测试孔的间距宜为 2 000 mm，同一结构的各对应测孔间距应相同。

(4)若条件允许，最好在裂缝一侧多钻一个较浅的辅测孔，测试无缝混凝土的声学参数，供对比判别之用(图 2.11)。

裂缝检测可选用频率为 20～60 kHz 的径向振动式换能器，并在其接线上作出等距离标志(一般间隔 100～400 mm)。如图 2.12 所示，测试前先向测试孔中注满清水，然后将 T、R 换能器分别置于裂缝两侧的对应孔中，以相同高程等间距从上至下同步移动，逐点读取声时值、波幅值和换能器所处的深度。裂缝深度的判定，以换能器所处的深度 $d$ 与对应的波幅 $A$，绘制 $d$—$A$ 坐标图，随着换能器的下移，波幅逐渐增大，当换能器下移至某一位置后，波幅达到最大值继而稳定，该位置所对应的深度 $d_{max}$，即为裂缝深度 $h_c$。

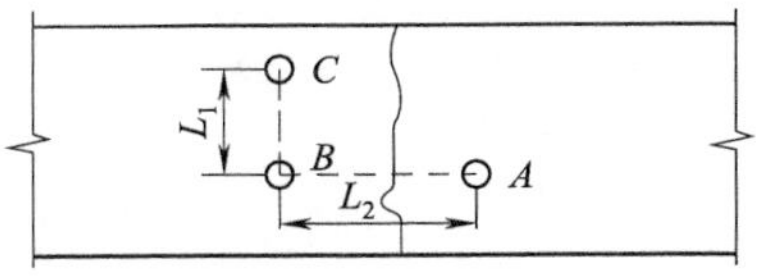

图 2.11 深裂缝钻孔检测平面示意

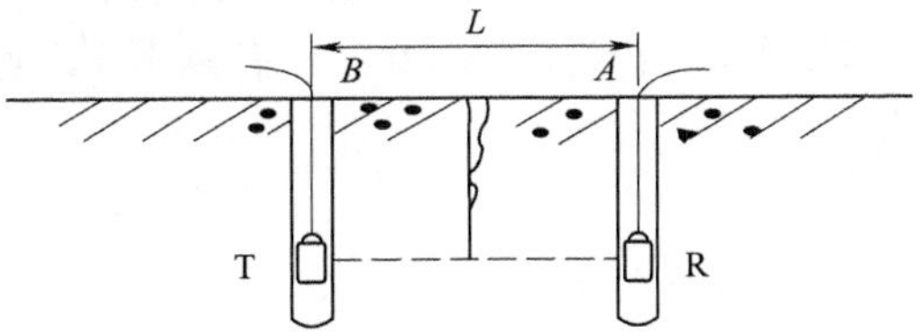

图 2.12 深裂缝钻孔检测立面示意

**四、钢筋检测**

钢筋混凝土构件中钢筋的锈蚀往往与混凝土的病害相互联系，一方面，混凝土的密实度、渗水性、含水率、含氯盐量、碳化深度、保护层厚度和开裂情况等诸多因素导致钢筋锈蚀；另一方面，钢筋的锈蚀又促使了混凝土的进一步破损。通过检验混凝土的质量状况来检测钢筋锈蚀状况，对钢筋锈蚀的评定技术可分为直接检测和间接检测两种。

(1)直接检测

直接检测钢筋锈蚀技术主要有：

①半电池电位检测法——利用与已知的、保持常量的基准电极的极电位相比较，有效地测量混凝土中钢筋的极电位，从而判定钢筋是否锈蚀。该法虽然不能提供锈蚀速率的具体数据，但它是可用于现有桥梁直接检测混凝土锈蚀程度的非破损技术。该检测技术设备简单、便于现场检测，在钢筋混凝土桥梁结构的耐久性评定中广泛应用。

②重量损失法与截面损失法——这两种方法都需要在桥梁构件上截取已锈蚀钢筋的试件来进行检测(局部破损检测)，缺点是仅能反映桥梁构件局部的锈蚀率。

(2)间接检测

间接检测钢筋锈蚀技术主要有：

①混凝土碳化深度的现场检测——用 2％的酚酞酒精溶液喷洒在混凝土的新鲜断口处。pH 值≥10 时显示紫红色，说明未碳化；pH 值＜10 时为无色，说明已经碳化。若碳化深度到达钢筋部位，混凝土失去保护作用，则钢筋可能被锈蚀。

②混凝土保护层厚度现场检测——利用保护层测定仪检测钢筋的混凝土保护层厚度是否足够。当取芯或钻孔时，也用来探测钢筋位置。在评价缺乏资料的桥梁时，可用其估测钢筋直径。产品的检测深度达 220～250 mm，精确度为±5％。

③混凝土电阻率检测——混凝土的电阻率与其含水率有关，是控制钢筋锈蚀的因素之一，电阻率越高、锈蚀电流越弱。当电阻率超过 12 000 Ω · cm 时，钢筋不大可能锈蚀；当电阻率低于 500 Ω · cm 时，钢筋肯定锈蚀。

④混凝土中氯离子含量检测——用来评定氯盐对钢筋的锈蚀。

⑤混凝土气透性检测——通过其对碳化和有害离子侵蚀的抵抗力，间接评定钢筋。

（一）钢筋锈蚀自然电位的检测

钢筋锈蚀是一个电化学过程，钢筋锈蚀电位的测量是把钢筋与混凝土看作一个半电池，通过检测与参考电极的电位差，来作为钢筋锈蚀电位的量度。该方法是检测钢筋锈蚀的常用的方法，方法简便、对结构无损伤、易于现场实施、结果明确，适用于混凝土构件寿命期间的任何时期，不受构件尺寸、钢筋保护层厚度的限制。

1. 钢筋锈蚀电位检测仪的技术要求

(1)该检测仪应通过技术鉴定，必须具有产品合格证。

(2)仪器的技术性能要求主要有以下 10 点：

①测量范围大于 1 V。

②准确度优于 1 mV。

③输出阻抗大于 $10^{10}$ Ω。

④半电池参考电极为铜/硫酸铜电极，温度系数 0.9 mV/℃。

⑤显示方式为数字显示。

⑥数据输出有标准打印机输出口，按矩阵或序列形成输出电位值并绘制等电位图。

⑦数据可存储且内存不断电。

⑧电源为直流电，连续正常工作时间不小于 6 h。

⑨仪器使用环境条件为环境温度 0～+40 ℃，相对湿度≥85%。

⑩测量连接导线：导线长不应超过 150 m，截面积大于 0.75 $mm^2$。

2. 钢筋锈蚀电位检测仪的使用、维护与保管

仪器的使用、日常维护与保管应按相应的说明书规定进行；对于充电电池供电的仪器，应注意每 1～2 个月充放电一次，以保持电池的活性。

3. 钢筋锈蚀电位检测仪的校准

铜/硫酸铜电极的校准可使用甘汞电极。将铜/硫酸铜参考电极接于测量仪正极，甘汞电极接于负极，并把两电极同时接触于一块润湿的棉花上，在 22 ℃时两电极之间的电位差在(68±10)mV 之间，则铜/硫酸铜电极就是可用的。每次检测之前应对电极进行校准。二次仪表的校准一般应每年进行一次。

4. 钢筋锈蚀电位的测试方法

(1)铜/硫酸铜参考电极的准备：饱和硫酸铜溶液用试剂级硫酸铜晶体溶解在蒸馏水中制成，当有多余的未溶解硫酸铜晶体积于溶液底部时，可认为该溶液是饱和的。电极铜棒应清洁、无明显缺陷，否则需用稀释盐酸溶液清洁铜棒，并用蒸馏水彻底冲净。硫酸溶液每月更换，长时间不用再用时也应更换，以保持溶液清洁，溶液应充满电极。

(2)测区与测点布置：

①测区应根据构件的环境差异、外观检查的结果来确定，应有各种程度和差异的代表，每种条件的测区数量不宜少于 3 个。

②在测区上布置测试网格，网格节点为测点，网格间距可选 20 cm×20 cm、30 cm×30 cm、20 cm×10 cm 等，根据构件尺寸而定，测点位置距构件边缘应大于 5 cm，测点数可根据仪器功能要求确定，但一般不宜少于 20 个测点。

③当一个测区内存在相邻测点的读数超过 150 mV，通常应减小测点的间距。

④测区应统一编号、注明位置，并描述外观情况。

(3)混凝土表面处理：用钢丝刷、砂纸打磨测区混凝土表面，除去涂料、浮浆、污迹、尘土等，并将表面润湿。表面润湿使用的接触液，可为水或加入适量液态洗涤剂的水溶液。

(4)钢筋锈蚀电位测量系统按要求正确连接、正确操作：

①现场检测，铜/硫酸铜电极一般接二次仪表的正输入端，钢筋接二次仪表的负输入端。

②局部打开混凝土，在钢筋上钻一小孔并拧上自攻螺钉，用加压型接线夹夹在钉帽上，保证有良好的电连接；若在远离钢筋连接点的测区进行测量，必须用万用表检查内部钢筋的连续性，如不连续，应重新进行钢筋的连接。

③铜/硫酸铜参考电极与测点的接触，测量前应预先将电极前端多孔塞充分浸湿，以保证良好的导电性；正式测读前应再次用喷雾器将混凝土表面润湿，但应注意两个测点之间不应留有自由表面水。

5. 钢筋锈蚀电位测量值的采集

测点读数变动不超过 2 mV，可视为稳定。在同一测点、同一支参考电极，重复测读的差异不超过 10 mV；不同的电极重复测读的差异不超过 20 mV。若不符合稳定要求，应检查测试系统的各个环节。

数据按测量仪器的操作要求进行保存，并于每个工作日之后及时输出处理数据。

6. 测量时应注意的问题与数据的修正

(1)混凝土含水率对测量值有明显影响，因此测量时构件应处于自然状态，含水率为 2%～3%，否则不能作为判据。

(2)如果环境温度在(22±5) ℃范围之外，要对铜/硫酸铜电极做温度修正。

(3)各种外界因素产生的杂散电流影响测量值，特别是靠近地面的测区，应避免各种电磁场的干扰。

(4)考虑混凝土保护层电阻对测量值产生的影响，除测区表面处理要符合规定外，仪器的输入阻抗也要符合技术要求。

7. 测试结果的记录格式与评定

根据电化学原理，钢筋锈蚀自然电位相对于铜/硫酸铜参考电极应为负值，为了提高现场测试的稳定性，本教材介绍的方法测得的读数为正值，评定时按惯例将数据加上负号。

数据格式：按一定的比例绘出测区平面图，标出相应测点位置的钢筋锈蚀电位，得到数据阵列，绘出电位等线图。通过数值相等的各点或内插各等值点绘出等值线，等值线差值宜为 100 mV。

8. 钢筋锈蚀电位测试的改善措施

钢筋锈蚀自然电位的检测，会受到多种因素的干扰，为了提高现场检测结果判读与评定的准确性，可进行少量的现场比较性试验。对于需要进行钢筋锈蚀测定的构件，已出现钢筋暴露或很容易暴露的部位，只要测其周围的锈蚀电位，比较这些钢筋的锈蚀程度和相应的测量值，就可缩小判据的范围，提高准确性。通过大面积的检测，评定整个被测结构的钢筋锈蚀状态。

(二)混凝土碳化深度检测法

钢筋混凝土结构物中，钢筋处于混凝土的碱性保护之中，混凝土碳化深度一旦到达钢筋，钢筋就失去保护，当外部条件成熟，就会发生锈蚀，因此检测混凝土碳化深度对判断钢筋状态也是很重要的。

1. 混凝土碳化深度的检测方法

混凝土碳化深度的检测一般使用酸碱指示剂喷在混凝土的新鲜破损面，根据指示剂颜色的变化，可测量混凝土的碳化深度。

2. 混凝土碳化深度检测前的准备

(1)常用的指示剂为酚酞试剂。配制方法为：75%的酒精溶液与白色酚酞粉末配置成酚酞浓度为1%～2%的酚酞溶剂，装入喷雾器备用。溶剂应为无色透明的液体。

(2)测区位置的选择原则可参照钢筋锈蚀自然电位测试的要求，若在同一测区，应先进行保护层、锈蚀电位、电阻率的测量，再进行碳化深度的测量。

(3)结构外侧面应布置测区。

(4)每一测区应布置测试孔3个，成"品"字排列，孔距应根据构件尺寸大小，但应大于2倍孔径。

(5)测孔距构件边角的距离大于2.5倍保护层厚度。

3. 碳化深度测量的操作过程

(1)用装有20 m直径钻头的冲击钻在测点位置钻孔。

(2)成孔后用圆形刷将孔中碎屑、粉末清除，并用皮老虎吹净，露出混凝土新茬。

(3)将酚酞指示剂喷到测孔壁上。

(4)待酚酞指示剂变色后，用专用卡尺测量混凝土表面至酚酞变色交界处的深度，准确至1 mm。酚酞指示剂从无色变为紫色时混凝土未碳化；酚酞指示剂未改变颜色处的混凝土已经碳化。

(5)将测区、测孔统一编号，并画出示意图，标上测量结果。

(6)测量值的整理应列出最大值、最小值和平均值。

4. 混凝土碳化对钢筋的影响

若混凝土碳化深度已达到钢筋保护层的厚度，则钢筋失去保护，已有锈蚀的危险。

(三)混凝土中氯离子含量测定法

有害物质侵入混凝土，将会影响结构的耐久性。混凝土中氯离子可引起并加速钢筋的锈蚀；硫酸盐($SO_4^{2-}$)的侵入可使用混凝土成为易碎、松散状态，强度下降；碱的侵入($K^+$、$Na^+$)在集料具有碱活性时，可能引起碱—集料反应破坏。因此在进行结构耐久性评定时，根据需要应对混凝土中$Cl^-$、$SO_4^{2-}$、$Na^+$、$K^+$含量进行测定。对混凝土中氯离子含量的测定方法早已成熟，已被普遍应用于现有结构。

氯离子含量的测定方法分析主要有两种：一是滴定条法——这种方法比较简便，可在现场完成；二是实验室化学分析法——这种方法结果准确，但对操作人员要求较高。

1. 滴定条法测定氯离子含量

(1)混凝土粉末分析样品的取样部位和数量

①分析样品的取样部位可参照钢筋锈蚀电位测试测区布置原则确定。

②测区的数量应根据结构的工作环境条件及构件本身的质量状况确定，在工作环境条件、质量状况有明显差异的部位布置测区。

③每一测区取粉的钻孔数量不宜少于3个，取粉孔可与碳化深度测量孔合并使用。

④测区、测孔应统一编号。

(2)混凝土取样方法

①使用直径20 mm以上的冲击钻在混凝土表面钻孔，钻孔前应先确定钢筋位置。

②钻孔取粉应分层收集，一般深度间隔可取3 mm、5 mm、10 mm、15 mm、20 mm、25 mm、50 mm等；若需测定指定深度处的钢筋周围氯离子含量，取粉间隔可进行调整。

③钻孔深度使用附在钻头侧面的标尺杆控制。

④用一硬塑料管和塑料袋收集粉末，对每一深度应使用一个新的塑料袋收集粉末；每次采集后，钻头、硬塑料管及钻孔内都应用毛刷将残留粉末清理干净，以免不同深度粉末混杂。

⑤同一测区的不同孔，相同深度的粉末可收集在一个塑料袋内，质量不应少于 25 g，若不够可增加同一测区测孔数量。不同测区的测孔，其相同深度的粉末不应混合在一起。

⑥采集粉末后，塑料袋应立即封口保存，注明测区、测孔编号及深度。

(3)滴定条法分析步骤

①将采回的样品过筛，去掉其中较大的颗粒。

②将样品置于(105±15) ℃烘箱内烘 2 h 后，冷却至室温。

③称取 5 g 样品粉末(准确度优于±0.1 g)放入烧杯中。

④缓慢加入 50 mL(1.0 m，$HNO_3$)并彻底搅拌直至嘶嘶声停止。

⑤先用石蕊试纸检查溶液是否呈酸性(石蕊试纸变红)，如果不呈酸性，再加入适量硝酸；最后加入约 5 g 无水碳酸钠($Na_2CO_3$)。

⑥用石蕊试纸检查溶液是否呈中性，否则再加入少量无水碳酸钠直至溶液呈中性。

⑦用过滤纸作一锥斗压入液体，当纯净的溶液渗入锥头后，把滴定条插入液体中。

⑧待滴定条顶端水平黄色细条变成蓝色，取出滴定条并沿由上至下的方向将其擦干。

⑨读取滴定条颜色变化处的最高值，然后，在该批滴定条表中查出所对应的氯离子含量值，此值是以百万分之几($10^{-6}$)表示的。若分析过程取样 5 g，加硝酸 50 mL，则将查表所得的值除以 1 000 即为百分含量。

⑩若使用样品质量不是 5 g 或使用过量的硝酸，则按下式修正其百分比含量。

$$\text{氯离子百分比含量}=\frac{a \cdot b}{10\,000c}$$

式中　$a$——查该批滴定条参数表所得的值($10^{-6}$)；

$b$——硝酸的体积(mL)；

$c$——样品质量(g)。

2.实验室化学分析法测定氯离子含量

(1)混凝土中游离氯离子含量的测定

试验目的：测定硬化混凝土中砂浆的游离氯离子含量，为查明钢筋锈蚀原因提供依据。

试验设备：托盘天平(称量 100 g，感量 10 mg)；分析天平(称量 200 g、感量 1 mg，称量 200 g、感量 0.1 mg 各一台)；棕色滴定管(25 mL 或 50 mL)；三角烧瓶(250 mL)；容量瓶(100 mL、1 000 mL)；移液管(20 mL)；标准筛(孔径 0.63 mm)。

化学药品包括硫酸(密度 1.84)、酒精(95%)、硝酸银、铬酸钾、酚酞和氯化钠。

试剂配制步骤如下：

①配制浓度约 5%铬酸钾指示剂：称取 5 g 铬酸钾溶于少量蒸馏水中，加入少量硝酸银溶液出现微红，摇匀后放置过夜，过滤并移入 100 mL 容量瓶中，按要求稀释。

②配制浓度约 0.5%的酚酞溶液：称取 0.5 g 酚酞溶于 7 mL 酒精和 25 mL 蒸馏水中。

③配制稀硫酸溶液：以 1 份体积硫酸倒入 20 份体积中的蒸馏水中。

④配制 0.02$N$ 氯化钠标准溶液：把纯氯化钠置于瓷坩埚中以玻璃棒搅拌，一直到不再有盐的爆裂声为止。冷却后称取 1.2 g 左右(精确到 0.1 mg)，用蒸馏水溶解后移入 1 000 mL 容量瓶，并稀释至相应刻度。氯化钠当量浓度按式(2.29)计算。

$$N=\frac{W}{58.45} \tag{2.29}$$

式中　$N$——氯化钠溶液的摩尔浓度；

$W$——氯化钠质量(g)；

58.45——氯化钠的摩尔质量。

0.02$N$ 硝酸银溶液(视所测的氯离子含量而定，也可配成浓度略高的硝酸银溶液)：称取硝酸银 3.4 g 左右溶于蒸馏水中并稀释至 1 000 mL，置于标色瓶中保存。用移液吸取氯化钠标准溶液 20 mL($V_1$)于三角烧瓶中，加入 10～20 滴铬化酸钾指示剂，用于配制的硝酸银溶液滴定至溶液刚呈砖红色，记录所消耗的硝酸银毫升数($V_2$)。

$$N_2=\frac{N_1 \cdot V_1}{V_2} \tag{2.30}$$

式中　$N_2$——硝酸银溶液的摩尔浓度；

$N_1$——氯化钠标准溶液的摩尔浓度；

$V_1$——氯化钠标准溶液的毫升数；

$V_2$——消耗硝酸银溶液的毫升数。

试验步骤如下：

①样品处理。取混凝土中的砂浆约 30 g，研磨至全部通过 0.63 mL 筛，然后置于烘箱中加热[(105±15)℃]2 h，取出后放入干燥器冷却至室温。称取 20 g(精确至 0.01 g)，称量为 $G$，置于三角烧瓶中加入 200 mL($V_3$)蒸馏水，塞紧瓶塞剧烈振荡 1～2 min，浸泡 24 h。

②将上述试样过滤。用吸管分别吸取滤液 20 mL($V_4$)，置于 2 个三角烧瓶中，各加 2 滴酚酞，使溶液呈微红色，再用稀硫酸中和至无色后，加铬酸钾指示剂 10～20 滴，立即用硝酸银溶液滴定至呈砖红色，记录所消耗的硝酸银毫升数($V_5$)。

游离氯离子含量按式(2.31)计算。

$$P=\frac{0.035\,45N_2V_5}{G-\frac{V_4}{V_3}}\times 100\% \tag{2.31}$$

式中　$P$——砂浆样品游离氯离子含量(%)；

$N_2$——硝酸银标准溶液的摩尔浓度；

$G$——砂浆样品质量(g)；

$V_3$——浸取样品的用水量(mL)；

$V_4$——每次滴定时提取的滤液量(mL)；

$V_5$——每次滴定时消耗的硝酸银溶液量(mL)；

0.035 45——氯离子的摩尔质量。

(2)混凝土中氯离子总含量(包括已和水泥结合的氯离子量)的测定

试验目的：测定混凝土中砂浆的氯离子总含量，为查明钢筋锈蚀原因提供依据。

试验设备：包括恒温烘箱、分析天平(称量 100 g，感量 0.1 mg)、天平(感量 0.01 g)、酸式滴定管(10 mL)2 支、容量瓶(100 mL 和 1 000 mL)、三角锥瓶(250 mL)、试剂瓶(1 000 mL)、移液管(20 mL)、玻璃干燥器、研钵和表面皿。化学药品包括氯化钠、硝酸银、硫氰酸钾、硝酸、铁矾和铬酸钾。

试剂配制步骤如下：

①0.02$N$ 氯化钠标准溶液的配制按相关规定执行。

②0.02$N$硝酸银溶液配制与标定按相关规定执行。

③6$N$硝酸溶液的配制。取含量65%～68%的化学纯浓硝酸($HNO_3$)25.8 mL置于容量瓶中，按要求用蒸馏水稀释。

④10%铁矾溶液。用10 g化学纯铁矾溶于90 g蒸馏水配成。

⑤0.02$N$硫氰酸钾标准溶液。用天平称取化学纯氰酸钾晶体约1.95 g，溶于100 mL蒸馏水，充分搅匀，装在瓶内配成硫氰酸钾溶液并用硝酸银标准溶液进行标定。将硝酸银标准溶液装入滴定管，从滴定管放出硝酸银标准溶液约25 mL，加6 N硝酸5 mL和10%铁矾溶液4 mL，然后用硫氰酸钾标准溶液滴定；滴定时，激烈摇动溶液，当滴至红色维持5～10 s不褪色时即为终点。

硫氰酸钾标准溶液的当量浓度按式(2.32)计算。

$$N_1=\frac{N_2 \cdot V_2}{V_1} \tag{2.32}$$

式中　$N_1$——硫氰酸钾标准溶液的摩尔浓度；

$N_2$——滴定时消耗的硫氰酸钾标准溶液量(mL)；

$V_1$——硝酸银标准溶液的摩尔浓度；

$V_2$——硝酸银标准溶液量(mL)。

试验步骤如下：

①取适量的混凝土试样(约40 g)，用小锤仔细除去混凝土试样中石子部分，把砂浆研碎成粉状，置于(105±15)℃烘箱中2 h。取出放入干燥器内冷却至室温，用感量为0.01 g天平称取10～20 g砂浆试样倒入三角锥瓶。

②用容量瓶盛100 mL稀硝酸(浓硝酸与蒸馏水体积比为15∶85)倒入盛有砂浆试样的三角锥瓶内，盖上瓶塞、防止蒸发。

③砂浆试样浸泡一昼夜左右(以水泥全部溶解为度)，其间应摇动三角锥瓶，然后用滤纸过滤，除去沉淀。

④用移液管准确量取滤液20 mL两份，置于三角锥瓶，每份由滴定管加入硝酸银溶液约20 mL(可估算氯离子含量的多少而酌量增减)，分别用硫氰酸钾滴定。滴定时激烈摇动溶液，当滴至红色能维持5～10 s不褪色时即为终点。

必要时可加入3～5滴10%铁矾溶液以增加水泥含有的$Fe^{3+}$。

氯离子总含量按式(2.33)计算。

$$P=\frac{0.035\,45(NV-N_1V_1)}{\frac{GV_2}{V_3}} \tag{2.33}$$

式中　$P$——砂浆样品中氯离子含量(%)；

$N$——硝酸银标准溶液的摩尔浓度；

$V$——加入滤液试样中的硝酸银标准溶液量(mL)；

$N_1$——硫氰酸钾标准溶液的摩尔浓度；

$V_2$——每次滴定时提取的滤液量(mL)；

$V_3$——浸取样品的用水量(mL)；

$G$——砂浆样品质量(g)；

0.035 45——氯离子的摩尔质量。

3.分析结果的评定

氯化物浸入混凝土引起钢筋的锈蚀，其锈蚀危险性受到多种因素的影响，如碳化深度、混凝土含水率、混凝土质量等，因此应进行综合的分析。

因氯离子含量引起钢筋锈蚀的危险性可分为低、中、高三个等级，见表 2.4。

**表 2.4 钢筋锈蚀危险程度划分**

| 氯离子含量(占水泥含量的百分比) | 0.4 以下 | 0.4～1.0 | 1.0 以上 |
|---|---|---|---|
| 钢筋锈蚀危险性 | 低 | 中 | 高 |

根据每一取样层氯离子含量的测定值，做出氯离子含量深度的分布线，从而可判断氯化物是混凝土生成时已有的，还是结构使用过程中由外界渗入，并判断浸入的深度。

(四)钢筋保护层厚度及分布检测法

混凝土保护层为钢筋提供了良好的保护，其厚度和分布的均匀性是影响钢筋耐久性的重要因素，在结构质量检测中必须进行钢筋保护层的测量，通常使用钢筋保护层测量仪器，其工作原理为电磁感应。当探测传感器靠近钢筋时，传感器的电感量发生变化，两端电压发生变化，从而可测定钢筋的位置、直径和保护层厚度。

1. 钢筋保护层测试仪的技术要求

(1)该测试仪应通过技术鉴定，必须具有产品合格证。

(2)仪器的保护层测量范围应大于 120 mm。

(3)仪器的准确度应满足：0～60 mm，±1 mm；60～120 mm，±3 mm；>120 mm，±10%。

(4)可适用钢筋直径范围 $\phi$(6～50)mm，不少于符合有关钢筋直径系列规定的 12 个档次。

(5)仪器应具有在未知保护层厚度的情况下，测量钢筋直径的功能。

(6)仪器适用于常用的碳素钢、低合金钢钢筋和普通水泥。当出现超出仪器适用的钢材、水泥品种范围时，仪器仍能工作，但需做专门的校准以修正测度值。

(7)仪器应能适用于温度 0～40 ℃，相对湿度≤85%，无强磁场干扰的环境条件。

(8)仪器工作时应为直流供电，连续正常工作时间不少于 6 h。

2. 钢筋保护层测试仪的使用、维护与保管

(1)仪器的使用、维护与保管应遵照说明书进行。

(2)仪器接通电源后宜预热 10 min，再进行正式测读。

(3)在测量的整个过程中，应随时检查和调节仪器的零点。

(4)测量时应避免强磁场的干扰，两台仪器同时使用时，距离应大于 2 m。

(5)对于充电电池供电的仪器，应每 1～2 个月充放电一次，以保持电池的活性。

3. 钢筋保护层测试仪的标定

(1)保护层测试仪使用期间的标定校准，应使用专用的标定块。当测量标定块所给定的保护层厚度时，测读值应在仪器说明书所给定的准确度范围之内。

(2)标定块由一根 $\phi$16 mm 的普通碳素钢筋垂直浇铸在长方体无磁性的塑料块内，使钢筋距离 4 个侧面分别为 15 mm、30 mm、60 mm、90 mm。

(3)标定应在无外界磁场干扰的环境中进行。

(4)每次检测前均应对仪器进行标定，若达不到应有准确度，应送专门机构维修。

4. 钢筋保护层测量的一般原则要求

(1)测区布置原则：

①按单个构件检测时，应根据尺寸大小，在构件上均匀布置测区，每个构件上的测区数不应少于 3 个。

②对于最大尺寸大于 5 m 的构件，应适当增加测区数量。

③测区应均匀分布，相邻两测区的间距不宜小于 2 m。

④测区表面应清洁平整，避开接缝、蜂窝、麻面、预埋件等部位。

(2)测区应注明编号，并记录测区位置和外观情况。

(3)测点数量及要求：

①构件上每一测区测点根据构件尺寸和检测要求确定。

②测点间距应小于保护层测试仪传感器长度。

(4)对某一类构件的检测，可采取抽样的方法，抽样数不少于同类构件数的 30%，且不少于 3 件，每个构件测区布置按单个构件要求进行。

(5)对结构整体的检测，可先按构件类型分类，再按类型进行检测。

5. 钢筋保护层测量的试验步骤

(1)测试前应了解有关图纸资料，以确定钢筋的种类和直径。

(2)进行保护层厚度测读前，应先在测区内确定钢筋的位置与走向，做法如下：

①将保护层测试仪传感器在构件表面平行移动，当仪器显示值最小时，传感器正下方即是所测钢筋的位置。

②找到钢筋位置后，将传感器在原处左右转动一定角度，仪器显示最小值时传感器长轴线的方向即为钢筋的走向。

③在构件测区表面画出钢筋位置与走向。

(3)保护层厚度的测读：

①将传感器置于钢筋所在位置正上方，并左右稍稍移动，读取仪器显示最小值即为该处保护层厚度。

②每一测点值宜读取 2～3 次稳定读数，取其平均值，准确至 1 mm。

③应避免在钢筋交叉位置进行测量。

(4)对于缺少资料，无法确定钢筋直径的构件，应首先测量钢筋直径。对钢筋直径的测量宜采用 5～10 次测读，剔除异常数据，求其平均值的测量方法。

6. 影响试验准确度的因素及修正

(1)影响测量准确度的因素

①外加磁场(应予以避免)。

②混凝土具有磁性(测量值应予以修正)。

③钢筋品种(主要是高强钢筋，应加以修正)。

④不同的布筋状况，钢筋间距。

当 $D/S<3$，需修正测量值。其中，$D$ 为钢筋净间距，$S$ 为保护层厚度。

(2)保护层测量值的修正

实际测量时，钢筋直径、材质、布筋状况，混凝土的性质等往往都是未知的，为了准确测量保护层厚度，应予以修正。

①钢筋不同位置时的等效直径修正。

②模型修正法(只能在试验室内完成)。根据图纸资料，用与实际构件相同的材料制成小尺寸模型，通过检测已知的保护层厚度，获得修正系数 $K$。

$$K=\frac{S_{\mathrm{m}}}{S_{\mathrm{v}}} \tag{2.34}$$

式中　$S_m$——仪器读数值；

$S_v$——保护层厚度实际值。

③标准垫块综合修正（常用于现场检测）：标准垫块用硬质无磁性材料制成，如工程塑料或电工用绝缘板，平面尺寸与仪器传感器底面相同，厚度 $S_s$ 为 10 mm 或 20 mm，修正系数 $K$ 的计算方法见式(2.35)。

$$K=\frac{S_{m2}-S_{m1}}{S_s} \tag{2.35}$$

将传感器直接置于混凝土表面已标好的钢筋位置正上方，读取测量值 $S_{m1}$。将标准垫块置于传感器原来在混凝土表面所处位置，将传感器置于其上，读取测量值 $S_{m2}$。对于不同钢筋种类和直径应确定各自的修正系数，均应采用 3 次测量求得平均值。

④校准孔进行综合修正（常用于现场检测）：用 6 mm 钻头在钢筋位置正上方，垂直于构件表面打孔，手感觉碰到钢筋立即停止，用深度长尺测量钻孔深度，即为实际的保护层厚度，其修正系数见式(2.35)。

注：对于不同钢种和直径应打各自的校准孔，一般应不少于 2 个，求其平均值。

(3)现场检测的准确度

经过修正后确定的保护层厚度值，准确度可在 10%以内，因混凝土表面的平整度及各种影响因素仍会给测量带来误差。

## 学习项目二　桥梁工程制品的检测

预应力混凝土常用锚具、夹具、连接器等工程制品。支座是桥梁工程的重要组成部分，是保证桥梁传递荷载，具备整体性的主要装置。对桥梁的工程制品进行检测，确保装置的安全性，对桥梁的使用有积极作用。

### 一、锚具、夹具和连接器试验检测

项目学习中所涉及的预应力筋用锚具、夹具、连接器产品标准和主要相关标准有《公路桥梁预应力钢绞线用锚具、夹具和连接器》(JT/T 329—2010)、《预应力筋用锚具、夹具和连接器》(GB/T 14370—2015)、《预应力混凝土用钢绞线》(GB/T 5224—2023)。

*(一)产品分类、代号及标记*

1.产品分类、代号

交通运输行业标准 JT/T 329—2010 将锚具按其结构形式分为张拉端锚具、固定端锚具两类，国家标准 GB/T 14370—2015 将锚具、夹具和连接器按预应力筋的锚固方式不同分为夹片式、支承式、组合式和握裹式四种基本类型。锚具、夹具和连接器产品分类及代号见表 2.5。

2.标记

锚具、夹具及连接器的标记由产品代号、预应力钢绞线直径和预应力钢绞线根数三部分组成。

(1)标准 JT/T 329—2010 标记示例

①预应力钢绞线的圆锚张拉端锚具，钢绞线直径为 15.2 mm，锚固根数为 12 根，标记为：YM15-12。

**表 2.5　锚具、夹具和连接器产品分类及代号**

| 标准号 | 产品分类名称 | | | 产品分类代号 |
|---|---|---|---|---|
| JT/T 329—2010 | 张拉端锚具 | 圆锚张拉端锚具 | | YM |
| | | 扁锚张拉端锚具 | | YMB |
| | 固定端锚具 | 固定端压花锚具 | 圆锚固定端压花锚具 | YMH |
| | | | 扁锚固定端压花锚具 | YMHB |
| | | 固定端挤压式锚具 | 圆锚固定端挤压式锚具 | YMP |
| | | | 扁锚固定端挤压式锚具 | YMPB |
| | 夹具 | | | YJ |
| | 连接器 | | | YMJ |
| GB/T 14370—2015 | 锚具 | 夹片式 | 圆形 | YJM |
| | | | 扁形 | BJM |
| | | 支承式 | 墩头 | DTM |
| | | | 螺母 | LMM |
| | | 组合式 | 冷铸 | LZM |
| | | | 热铸 | RZM |
| | | 握裹式 | 挤压 | JYM |
| | | | 压花 | YHM |
| | | 夹片式 | 圆形 | YJL |
| | | | 扁形 | BJL |
| | 连接器 | 支承式 | 墩头 | DTL |
| | | | 螺母 | LML |
| | | 握裹式 | 挤压 | JYL |
| | | 夹片式 | 圆形 | YJJ |
| | | | 扁形 | BJJ |
| | 夹具 | 支承式 | 墩头 | DTJ |
| | | | 螺母 | LMJ |

②预应力钢绞线的扁锚固定端挤压式锚具，钢绞线直径为 15.2 mm，锚固根数为 5 根，标记为：YMPB15-5。

③预应力钢绞线的圆锚连接器，钢绞线直径为 15.2 mm，锚固根数为 7 根，标记为：YMJ15-7。

(2)标准 GB/T 14370—2015 标记示例

①预应力钢绞线的圆形夹片式群锚锚具，钢绞线直径为 15.2 mm，锚固根数为 12 根，标记为：YJM15-12。

②预应力钢绞线的用于固定端的挤压式锚具，钢绞线直径为 12.7 mm，锚固根数为 12 根，标记为：JYM13-12。

③预应力钢绞线的用于挤压式连接器，钢绞线直径为 15.2 mm，锚固根数为 12 根，标记为：JYL15-12。

(二)预应力筋锚具、夹具、连接器的力学性能要求

预应力筋用锚具、夹具、连接器的力学性能要求见表 2.6。

**表 2.6　锚具、夹具和连接器的力学性能要求**

<table>
<tr><th>标准号</th><th colspan="2">检测项目</th><th>力学性能要求</th></tr>
<tr><td rowspan="6">JT/T 329—2010</td><td rowspan="5">锚具、<br>连接器</td><td>静载锚固性能</td><td>①效率系数 $\eta_a \geqslant 0.95$<br>②实测极限拉力时的总应变 $\varepsilon_{apu} \geqslant 2.0\%$</td></tr>
<tr><td>疲劳荷载性能</td><td>①试样经过 200 万次循环荷载后，锚具零件不应发生疲劳破坏<br>②钢绞线因锚具夹持作用发生疲劳破坏的面积不应大于原试样总面积的 5%</td></tr>
<tr><td>周期荷载性能</td><td>试样经过 50 万次周期荷载试验后，钢绞线在锚具夹持区域不应发生破断、滑移和夹片松脱现象</td></tr>
<tr><td>钢绞线内缩量</td><td>张拉端钢绞线内缩量应不大于 5 mm</td></tr>
<tr><td>锚口摩阻损失率</td><td>锚口(含锚下垫板)摩阻损失率合计不大于 6%</td></tr>
<tr><td>夹具</td><td>静载锚固性能</td><td>效率系数 $\eta_g \geqslant 0.92$</td></tr>
<tr><td rowspan="4">GB/T 14370—2015</td><td rowspan="2">锚具</td><td>静载锚固性能</td><td>①效率系数 $\eta_a \geqslant 0.95$<br>②实测极限拉力时的总应变 $\varepsilon_{apu} \geqslant 2.0\%$</td></tr>
<tr><td>疲劳荷载性能</td><td>①试样经过 200 万次循环荷载后，锚具零件不应发生疲劳破坏<br>②预应力筋因锚具夹持作用发生疲劳破坏的截面面积不应大于试样总截面面积的 5%</td></tr>
<tr><td>夹具</td><td>静载锚固性能</td><td>效率系数 $\eta_g \geqslant 0.95$</td></tr>
<tr><td colspan="2">连接器</td><td>①永久留在混凝土结构或构件中的连接器力学性能要求与锚具的相同<br>②张拉后还需放张和拆卸的连接器力学性能要求与夹具的相同</td></tr>
</table>

(三)预应力筋用锚具、夹具、连接器的试验方法

1. 试验准备

预应力筋锚具、夹具、连接器组装件试验之前必须进行单根预应力钢绞线(母材)的力学性能试验。母材试样不应少于 6 根，力学性能试验结果符合标准 GB/T 5224—2023 后方可使用。钢绞线力学性能试验结果计入表 2.7 中。

**表 2.7　钢绞线力学性能试验结果**

| 钢绞线规格 | | 生产厂家 | |
|---|---|---|---|
| 公称面积/mm$^2$ | | 实测极限抗拉强度平均值(6 根试验结果平均值)/MPa | |
| 公称直径/mm | | 抗拉强度标准值/MPa | |

2. 试验用设备

静载试验、周期荷载试验、疲劳荷载试验用设备，一般由加载千斤顶、荷载传感器、承力台座(架)、液压油泵源及控制系统组成。测力系统必须经过法定的计量检测机构标定，并在有效期内使用。

3. 静载锚固性能试验

夹具、连接器与锚具试验方法基本相同，以下介绍的试验方法均以锚具为例。

(1)试样准备

试样数量:组装件 3 个,包含 6 个锚环及相配套的夹片、钢绞线。

(2)组装

组装前必须把锚固零件擦拭干净,然后将钢绞线、锚具与试验台组装,如图 2.13 所示,使每根钢绞线受力均匀,初应力为预应力钢筋抗拉强度标准值 $f_{ptk}$ 的 5%～10%。

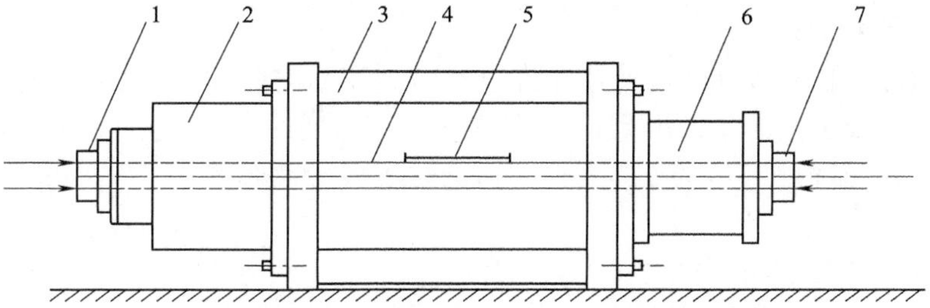


1—张拉端试验锚具;2—加荷载用千斤顶;3—承力台座;4—预应力筋;
5—测量总应变的装置;6—荷载传感器;7—固定端试验锚具。

图 2.13　预应力筋—锚具组装件静载试验示意

(3)加载

①加载速率为 100 MPa/min。

②以预应力钢绞线抗拉强度标准值的 20%、40%、60%、80%,分 4 级等速加载。

③加载到钢绞线抗拉强度标准值的 80%后,持荷 1 h。

④持荷 1 h 后用低于 100 MPa/min 的加载速率缓慢加载至试样破坏。

(4)试验过程中测量项目

①预应力筋受拉段长度。

②固定端或张拉端的有代表性的若干根钢绞线,一般取 3～4 根,相对位移初始值 $\Delta a$。

③固定端或张拉端的有代表性的若干夹片,一般取 3～4 个,相对位移初始值 $\Delta b$。

④按施加荷载的前 4 级(20%、40%、60%、80%),逐级测量钢绞线相对位移 $\Delta a$、夹片相对位移 $\Delta b$。

⑤在预应力筋达到 $0.8f_{ptk}$时,持荷 1 h。在此持荷期间,每隔 20～30 min 测量 1 次钢绞线相对位移 $\Delta a$、夹片相对位移 $\Delta b$。

⑥测量试样破断后钢绞线相对位移 $\Delta a$、夹片相对位移 $\Delta b$,如图 2.14 所示。

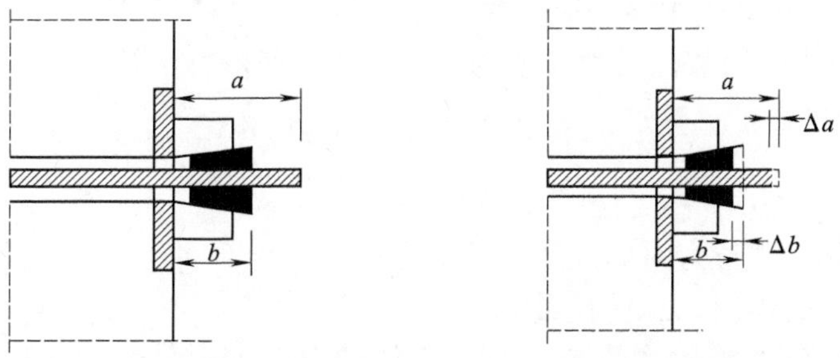


(a) 锚固前,预应力筋预紧之后　　(b) 加载之中及锚固之后

$a$—锚固前位移;$b$—锚固后位移。

图 2.14　试验期间预应力筋及锚具零件的位移示意

(5)试验过程中观察项目

①观察 $\Delta a$、$\Delta b$ 与预应力筋的受力增量是否成比例变化。

判断：$\Delta a$、$\Delta b$ 若不成比例变化，应检查预应力钢绞线是否失锚滑动，相关零件（锚环、锚板）是否发生了塑性变形。

②观察在此持荷 1 h 期间，$\Delta a$、$\Delta b$ 是否保持稳定，锚具的夹片是否出现裂纹和破断。

判断：$\Delta a$、$\Delta b$ 若继续增加，不能稳定，表明已失去可靠锚固能力。

③观察锚具的变形。

判断：在静载锚固性能满足后，夹片允许出现微裂和纵向断裂，不允许横向、斜向断裂及碎断；预应力筋达到极限破断时，锚板及其锥形锚孔不允许出现过大塑性变形，锚板中心残余变形不应出现明显挠度；$\Delta b$ 如相比预应力筋应力为 $0.8f_{ptk}$时成倍地增加，表明已失去可靠的锚固能力。

(6)记录项目

记录试样的破坏部位与形式。

(7)静载试验结果计算

静载试验应连续进行 3 个组装件的试验，试验结束后需计算锚具效率系数和实测极限拉力时组装件受力长度的总应变。

①《公路桥梁预应力钢绞线用锚具、夹具和连接器》(JT/T 329—2010)中锚具效率系数按式(2.36)计算。

$$\eta_a=\frac{F_{apu}}{F_{pm}} \tag{2.36}$$

$$F_{pm}=nf_{pm}A_{pk} \tag{2.37}$$

式中　$F_{apu}$——钢绞线锚具组装件的实测极限拉力；

$F_{pm}$——钢绞线锚具组装件中各根钢绞线计算极限拉力之和；

$f_{pm}$——由钢绞线中抽取的试样的极限抗拉强度平均值；

$n$——钢绞线锚具组装件中钢绞线根数；

$A_{pk}$——钢铰线的特征截面面积。

②《预应力筋用锚具、夹具和连接器》(GB/T 14370—2015)中锚具效率系数按式(2.38)计算。

$$\eta_a=\frac{F_{apu}}{\eta_p F_{pm}} \tag{2.38}$$

式中　$F_{apu}$——锚具组装件的实测极限拉力；

$\eta_p$——预应力筋效率系数，取用方法，为锚具组装件中预应力筋根数 $n=1\sim5$ 时，$\eta_p=1$；$n=6\sim12$ 时，$\eta_p=0.99$；$n=13\sim19$ 时，$\eta_p=0.98$；$n\geqslant20$ 时，$\eta_p=0.97$；

$F_{pm}$——锚具组装件中各预应力筋计算极限拉力之和。

③实测极限拉力时组装件受力长度的总应变按式(2.39)计算。

$$\varepsilon_{apu}=\frac{\Delta L}{L_0}\times100\% \tag{2.39}$$

$$\Delta L=\Delta L_1+\Delta L_2-\Delta a \tag{2.40}$$

式中　$\varepsilon_{apu}$——实测极限拉力时钢绞线的总应变；

$\Delta L$——破断时钢绞线总伸长量；

$\Delta L_1$——从初应力（钢绞线抗拉强度标准值的 10%）到极限应力时的活塞伸长量；

$\Delta L_2$——从 0 张拉至初应力（钢绞线抗拉强度标准值的 10%）时的钢绞线伸长量理论计算值（夹持计算长度内）；

$\Delta a$——钢绞线相对试验锚具（连接器）的实测位移量；

$L_0$——钢绞线夹持计算长度，即两端锚具(连接器)的端头起夹点之间的距离。

④夹具的效率系数 $\eta_g$ 按式(2.41)计算。

$$\eta_g=\frac{F_{gpu}}{F_{pm}} \tag{2.41}$$

式中　$F_{gpu}$——预应力筋—夹具组装件的实测极限拉力；

$F_{pm}$——锚具组装件中各根预应力筋计算极限拉力之和。

(8)试验结果

每个组装件的试验结果必须同时满足力学性能需求，不得进行平均。

4.周期荷载试验

(1)试样准备

试样数量：组装件 3 个，包含 6 个锚环及相配套的夹片、钢绞线。

(2)组装

将钢绞线、锚具与试验台组装，使每根钢绞线受力均匀，初应力为钢绞线抗拉强度标准值的 5%～10%。

(3)试验应力

①试验应力上限值为预应力筋抗拉强度标准值 $f_{ptk}$ 的 80%。

②试验应力下限值为预应力筋抗拉强度标准值 $f_{ptk}$ 的 40%。

(4)加载

①加载速率：100～200 MPa/min。

②第一循环：加载至试验应力上限值，再卸载至试验应力下限值。

③第二循环：自下限值经上限值再回复到下限值。

④重复 50 个周期。

(5)试验结果

描述试样经 50 次循环荷载后预应力筋在锚具夹持区域是否发生破断，夹片是否发生滑移和松脱现象。

5.疲劳试验

(1)试样准备

试样数量：组装件 3 个，包含 6 个锚环及相配套的夹片、钢绞线。

(2)组装

将钢绞线、锚具与试验台组装，使每根钢绞线受力均匀，初应力为钢绞线抗拉强度标准值的 5%～10%。

(3)应力幅度、试验应力上限值

①预应力幅度应不小于 80 MPa。

②试验应力上限值为钢材抗拉强度标准值 $f_{ptk}$ 的 65%。

(4)疲劳试验机的脉冲频率、循环次数

①疲劳试验机的脉冲频率不应超过 500 次/min。

②循环次数为 200 万次。

(5)加载

根据所使用的试验机，以约 100 MPa/min 的速度加载至试验应力下限值或试验应力上限值，再调节应力幅度达到规定值后，开始记录循环次数。

(6)试验结果

①描述试样经受200万次循环荷载后，锚具零件是否发生疲劳破坏。

②描述预应力筋在锚具夹持区域发生疲劳破坏的截面面积大小。

6. 辅助性试验

辅助性试验为测定参数及检验工艺设备的项目，包括钢绞线的内缩量试验、锚具摩阻损失试验和张拉锚固工艺试验。

(1)钢绞线的内缩量试验

①试验用的钢绞线可在台座上张拉，也可在混凝土梁上张拉。受力长度不小于5 m。

②试验的张拉力为钢绞线的$0.8f_{ptk}A_p$。

③若采用测量锚固处每根预应力筋相对位移$\Delta a_i$时，钢绞线内缩量$\Delta a$按式(2.42)计算。

$$\Delta a=\frac{1}{n}\sum_{i=1}^{n}a_i \tag{2.42}$$

④若采用测量锚固前后钢绞线的拉力时，钢绞线内缩量$\Delta a$按式(2.43)计算。

$$\Delta a=\frac{\Delta F\cdot L}{E\cdot A_p} \tag{2.43}$$

$$A_p=nA_{pk} \tag{2.44}$$

式中 $\Delta F$——锚固前后钢绞线拉力差值；

$L$——钢绞线的夹持计算长度；

$E$——钢绞线的弹性模量；

$A_p$——组装件中各根钢绞线特征(公称)截面面积之和。

⑤试验结果：试验用试样为3个，取平均值。

(2)锚具摩阻损失试验

锚具摩阻损失指锚口和锚下垫板间的摩阻损失。

①试验可在台座上进行，也可在模拟锚固区的混凝土块体上进行。

②试验的张拉力为钢绞线的$0.8f_{ptk}A_p$。

③测出锚具前后预应力差值。

④锚口和锚下垫板摩阻损失按式(2.45)计算。

$$u=\frac{\Delta F}{0.8f_{ptk}\cdot A_p}\times 100\% \tag{2.45}$$

式中 $u$——锚口和锚下垫板摩阻损失。

⑤试验结果：试验用试样为3个，取平均值。

(3)张拉锚固工艺试验

①最大张拉力为钢绞线的$0.8f_{ptk}A_p$。

②每次按钢绞线抗拉强度标准值的30%、60%、80%分级张拉，每张拉1级锚固一次。进行3次最大张力的张拉、锚固和放松操作。

③观察分级张拉临时锚固的可能性。

④观察预应力筋受力的均匀性。

⑤观察张拉发生故障时将预应力筋全部放松的可能性。

7. 硬度检测

(1)检测设备

硬度检测按产品零件设计图样规定的硬度值种类(洛氏硬度或布氏硬度)，选用相应的硬度测量仪(洛氏硬度计或布氏硬度计)进行检测。

(2)温度条件

硬度检测一般在 10～35 ℃室温下进行,对于温度要求严格的试验温度为(23±5)℃。

(3)试样放置

将试样稳固地放置于硬度计试台上,并使压头轴线与试样表面垂直。试验过程中硬度计应避免受到影响试验结果的冲击和振动。

(4)洛氏硬度检测

①使压头与试样表面平稳接触,施加初试验力 $F_0$,保持时间不超过 3 s。

②将测量装置调整至基准位置,从初试验力 $F_0$ 施加至总试验力 $F$ 的时间应在 1～8 s 之间。

③总试验力保持时间为(4±2)s。

④卸除总试验力 $F$,保持初试验力 $F_0$,经短时间稳定后,读出硬度值。

⑤相邻两压痕中心间距至少应为压痕平均直径的 4 倍,并且不应小于 2 mm。任一压痕中心距试样边缘距离至少应为压痕平均直径的 2.5 倍,并且不应小于 1 mm。

⑥每个试样检测 3 点。

(5)布氏硬度检测

①使压头与试样表面平稳接触,施加试验力直至达到规定试验力值。

②从施加力开始到全部试验力施加完毕的加载时间为 2～8 s。

③试验力保持时间为 10～15 s。

④任一压痕中心距试样边缘距离至少应为压痕平均直径的 2.5 倍,相邻两压痕中心间距至少应为压痕平均直径的 3 倍。

⑤在两相互垂直方向测量压痕直径,用两个读数的平均值计算布氏硬度,或按相关标准中的硬度值表查得布氏硬度。

⑥每个试样检测 3 点。

8.外观、尺寸检测

(1)外观

产品外观用目测法检测;裂缝可用有刻度或无刻度放大镜检测。

(2)产品外形尺寸检测

①测量器具为钢直尺、游标卡尺、螺旋千分尺或塞环规。

②锚具外形尺寸检测项目及检测方法见表 2.8。

**表 2.8 锚具外形尺寸检测项目及检测方法**

| 检测项目 | 检测方法 | 检测结果 |
|---|---|---|
| 锚环(锚板)直径 $D$/mm | ①距锥孔大端平面约 15 mm 处取直径平面 $A$,在 $A$ 直径面两个互相垂直的方向上测量,取平均值<br>②距锥孔大端平面约 15 mm 处取直径平面 $B$,在 $B$ 直径面两个互相垂直的方向上测量,取平均值 | $A$、$B$ 两个直径的平均值应分别满足技术图纸要求,不进行平均 |
| 锚环(锚板)高度 $H$/mm | ①每件锚环(锚板)在互相垂直的两个方向取 4 个测量点,取平均值<br>②锚固锥孔大端面为平面时,可沿锚环外围测量 | 4 个测量点的平均值应满足技术图纸要求 |
| 夹片高度 $A$/mm | 每件夹片在径小端且平行于轴线,取 2 个测量点,取平均值 | 平均值应满足技术图纸要求 |

9. 注意事项

(1)组批与抽样符合 GB/T 14370—2015：

①同一种产品、同一批原材料、同一种工艺、一次投料生产的产品为一组批。

②每个抽检组批不得超过 2 000 件(套)。

③硬度检验时抽取 3%～5%，静载锚固性能、周期荷载试验、疲劳试验、辅助性试验时各抽取三个组装件的用量。

④常规检测项目为硬度和静载锚固性能试验。

(2)在锚具静载试验过程中，若试验值未满足 $\eta_a \geqslant 0.95$、$\varepsilon_{apu} \geqslant 2.0\%$，而钢绞线破断：

①破断部位在夹片处。

②破断部位在距夹片处(2～3)$d$($d$ 为钢绞线公称直径)范围之内。

以上两种情况时，试验结果均判定为锚具不合格。

③钢绞线在远离锚具处断裂一根(此时应察看断口形态，以判断是否属于钢绞线质量问题)时，则不对锚具试验结果下结论，试验可重做。

(3)在锚具静载试验过程中，若试验值虽然满足 $\eta_a \geqslant 0.95$，$\varepsilon_{apu} \geqslant 2.0\%$，而锚具破坏、断裂、失效(滑丝、零件断裂、严重变形等)时，则试验结果判定为锚具不合格。

(四)试验检测结果的判定

1. 外观及尺寸检测

外观检验如表面无裂缝，尺寸符合设计要求，判为合格；如有一套表面有裂缝或超过允许偏差，应取双倍数量重做检验，如仍有一套不符合要求，则应逐套检查，合格者方可使用。

2. 硬度检验

当硬度值符合设计要求的范围判为合格，如有一个零件不合格，则应另取双倍数量的零件重做试验，如仍有一个零件不合格，则应逐个检验，合格者方可使用。

3. 静载锚固性能试验、疲劳试验、周期荷载试验

如试验结果符合表 2.6 中力学性能要求的判为合格；如有一个试件不符合要求，则应另取双倍数量重做试验，如仍有一个试件不合格，则该批产品判为不合格品。

## 二、桥梁支座试验检测

本项目所涉及的桥梁支座产品标准和主要相关标准为《公路桥梁板式橡胶支座》(JT/T 4—2019)、《公路桥梁盆式支座》(JT/T 391—2019)、《橡胶支座　第 4 部分：普通橡胶支座》(GB/T 20688.4—2023)、《桥梁球型支座》(GB/T 17955—2009)、《公路钢筋混凝土及预应力混凝土桥涵设计规范》(JTG 3362—2018)。

(一)产品分类、代号及标记

1. 分类、代号

板式橡胶支座产品分类及代号见表 2.9，盆式支座产品分类及代号见表 2.10，球形支座产品分类及代号见表 2.11。板式橡胶支座可分为矩形和圆形两种，按支座适用温度分为常温型橡胶支座和耐寒型橡胶支座。常温型橡胶支座，采用氯丁橡胶(CR)生产，适用的温度为－25～＋60 ℃。耐寒型橡胶支座，采用天然橡胶(NR)生产，适用的温度为－40～＋60 ℃。

**表 2.9　板式橡胶支座产品分类及代号**

| 类型 | | 名称代号 | | 型式代号 |
|---|---|---|---|---|
| | | JT/T 4—2019 | GB/T 20688.4—2023 | |
| 普通板式橡胶支座 | 矩形板式橡胶支座 | GBZ | JBZ | J |
| | 圆形板式橡胶支座 | GBZ | YBZ | Y |
| 四氟滑板式橡胶支座 | 矩形四氟滑板式橡胶支座 | GBZ | JBZ | JH |
| | 圆形四氟滑板式橡胶支座 | GBZ | YBZ | YH |

**表 2.10　盆式支座产品分类及代号**

| 类型 | 名称代号 | | 使用性能产品分类代号 | | 支座适用温度范围 | |
|---|---|---|---|---|---|---|
| | JT/T 391—2019 | GB/T 20688.4—2023 | JT/T 391—2019 | GB/T 20688.4—2023 | −25～+60 ℃ | −40～+60 ℃ |
| 固定支座 | GPZ | PZ | GD | GD | C | F |
| 双向活动支座 | GPZ | PZ | SX | SX | C | F |
| 纵向活动支座 | GPZ | PZ | ZX | DX | C | F |
| 横向活动支座 | GPZ | — | HX | DX | C | F |
| 减震型固定支座 | GPZ | — | JZGD | — | C | F |
| 纵向减震型支座 | — | — | JZZX | — | C | F |
| 横向减震型支座 | — | — | JZHX | — | C | F |

注：常温型支座无代号，耐寒型支座代号为 F。

**表 2.11　球形支座产品分类及代号**

| 类型 | 名称代号 | 产品分类代号 |
|---|---|---|
| 双向活动支座 | QZ | SX |
| 单项活动支座 | QZ | DX |
| 固定支座 | QZ | GD |

2. 板式橡胶支座标记

板式橡胶支座产品标记由名称代号、支座结构形式、外形尺寸及支座适用温度四部分组成。

(1)标准 JT/T 4—2019 标记示例

示例 1：公路桥梁普通矩形橡胶支座，常温型，采用氯丁橡胶，短边尺寸为 300 mm，长边尺寸为 400 mm，总厚度为 47 mm，标记为 GBZJ300×400×47(CR)。

示例 2：公路桥梁圆形滑板橡胶支座，耐寒型，采用天然橡胶，直径为 300 mm，总厚度为 54 mm，标记为 GBZYH 300×54(NR)。

(2)标准 GB/T 20688.4—2023 标记示例

示例 1：采用氯丁橡胶制成的普通板式橡胶支座，短边尺寸为 150 mm，长边尺寸为 200 mm，厚度为 30 mm，标记为 JBZ150×200×30(CR)。

示例 2：采用天然橡胶制成的四氟滑板式橡胶支座，直径为 300 mm，厚度为 54 mm，标记为 YBZF4 300×54(NR)。

3. 盆式支座标记

盆式支座产品标记一般由支座名称代号、支座设计序列代号、支座竖向设计承载力(MN)、支座水平设计承载力(MN)、使用性能分类代号、活动支座顺桥向位移量(mm)和适用温度分类代号组成。

(1)标准 JT/T 391—2019 标记示例

示例 1:×年设计系列,竖向设计承载力为 15 MN、横向水平设计承载力为竖向设计承载力 10%的双向活动顺桥向位移为±100 mm 的耐寒型盆式支座,标记为 GPZ(×)15-10%-SX-±100-F。

示例 2:×年设计系列,竖向设计承载力为 35 MN、横向水平设计承载力为竖向设计承载力 15%的纵向活动顺桥向位移为±50 mm 的常温型盆式支座,标记为 GPZ(×)35-15%-ZX-±50-C。

示例 3:×年设计系列,设计竖向承载力为 50 MN 的常温型固定盆式支座,标记为 GPZ(×)50GD-C。

示例 4:×年设计系列,竖向设计承载力为 40 MN 的减震型固定耐寒型盆式支座,标记为 GPZ(×)40JZGD-F。

示例 5:×年设计系列,设计竖向承载力为 35 MN 的减震型单向活动常温型顺桥向位移量为±150 mm 的盆式支座,标记为 GPZ(×)35JZDX±150-C。

(2)标准 GB/T 20688.4—2023 标记示例

示例 1:设计承载力为 5 MN,主位移方向位移量为±100 mm,工作温度为−40～+60 ℃的双向活动盆式支座,标记为 PZ5SX100F。

示例 2:设计承载力为 2.5 MN,主位移方向位移量为±50 mm,工作温度为−25～+60 ℃的单向活动支座,标记为 PZ2.5DX50。

示例 3:适用于 7 度以上地震区,设计承载力为 10 MN,工作温度为−40～+60 ℃的抗震型固定支座,标记为 PZ10KGDF。

4. 球形支座标记

球形支座产品标记一般由支座名称代号、支座设计竖向承载力(kN)、产品分类代号、位移量(mm)、转角(rad)组成。

示例 1:支座设计竖向承载力为 30 000 kN 的单向活动球形支座,其纵向位移量为±150 mm,转角为 0.05 rad,标记为 QZ30000DX/Z±150/R0.05。

示例 2:支座设计竖向承载力为 20 000 kN 的双向活动球形支座,其纵向位移量为±100 mm,横向位移量为±40 mm,转角为 0.02 rad,标记为 QZ20000SX/Z±100/H±40/R0.02。

(二)桥梁支座的力学性能要求

板式橡胶支座力学性能要求见表 2.12,盆式橡胶支座力学性能要求见表 2.13,球形支座力学性能要求见表 2.14。

**表 2.12　板式橡胶支座成品力学性能要求**

| 项目 | | 指标 | |
|---|---|---|---|
| | | JT/T 4—2019 | GB 20688.4—2023 |
| 实测极限抗压强度/MPa | | ≥70 | — |
| 实测抗压弹性模量 $E_1$/MPa | | $E \pm E \times 20\%$ | — |
| 实测抗剪弹性模量 $G_1$/MPa | | $G \pm G \times 15\%$ | |
| 实测老化后抗剪弹性模量 $G_2$/MPa | | $G \pm G \times 15\%$ | $G_1 \pm G_1 \times 15\%$ |
| 实测转角正切值 | 混凝土桥 | ≥1/300 | |
| | 钢桥 | ≥1/500 | |
| 实测四氟板与不锈钢板表面摩擦系数(加硅脂时) | | ≤0.03 | |

**表 2.13　盆式橡胶支座成品力学性能要求**

<table>
<tr><td>项目</td><td colspan="4">指标</td></tr>
<tr><td rowspan="2">竖向承载力</td><td>压缩变形</td><td colspan="2">径向变形</td><td>残余变形</td></tr>
<tr><td>在竖向设计承载力作用下，支座压缩变形不大于支座总高度的 2%</td><td colspan="2">在竖向设计承载力作用下，盆环上口径向变形不得大于盆环外径的 0.05%</td><td>卸载后，制作残余变形小于设计荷载下相应的 5%</td></tr>
<tr><td rowspan="2">水平承载力</td><td colspan="2">固定支座和单向活动支座</td><td colspan="2">减震型固定支座和单向活动支座</td></tr>
<tr><td colspan="2">不小于支座竖向承载力的 10%</td><td colspan="2">不小于支座竖向承载力的 20%</td></tr>
<tr><td>转角</td><td colspan="4">支座设计竖向转动角度不小于 0.02 rad</td></tr>
<tr><td rowspan="2">摩擦系数<br>（加 5201 硅脂润滑后）</td><td colspan="2">常温型活动支座</td><td colspan="2">耐寒型活动支座</td></tr>
<tr><td colspan="2">不大于 0.03</td><td colspan="2">不大于 0.06</td></tr>
</table>

**表 2.14　球形支座成品力学性能要求**

<table>
<tr><td>项目</td><td colspan="2">指标</td></tr>
<tr><td rowspan="2">竖向承载力</td><td>压缩变形</td><td>径向变形</td></tr>
<tr><td>在竖向设计承载力作用下，支座压缩变形不大于支座总高度的 2%</td><td>在竖向设计承载力作用下，盆环径向变形不应大于盆环外径的 0.05%</td></tr>
<tr><td rowspan="2">水平承载力</td><td>固定支座</td><td>单向活动支座</td></tr>
<tr><td colspan="2">不小于支座竖向承载力的 10%</td></tr>
<tr><td>支座实测转动力矩</td><td colspan="2">应小于支座设计转动力矩</td></tr>
<tr><td rowspan="2">摩擦系数<br>（加 5201 硅脂润滑后）</td><td>温度适用范围在－25～＋60 ℃</td><td>温度适用范围在－40～－25 ℃</td></tr>
<tr><td>不大于 0.03</td><td>不大于 0.05</td></tr>
</table>

表 2.12 中板式支座抗压弹性模量 $E$ 和支座形状系数 $S$ 应按式(2.46)计算。

$$E=5.4G\cdot S^2 \tag{2.46}$$

矩形板式橡胶支座：

$$S=\frac{a'\cdot b'}{2t_1(a'+b')} \tag{2.47}$$

圆形板式橡胶支座：

$$S=\frac{d'}{4t_1} \tag{2.48}$$

式中　$E$——板式支座抗压弹性模量(MPa)；

$G$——板式支座抗剪弹性模量(MPa)；

$S$——板式支座形状系数；

$a'$——矩形板式橡胶支座加劲钢板短边尺寸(mm)；

$b'$——矩形板式橡胶支座加劲钢板长边尺寸(mm)；

$t_1$——板式支座中间单层橡胶片厚度(mm)；

$d'$——圆形板式橡胶支座加劲钢板直径(mm)。

表中球形支座设计转动力矩按式(2.49)计算。

$$M_\theta=R_{ck}\cdot\mu_f\cdot R \tag{2.49}$$

式中　$M_\theta$——支座设计转动力矩(N·m)；

$R_{ck}$——支座竖向设计承载力(kN)；

$\mu_f$——球面镀铬钢衬板的镀铬层与球面聚四氟乙烯板间的设计摩擦系数；

$R$——球面镀铬钢衬板的球面半径(mm)。

(三)桥梁支座的试验方法

1.桥梁支座试验前的准备工作

(1)试样准备

桥梁支座成品力学性能试验应采用实体支座，当试验设备能力受到限制时，经与用户协商可选用小型支座或特制试样进行试验。

(2)试样停放与试验条件

试样在标准温度为(23±5)℃的试验室内停放 24 h，并在标准温度内进行试验。

(3)试验用设备、仪器

①压力试验机的示值相对误差最大允许值为±1.0%，并应具有正确的加载中心。加载时应平稳无振动。压力机的使用负荷可在其满负荷的 0.4%～90%范围内。

②试验中使用的测量仪表应定期检定。

③试验中使用的带有测力装置的千斤顶，其千斤顶和测力计的使用负荷可在其满量程的 1%～90%范围内。

2.板式橡胶支座试验方法

板式橡胶支座试验检测项目为抗压弹性模量、抗剪弹性模量、抗剪粘结性能、抗剪老化、摩擦系数、转角、极限抗压强度试验以及外观质量及尺寸检测。

(1)抗压弹性模量试验

抗压弹性模量试验计算承载力 $R$ 时，按支座有效承压面积(钢板面积)$A_0$ 计算。

(2)抗剪弹性模量试验

抗剪弹性模量试验计算承载力 $R$ 时，按支座有效承压面积(钢板面积)$A_0$ 计算；计算水平拉力时，按支座平面毛面积(公称面积)$A$ 计算。

(3)抗剪老化试验

抗剪老化试验计算承载力 $R$ 时，按支座有效承压面积(钢板面积)$A_0$ 计算；计算水平拉力时，按支座平面毛面积(公称面积)$A$ 计算。

(4)抗剪粘结试验

抗剪粘结性能试验计算承载力 $R$ 时，按支座有效承压面积(钢板面积)$A_0$ 计算；计算水平拉力时，按支座平面毛面积(公称面积)$A$ 计算。

(5)摩擦系数试验

摩擦系数试验计算承载力 $R$ 时，按支座有效承压面积(钢板面积)$A_0$ 计算；计算水平拉力时，按支座平面毛面积(公称面积)$A$ 计算。

(6)转角试验

转角试验计算承载力 $R$ 时，按支座有效承压面积(钢板面积)$A_0$ 计算。转角试验所采用的试验装置一般由加载横梁、千斤顶加载系统、测量转角变化的位移传感器等组成。

(7)极限抗压强度试验

极限抗压强度试验计算承载力 $R$ 时，按支座有效承压面积(钢板面积)$A_0$ 计算。

3.盆式支座试验方法

盆式支座成品试验检测项目为竖向承载力、摩擦系数以及转动试验。

(1)成品支座竖向承载力试验

盆式支座竖向承载力试验应测定垂直荷载作用下，盆式支座竖向压缩变形和盆环径向变形。

(2)成品支座摩擦系数试验

摩擦系数试验所采用的水平加载装置应由千斤顶加载系统、测力传感器等组成。

(3)成品支座转动试验

转动试验所采用的试验装置应由加载横梁、千斤顶加载系统、测量转角变化的位移传感器等组成。

4.球形支座试验方法

球形支座试验检测项目为竖向承载力、水平承载力、摩擦系数以及转动试验。

(1)竖向承载力试验

球形支座竖向承载力试验应测定垂直荷载作用下，球形支座竖向压缩变形和底盆径向变形。

(2)摩擦系数试验

摩擦系数试验所采用的水平加载装置应由千斤顶加载系统、测力传感器等组成。

(3)转动性能试验

转动性能试验所采用的试验装置应由加载横梁、千斤顶加载系统、力传感器等组成。

(4)水平承载力试验

①试样放置

将试样置于试验机的承载板上，将平衡反力架及水平力试验装置组合配置好。

②安装位移传感器

水平承载力试验荷载为支座水平承载力的 1.2 倍，将支座竖向承载力加至设计承载力的 50%，将水平力加载至设计水平承载力的 0.5%后，核对水平方向位移传感器(百分表)及水平千斤顶数据。确认无误后，进行预推。

③预推

支座竖向承载力加至设计承载力的 50%持荷后，用水平承载力的 20%进行预推，反复进行 3 次。

④正式加载

此处不再详细叙述。

⑤试验结果

水平力作用下变形分别取 2 个百分表的平均值，绘制荷载—水平变形曲线。支座水平承载力试验，在拆除装置后，检查支座变形是否恢复。

(四)力学性能试验检测结果的判定

(1)成品板式支座试验结果的判定

板式支座力学性能试验时，随机抽取 3 块(或 3 对)支座，若有 2 块(或 2 对)不能满足性能要求，则认为该批产品不合格。若有 1 块(或 1 对)支座不能满足性能要求时，则应从该批产品中随即再抽取双倍支座对不合格项目进行复检，若仍有一项不合格，则判定该批产品不合格。

(2)成品盆式支座试验结果的判定

①试验支座的竖向压缩变形和盆环径向变形满足变形的规定，实测的荷载—竖向压缩变形曲线和荷载—盆环径向变形曲线呈线性关系，且卸载后残余变形小于支座设计荷载下相应

变形的5%,该支座的竖向承载力为合格。

②试验支座的转动角度满足相应的规定,该支座的转动角度为合格。试验支座的摩擦系数满足相应的规定,该支座的摩擦系数为合格。

③支座各项试验均为合格,判定该支座为合格支座。试验合格的支座,试验后可以继续使用。

④试验支座在加载中出现损坏,则该支座为不合格。

(3)成品球形支座试验结果的判定

①试验支座竖向压缩变形、盆环径向变形应满足变形的要求。

②试验支座水平力应满足水平力的有关要求。

③支座水平承载力试验,在拆除装置后,检查支座变形是否恢复,变形不能恢复的产品为不合格。

④试验支座摩擦系数应满足摩擦系数的要求。

⑤试验支座实测转动力矩应小于计算的设计转动力矩。

(4)整体支座

整体支座的试验结果若有2个支座各有1项不合格,或有1个支座2项不合格时,应取双倍试样对不合格项目进行复检,若仍有1个支座1项不合格,则判定该批产品不合格。若有1个支座3项不合格则判定该批产品不合格。

# 学习项目三 桥梁的检查

近年来,随着桥梁病害的增长、交通量的增大,桥梁的维护维修工作越来越繁重,为了克服养护需求和资金缺乏之间的矛盾,延长桥梁使用寿命,对科学的检查管理提出了新的要求。

为了客观地评价桥梁的技术状况,全面了解桥梁使用情况,必须对桥梁的技术状况及其缺陷进行全面而细致的现场检查,及时进行维修养护,使其经常处于完好的技术状态,保证或延长桥涵的使用年限。桥梁检查的目的在于,对运营中的桥梁进行分类管理,通过对桥梁的技术状况的检查,建立健全的桥梁技术档案;对有缺陷和损伤的桥梁进行全面而深入的现场检查,查明缺陷或潜在缺陷和损伤的性质、部位、严重程度及发展趋势,弄清出现缺陷和损伤的主要原因,分析和评价既有缺陷和损伤对桥梁技术状况和承载能力的影响,并为桥梁维修养护和加固设计提供可靠的技术参数。

## 一、桥梁检查内容与方法

不同阶段桥梁检查侧重点不尽相同,所涉及的检查内容亦有差别。桥梁检查应分为初始检查、日常巡查、经常检查、定期检查和特殊检查。经常检查主要从外观方面目测主体结构及附属设施有无明显的病害特征;定期检查是按细部结构对桥梁进行全面的技术检查,并依此建立和修正桥梁技术档案;特殊检查针对桥梁存在的具体问题或为满足特殊要求而进行的,并借助检测仪器对结构材料等进行定性或定量分析。

桥梁结构应首先观察是否有异常变形、振动或摆动,如上部结构竖向线是否平顺、拱轴线变位状况、桥跨结构有无异常振动或摆动等状况;然后检查各部位的技术状况,寻找发生异常的原因。

评定结构构件的损坏和总体使用状况在现场完成下列工作:

(1)现场校核桥梁基本数据。

(2)当场填写“桥梁定期检查数据表”,记录各部件缺损状况并做出技术状况评分。

(3)实地判断缺损原因,估计维修范围及方式。

(4)对难以判断损坏原因和程度的部件,提出特殊检查的要求。

(5)对损坏严重、危及运营安全的危险桥梁,提出暂时限制交通的建议。

(6)根据桥梁技术状况,确定下次检查时间。

(一)桥梁检查内容

桥梁外观检查通常应包括下列内容:

(1)桥面是否平整,有无裂缝、局部坑槽、波浪、碎边,桥头是否跳车。

(2)桥面和地道泄水孔、管是否损坏、堵塞。

(3)桥面是否整洁,有无杂物堆积。

(4)伸缩装置是否存在堵塞变形、漏水、跳车、连接件松动等现象。

(5)人行道铺装是否破损,栏杆护栏是否破损、断裂,装饰材料有无损坏。

(6)上下部结构位置是否有异常变化。

(7)墩台、锥坡、翼墙、桥台后背墙,有无局部开裂、破损、坍塌等;桥头排水沟、人行台阶是否完好。

(8)声屏障是否倾斜、破损,屏板、隔音板、安全网的固定端是否松动。

(9)交通信号、标志、标线、照明设施是否完好。

(10)其他部位是否有较明显的损坏。

为了客观地评价桥梁的技术状况,从而正确地制订桥梁加固改造的方案,必须对桥梁的技术状况及其缺陷进行全面而细致的现场检查。同时还应全面了解桥梁的设计、施工、使用和养护等方面的情况,以便对桥梁的质量和承载能力进行分析,做出评价。桥梁检查必须包括但不局限于如图 2.15 所示的项目。

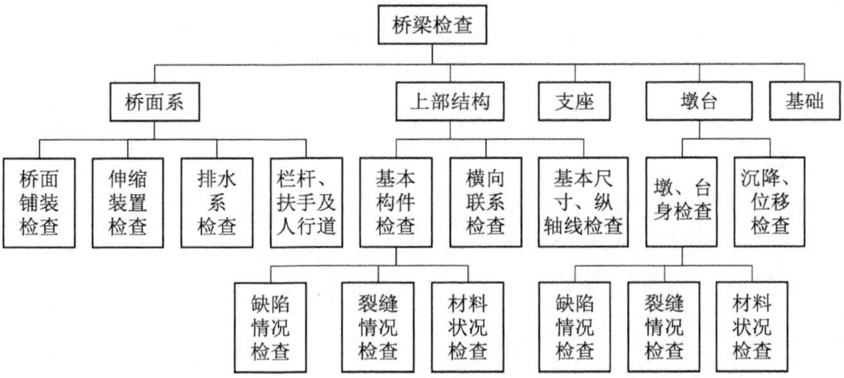


图 2.15　桥梁检查内容

受人力、仪器和其他条件的限制,桥梁检查时应根据结构的受力特性进行重点检查。重点检查的部位一般包括:应力集中处、截面突变的部位、构件的薄弱部位、结构的控制截面或控制构件等。桥梁上述部位的缺陷,对桥梁的安全及耐久性起着关键的作用,容易产生裂缝和导致其他缺陷的产生。这些部位的缺陷往往会发展成为结构的重大缺陷,危及整座桥梁的安全和耐久性。

(二)桥梁检查的方法

桥梁检查工作依据桥梁结构,分部件、有次序、按规定进行。一般的桥梁检查按照桥面系、上部结构、下部结构三大部分进行。

1. 桥面系检查

桥面系的外观检查,可以按桥面系的组成部分依次检查,具体内容如下:

(1)桥面铺装层裂缝与破损程度、桥头跳车、防水层漏水以及其他病害,人行道及铺砌破损情况。

(2)伸缩缝破损、变形、脱落、淤塞、填料变形、漏水程度、跳车原因。

(3)人行道构件、栏杆和护栏有无断裂、错位、缺件、剥落、锈蚀等状况。

(4)桥面横坡、纵坡顺适度,积水状况;排水设施完好程度。

桥面铺装是最容易产生损坏的部位之一,桥面铺装产生缺陷或损伤后易导致行车打滑,桥面凹凸会引起车辆对桥梁的冲击效应增大,使桥面行车道板等的耐久性降低。在伸缩缝的附近,桥面铺装与伸缩缝之间的高低差容易引起伸缩缝装置的破坏。

桥面铺装的检查首先是调查桥面铺装的类型,然后检查铺装层存在的主要缺陷。沥青桥面铺装主要缺陷与损伤现象有轻微裂缝(发状或条状)、严重裂缝(龟裂、纵、横裂缝)、坑槽、车辙、拥包、磨光和脱皮等。混凝土桥面铺装的主要缺陷及损伤现象有裂缝、剥落、坑洞、磨光等。

各种伸缩缝装置的缺陷往往表现在伸缩缝本身的破坏损伤、锚固件损坏、接头周围部位后铺筑料的剥落、凹凸不平等,这些缺陷导致伸缩缝漏水,加速主梁支座和盖梁的恶化。在具体检查时可目测,必要时采用水准仪测量。

桥面排水设施的损坏以及尘土、淤泥等堵塞泄水孔致使桥面排水不畅,往往导致桥面积水,影响桥梁主要承重结构构件的耐久性能,降雨时引起车辆滑移、导致交通事故。桥面排水是否顺畅、设施有无缺陷,在降雨和化雪时表现得很明显,检查最好在降雨或化雪后进行。

栏杆扶手及人行道的检查,主要检查部件本身破坏情况,以及相互连接处是否脱落。对于人行道,检查路缘石是否有破碎,人行道与桥面板连接的牢固程度等。

2. 支座的检查

支座的检查内容包括检查支座功能是否完好,组件是否完整、清洁,有无断裂、错位和脱空现象,具体内容如下:

(1)简易支座的油毡是否老化、破裂或失效。

(2)钢板滑动支座和弧形支座是否干湿、锈蚀。

(3)摆柱支座各组件相对位置是否正确,受力是否均匀。

(4)四氟板支座是否脏污、老化。

(5)橡胶支座是否老化、变形。

(6)盆式橡胶支座的固定螺栓是否有剪断,螺母是否松动。

(7)辊轴支座的辊轴是否出现不允许的错位。

(8)摇轴支座的辊轴是否倾斜。

(9)活动支座是否灵活,实际位移是否正常。

(10)支座上、下钢垫块是否有锈蚀。

(11)球形支座是否灵活、有效。

(12)支座垫石是否有破碎、腐蚀。

3. 桥梁上部结构的检查

上部结构，应首先观察是否有异常变形、振动或摆动，如上部结构线形是否平顺，拱轴线是否变形，桥跨有无异常的竖向振动或横向摆动等状况；然后检查各部件的技术状况和异常原因，重点检查部位按表 2.15 进行。

**表 2.15　桥梁上部结构重点检查部位**

| 结构形式 | 重点部位 | | 备注 |
|---|---|---|---|
| 简支梁 | 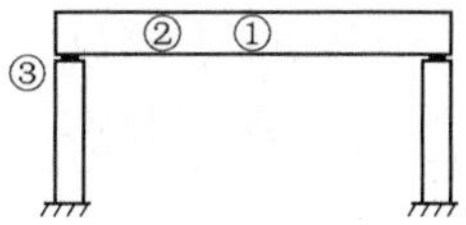 | 横截面<br>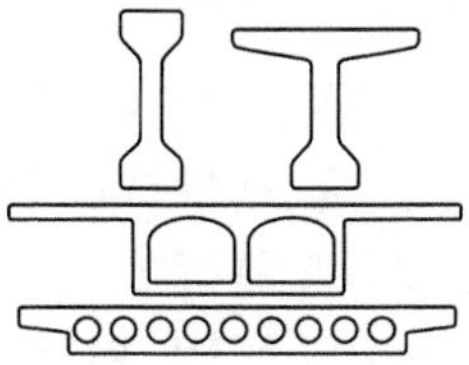 | ①跨中处<br>②1/4 跨径处<br>③支座处 |
| 连续梁<br>悬臂梁<br>（有效） | 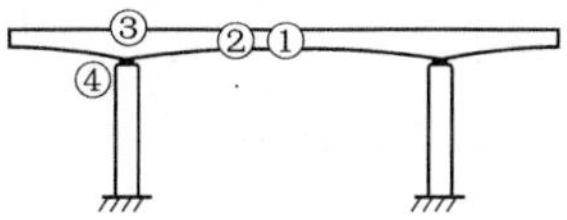 | | ①跨中处<br>②反弯点（约 1/3 跨径处）<br>③最大负弯矩处<br>④支座处 |
| 钢架 | 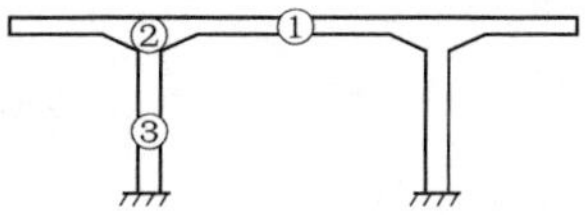 | | ①跨中处<br>②角隅处<br>③立柱和墙身 |
| 拱桥 | 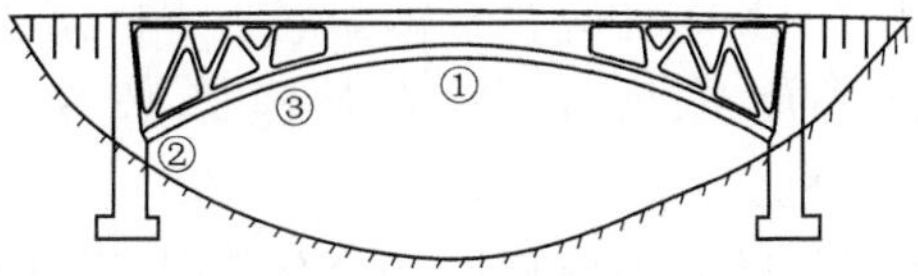 | | ①拱圈顶部下缘<br>②拱脚<br>③1/4 点处 |
| 悬索桥 | 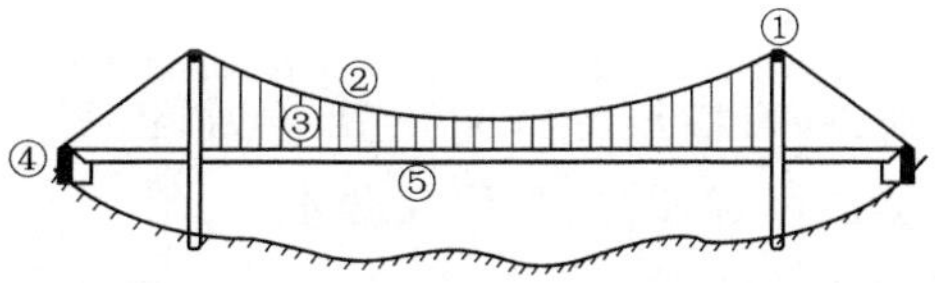 | | ①锁塔<br>②主缆<br>③吊杆<br>④锚锭<br>⑤主梁 |
| 斜拉桥 | 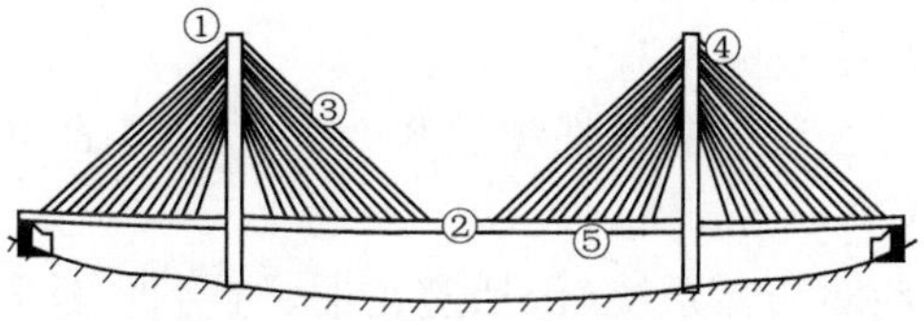 | | ①塔柱<br>②主梁<br>③斜拉索<br>④上锚头<br>⑤下锚头 |

（1）钢筋混凝土与预应力混凝土桥上部结构的检查

①混凝土构件有无大于 0.2 mm 的裂缝；是否存在腐蚀、渗水、表面风化、疏松、剥落、露筋和钢筋锈蚀等现象；有无整体龟裂和混凝土强度降低现象。

②预应力钢束锚固区段混凝土有无开裂，沿预应力筋的混凝土表面有无纵向裂缝或水侵害。

③梁（板）式结构主要检查梁（板）跨中、支点、变截面处、悬臂端牛腿或中间铰部位；刚构和桁架结构主要检查刚构固结处和桁架节点部位的混凝土开裂和钢筋锈蚀等缺损状况。

④连接部位的缺损状况：梁与梁之间的接头处以及纵向接缝处混凝土表面有无裂缝；梁

(板)接缝混凝土有无开裂和钢筋锈蚀;横向连接构件有无开裂;连接钢板的焊缝有无锈蚀断裂;边梁有无横移或向外倾斜;预应力拼装结构拼装缝有无较大开裂等方面。

⑤拱桥主要检查主拱圈的拱脚、$L/4$、拱顶和拱上结构的变形,混凝土开裂与钢筋锈蚀情况,以及有无缺损。具体包括拱上立柱上下端、盖梁和横系梁以及拱腹的混凝土有无开裂、剥落、露筋和锈蚀;下、中承式拱桥的吊杆上下锚固区的混凝土有无开裂、渗水等,吊杆锚头附近是否有锈蚀或断裂现象;双曲拱桥应检查拱肋间横向连接是否松动或缺损,拱波与拱肋结合处是否开裂,拱波之间砂浆是否松散脱落,拱肋及拱波顶是否开裂、渗水等。

⑥刚构桥梁主要检查各部位产生的裂缝,如跨中处、角隅处、支座处。

⑦连续梁和连续刚构桥主要检查跨中下挠变形,桥墩处梁顶部开裂。

⑧带有平曲线的梁式桥应每年对横向偏移进行检测。

(2)刚构桥上部结构的检查

①构件(特别是受压构件)是否有扭曲变形、局部损伤。

②铆钉和螺栓有无松动、脱落、锈蚀或断裂,节点是否滑动错裂。

③焊缝及边缘(热影响区)有无脱焊或裂纹。

④防腐涂装层有无裂纹、起皮、脱落,构件是否腐蚀。

⑤钢结构表面是否有污垢、灰尘堆积和污水滴漏。

⑥主要节点高强螺栓的扭矩抽样检测。

(3)钢—混凝土结合桥梁上部结构的检查

①钢—混凝土结合梁桥检查的相关内容应符合钢筋混凝土桥梁相应的规定要求。

②桥面板纵、横向裂缝的位置、宽度、长度、密度及发展程度,必要时应局部拆除铺装层观测。

③支座附近桥面板的渗漏水情况。

④钢梁与混凝土结合桥面板之间的剪力连接件是否有破损、纵向滑移及掀起;桥面混凝土铺装层是否有鼓起、破损等现象。

(4)悬索桥上部结构的检查

①索塔有无异常的沉降、倾斜,柱身横系梁有无开裂、渗水和锈蚀。

②主索、吊杆和拉索的防护层是否有破损、老化和漏水。

③悬索桥的索鞍、缆索股锚头和吊杆锚头及钢索出口密封处是否有漏水、积水和脱漆、锈蚀,拉索及阻尼垫圈式减震器是否有漏水、漏胶和老化。

④主梁应按其结构类型进行相应的检查。

⑤每年一次定期对主缆的索力和索箍高强螺栓紧固力进行测试,如测试结果异常,应查明原因,研究对策。

⑥每年雷雨季节到来之前,应对防雷系统(包括避雷器、避雷针、连接装置、线路、接地装置、地组等)进行全面检查、维护,若检测不合格,应立即调整和处理,达到有关要求,确保使用安全。

(5)系杆拱桥上部结构的检查

①吊杆及横梁节点区是否有滴水现象或产生铁锈臭味,套管或吊杆钢的外包防护层是否破损,吊杆钢丝束的防水情况及阻尼垫圈式减震器橡胶的老化变质情况。

②吊杆钢丝是否锈蚀,吊杆(特别是短吊杆)钢丝束受力是否正常。

③锚具的封锚混凝土是否有裂缝、腐蚀和表面积水,系杆锚固区附近的混凝土是否有开裂、剥落,锚固端结构是否异常,吊杆的锚夹具是否有松弛和锈蚀;吊杆锚头及吊杆与横梁节点区密封处是否漏水、积水和脱漆、锈蚀。

④桥面高程、拱肋轴线有无变化，桥墩桥台有无沉降。

⑤对于钢拱肋或钢管混凝土拱肋，应检查钢管与混凝土是否存在脱空现象，涂装层是否脱落。

⑥斜拉索的保护层上部结构的检查：

a. 斜拉索的保护层，通车后前两年内每季度检查一次，以后每半年检查一次，并在损坏处做出标记，做好记录，及时予以处治。

b. 斜拉索受力是否正常，减震器的防水情况和橡胶老化变质情况。斜拉索两端的锚固处及锚头，拉索出口密封处，主梁纵、横向限位装置等部件，一般每年检查一次，发现有漏水、积水和脱漆、锈蚀时，应及时处理。

c. 设有辅助墩时，应检查基础有无不均匀沉降，以防止结构产生附加内力。

d. 主梁部分的检查，参照相同或相近的结构进行。

e. 索塔应检查变位情况、结构表面的破损情况，必要时可进行强度检测。

f. 索塔的扒梯、工作电梯、斜拉索检查设备，应每半年重点检查一次。

g. 索塔顶端避雷系统的检查按照有关规定执行。

4. 墩台与基础检查的内容

(1)墩台基础是否有滑动、倾斜、下沉。

(2)台背填土有无沉降裂缝或挤压隆起。

(3)混凝土墩台及盖梁有无冻胀、风化、腐蚀、开裂、剥落、露筋等，空心墩的水下通水孔是否堵塞。

(4)石砌墩台有无砌块断裂、脱开、变形，砌体泄水孔是否堵塞，防水层是否破坏。

(5)墩台顶面是否清洁，有无积水、泥土、杂物管理、滋生草木等。

(6)横系梁连接处是否开裂、破损。

(7)墩台防振设施是否有效。

(8)基础是否发生冲刷或掏空现象；扩大基础有无侵蚀；桩柱在水位涨落、干湿交替变化处有无磨损、露筋、环裂和水的腐蚀现象。

桥墩重点检查部位按表 2.16 进行。

**表 2.16　桥墩重点检查部位**

| 结构形式 | 重点检查部位 | 备注 |
| --- | --- | --- |
| 单柱桥墩 | 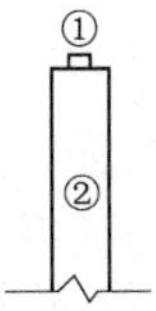 | ①支座底板<br>②墩柱表面 |
| T 形桥墩 | 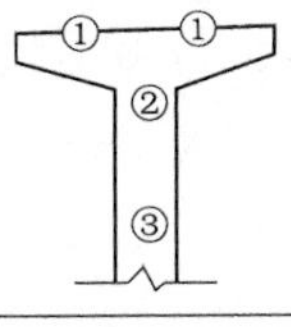 | ①支座底板<br>②悬臂根部<br>③墩柱表面 |
| Y 形桥墩 | 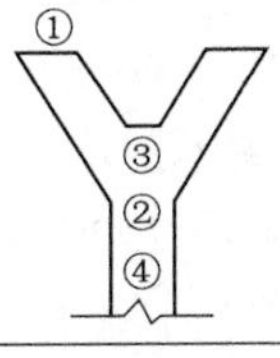 | ①支座底板<br>②悬臂根部<br>③Y 形交接处<br>④墩柱表面 |

续上表

| 结构形式 | 重点检查部位 | 备注 |
| --- | --- | --- |
| 双悬臂梁式框架桥墩 | 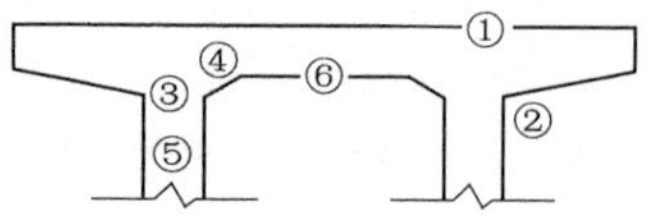 | ①支座底板<br>②悬臂根部<br>③梁柱交接处<br>④角隅处<br>⑤墩柱表面<br>⑥跨中部 |
| 双柱式桥墩 | 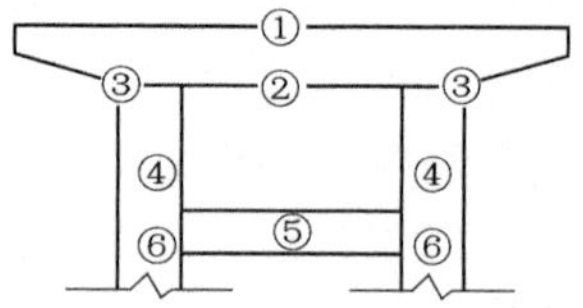 | ①支座底板<br>②盖梁底跨中处<br>③悬臂根部<br>④墩柱表面<br>⑤横系梁跨中处<br>⑥系梁与墩柱连接处 |

## 二、桥梁常见病害

随着交通运输业的蓬勃发展，桥梁的数量迅速增长，在桥梁使用过程中，由于交通量的增长，运营荷载的增大，加上随着服役年限的增长，外界环境对桥梁的侵蚀影响会逐步增大，此外，还有一些桥梁存在着不同的设计或施工或先天性的缺陷，上述因素导致桥梁在使用过程中会出现各种各样的病害，这些病害严重影响着桥梁的安全和正常使用。了解桥梁的病害特征，加强日常养护、维修，可以保证桥梁的使用安全和维修正常，满足桥梁的耐久性要求。2023 年底我国公路桥梁总数已达 107.93 万座，超过 40 万座桥梁已经服役 20 多年，需要进行科学有效地维护管理。为了可持续发展与节约社会资源，世界各国均视既有桥梁为一笔巨大的财富，采取各种制度、政策、技术手段，力图通过加强日常维修养护、承载能力评定、适用性评价、加固改造等方法来延长既有桥梁的使用寿命。

桥梁维修加固的一般原则是“预防为主、防治结合”，使桥梁经常处于完好的技术状态，达到安全、耐久的目的。桥梁维修加固可分为一般性维修和结构性加固。一般性维修如桥面铺装层的维修、油漆涂装更新、裂缝封闭与灌浆处理、支座更换等。它们是桥梁养护的日常内容，按维修规模又可分为小修、中修、大修，其主要目的是保证桥梁结构的使用性和耐久性不受大的影响。结构性加固有上部结构承载能力加固、地基基础承载力提高等，用来弥补桥梁结构先天缺陷、病害发展演变、灾后桥梁结构承载能力受损所带来的承载能力不足，使桥梁恢复或满足新的使用条件下的受力性能与安全要求。桥梁病害处理加固涉及的内容十分广泛，包含了桥梁实际状况的检测鉴定、加固理论、加固技术以及加固方案的比较选择与投资效益的优化等。可以说桥梁病害分析诊断与桥梁维修加固的关系密不可分，是一个问题的两个方面。数十年来随着桥梁服役期的增长，实际运营荷载的不断增大，病桥危桥的数量日益增多，在生产实践需要的推动下，桥梁结构的检测诊断技术，维修加固改造技术得以迅速发展。可以相信，随着管理部门以及工程界、学术界对既有桥梁检测与维修加固的重视，必将推动既有桥梁健康、可持续地发展。

一般说来，桥梁的病害大致可分为承载能力不足、使用性能较差和耐久性不足三类。承载能力不足的桥梁主要表现为受力裂缝宽度过大，桥梁整体或局部刚度不足，材料强度降低和局部损伤，基础冲刷掏空、变位或不均匀沉降等；使用性能较差的桥梁主要表现为变形及振动响应过大、桥面破损、行车性能不佳、伸缩缝破损、支座脱空等；耐久性不足的桥梁主要表现为混凝土结构裂缝过大，温度裂缝、收缩裂缝、混凝土碳化深度过大，混凝土发生碱骨料反应，混凝土保护层厚度不足，混凝土表面存在蜂窝麻面，钢结构、钢筋锈蚀，结构或构件局部破损过大等。以上三种病害的发生、发展直接影响桥梁结构的承载能力、使用性能及耐久性，严重时危及桥梁运营安全，会造成重大安全事故。

（一）影响桥梁使用性能的病害

1. 桥面不平整，线形不平顺，桥梁振动过大

在车辆轮胎的不断作用下，许多桥梁的桥面铺装层容易破损，特别是使用了数十年以上旧桥，桥面铺装病害表现为坑洼不平、开裂、破损。例如，一些结构体系如 T 形刚构、连续梁桥在使用荷载、收缩徐变及预应力损失等综合因素的作用下，跨中桥面下挠，导致桥面线形不平顺；又如在简支梁桥的梁端接头处和悬臂梁挂梁支点处的填缝材料，由于缺乏养护而产生脱落，且易遭受车轮的磨耗，从而出现较大沟槽，引起跳车及临近梁段的振动，加剧构件的疲劳损伤。此外，例如桥面不清洁，泄水孔堵塞，下雨造成桥面积水、渗漏甚至于冻胀，车辆过桥时泥浆飞溅等，不仅会影响使用性能，也会降低耐久性。这些病害如不及时进行维护，势必缩短桥梁的使用寿命。

2. 桥头跳车

由于桥头引道刚度相对较低，在车辆荷载作用下容易产生沉降，致使桥面与引道连接处不平整、不顺适，从而使车辆驶过桥头时产生跳车。桥头跳车不但影响车速、降低行车质量，而且影响司乘人员的心理状态，同时跳车产生的附加冲击效应也会影响桥梁使用寿命。

3. 桥下过水不畅，桥面排水性能不良

一些桥梁由于养护不当，导致桥孔淤塞严重。在日常维修养护中没有及时清理疏通河道，汛前也很少做泄洪准备，因此汛期一到，桥孔泄洪能力不足，可能出现桥梁被洪水冲垮等问题。另一方面，一些桥梁的排水坡度不够、桥面不清洁或泄水管堵塞，导致雨后桥面积水较多、渗漏甚至于冻胀，桥面积水往往导致车辆过桥时泥浆飞溅，影响车辆行人的正常通过，严重时会加大桥梁的负荷，如遇梁体上缘开裂破损，还会使桥面积水渗透到箱梁内部，导致箱梁积水严重，影响到桥梁的安全性与耐久性。

4. 伸缩缝破损，支座脱空

一些桥梁尤其是中小跨度梁桥，由于构造或维护不当，桥梁的伸缩缝容易出现破损、堵塞、顶死现象，如未能及时处理，最终会丧失伸缩功能，导致桥梁在环境温度作用下会产生附加内力。此外，中小跨度梁桥、斜弯桥的支座经常出现脱空、移位、拍击变形过大、活动支座失去活动能力等病害。伸缩缝丧失功能、支座性能不良，轻则会导致结构受力行为与设计图式不符，影响到桥梁的使用性能；重则会使梁体产生附加内力或产生内力重分布，影响桥梁安全使用。

5. 栏杆或防撞栏破损、缺失，失去防护功能

栏杆或防撞栏损坏后，如未及时修复，不但影响桥梁的美观，更重要的是使行车或行人产生不安全感，引发交通事故，在一些极端情况下，也会造成重大安全事故。此外，人行道或人行搭板存在的一些隐患，如搭板搭接构造不当、人行道分隔设施功能不足等也会引发安全事故。桥梁栏杆或防撞栏局部损坏的原因多数是由机动车交通事故造成的，少数是人为损坏或盗窃所致，但均与养护维护不及时有关。

6. 桥梁与道路不匹配

许多桥梁由于建成年限较长、设计标准较低，在道路的改扩建过程中，道路拓宽后，没有进行相应的拓宽改造、荷载升级，或与既有道路衔接不够顺畅，如转弯半径过小，导致桥梁与道路

等级不匹配，形成瓶颈，既影响通行能力，又增加了行车的危险性，尤其是夜间行车，容易引发交通事故。

(二)影响结构耐久性的病害

混凝土结构的耐久性是指混凝土结构在自然环境、使用环境及材料内部因素的作用下，在设计要求的目标使用期内，不需要花费大量资金加固处理而保持其安全性、使用功能和外观要求的能力。它是钢筋混凝土结构应具有的基本功能之一，是关于可靠性三个环节(安全性、适用性与耐久性)中研究的比较薄弱的一个环节。耐久性的好坏，决定着结构的使用寿命。大量研究资料和实践表明，影响混凝土结构耐久性的因素很多，可分为内部因素和外部因素两大类。内部因素主要有结构构造形式、钢筋保护层厚度和直径的大小、选用的水泥和骨料种类、混凝土的水灰比和密实度等；外部因素主要指环境因素包括冷热、干湿、冻融、化学介质侵蚀等。

早期建设的公路桥梁混凝土强度等级(标号)普遍偏低，质量相对较差。通常基础多采用C15 混凝土，上部桥跨结构大量采用 C20 或 C25 混凝土，混凝土中水泥用量少，以至于经过十年至数十年的使用，混凝土腐蚀、碳化现象普遍，强度退化严重，加固改造、重新利用价值不大。此外，由于施工质量控制不够严格，导致结构尺寸偏差过大、混凝土密实性较差，加之保护层厚度不足，导致钢筋锈蚀严重，混凝土构件普遍存在蜂窝、麻面、孔洞的现象，这些病害不仅严重影响着桥梁的承载能力，而且对桥梁耐久性也构成严重威胁。

1. 混凝土结构非受力裂缝

混凝土结构非受力裂缝是钢筋混凝土桥梁普遍存在的一种病害。非受力裂缝一般与结构构造不当、混凝土材料质量不佳、施工养护条件不当、施工工艺质量存在缺陷、环境温度变化等因素有关。裂缝是桥梁的重大病害之一，若裂缝的宽度超出规范允许的范围，会显著地影响到桥梁的使用寿命和耐久性，混凝土结构非受力裂缝应引起高度重视，并应根据裂缝宽度的大小，及时进行化学灌浆或表面封闭的措施予以修补。一般来说，结构非受力裂缝的影响主要有材料因素、施工因素、环境因素三大类。

(1)材料因素

材料质量差或养护不当会产生裂缝，当水泥质量有问题时，在混凝土浇筑后会产生不规则裂缝(龟裂)，如图 2.16 所示。此外，骨料不适宜也会引起裂缝，当骨料含泥量过大时，随着混凝土的结硬、收缩，出现不规则花纹状裂缝；当骨料是碱骨料或风化骨料时，在混凝土硬化后将出现裂缝，裂缝往往以骨料为中心，在骨料周围出现，有时也会出现圆锥形剥离，如图 2.17 所示。

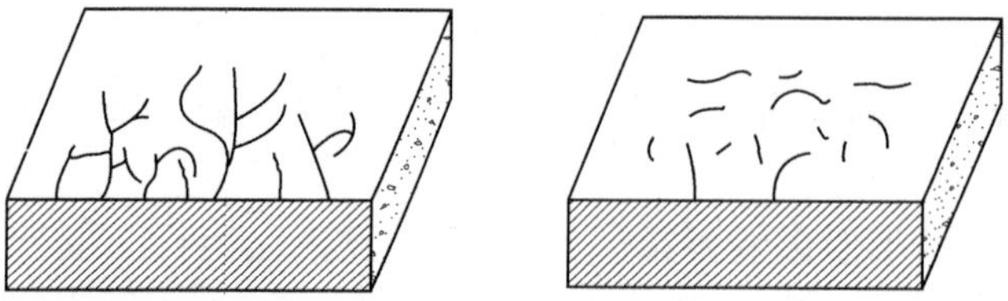

(a) 龟甲状裂缝　　(b) 花纹状裂缝

图 2.16　混凝土质量问题引起的裂缝

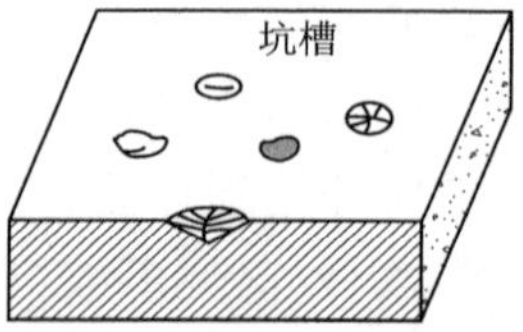


图 2.17　骨料问题引起的裂缝

(2)施工因素

施工质量、施工工序、施工材料及模板支架不当引起的混凝土裂缝比较普遍，归纳起来，主要有以下几种：

①混凝土搅拌时间过长、运输时间过长，致使混凝土凝固速度加快，在整个结构上产生不

规则的细裂缝。

②模板固定不牢固，致使混凝土在浇筑后不久产生与模板移动方向平行的裂缝，如图 2.18 所示。

③支架不均匀下沉、脱模过早，也会在支点或刚度变化部位等处产生裂缝，如图 2.19 所示。

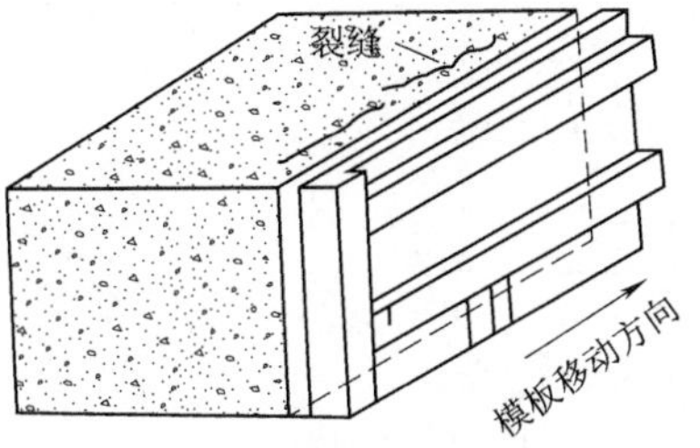


图 2.18　模板问题

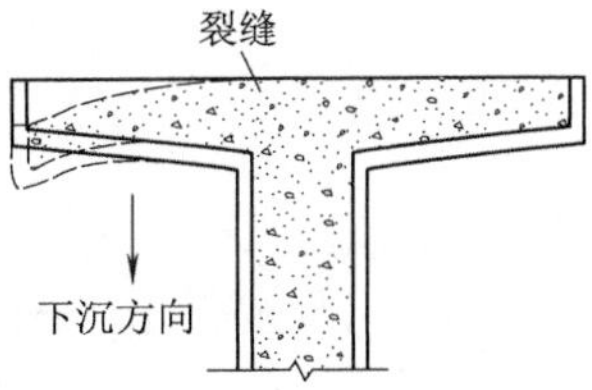


图 2.19　支架下沉、脱模过早引起的裂缝

④接头或接缝部位处理得不好，将造成预制混凝土构件装配时的施工接缝和现浇混凝土时的新旧混凝土施工缝变成通缝（图 2.20）；由于支座安装不当，也可使支点处与桥轴垂直方向上形成斜裂缝。

⑤混凝土养护不当或失水产生收缩裂缝，这类裂缝常出现在混凝土刚刚浇筑之后。分布方向比较杂乱，深度较浅，约为钢筋保护厚度，特别是在风大的天气，室内空气干燥时浇筑的混凝土更容易产生裂缝，如图 2.21 所示。

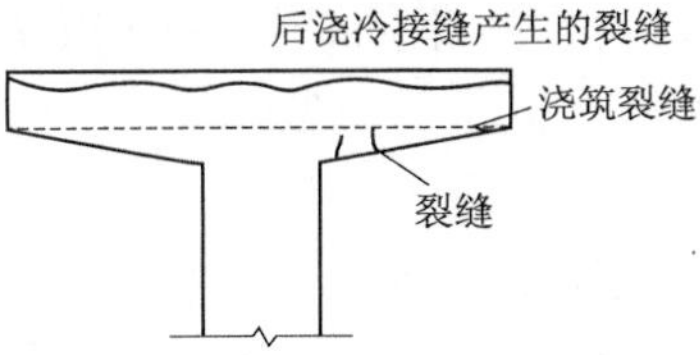


图 2.20　接头部位处理不好产生的裂缝

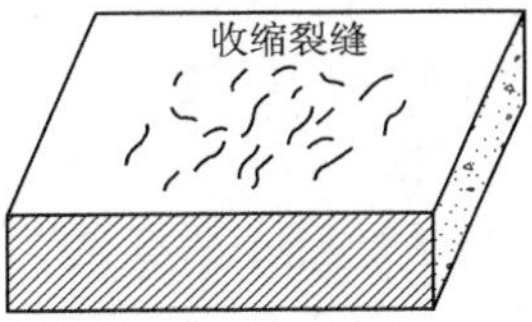


图 2.21　养护缺陷引起的塑性收缩裂缝

⑥当振捣不充分或析水多时，在断面高度急剧变化的部位，以及钢筋、导管等保护层小的部位，常因混凝土的沉降，导致在混凝土刚浇筑之后产生较浅的裂缝，通常裂缝沿钢筋或导管方向产生。由于钢筋沉降小，周围混凝土沉降大，所以在钢筋下部形成空隙，如图 2.22 所示。

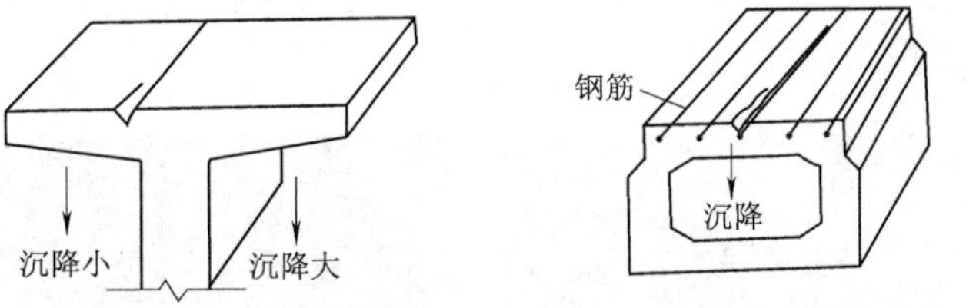


图 2.22　混凝土沉降产生的裂缝

⑦大体积混凝土或使用了早强水泥的混凝土，在冬季养护保温不够时，常因水化热作用，构件内部产生量值较大的自平衡力，在浇筑后 2～3 d 导致混凝土结构中产生裂缝。裂缝经常以直线等间距方式出现，如图 2.23 所示。

⑧水灰比大的混凝土，由于干燥收缩，在龄期 2～3 个月内容易产生裂缝。这类裂缝易在开口、角隅等部位产生，特别是当浇筑断面很薄，硬化后经过较长一段时间，更容易产生由于约束引起的混凝土收缩裂缝。对钢架桥等刚度差异较大的结构，后浇筑桥面板受其他构件的约

束、混凝土收缩徐变性能差异较大的结构，也容易产生水平方向的裂缝，如图 2.24 所示。

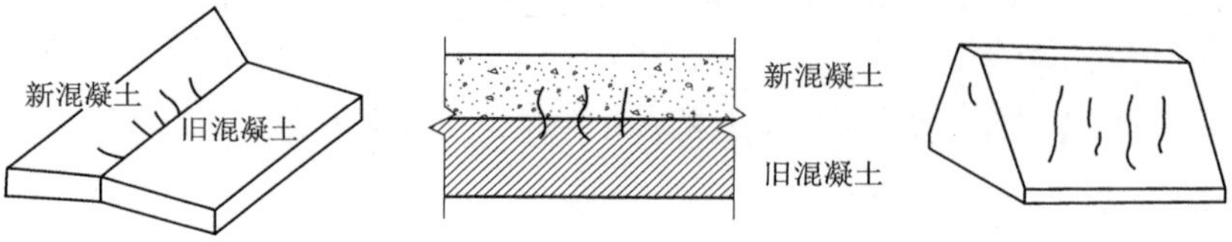


图 2.23　混凝土水化热引起的裂缝

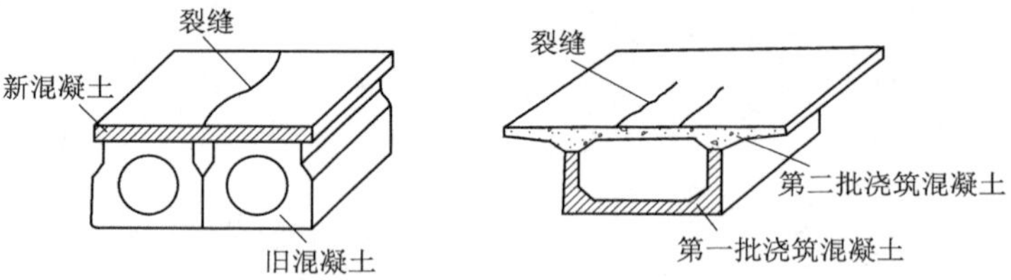


图 2.24　干燥、收缩产生的裂缝

(3)环境因素

温度裂缝与结构体系、结构构造、所处环境等因素相关，产生的原因不同，表现形式也有不同，可能出现在混凝土构件的表层、深层或贯穿整个构件。桥梁构件的表层裂缝的走向一般没有规律性，钢筋混凝土的深层或贯穿裂缝的走向，一般与主筋方向平行或接近于平行，裂缝的宽度受温度的变化影响大，裂缝宽度随温度变化而扩张或闭合，防止或减小温度裂缝比较有效的措施是合理布置钢筋网，选择比较合理的结构形式。此外，钢筋锈蚀后体积膨胀，会使混凝土构件产生顺着钢筋的裂缝，一些桥梁因构造不当也会产生非受力裂缝。

2. 混凝土腐蚀

混凝土腐蚀是混凝土桥梁的"癌症"，一些使用年限较长的桥梁或结构往往因受压区混凝土腐蚀而破坏。一般来说，混凝土材料是耐水材料，在潮湿环境或水中能保持强度的稳定性，潮湿也是混凝土材料早期强度形成和发展不可缺少的条件。但是长期处于潮湿条件下，尤其在干湿交替循环状态下，混凝土的耐久性问题会受到影响。很多桥梁墩台，往往在水位浮动的部位首先破坏，尤其是在具有腐蚀介质的水中。空气中水的成分很复杂，在混入桥面的污物中常含有溶解的气体、矿物质和有机质等，常见的有酸性物质、有氧离子、氯离子、氮、碳酸、硫化氢及其他酸性离子以及碱金属和碱土金属离子，这些酸、碱物质超过一定限度时，会侵蚀、损害桥梁的混凝土和金属材料，如图 2.25 所示。

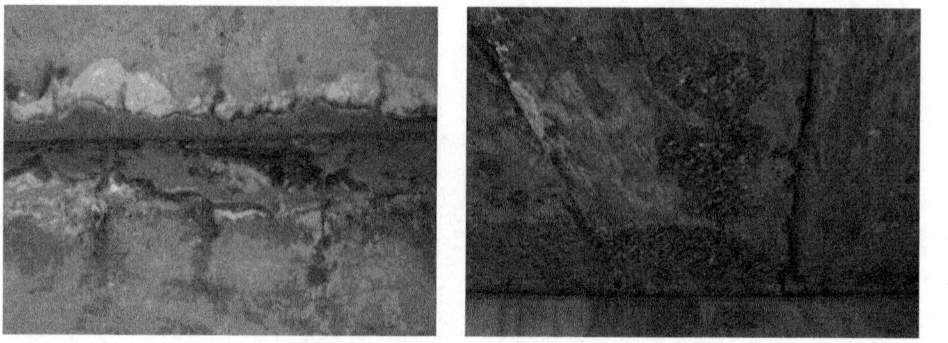

图 2.25　混凝土表面腐蚀

混凝土的腐蚀一般都与水有关，主要体现在碱骨料反应、盐腐蚀和冻融三个主要的、不可逆的破坏现象，无论碱骨料反应、盐腐蚀、还是冻融作用，只要没有水就可以减缓或避免，所以必须设置完善的桥梁防排水系统，将混凝土与水隔离开来，使其不具备发生反应的条件，就可达到延长桥梁使用寿命的要求。

(1)碱骨料反应

混凝土碱骨料反应是指来自水泥、外加剂和环境中的碱金属离子与砂石等骨料中的活性成分发生膨胀性化学反应，在水泥砂浆与粗集料的界面处生成白色凝胶物质，这种物质在潮湿环境中吸水膨胀，从而造成混凝土结构从内部开始的胀裂，在表面上出现龟裂或地图状裂纹，直至整体性开裂或破坏，这种病害称为混凝土的“癌症”。碱骨料反应少则几年，多则十几年就可以使混凝土结构承载力明显下降。这种破坏具有不可修复性，具体表现为混凝土表面龟裂、突出、酥松，然后剥离。碱骨料反应发生和对混凝土的破坏需要三个条件：混凝土中的高碱性、碎石中富含的碱活性成分以及水、水泥和外加剂中的高碱性。很多地区的砂石资源含有不同程度的碱活性成分，再加上桥梁防水系统的不完善，就构成了碱骨料反应的必要条件。

(2)盐腐蚀

沿海地区，空气中和雨水中都含有一定的氯盐成分，尤其在近海地区浓度更大。在寒冷地区的冬季，为消除桥面的冰冻和积雪，经常采用喷洒盐水的方法，盐水通过伸缩缝流向墩台，通过桥面系渗透到混凝土的缝隙里，不仅会引起碱骨料反应，还会引起盐腐蚀。盐水进入混凝土体中达到饱和，当外界环境非常干燥时，混凝土中的水分发生逆向流转，通过小空隙向外蒸发，盐分浓度增加，又使其向混凝土内部扩散，因为在干燥条件下，高浓度化冰盐水产生足够高的盐结晶体，造成混凝土的膨胀破坏，比一般的碱骨料反应更为严重。

(3)混凝土冻融

寒冷地区，有较长的冰冻期，渗入到混凝土中的水结冰又融化，如此反复，使混凝土的裂缝不断扩大，导致结构慢性破坏作用。冻融的结果，加剧了碱骨料反应和盐腐蚀的破坏作用。混凝土结构是多孔的，在塑性期或硬化初期会因为水分蒸发造成早期开裂，在以后的使用过程中，早期产生的裂缝会随着车辆反复荷载的冲击逐渐扩展，如果没有完善的防水排水系统，带有腐蚀性物质的水就会从孔隙渗入到混凝土中或从裂缝中流入到混凝土中。若是碱性骨料混凝土将产生碱骨料反应，酸性物质则会对混凝土进行腐蚀。

对于碱骨料反应、盐的腐蚀、冻融作用应以防止和抑制为主。减少混凝土中的碱含量是解决办法之一，使用低碱水泥、低碱外加剂，可以减缓问题的发生。此外，无论碱骨料反应、盐腐蚀，还是冻融作用，只要没有水，就可以减缓或避免，所以必须设置完善的桥梁防水排水系统，将混凝土与水隔离开来，使其不具备发生混凝土腐蚀反应的条件，则可达到延长桥梁使用寿命的要求。

3.混凝土碳化

混凝土碳化，指水泥石中的水化产物与周围环境中的二氧化碳作用生成碳酸盐或其他物质的现象。碳化将直接影响结构的性质及耐久性。混凝土的碳化是随着二氧化碳气体向混凝土内部侵入，溶解于混凝土内部孔隙中的水，形成碳酸再与各水化产物发生碳化反应的一个物理化学过程，混凝土碳化是一个缓慢过程，取决于混凝土的密实性、水泥品种，水化物中氢氧化钙的含量等内部因素，以及大气的二氧化碳浓度、压力、混凝土的湿度等外部因素。一般说来，一座桥梁建成以后，影响碳化的因素就已经确定，为了降低碳化速度就只能从如何保护混凝土不受或少受侵害来考虑。概括起来，混凝土碳化影响因素主要有水泥品种、混凝土密实度、环境条件三个方面。

(1)水泥品种

不同品种的水泥对混凝土的碳化速度影响不同，一般说来矿渣水泥比普通硅酸盐水泥快，普通硅酸盐水泥比早强硅酸盐水泥碳化速度稍快。碳化速度与混凝土结构中水泥的氧化钙含量有关，氧化钙含量越大、硬化的水泥石生成的氢氧化钙就越多、吸收二氧化碳的能力越强、碳化的速度就越慢。

(2)混凝土密实度

混凝土的碳化速度与密实度有关，密实度大的碳化速度慢，因为密实度大孔隙就小，进入的二氧化碳就少。加大水泥用量、降低水灰比可以增强密实性，掺用优质减水剂或引气剂，可以改善混凝土的和易性、减小水灰比、增强密实性，使碳化速度减慢。施工时如果振捣不密实、养护不合理，会造成混凝土内部毛细孔粗大，并相互连通，进入的二氧化碳就多、碳化速度就快。

(3)环境条件

环境条件恶劣会加速碳化速度。环境湿度对混凝土的碳化速度影响很大，在相对湿度低于 25％的空气环境下，混凝土很难碳化；在空气湿度为 50％～75％的大气中，混凝土最容易碳化；但在相对湿度大于 95％或在水中碳化反而难进行。这是因为混凝土的碳化与透气性有关，透气性越大，越容易碳化。另外相同湿度条件下，温度越高，风速越大，混凝土的碳化速度就越快。

4.混凝土保护层厚度不足，钢筋锈蚀

钢筋在混凝土的保护下才能正常发挥受力作用。混凝土具有碱性，钢筋在碱性环境中形成钝化膜，阻止金属阳极与电解质的接触，使钢筋难于锈蚀，钝化膜一旦破坏，在有水和氧的条件下就会发生钢筋的氧化锈蚀。一旦混凝土保护层厚度不足或产生裂缝，就破坏了钢筋所处的碱环境，产生了钢筋锈蚀的条件，钢筋锈蚀时体积膨胀，又会进一步促使混凝土保护层脱落，最终导致桥梁结构耐久性能严重削弱，使用寿命大大缩短，如图 2.26 所示。

图 2.26　混凝土保护层厚度不足的典型情况

5.护坡及锥坡破损，冲刷掏空

墩台是桥梁的重要组成部分，它的耐久性直接决定了桥梁结构的耐久性。墩台基础常见的耐久性病害如混凝土剥落、露筋和裂缝，水流冲刷导致护坡、锥坡破损或掏空，墩台柱基础冲刷严重，埋深不足，桥墩被车辆、船只、漂流物或流冰撞损等，这些病害虽然不一定产生即时的危险，但却对桥梁结构的耐久性与安全性构成严重威胁，应根据墩台基础缺陷的严重程度及施工条件采取不同的方法进行维修，使其处于良好状态。

6. 钢结构、钢—混凝土组合结构表面锈蚀

钢结构、钢—混凝土组合结构在外界环境影响下，其油漆涂装的保护性能会随时间的推移而逐步退化，结构表面会产生锈蚀现象，锈蚀一旦产生，轻者影响观瞻，重者削弱承重构件面积、产生应力腐蚀现象，对结构的耐久性造成较大影响，行之有效的对策是加强巡查、及时维护。

钢筋混凝土桥梁常见的耐久性病害大体可汇总见表 2.17，其他桥型结构常见的耐久性病害汇总见表 2.18。

**表 2.17　钢筋混凝土桥梁常见的耐久性病害**

| 表观病害特征 | 病变形态 | 病变产生原因 | 病变出现时间 | 对钢筋锈蚀的影响程度 | 备注 |
|---|---|---|---|---|---|
| 施工接缝 | 与构件厚度、高度垂直，表面呈羽状多孔 | 混凝土浇筑间歇时间超过初凝时间 | 早期 | 钢筋可能锈蚀 | — |
| 露筋 | 钢筋局部露在混凝土表面 | 钢筋错位或局部保护层过薄 | 早期 | 钢筋锈蚀 | 病变多产生在箍筋处 |
| 疏松剥落 | 混凝土表层大面积疏松、剥落或露筋 | 硫酸盐侵蚀 | 中、后期 | 钢筋锈蚀或严重锈蚀 | — |
| 空鼓层裂 | 敲击混凝土表面有空鼓声 | 混凝土浇筑质量不良，表面存在蜂窝及空洞 | 早、中、后期 | 钢筋可能锈蚀 | — |
| 锈斑 | 棕色点状或块状锈斑 | 混凝土密实性差，钢筋保护层厚度不足 | 中、后期 | 钢筋锈蚀 | — |
| 顺筋裂缝 | 沿主筋、分布筋、箍筋位置出现于钢筋平行的裂缝 | 混凝土密实性差，钢筋保护层厚度不足，盐污染或碱骨料反应开裂 | 后期 | 钢筋锈蚀或严重锈蚀 | 先产生裂缝后引起钢筋锈蚀 |
| 胀裂脱落 | 混凝土保护层成碎片状胀裂、脱落或露筋 | 混凝土密实性差，或钢筋保护层厚度不足 | 后期 | 钢筋严重锈蚀 | — |

**表 2.18　其他结构桥梁常见的耐久性病害**

| 桥型 | 表现病害特征 | 病变形态 | 病变产生原因 | 病变出现时间 | 对结构的影响程度 | 备注 |
|---|---|---|---|---|---|---|
| 钢结构桥 | 钢结构锈蚀 | 涂层脱落、表面锈蚀 | 腐蚀环境，涂层厚度不足，渗漏水，涂装施工质量 | 早、中、后期 | 随时间的增长会发展，逐步恶化 | 钢箱梁桥、钢板梁桥、钢桁梁桥、钢管混凝土拱桥 |
| | 钢结构焊接不良 | 焊缝开裂、焊接不实 | 施工质量，漏焊，应力集中，高残留应力 | 早、中期 | 随时间的增长会发展，严重时导致断裂 | |
| | 钢梁桥面铺装 | 车辙、拥包、开裂、滑移 | 粘结层材料性能不良，温度过高，车载过重，铺装层厚度不足 | 中、后期 | 对铺装材料及钢桥面板经济耐久性造成影响 | |

续上表

| 桥型 | 表现病害特征 | 病变形态 | 病变产生原因 | 病变出现时间 | 对结构的影响程度 | 备注 |
| --- | --- | --- | --- | --- | --- | --- |
| 索结构桥 | 拉索、系杆锈蚀、断裂 | 钢丝生锈、流淌锈水，锈皮起鼓脱落 | 套筒灌浆不饱和，灌浆材料离析不凝固，套筒存在裂纹 | 早、中期 | 削弱截面，严重时导致拉索断裂 | 斜拉桥、悬索桥、系杆拱桥、中小城市桥 |
|  | 索结构锚头锈蚀 | 锚头螺纹、锚圈、螺栓及孔洞锈蚀、流淌锈水 | 锚头安装后未及时除锈，涂抹黄油，螺栓松动，腐蚀介质侵入，防护层脱落 | 早、中期 | 对索结构的锚固可靠性造成较大影响 |  |
| 圬工桥 | 砌体表面缺陷 | 砌缝开裂、灰缝砂浆脱落、松散、边角碎裂 | 施工质量，材料老化，荷载过大，介质腐蚀 | 中、后期 | 随时间的增长发展、恶化，耐久性逐步降低 | 拱桥、组合结构桥 |

（三）影响桥梁承载力的病害

1. 桥梁结构存在倒塌情况

桥梁结构的一些体系因赘余度少、构造不当或养护不到位，在使用过程中，病害产生后逐步发展演化，如未能得到及时的处理，病害会逐步演变为严重的隐患，一旦外界因素或使用条件发生变化，就可能丧失整体性，桥梁结构易发生变化，严重时发生整体倒塌。例如，砌体桥台在土压力、水压力及车辆荷载作用下丧失整体性，发生桥台倒塌、梁体坠落的事故；又如悬臂梁或T构牛腿因剪切裂缝不断扩展，导致挂梁坠落、牛腿破坏的事故；上部结构梁体因支承方式不当、赘余度不足而在偏心荷载作用下侧倾倒塌等。桥梁结构存在倒塌的隐患是桥梁最为严重的病害，往往会导致重大桥梁安全事故。

2. 预制装配式桥梁结构受力的整体性、协同性丧失

预制装配式结构在中小跨度桥比较常用，如预制装配式空心板、预制装配式T梁、双曲拱桥等，装配式结构具有施工快捷、量大面广的特点。借助于各种各样的横向连接构造，装配式桥梁结构具有一定的整体受力性能，但由于施工质量不佳、构造方式不当、使用荷载过大等原因，在其使用过程中，装配式结构的横向联系、纵向联系逐步削弱，如铰接板梁桥在铰缝处开裂，T梁横隔板连接处开裂，导致装配式桥梁受力的整体性、协同性逐步丧失，距离设计的理想受力状态越来越远，整体性差、刚度偏小、承重结构局部开裂、内力重分布比较明显、出现单梁（板/肋）受力现象，导致装配式桥梁的传力途径或传力机理发生变化，承载能力严重下降，病害特征急剧发展。此外，多跨简支梁因行车冲击造成伸缩缝处桥面破坏，装配式拱片连接处混凝土断裂或钢筋接头脱开也比较常见。预制装配式桥梁结构受力的整体性、协同性丧失是一种比较常见、危害较大的桥梁病害，普遍存在于预制装配式空心板、预制装配式T梁、双曲拱桥、刚架拱桥等结构中，一般可以通过增大截面、加厚桥面铺装层、加强横向联系等措施加固改造。

3. 混凝土结构受力裂缝宽度过大

结构应力超限、受力裂缝宽度过大是混凝土桥梁比较常见的一种病害，受力裂缝出现的原因是混凝土拉应力超过了其抗拉强度，裂缝主要表现为弯曲受力裂缝、弯剪受力裂缝、扭曲裂缝、锚下劈裂裂缝等形态。如钢筋混凝土T梁常常因抗弯承重能力不足、正应力超限而产生弯曲受力裂缝，如图2.27所示；又如混凝土箱梁顶板因桥面板弯曲应力过大而产生的顺桥向

裂缝，腹板因主拉应力超限而产生的剪切斜裂缝，底板因整体弯曲应力而产生的横桥向裂缝。一般说来，结构应力超限、受力裂缝宽度过大主要与设计安全储备不足、构造配筋不当、使用荷载过大、基础不均匀沉降变位等因素有关，普通钢筋混凝土简支梁（板）桥常见受力裂缝见表 2.19，预应力混凝土连续（箱）梁桥的常见受力裂缝见表 2.20，拱式桥梁的常见受力裂缝见表 2.21。一般说来，这些裂缝在使用荷载的反复作用下会逐步扩展，甚至会超过规范限值，不仅导致桥梁承载能力、整体刚度的严重削弱，而且影响到桥梁结构的耐久性能。混凝土结构受力裂缝宽度过大的病害，可采取增大构件截面、施加预应力、粘贴钢板等结构加固补强措施予以消除或控制。

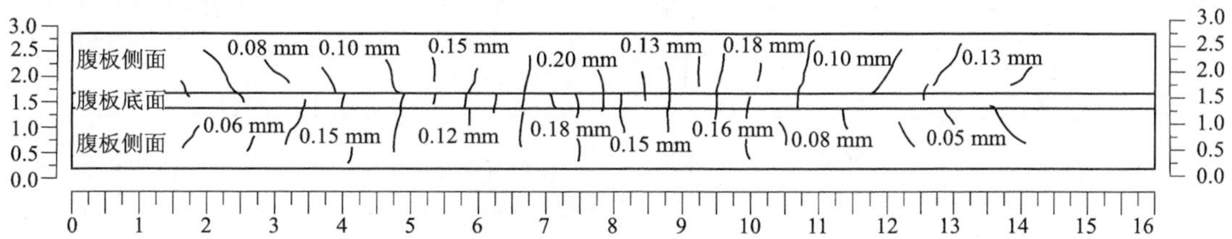

图 2.27　某跨度 16 m 的钢筋混凝土简支 T 梁裂缝展开示意（单位：m）

**表 2.19　普通钢筋混凝土简支梁（板）桥常见裂缝**

| 裂缝种类与发生部位 | 图　示 | 主要特征与发生原因 |
|---|---|---|
| 下缘受拉区的竖向裂缝 | 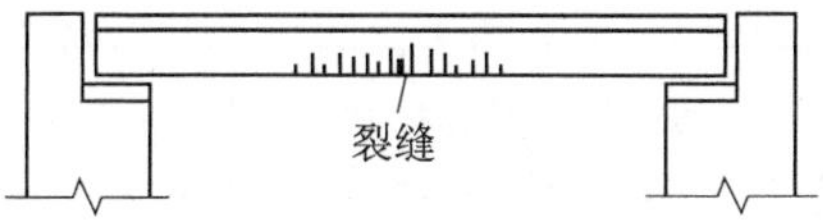 | ①裂缝在跨中分布较密，间隔为 0.1～0.2 m，两端逐渐减少；②裂缝大致与主筋垂直，由下翼缘向上发展；③宽度较细，一般在 0.05～0.15 mm；④在试验荷载作用下变化不大，经过较长时间运营已趋稳定；⑤由梁弯曲应力过大引起 |
| 腹板斜裂缝 | 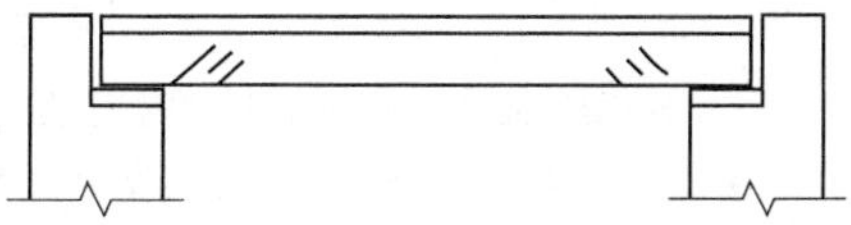 | ①裂缝间距为 0.3～0.5 mm，裂缝由几条至几十条不等，分布在支点至 $L/4$ 的范围，与剪力分布直接相关；②变截面梁斜裂缝在梁中性轴附近宽度最大，向两端发展形成枣核状；③等截面梁斜裂缝在主筋附近宽度最大；④由剪切、弯曲、扭转作用产生的主拉应力超限引起 |
| 顺主筋方向的纵向裂缝 | 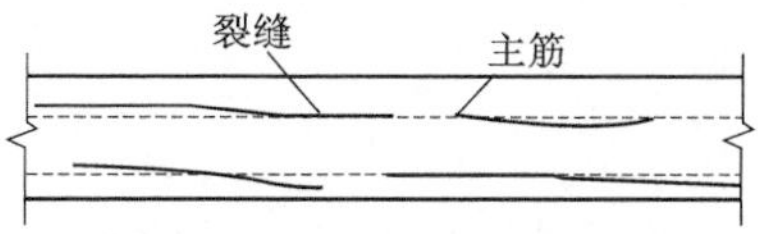 | ①裂缝顺主筋方向延伸，长度可能较长；②对结构有很大的危害，破坏钢筋和混凝土的共同作用条件，使钢筋应力骤增；③水分渗入混凝土发生电化学锈蚀作用，钢筋锈蚀膨胀将混凝土胀裂；④保护层过薄或出现蜂窝等质量不良现象 |
| 梁端上部裂缝 | 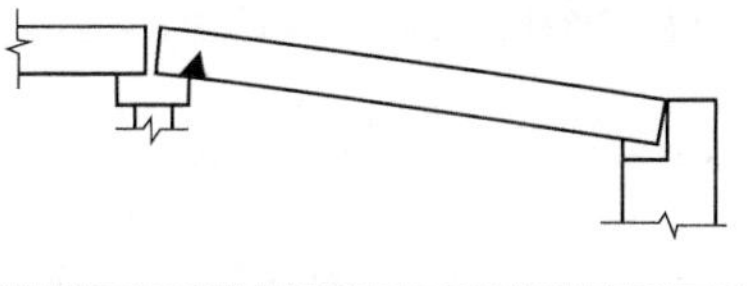 | ①由于墩台产生不均匀沉降，使梁端局部压力增大，即局部应力过大所致；②裂缝由下往上开裂，严重者宽度可达 0.3 mm 以上；③部分裂缝呈劈裂状 |
| 运梁不当引起的梁体裂缝 | 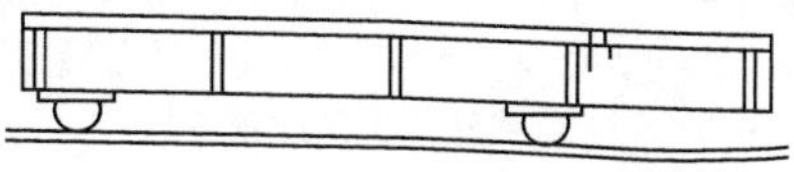 | 运送梁时支承点没有放在梁的两端吊点上，而是偏向跨中，导致临时支承点处产生过大负弯矩而引起开裂 |

续上表

| 裂缝种类与发生部位 | 图　　示 | 主要特征与发生原因 |
|---|---|---|
| 梁侧水平裂缝 | 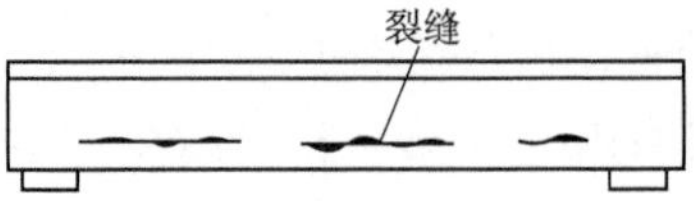 | ①近似水平方向的分层裂缝；②由施工不当、分层灌注、间隔时间过长所致 |
| 腹板不规则竖向裂缝 | 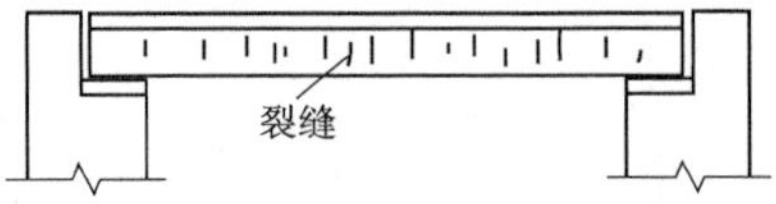 | ①裂缝宽度一般在 0.2 mm 左右，间距无一定规律；②使用荷载作用下裂缝继续发展、数量增多，随使用时间增长而逐渐停止发展；③构造因素、混凝土收缩和外力作用的综合产物 |
| 横隔开裂 | 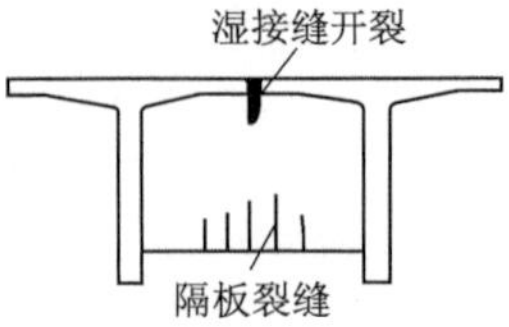 | ①横隔梁湿接缝开裂由于施工质量不佳、构造不当、荷载过大等因素而引起；②横隔板底部竖向裂缝由于横向联系较差，导致部分梁体单独受力，以及刚度不足等因素，裂缝宽度一般在 0.05～0.25 mm 范围内 |

**表 2.20　预应力混凝土连续(箱)梁桥的常见裂缝**

| 裂缝种类与发生部位 | 图　　示 | 主要特征与发生原因 |
|---|---|---|
| 连续梁跨中底部和支点顶部竖向裂缝 | 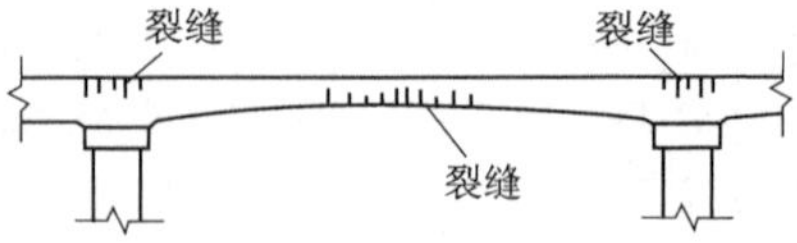 | ①一般出现在跨中、支点区域，原因在于有效预应力不足、正应力过大、混凝土抗拉能力不足，裂缝宽度一般在 0.1～0.2 mm 范围内；②在外荷载反复作用下(汽车动荷载及温度)，裂缝可能会扩展 |
| 箱梁弯曲裂缝和锚固齿板后横向裂缝 | 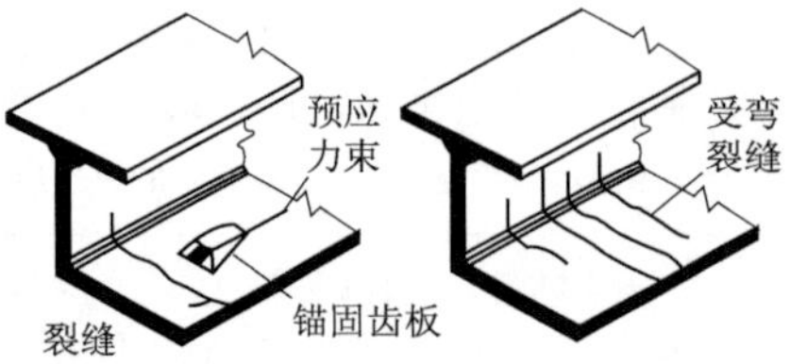 | ①箱梁弯曲裂缝分布于跨中附近，裂缝数量较多但较细(0.05～0.25 mm)，为抗弯刚度不足或混凝土的强度较低所致；②箱梁锚固齿板后横向裂缝一般 1～3 条，裂缝较宽(≥0.25 mm)，为构造缺陷引起的局部拉应力过大所致 |
| 牛腿及挂梁局部裂缝 | 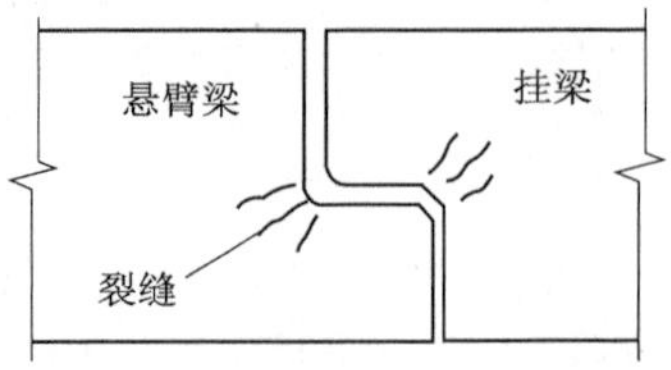 | ①原因主要是配筋不足，高度偏小，挂梁与牛腿连接不顺形成跳车，在剪力、冲切作用下导致局部主拉应力过大；②裂缝均成 45°斜向角度 |
| 预应力梁下翼缘的纵向裂缝 | 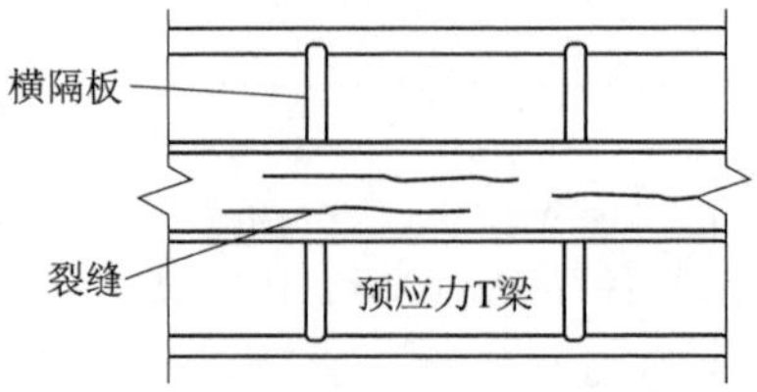 | ①为预应力梁中较严重的一种裂缝，一般出现在最外的一排预应力钢束附近，或腹板与下缘交界处，宽度一般为 0.05～0.1 mm；②成因主要为局部预压应力过大，保护层太薄，或施工工艺质量不当 |

续上表

| 裂缝种类与发生部位 | 图　示 | 主要特征与发生原因 |
|---|---|---|
| 先张法梁端锚固处的裂缝 | 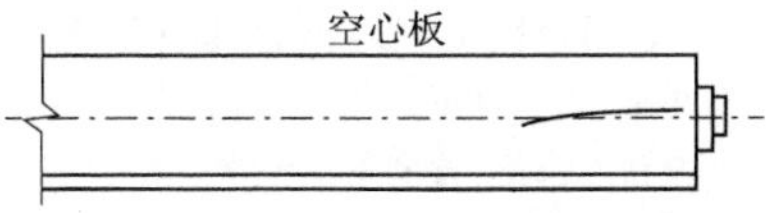 | ①裂缝均起始于张拉端面，宽度约为 0.1 mm，长度一般有一定的延伸；②由于在两组张拉钢筋之间梁端混凝土处于受力区，使梁端易发生水平裂缝；③因锚头处应力集中以及锚头产生的楔形作用面，使锚头附近产生细小水平裂缝 |
| 箱梁腹板斜向、水平向裂缝及顶、底板纵向裂缝 | 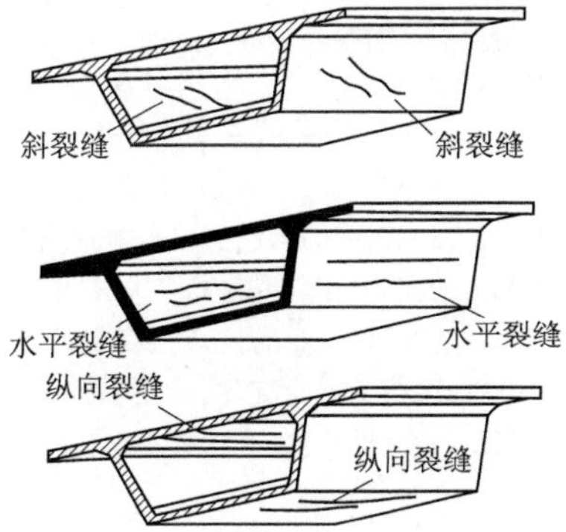 | ①箱梁腹板斜裂缝一般发生在支点至反弯点间的梁段上，属剪切裂缝，原因主要是纵向或竖向预应力不足、腹板厚度偏小、设计施工方案不当等；②箱梁腹板水平向裂缝，主要由箱梁横向弯曲空间效应与内外温差应力使腹板内外侧产生较大的竖向应力、箱梁横向刚度不足、畸变应力影响、竖向预应力不足等原因引起；③箱梁顶、底板的纵向裂缝主要是预应力局部应力过大、箱梁的正剪力滞后效应考虑不足、偏心荷载下箱梁畸变扭转引起腹板上下端局部应力过大所致 |
| 箱梁横隔板裂缝 | 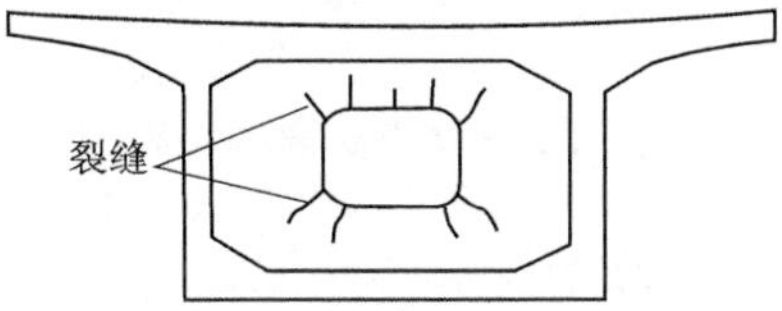 | ①发生于箱梁横隔的上下部，裂缝宽度不大，一般小于 0.2 mm；②产生原因包括箱梁较宽，或横隔板中施加的横向预应力不足或损失过大，或箱梁抗扭能力差等 |
| T 梁横隔板裂缝 | 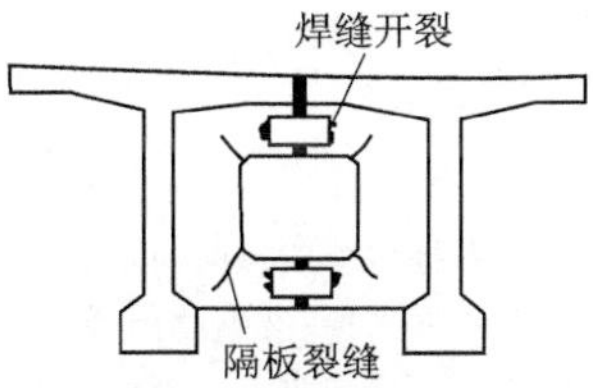 | ①在梁端及腹板断面的梁上均有发生，由棱角边缘向上延伸，焊缝开裂；②裂缝宽度一般在 0.2～0.3 mm 范围内；③由偏载、扭转、施工质量等因素引起 |
| 后张法梁端或锚固区的裂缝 | 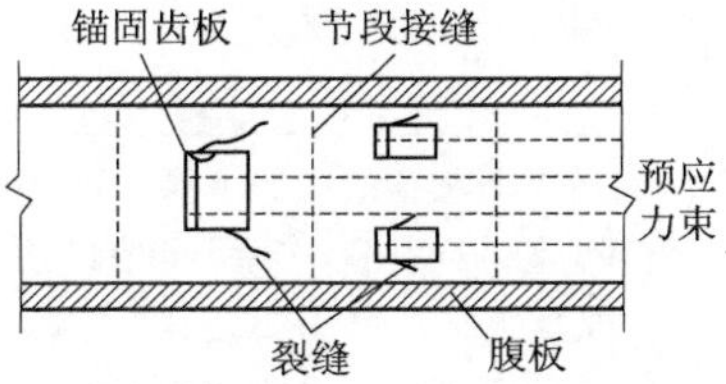 | ①通常发生在梁端或预应力筋的锚固部位，裂缝宽度比较短小，发生在梁端时多与主筋方向一致，在锚固部位时与梁纵轴线方向成 30°～45°；②运营初期发展，但不严重，以后会趋于稳定；③主要为端部或锚固部位应力集中或混凝土浇筑质量较差所致 |

**表 2.21　拱式桥梁的常见裂缝**

| 裂缝种类与发生部位 | 图　示 | 主要特征与发生原因 |
|---|---|---|
| 刚架拱裂缝 | 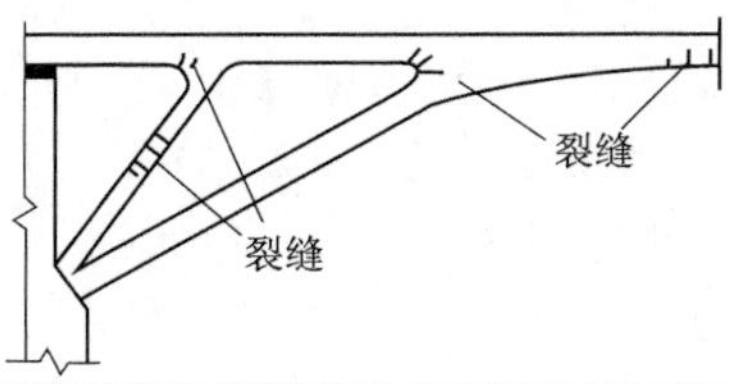 | ①刚架拱在跨中实腹段下缘，大、小节点及次拱脚中部反弯区可能会出现裂缝，裂缝宽度一般在 0.05～0.25 mm 范围内；②主要是受力裂缝，也与构造不当有关，在外荷载作用下，裂缝可能会发生较大的扩展；③裂缝成因包括拱肋截面偏小、构造缺陷、施工质量差及实际荷载大等 |

续上表

<table>
<tr><th>裂缝种类与发生部位</th><th>图　　示</th><th>主要特征与发生原因</th></tr>
<tr><td>桁架拱裂缝</td><td>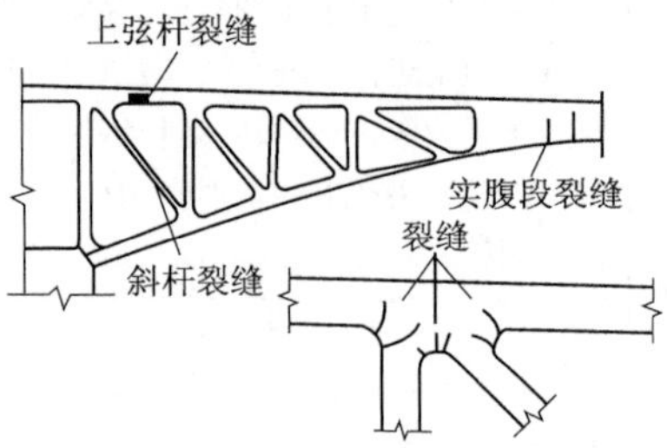
</td><td>①桁架拱在上弦杆及实腹段跨中附近底面及侧面横向开裂，或下挠过大，表明杆件的有效预加应力不足，或截面高度偏小，普通钢筋配置不足；②斜杆开裂说明拉应力过大，预加应力不足或截面尺寸(配筋)不足；③各杆件节点附近开裂，由于各杆轴线一般不会相交于一点，且受其他附加应力影响使节点局部应力过大引起开裂</td></tr>
<tr><td>空腹式箱(肋)拱顶及拱脚裂缝</td><td>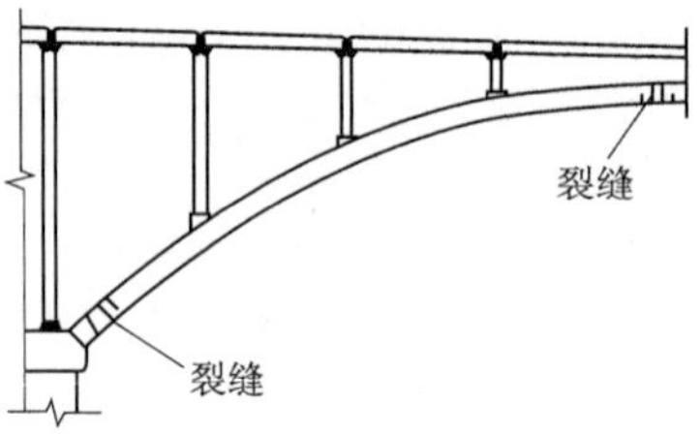
</td><td>①在主拱圈的拱顶下缘及侧面横向裂缝及拱脚上缘及侧面的横向裂缝，裂缝宽度一般在 0.02～0.05 mm 范围内；②主要为截面的抗弯强度不足、配筋偏少、拱轴线不合理、墩台不均匀沉降、向路堤方向滑动或转动、超重车影响、整体性差、施工质量差等引起</td></tr>
<tr><td>主拱圈或腹拱圈出现纵向裂缝</td><td>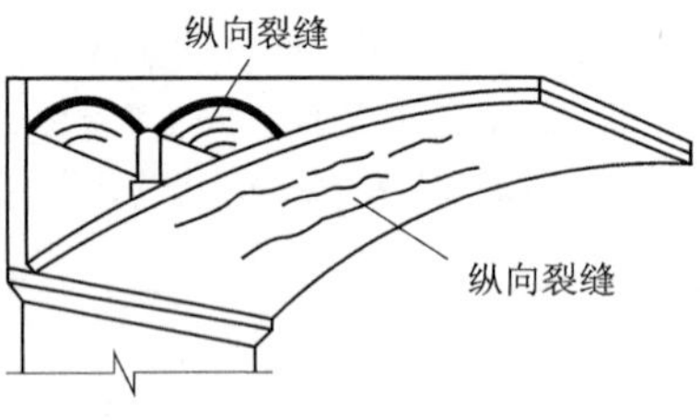
</td><td>①在主拱圈或腹拱圈出现纵向裂缝，裂缝宽度一般较小；②可能是墩台基础的上、下游不均匀沉降引起，如果只是拱箱接缝处开裂，一般是由接缝的连接不好、整体性差、偏载作用下拱箱受力变形较大引起</td></tr>
<tr><td>拱肋与系杆相接部位裂缝</td><td>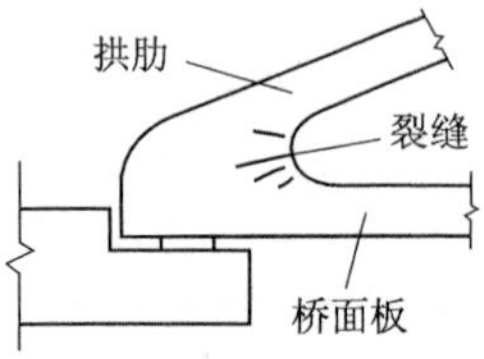
</td><td>①在系杆拱桥的拱肋与水平系杆(桥面板)相接部位容易出现斜向裂缝；②裂缝出现的主要原因是构造不当、局部应力过大或混凝土浇筑质量较差；③运营初期发展，但不严重，以后会趋于稳定</td></tr>
<tr><td>吊杆横梁裂缝</td><td>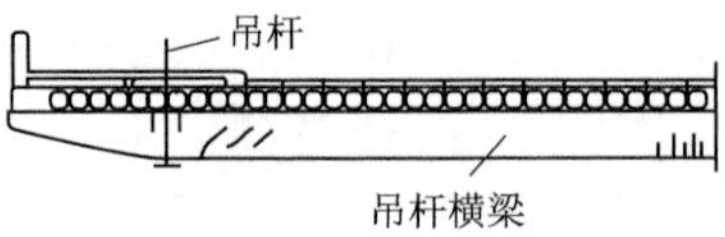
</td><td>①在吊杆横梁的中部下缘，吊杆区域出现竖向弯曲裂缝和剪切斜向裂缝；②原因是有效预应力不足、正应力过大、混凝土抗拉能力不足；③裂缝宽度一般在 0.05～0.15 mm范围内；④在外荷载反复作用下，裂缝可能会有所变化，但不会很严重</td></tr>
<tr><td>空腹式拱桥裂缝</td><td>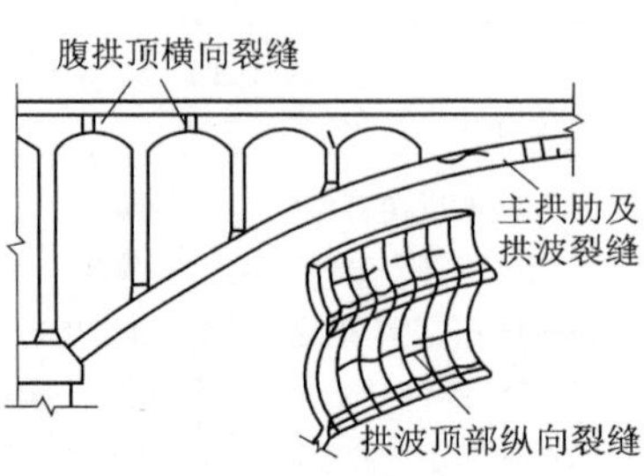
</td><td>①空腹式钢筋混凝土拱在拱脚、立柱、立柱与拱圈相接的部位可能会出现开裂；②原因是桥面板在立柱与腹孔位置未设铰或变形缝，使其不能适应环境温度变化所致；③裂缝宽度一般不会很大，在外荷载及温度作用下，裂缝可能会发展</td></tr>
</table>

续上表

| 裂缝种类与发生部位 | 图　示 | 主要特征与发生原因 |
|---|---|---|
| 钢筋混凝土双曲拱桥裂缝 | 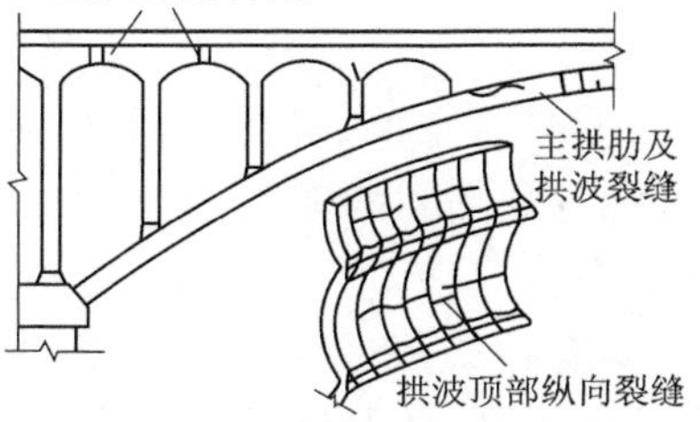 | ①双曲拱桥的拱波顶出现纵向裂缝、拱波沿桥纵向裂缝、拱肋与拱波连接处环向开裂等裂缝；②裂缝成因多为各拱波之间横向联系弱、整体性差、横截面的组合不合理、墩台横向不均匀沉降等 |

4.结构或构件的损伤疲劳程度严重

钢结构、钢—混凝土结合结构在使用荷载反复作用及外界环境影响下，一些构件如钢箱梁的正交翼形(顶)板等可能会因结构荷载应力幅度过大导致构件疲劳损伤程度比较突出，甚至出现焊缝裂纹等病害，对钢结构的使用寿命、耐久性与承载能力构成严重威胁。此外，一些桥梁如斜拉桥的斜拉索、系杆拱的系杆、吊杆在使用荷载及外界环境因素的共同作用下，也容易出现系杆、短吊杆的疲劳及应力腐蚀问题，对斜拉桥、系杆拱的安全正常使用构成严重威胁，甚至会酿成重大安全事故。

5.桥墩基础变位或不均匀沉降，下部结构开裂

墩台是桥梁的重要组成部分，关系到桥跨结构在平面和高程上的位置，并将荷载传递给地基。墩台的承载力和稳定性在很大程度上决定了桥梁的耐久性。桥梁结构在服役过程中，由于基础工程施工质量不佳、设计存在缺陷、地质情况不良或周边其他工程施工的影响，会导致桥梁墩台产生不均匀沉降或水平位移。桥梁基础不均匀沉降或水平位移说明其地基基础或下部结构的承载能力不足，不仅会导致桥梁线形不顺畅、影响行车性能，而且对于超静定桥梁还会产生比较大的附加内力，改变桥梁结构设计的受力状态，对桥梁的安全运营与正常使用构成明显的威胁。桥梁墩台、桩基础等下部结构由于水流冲刷、船舶(漂浮物)撞击、维护不足而产生的掏空、露筋腐蚀等病害，常常威胁到桥梁的安全运营。此外，下部结构墩台基础在受上部结构及桥面系传递的荷载、下部地基基础不均匀沉降滑移、水压力结构设计、施工质量、温度等诸因素的影响下，出现了各种各样的裂缝病害，影响桥梁承载能力，部分宽度过大的裂缝甚至严重影响到桥梁的安全运营。墩台、基础的缺陷及病害主要有以下几种：

(1)浆砌片石桥台、护坡等部位，由于缺乏维护，加上水流冲刷等原因出现开裂、破损掏空等情况。

(2)桥台由于侧墙内填土不密实，或采用含水率较大或渗水不良的土壤，造成填土、不均匀沉降和排水不良而引起裂缝，常常引起侧墙与台体的分离；或由于气候条件、流水和流冰的侵蚀造成墩台表面风化剥落，发生桥台侧墙、胸墙倾斜、轻微鼓肚、两侧锥坡和八字翼墙发生鼓肚、沉陷。

(3)扩大基础由于回填不当、排水不畅引起土压力和支承力的变化，导致墩台产生位移、开裂等病害。

(4)桩基础由于桩头残渣清理不净，桩头处理不好，以及桩身各种质量缺陷，如桩顶露筋、夹泥断桩、缩颈离析、桩位偏差等，造成桥梁墩台出现各种缺陷和病害，表现方式为下沉、开裂、倾斜、滑移等。

(5)下部结构桥墩、桥台由于受到基础不均匀沉降、局部应力集中、设计构造失误、事故质量不佳、混凝土温度收缩、支座损坏后产生的次生内力、水压力及冲刷掏空等因素导致各种结构性裂缝,部分裂缝宽度很宽,成为影响桥梁承载能力的安全隐患。

(6)沉井基础常因开挖方法、地下水处理、减少摩阻方法不好及刃脚部位的封底不严密造成墩台的缺陷和病害。

(7)其他病害,如混凝土剥离、露筋、桥面露水、混凝土空洞、蜂窝麻面,以及天然地基上的浅基础被冲刷悬空,灌注和打桩基础受水冲刷、侵蚀等缺陷和病害。

6.设计荷载等级偏低,结构强度不适应交通需求

由于受经济、技术等因素的制约,相当一部分既有桥梁建造时设计荷载等级偏低,存在先天不足,但在使用过程中并未对运营荷载进行有效的限制,加上交通量日益增大,超重车辆、超载车辆越来越多,导致这些桥梁的病害在使用过程中进一步恶化,发展到一定程度,不仅其使用性能不能满足有关规范规程的要求,而且其承受能力、极限强度往往也不能够适用实际荷载的要求,存在比较严重的安全隐患。

在我国,从 20 世纪 50 年代以来,随着汽车工业、交通运输业的不断发展,公路桥梁设计荷载标准经历了从汽-10、汽-13、汽-15、汽-20、汽-超 20、公路-Ⅰ级的发展历程,其中汽-20 占既有桥梁的多数。另一方面,由于超载车辆屡禁不绝、各大城市交通日益拥堵等现象,导致我国桥梁超负荷使用这一问题更为严重,既有桥梁带病工作、“小马拉大车”的现象普遍存在,使既有桥梁普遍存在不同程度的病害。

此外,尚有相当一部分跨河桥、跨线桥存在桥下通航或通车净空不能满足实际需求的现状,由于一些桥梁修建时的技术标准偏低,而城市发展、航运发展较快,对于超限船只、超高车辆管理不到位,由此造成船舶、车辆撞击桥梁的事故时有发生,给既有桥梁的安全运营带来了潜在的安全隐患。

在桥梁检测评估、病害分析诊断的基础上,对于那些承载能力不足、使用性能较差或耐久性能不满足要求的结构或构件,需要采取有针对性的维修加固。桥梁维修加固可分为一般性养护维修和结构性加固。一般性维修主要针对影响桥梁使用性能、耐久性能的病害,目的是保证桥梁结构的使用性能或耐久性能达到设计、规范及实际使用要求,如桥面铺装层的维修、油漆涂装更新、裂缝封闭与灌浆处理、支座更换等。当桥梁结构无法满足承载能力、通行能力等方面的要求时,需要对桥梁进行加固或技术改造。桥梁加固改造包括为提高承载力要求的结构补强,为满足通行能力要求的桥面拓宽,为改善使用性能要求的结构维修,通过病害处治、加固改造从而弥补桥梁结构先天缺陷、使用过程中出现的各种病害缺陷以及结构严重受损所造成的承载能力不足,使桥梁恢复和满足新的使用条件下的受力、安全、使用及耐久性要求。

# 学习项目四　桥梁荷载试验

桥梁荷载试验是对桥梁结构物工作状态直接测试的一种鉴定手段。能够直接了解桥跨结构的实际工作状态、判断其承载能力、评价其工作性能,并为同类桥梁提供经验和科学资料。

## 一、静力荷载试验

公路桥梁的静力荷载试验是将特定的静止荷载作用于桥梁指定的位置上,以测试结构的静应变、静位移以及裂缝变化等,从而推断桥梁结构在荷载作用下的工作状态和承载能力。试验

时，一般以缓速行驶到桥上特定载重级别的车辆荷载作为静载，在某些情况下也可施加荷重（堆置铁块、水泥、预制块件、水箱等）或者以液压千斤顶装置施力等方式来模拟车载，以达到试验目的。

桥梁静载试验的目的是检验桥梁结构设计与施工质量，验证桥梁结构设计理论和计算方法，直接了解桥梁结构当前的承载状况，借以判断桥梁结构实际承载能力，为桥梁养护、维修及加固改造提供基础技术资料。

1. 桥梁静载试验的方案

(1)加载方案

当加载分级较为方便时，一般按最大控制截面内力平均分为 3～5 级。当使用重车加载，车辆的加载、卸载、称重有困难时也可分为 2～3 级。当前期工作不充分或桥梁状况较差时，应尽量增多加载分级。如限于条件而加载分级较少时，应在每级加载时，使车辆逐辆缓缓驶入预定的加载位置，以确保试验安全。分级加载时，最好每级加载后卸载，也可逐级加载达最大荷载后再逐级卸载，但应保证桥梁的安全。

加载时间要求：为减少温度变化对静载试验的影响，加载试验时间以 22 时至次日 6 时为宜。当采用加、卸载迅速的车辆进行试验时，亦可安排在白昼温差较小的时段。

加载物可选用装载重物的汽车或平板车，或就近利用施工机械车辆。采用车辆加载便于调运和加载布置，加、卸载迅速。采用车载既能作静载试验又能作动载试验。加载也可采用重物，按控制荷载的着地轮迹先搭设承载架，再在架上堆放重物或设置水箱进行加载。若加载仅为满足控制截面内力要求，也可采用直接在桥面堆放重物或设置水箱加载。重物加载准备工作量大，加、卸载所需周期较长，交通中断时间亦较长，且试验时温度变化对测点的影响较大，因此宜安排在夜间进行。

加载物应进行称重，其可直接称重，也可由体积换算成重量，也可根据车辆出厂规格确定空车轴重，再根据装载重物的重量及其重心将其分配至各轴，称重误差最大不得超过 5%。

加载方案最重要的工作是根据桥梁现有的状况进行结构分析计算。这部分工作量较大，试验前应尽可能地收集现有桥梁的技术资料，现场进行桥梁技术状况调查、查找桥梁病害、分析病害原因，据此进行详细的分析计算，确定加载程序、加载位置、加载量和加载分级。加载的总量与加载位置既要保证桥梁的绝对安全，又要能测试出桥梁的实际受力和变形状况。对于新建桥梁加载的效率系数一般为 0.8～1.05，对于旧桥加载多少应通过分析计算确定。

(2)测试方案

公路桥梁荷载试验主测点包括应变测点和位移（挠度）测点，分布在结构受力和变形较大的部位，如弯矩最大、挠度最大、主应力最大的部位。测点的布设见表 2.22。

**表 2.22　公路桥梁荷载试验主测点布置表**

| 桥型 | 测试项目 | | | |
|---|---|---|---|---|
| | 截面应力（变） | 挠度 | 沉降 | 水平位移 |
| 简支梁桥 | 跨中 | 跨中 | 支点 | 墩、台 |
| 连续桥梁 | 跨中、支点 | 跨中 | 支点 | — |
| 悬臂梁桥 | 支点、牛腿 | 悬臂端部 | 支点 | — |
| 拱桥 | 拱顶、四分点、拱脚 | 跨中、四分点 | 墩、台 | 墩、台 |
| 斜拉桥 | 跨中、支点截面应变最外排斜拉索索塔下端截面应变 | 加劲梁跨中悬浮式梁端 | — | 索塔 |
| 吊桥 | 加劲梁跨中截面应变加劲梁四分点截面应变吊杆、主索的拉力索塔下端截面应变 | 跨中四分点 | — | 索塔 |

依据桥梁调查、检算工作的深度，综合考虑结构特点和桥梁状况等，可加设测点。加设测点布置见表 2.23。

**表 2.23 公路桥梁荷载试验加设测点表**

| 测点加设 | 具体相关内容 |
| --- | --- |
| 应变 | 应变沿控制截面桥宽方向的分布 |
| | 应变沿截面高度的分布 |
| | 组合构件的结构面上、下缘应变 |
| | 剪切应变测点可采取设置应变花的方法进行观测；<br>桥梁的剪应力也可在截面中性轴处主应力方向设置单一应变测点来进行观测；<br>桥梁的实际最大剪应力截面应设置在支座附近，而不是支座上 |
| | 结构薄弱部位的应变 |
| 挠度 | 沿桥长方向的分布和沿控制截面桥宽方向的分布 |
| 其他 | 墩台的沉降、水平位移与转角(连拱桥多个墩台的水平位移) |
| | 温度测点——选择与大多数测点较接近的部位，设置 1～2 处；<br>可根据需要在桥梁主要端点部位设置一些构件表面温度观测点 |
| | 裂缝监测测点——观测结构承受拉力较大部位及原有裂缝较长、较宽部位；<br>加载过程中应观测裂缝长度与宽度的变化情况及新增裂缝的情况 |

2. 桥梁静载试验的准备

(1)试验孔(墩)的选择

多孔桥若结构相同、跨径相等，可选择 1～2 个具有代表性的孔(墩)作加载试验。选择时应综合考虑该孔(墩)计算受力是否最不利，该孔(墩)施工是否质量较差，缺陷是否较多或病害较严重，该孔(或墩)是否便于搭设脚手架与设置测点，是否在试验时便于加载等。

(2)搭设试验支架

试验支架应根据测试断面、测试内容进行搭设。支架搭设要因地制宜、就地取材，需方便观测仪表的设置，要保证安全。当桥下净空较高不便设置固定脚手架时，可采用轻便活动吊架。桥梁检测车的应用越来越广泛，在不便搭设支架或者搭设支架成本较高时，可考虑采用桥梁检测车。

(3)试验位置放样

静载试验前应在桥面上对加载位置和测点位置进行放样。

(4)其他工作

其他工作包括准备试验的安全设施、提供电照明设施、通信联络设施。若检测时需要交通管制的，应根据需要提前申报、准备。旧桥试验必须有完善的安全保障措施，确保在桥梁发生意外前终止试验。

3. 桥梁静载试验的仪器设备

桥梁静载试验时需测结构的反力、应变、位移、倾角、裂缝等物理量。静载试验前应首先对测试值进行理论分析计算，选择仪器的精度与量测范围，从而选择适当的仪器进行量测。测试仪器按其工作原理可分为机械测试仪器、电测仪器、光测仪器等。常用仪器有百分表、千分表、位移计、应变仪、应变计(应变片)、精密水准仪、经纬仪、倾角仪、刻度放大镜等，见表 2.24。

**表 2.24　桥梁结构力学性能参数现场测试设备表**

<table>
<tr><th>参数</th><th colspan="2">测试设备</th><th colspan="2">适用性</th></tr>
<tr><td rowspan="9">线位移</td><td rowspan="6">非接触式</td><td>精密水准仪</td><td>竖向位移测量</td><td rowspan="4">用于 50～200 mm 内的近距离测量</td></tr>
<tr><td>精密经纬仪</td><td>水平位移测量</td></tr>
<tr><td>近景摄影测量系统</td><td>需专门的分析设备</td></tr>
<tr><td>激光测量系统</td><td>避免环境干扰</td></tr>
<tr><td>电子测距仪</td><td colspan="2">用大跨径或长大型结构</td></tr>
<tr><td>连通管水平测量装置</td><td colspan="2">装置附着于结构,用于长期观测</td></tr>
<tr><td rowspan="3">接触式</td><td>钢丝挠度计</td><td colspan="2" rowspan="3">需要在桥下搭设专门的仪表架<br>适用于无水或浅水的低矮中小跨径结构</td></tr>
<tr><td>百分表</td></tr>
<tr><td>各类电学位移感器转</td></tr>
<tr><td rowspan="3">转角</td><td colspan="2">两个定距的线位移计</td><td colspan="2" rowspan="3">—</td></tr>
<tr><td colspan="2">水准式倾角仪</td></tr>
<tr><td colspan="2">各类电学倾角传感器</td></tr>
<tr><td rowspan="8">应变及应力</td><td rowspan="4">机械式</td><td>杠杆引伸仪</td><td rowspan="4">测量表面应力</td><td rowspan="6">可用于中长期观测</td></tr>
<tr><td>刻痕应变仪</td></tr>
<tr><td>手持应变仪</td></tr>
<tr><td>千分表</td></tr>
<tr><td rowspan="4">电学式</td><td>振弦式传感器</td><td>本身的温度效应小</td></tr>
<tr><td>卡尔逊差动电阻式传感器</td><td>能校正本身的温度效应</td></tr>
<tr><td>电阻丝、半导体应变计</td><td colspan="2">测量表面应变、要求严格防潮</td></tr>
<tr><td>光纤传感器</td><td colspan="2">—</td></tr>
<tr><td rowspan="3">力值</td><td colspan="2">机械式拉(压)力计</td><td colspan="2">用于外部测量</td></tr>
<tr><td colspan="2">液压扁千斤顶</td><td colspan="2">—</td></tr>
<tr><td colspan="2">各类电学的力传感器</td><td colspan="2">—</td></tr>
<tr><td rowspan="2">温度</td><td colspan="2">普通液体、双金属温度计</td><td colspan="2">测量表面温度、气温</td></tr>
<tr><td colspan="2">热电偶、热敏电阻</td><td colspan="2">测量内部温度分布</td></tr>
</table>

4. 试验过程

首先按测点位置实施打磨找平、清洗干净,再粘贴应变片,并作防潮处理;焊接电线与接线,将所有测点编号接入接线箱。为了排除测试过程中大气温度变化带来的影响,每一断面设置处于同一温度场而不受加荷影响的补偿应变片,一并接入接线箱。

接线联机后,进行试调工作,检查各个应变片,保证电路通畅,处于良好的可靠状态,开始进行预加载,进一步检查应变片读数,反应正常、灵敏,一切无误后,正式按工况位置加载试验。

试验中为尽可能减少混凝土流变特性的影响,采用加载到位后,关闭汽车发动机,持续 5 min以上,待数据完全稳定之后再进行记录;卸载后 10 min 以上,再进行一次重复加载,以便使结构恢复弹性变形,消除塑性残余变形。在正式加载前先用一辆车进行预加载,以检验设备是否正常,一切反应良好后卸载,10 min 后进行正式加载。加载为分级试加,以防意外。

每一个工况重复三次,若前两次读数基本相同时,亦可不重复第三次。

5. 桥梁静载试验的报告

试验报告是荷载试验的重要内容。在试验资料整理、分析基础上，提交桥梁静载试验报告，内容如下：

(1)试验概况。介绍试验桥的结构形式、构造特点、施工概况。对于鉴定性试验，应说明在施工或设计中存在的技术问题，以及其对承载能力的影响等。对于科研性试验，应说明研究中需解决的问题。

(2)试验目的。介绍桥梁静载试验应达到要求，并完成相关任务。

(3)试验方案设计。确定测试项目、测试方法，仪器配备、测点布置，说明试验荷载情况、加载的情况。

(4)试验过程。桥梁静载试验的起止日期，试验各阶段详细情况描述、试验日志等。

(5)试验记录。将有代表性的实测数据、以表格或曲线的形式表达出来。

(6)试验结果与分析。按桥梁结构静载试验项目，将理论计算值、实测值以及有关的参考限值进行对比、分析，说明理论值与实测值的符合程度，从而推断桥梁结构所具有的实际承载力、抗裂性及安全度等。描述分析试验中所发现的问题。对于科研性试验，还要进行综合分析并说明设计计算理论的正确程度和实用程度，以及尚待解决的问题。

(7)桥梁承载能力评价。根据综合分析的结果，得出最后的技术结论，对桥梁承载能力作出评价。同时根据桥梁现有状况，提出桥梁养护加固建议。

(8)经验及教训。对试验中的成功经验及不足之处作出客观总结。

## 二、动力荷载试验

公路桥梁的动力荷载试验是将动力荷载(如行驶的汽车荷载)作用于桥梁结构上，以测出桥梁结构的某些动力特性，从而推断出桥梁结构在动载作用下受冲击、振动影响的特性。

桥梁动载试验的目的是测定动载的动力特性如引起结构产生振动的作用力的数值、方向、频率和规律等，测定桥梁结构的动力特性如自振频率、阻尼特性、固有振型等，以及测定桥梁结构在动载作用下强迫振动的响应，如振幅、动应力、冲击系数、疲劳性能等。

1. 桥梁动载试验的激振方法

桥梁动载试验的激振方法主要包括自振法、共振法和脉动法。自振法主要有冲击法(突然加载法)和位移激振法(突然卸载法)。

自振法就是使桥梁产生有阻尼的自由衰减振动，记录的振动图形是桥梁的衰减振动曲线的方法，为使桥梁产生自振，可用突然加载法和突然卸载法。

突然加载法(冲击法)是在被测结构上快速地施加一个冲击力。对于中、小型桥梁结构，可用落锤激振器垂直地冲击桥梁，激起桥梁竖直方向的自由振动。如果在水平方向冲击桥梁边缘，则可激起横向振动。动载试验中也常用到试验车辆，使其在桥面上驶过一定高度(15～20 cm)的三角垫木，利用车轮的突然下落对桥梁产生冲击作用，激起桥梁的竖向振动。采用突然加载法时，应注意冲击荷载的大小及其作用位置。如果要激起结构的整体振动，则必须在桥梁的主要受力构件上施加足够的冲击力，冲击荷载的位置通过实测结构的振型来定。冲击引起的自由振动，最少可记录到第一固有频率的振动图形。

突然卸载法(位移激振法)是在结构上预先施加一个荷载作用，使结构产生一个初位移，然后突然卸载，利用结构的弹性使其产生自由振动。

共振法(强迫振动法)是利用激振器，对结构施加激振力，使结构产生强迫振动。通过改变激振力的频率，使结构产生共振现象并依据共振现象可获得桥梁结构的动力特性。常用激振器有机械式激振器、电磁式激振器和电气液压式振动台等。

激振器需牢固地固定在结构上，由底座将激振器产生的交变激振力传给结构。将两台激振器安放于结构适当位置，反向激振，则可进行扭转振动试验。连续改变激振器频率，当激振力频率与结构固有频率相等时，结构出现共振现象，此时所记录的频率即为结构的固有频率。

对于复杂的桥梁结构，往往需获得基频以外的几个频率。此时可以连续改变激振力的频率，进行频率扫描，使结构连续出现多次共振，可得到结构的各阶频率。在共振频率附近进行稳定的激振试验，可测定结构的固有频率与振型。通过多次共振，则可获得频率—振幅关系曲线，以确定结构的阻尼。

桥梁动载试验中，常由重型车队以不同速度驶过桥梁，使结构产生不同程度的强迫振动。当某一行驶速度产生的激振力的频率与结构的固有频率相接近时，共振就会出现。在车辆驶离桥跨后，结构作自由衰减振动，此时由记录到的波形曲线可获得桥梁结构的动力特性如固有频率、阻尼特性等。

对于刚度相对较小的大跨度桥梁可采用脉动法，即利用结构由于外界因素如附近车辆、机器风等的振动引起的脉动来测试桥梁的动力特性。图 2.28 频率扫描中结构振动图脉动可以准确地反映出结构的固有频率。如图 2.29 所示桥梁脉动曲线，振幅呈现有规律的增减现象，如果振幅大且波形光滑处的频率都相同，且多次重复出现，此频率即为结构的基频。在结构不同部位同时进行检测，则可得某一固有频率的振型。

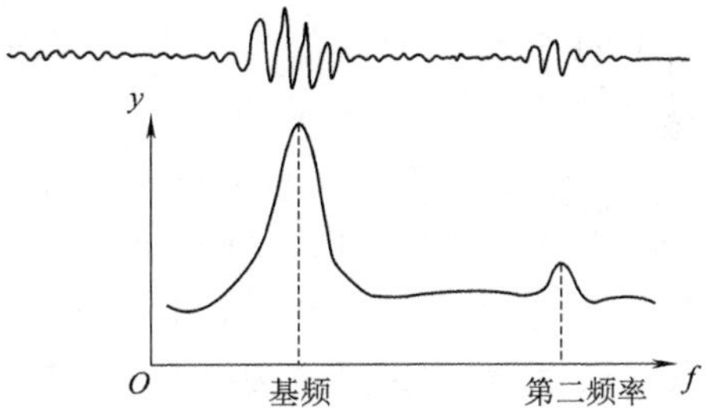

图 2.28　频率扫描中结构振动

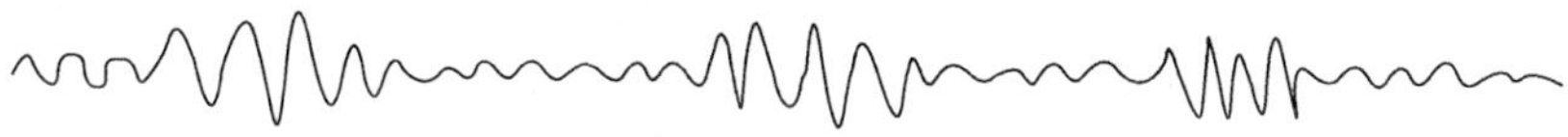
图 2.29　结构脉动记录曲线

2. 桥梁动载试验的仪器设备

动载试验的主要测试仪器有测振传感器、光线示波器、磁带记录仪、数字信号处理系统等仪器。

(1)测振传感器

测振传感器由惯性质量、阻尼和弹簧组成，动力系统固定在振动体上，与振动体一起振动。测量惯性质量相对于传感器外壳的运动，可以得到振动体的振动。由于是非直接检测，所以，传感器动力系统的动力特性对测量结构具有重要影响。

测振传感器感受到的振动信号要通过各种转换方式(磁电式、压电式、电阻应变式等)转换成电信号，依据转换方式和所测振动量的不同，测振传感器可分为磁电式速度传感器、磁电摆式传感器和压电式加速度传感器等(图 2.30)。

(2)光线示波器

光线示波器是常用的模拟式记录器，一般用于记录振动测量的数据，可将电信号转为光信号并记录在感光纸或胶片上，得到试验变量与时间的关系曲线。如图 2.31 所示，当振动的信号电流输入振动子线圈时，在固定磁场内的振动子线圈就发生偏转，与线圈连着的小镜片及其反射的光线也随之偏转，偏转的角度大小和方向与输入的信号电流相对应，光线射在前进着的

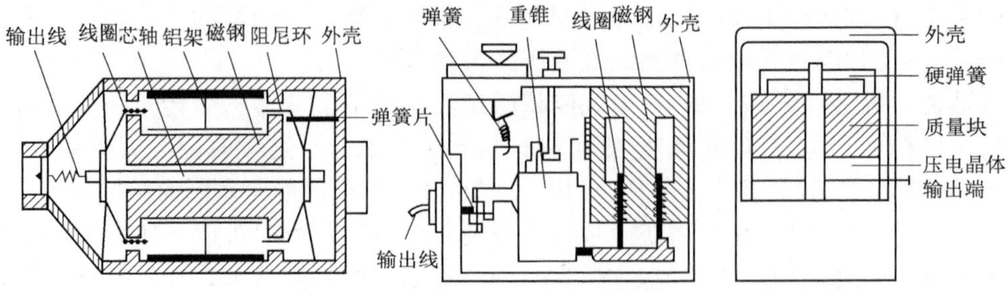


(a) 磁电式速度传感器　(b) 磁电摆式传感器　(c) 压电式加速度传感器

图 2.30　几种常见测振传感器的结构

感光记录纸上即留下所测信号的波形，与此同时在感光记录纸上用频闪灯打上时间标记。光线示波器可以同时记录若干条波形曲线，还可用于静载试验的数据记录。对光线示波器记录的试验结果进行数据处理时，用直尺在曲线上直接量取大小，依标定值按比例换算成代表试验结果的数值，对时间数值，可用记录纸上的时间标记以同样方法进行换算。

(3)磁带记录仪

常用于动载试验的振动测量和静力试验的数据记录，它将电信号转换成磁信号并记录在磁带上，得到的是试验变量与时间的变化关系。如图 2.32 所示，记录仪由磁带、磁头、磁带传动机构、放大器和调制器等组成。从传感器传来的信号输入到磁带记录仪，经过放大器和调制器的处理，通过记录磁头把电信号转换成磁信号，记录在以规定速度做匀速运动的磁带上。重放时，使记录有信号的磁带按原来记录时的速度(也可以改变速度)做匀速运动，通过重放磁头从磁带读出磁信号，同时转换成电信号，经过放大器和调制器的处理，输出给其他仪器。

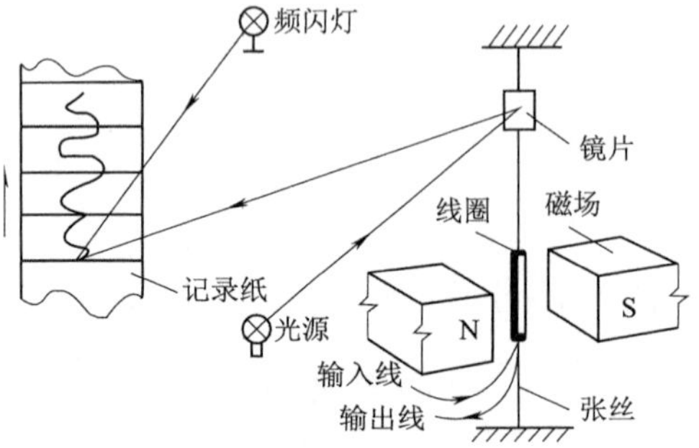


图 2.31　光线示波器原理

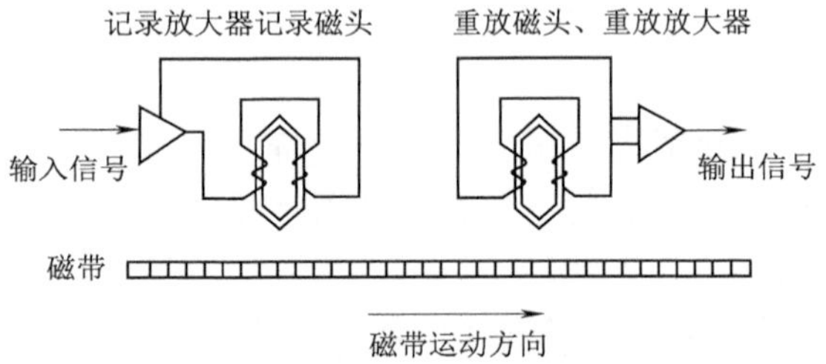


图 2.32　磁带记录仪原理

磁带记录仪的优点有工作频带宽，可同时进行多道记录，并保持多道信号间正确的时间与相位关系，可快(慢)速记录慢(快)速重放，使数据记录和分析更加方便，通过重放可以方便地将磁信号还原为电信号，输送给各种仪器分析等。

(4)数字信号处理系统

数字信号处理系统的作用是将输入信号通过低通抗混淆滤波器和前置放大器后，经过模数转换器，将模拟电信号转换成数字信号输入给计算机。这些数字信号在相关硬件和软件的支持下得到处理。功能更全的数据处理机应配备磁盘驱动器、输入和输出接口及特殊语言编制的专用程序。目前还有集数据采集和分析为一体化智能仪器，可以进行实时数据采集分析，并能实现数据储存，兼顾磁带记录仪和信号处理机。

(5)动载试验测试系统的组成

动载试验测试系统一般由传感器、放大器和记录仪构成,组成方式主要有三种:电磁式、压电式和电阻应变式。电磁式测试系统由电磁式传感器、信号放大器和记录仪器构成;压电式测试系统由压电式传感器、电压(荷)放大器和光线示波器或磁带记录仪构成;电阻应变式测试系统由电阻式传感器、电阻应变器和光线示波器或磁带记录仪构成。

电磁式测试系统在桥梁动力测试中常常用到,它通过仪器的组合变换可测位移、速度和加速度,其优点是输出信号强、灵敏度高、稳定性好、抗干扰性好。

压电式测试系统的输出阻抗很高,必须与输入阻抗很高的放大器相连,其自振频率较高,可测频响较宽,其最主要的缺点是抗干扰性差。

电阻应变式测试系统在桥梁动载试验中也常常使用,传感器可供选择种类较多,如应变计、位移计、加速度计等,所对应的放大器是各类动态电阻应变仪。优点是通用性强、应用方便、低频响应好;缺点是易受温度的影响,抗干扰性较差。

测试系统已经很少有单独的示波器、磁带记录仪和数据分析系统。除了测振传感器如加速度传感器、电阻应变片、机电千分表没发生质的变化外,数据采集系统和分析系统均发生了质的变化,主要表现在现在的测试系统高度集成化,即信号采集、数据分析集成在一起。整套测试体系由传感器、测试系统和计算机构成,数据的记录、分析由计算机完成。

3. 桥梁动载试验数据的测试与分析

动载试验的难点在数据分析方面,这方面的内容很多,在这里主要讨论固有频率、阻尼比、振型、动挠度和冲击系数的分析计算方法。

(1)固有频率

桥梁结构固有频率的测定有两种方法,即衰减振动波形法和共振波形法。结构被激振后,桥梁结构产生自由振动,测试系统实测记录结构的衰减振动波形。如图 2.33 所示,在记录的振动波形曲线上,依照式(2.50)计算出结构的固有频率 $f$(为消除冲击荷载影响,舍弃开始的第一、二个波形,从第三个波形开始计算)。

$$f=\frac{L\cdot n}{S} \tag{2.50}$$

式中　$f$——结构的固有频率(次/s);

$L$——记录纸速(mm/s);

$n$——波数;

$S$——$n$ 个波长的距离(mm)。

使用激振器时,使结构产生连续的周期性强迫振动。在激振器振动频率与结构的固有频率一致时,结构出现共振,振幅达到最大值,共振波峰处的频率即为结构的固有频率,如图 2.34所示(其中 $A$ 为振幅;$\omega$ 为激振器的频率)。

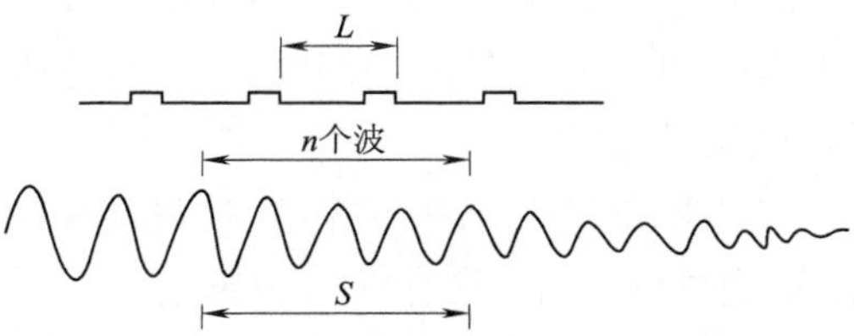


图 2.33　由衰减振动曲线求固有频率

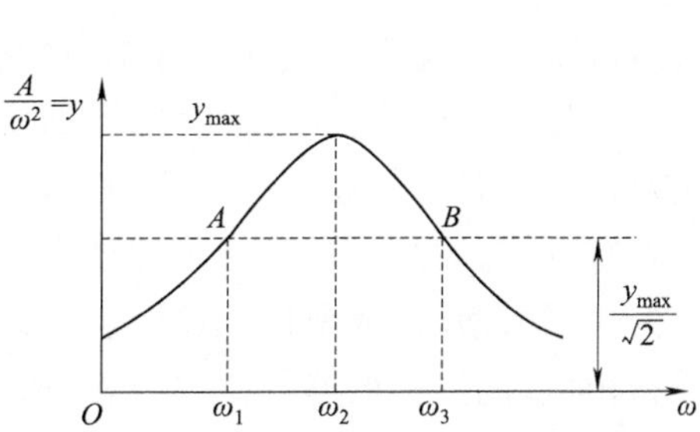


图 2.34　由共振曲线求固有频率

(2)阻尼比

桥梁结构阻尼的测定也有两种方法,即衰减振动波形法和共振波形法。桥梁结构的阻尼特性,可用对数衰减率 $\delta$、阻尼比 $D$、阻尼系数 $n$ 等来表示。实测振动衰减曲线如图 2.35 所示,对数衰减率为

$$\delta=\ln\frac{A_i}{A_{i+1}} \tag{2.51}$$

式中,$A_i$、$A_{i+1}$ 为相邻两个波的振幅值,可直接从衰减曲线上量取在衰减曲线上量取可求得平均衰减率 $\bar{\delta}$,即

$$\bar{\delta}=\frac{1}{n}\ln\frac{A_i}{A_{i+1}} \tag{2.52}$$

对数衰减率 $\bar{\delta}$ 与阻尼比 $D$ 的关系为

$$\bar{\delta}=\frac{2\pi D}{\sqrt{1-D^2}} \tag{2.53}$$

且一般材料的阻尼比 $D$ 都很小,故得阻尼比计算式为

$$D\approx\frac{\bar{\delta}}{2\pi} \tag{2.54}$$

类似地,可利用共振曲线求阻尼系数 $n$、阻尼比 $D$,如图 2.36 所示($\omega_0$ 即结构固有频率),有

$$n=\frac{1}{2}(\omega_2-\omega_1) \tag{2.55}$$

$$D=\frac{n}{\omega_0}=\frac{1}{2\omega_0(\omega_2-\omega_1)} \tag{2.56}$$

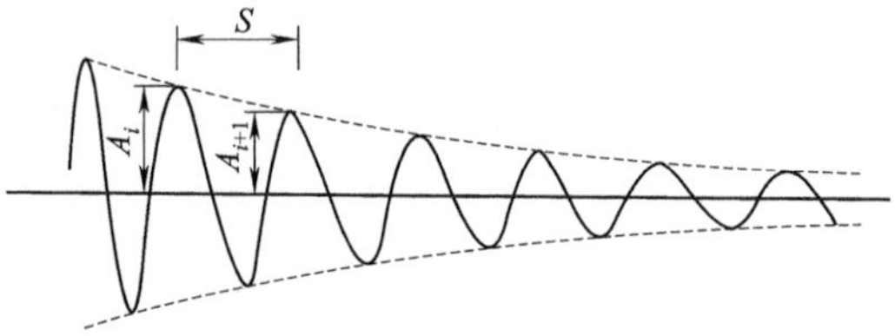


图 2.35　由衰减振动曲线求阻尼特性

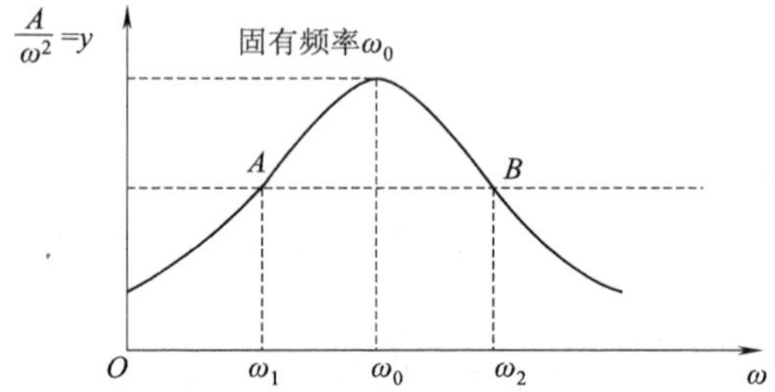


图 2.36　由共振曲线求阻尼特性

(3)结构振型

结构振型是其相应于各阶固有频率的振动形式,振型的数目与系统自由度数目相等,桥梁结构是一个具有连续分布质量的体系,即桥梁是一无限多自由度体系,其固有频率及相应振型也有无限多个。对于一般桥梁结构而言,仅分析基频即可。对于较复杂的动力问题,也仅需前面几阶固有频率。图 2.37 总结了几种有分布质量的梁的振型。

共振法测振型时,数个传感器固定在桥梁结构的不同部位。结构共振时,通过结构各部位的振幅和相位,比较各测点的振幅及相位,可绘出振型曲线。振型测试时,传感器测点的布置应通过计算确定,即先绘出振型的理论形状,传感器应布置在变位较大的点位上。

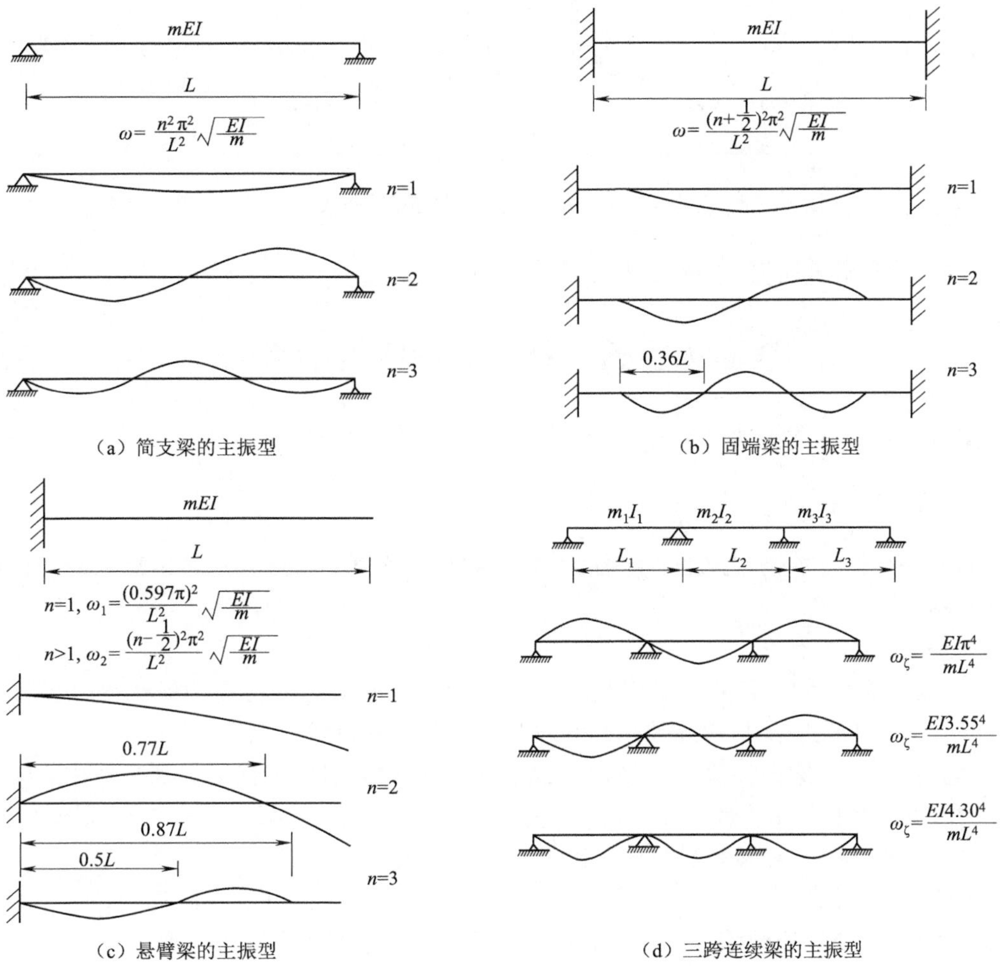


图 2.37　几种具有分布质量的梁的振型

桥梁结构振型的测定可采用多传感器，条件不具备时，也可只用一个传感器。若在桥梁结构上只安装一个传感器；测试时就要不断改变它的位置，以测出各点的振幅。这样就需对传感器进行多次拆卸和安装，并要有一个参考点的传感器是不能移动的。各次测定值均应同参考点比较，大跨径桥梁测试时，必须采用多个传感器。由于传感器导线有信号衰减问题，所以一次试验很难沿桥跨安放太多的传感器，一般一次安装 3～8 个即可，且单根导线长度不超过 50 m。这样，就需要采用多组传感器，同样需要设置参考点。

(4)冲击系数

动载作用在结构上产生的动挠度，一般比同样的静载所产生的相应静挠度要大。动挠度除以静挠度，所得比值即为活载的冲击系数($1+\mu$)。活载冲击系数综合反映荷载对桥梁的动力作用，它与结构形式、车辆速度、桥面平整度等因素有关。测定时，车辆荷载以不同的速度驶过桥梁，并逐次记录跨中挠度的变形曲线，如图 2.38 所示，据此可求出冲击系数，即

$$1+\mu=\frac{y_{\mathrm{dmax}}}{y_{\mathrm{jmax}}} \tag{2.57}$$

式中　$y_{\mathrm{dmax}}$，$y_{\mathrm{jmax}}$——最大动挠度值、最大静挠度值。

动挠度比较难获得时，也可用动应变代替动挠度计算冲击系数。一般而言，动挠度的方法

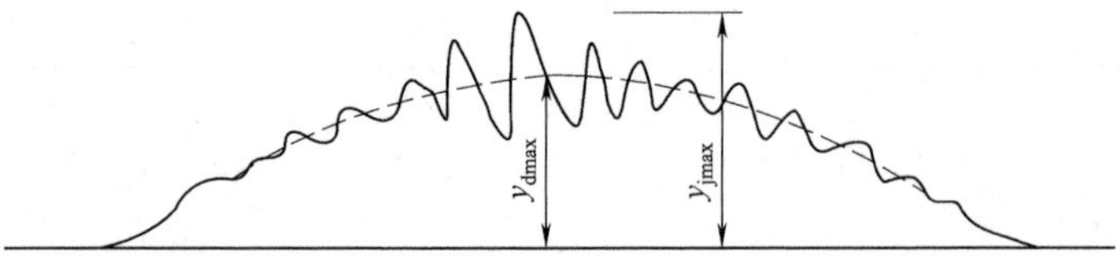


图 2.38 动载作用下结构变形曲线

较后者可靠，当条件具备时，两种方法也可进行比对、校核。

## 学习项目五 桥梁上部结构的维修

铁路桥梁的上部结构维修主要分为钢结构和圬工梁拱两部分。

### 一、钢桥的构造

桥的上部结构是由钢制成的桥统称为钢桥，对长大跨度的桥梁采用钢桥比较经济合理。

(一)钢桥优缺点

1. 钢桥主要的优点

(1)强度大而且重量轻，钢材的密度与容许应力的比值是各种材料中最小的，也就是说在抵抗同样外力的情况下，钢结构需要的断面积和体积最小，重量也最轻。

(2)运送、拼接和架设都比较简便，可以全部在工厂中制造后直接运送到工地拼装架设。

(3)在活载增加或桥梁部分损伤时，修理加固比较方便，一般都可以在维持通车的条件下进行。在受到严重损坏或遭受破坏时，能够在较短时间内修复。

2. 钢桥主要的缺点

容易生锈，需要涂刷油漆保护，同时需要采用明桥面，桥枕直接铺在钢梁上，而且钢梁要比圬工梁拱受活载的冲击影响大、维修费用较高。因此中、小跨度的钢梁已基本被钢筋混凝土梁所取代。

(二)钢桥材料

以往广泛采用于桥梁的结构钢主要是甲 3 桥(A3Q 钢)碳素结构钢，它适合于焊接。随着技术发展，已逐渐减少使用。为了减轻钢桥自重，已大量采用高强度的 16 锰桥(16Mnq)普通低合金钢及 15 锰碳素结构钢(15MnVNq)。这种钢的含碳量与甲 3 桥钢比较并未增多，而含锰量高，所以它的强度比甲 3 桥钢增加 50%。

钢桥中其他各部分所用的钢料规格有：

铆钉——铆螺 2 号钢(ML2)；

精制、普通螺栓——甲 3(A3)、铆螺 3 号钢(ML3)；

高强度螺栓——螺栓用 40 硼(40B)、20 锰钛硼(20MnTiB)；螺母及垫圈用 45 号优质碳素钢、15 锰钒硼(15MnVB)；

支座上下摆、摇轴和座板等——铸钢 25Ⅱ(ZG25Ⅱ)；

铰、辊轴——用 35 号锻钢。

(三)铆接、焊接和高强度螺栓连接

钢梁在工厂制造的时候，先将各部件组成构件，到了工地后再将各构件拼装成整孔的钢梁。根据连接的方式钢梁可分为铆接梁、焊接梁、铆焊梁及工地采用高强度连接的栓焊梁。跨度在 100 m 以下的新建钢桥已逐渐采用栓焊梁。

在铆接钢梁中，杆件内力是靠铆钉的剪切或承压来传递的；在高强度螺栓连接中，杆件内力是靠钢板表面的摩擦力来传递的，钢板表面的摩擦力是由高强度螺栓给连接钢板以强大的夹紧力产生的。由于高强度螺栓比同直径的铆钉承载力为大，且内力传递靠摩擦力，故在受力相同时，需要的高强度螺栓数目比铆钉少。高强度螺栓的连接靠钢板表面间的摩擦力，由于传递面积大，它既没有焊接梁存在的焊接应力及变形问题，也没有铆接梁存在的钉孔处的应力集中现象，可以提高构件的疲劳强度，这就是高强度螺栓连接的特点。铆接、高强度螺栓连接与焊接的示意如图 2.39 所示。值得注意的是：高强度螺栓的承载能力是以抗滑强度来表示的，所以被连接的钢板面应符合设计要求，扭矩值必须达到一定的预应力值。

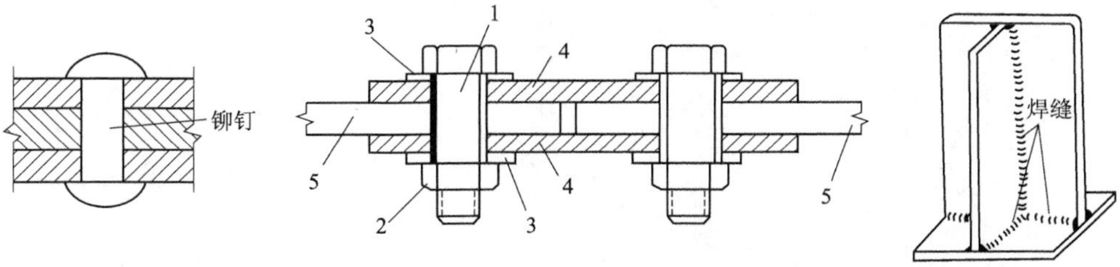


（a）铆接示意　（b）高强度螺栓连接示意　（c）焊接示意

1—高强度螺栓；2—螺母；3—垫圈；4—被连接部件；5—连接钢板。

图 2.39　铆接、高强度螺栓连接与焊接

铆钉连接的最大优点是具有极良好的弹塑柔韧性，而采用焊接则可避免因钉孔而削弱杆件截面。焊接钢梁与铆接钢梁比较，可以节约钢材 15%～20%；在维修方面，不需要抽换松动铆钉；且因焊接梁构件简单平整，不再有窄小缝隙和铆钉头，减少了除锈油漆工作及劳动强度。焊接是刚性连接，存在焊接力与焊接变形问题，应特别强调焊缝质量的检查。工厂采用焊接能保证焊接质量，工地采用高强度螺栓连接，施工简便，既能节约钢材（比铆接节省 15%左右），又可免除工地复杂的焊接操作和焊缝质量检查，也不必像铆接那样需要熟练的铆工，而且所需工具简单，可提高工效 40%，所以从架设施工到维修都较方便。

（四）钢板梁构造

在钢桥中，板梁桥的构造比桁梁简单。当跨度在 40 m 以内时，从制造、安装、养护等方面全面衡量，板梁都较桁梁有优越性。

板梁桥的结构形式可分为上承式和下承式两种。上承式是常用的形式，因为它的主梁间距小，桥面直接放在主梁上，不需要桥面系，用钢量少，所以桥墩台圬工数量比用下承式板梁为少，因此比较简单经济，只有当建筑高度受到限制时，才考虑采用下承式板梁。

1. 上承式板梁

上承式板梁桥结构由桥面、主梁、联结系和支座四个主要部分组成。以下介绍主梁及联结系。

(1)主梁

主梁是桥跨结构的承重结构，整个桥跨的重量及列车荷载均由主梁通过支座传递给墩台。

主梁一般采用两片，对称布置于线路两侧。铆接板梁的主梁由腹板及上下翼缘构成工字形截面，如图 2.40 所示，翼缘包括翼缘角钢及翼缘盖板。此外，为了使腹板稳定，需要在腹板侧面设加劲肋（角钢）。

(2)联结系

由上下平纵联及横联所组成，它和主梁共同形成一空间结构，其作用为保持各构件于正确的位置；承受横向水平力(风力、列车横向摇摆力、离心力)并传递到支座；减少受压翼缘的自由长度；中间横向联结系可以增加桥跨的横向刚度，使两片主梁受力均匀。上承板梁的纵向联结系分为上平纵联及下平纵联两种，分别设置在主梁的上、下翼缘平面内，连同翼缘形成水平的桁架。它的两弦即主梁的翼缘，腹杆由斜杆与横撑杆组成。它的形式有三角式及交叉式两种，如图 2.41 所示。

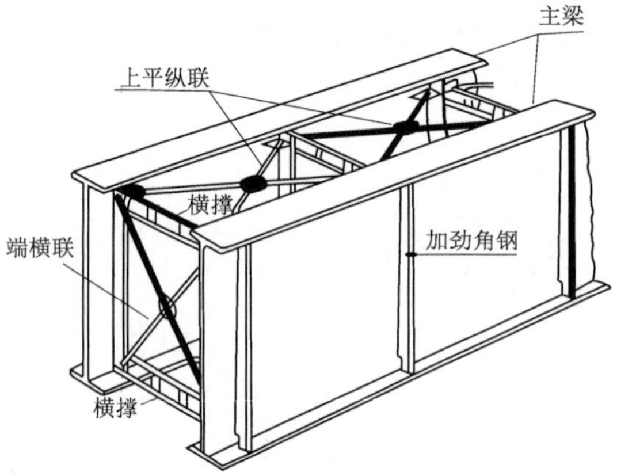

图 2.40　上承板梁

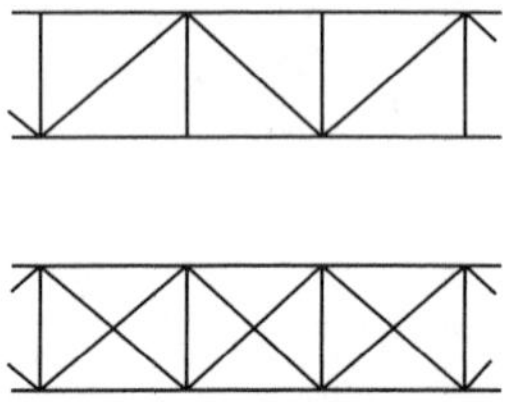
图 2.41　上承板梁横向联结系

横向联结系分为中间横向联结系及端部横向联结系，两者均为叉架式的撑架，如图 2.42 所示，它的上下水平杆件即为纵向联结系中的横撑杆，竖直杆件即为板梁内侧的加劲角钢。

2. 下承式板梁

下承式板梁与上承式板梁的主要不同点如下。

(1)桥面通过桥面系放在主梁的下部，桥面系由纵梁和横梁组成。桥面铺在纵梁上，纵梁支承于横梁上，横梁支承于主梁上，纵横梁一般均用板梁制成，如图 2.43 所示。

主梁间距根据限界要求确定。

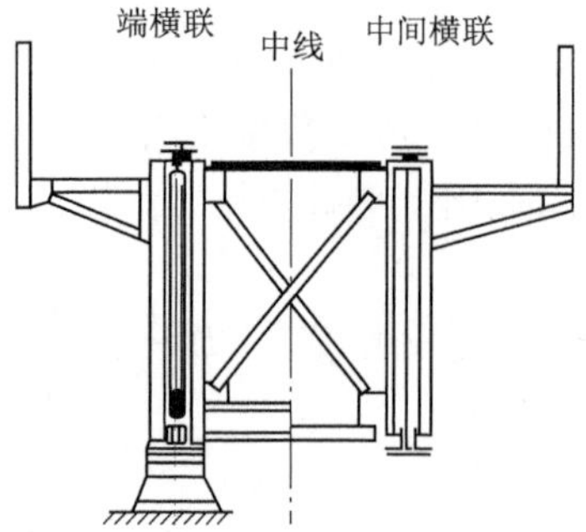

图 2.42　上承板梁纵向联结系形式

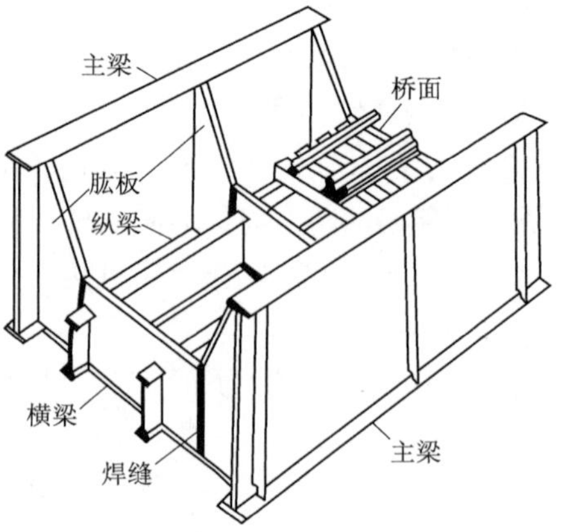

图 2.43　下承式板梁

(2)无上平纵联、横联，只有下平纵联。

由于下平纵联承受全部横向力，杆件受力较大，故腹杆采用交叉式，其横撑杆即为横梁。

横梁与主梁联结处设有三角形的肱板，横梁、肱板与主梁构成一个开口刚架。

（五）钢桁梁构造

当跨度增大时，梁的高度也要增大，如仍用板梁，则腹板、盖板、加劲角钢及接头等就显得尺寸巨大而笨重。若采用腹杆代替腹板组成桁梁，则重量大为减轻。由于桁梁构造比较复杂，所以一般适用于 48 m 以上的跨度。钢桁梁也分上承式与下承式，一般在河川的大跨度主梁上均采用下承式，如图 2.44 所示。

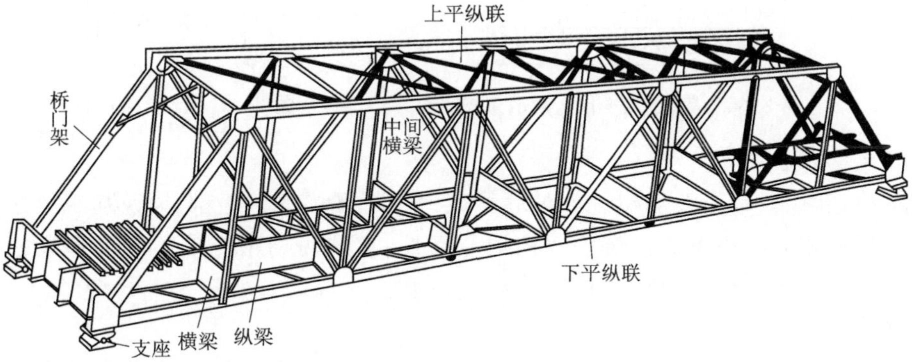


图 2.44　下承式钢桁梁

钢桁梁主要由桥面、主桁架、桥面系、联结系及支座等组成。

1. 主桁架

主桁架是桥跨结构中的主要承重结构。竖向荷载全部通过主桁架传到支座上，相当于板梁桥中的两片主梁。

桁架一般由上下弦杆、斜杆及竖杆等组成，斜杆及竖杆统称为腹杆，如图 2.45 所示。由于桁梁外形及腹杆系统形式的不同，桁架有多种多样的形式。一般来说，跨度较小的桁梁以采用三角形桁架为宜。大跨度的桁架则采用菱形，如图 2.46 所示。

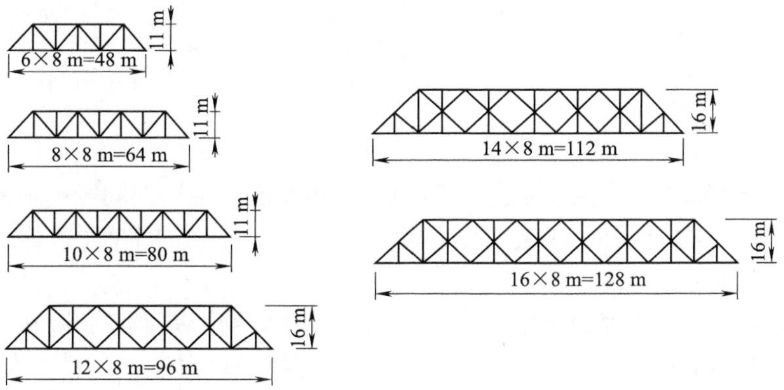


图 2.45　下承桁梁轮廓

主桁架杆件多为角钢或钢板。H 形截面（图 2.47）的优点是构造简单、制造方便；缺点是易于积留雨水污物。虽在其腹板上钻有 50 mm 直径的泄水孔，也难于彻底将水排尽。主桁各杆件在节点处交汇；用节点板通过铆钉或高强度螺栓连接起来，联结系杆件和横梁也均在节点板处与主桁架连接。

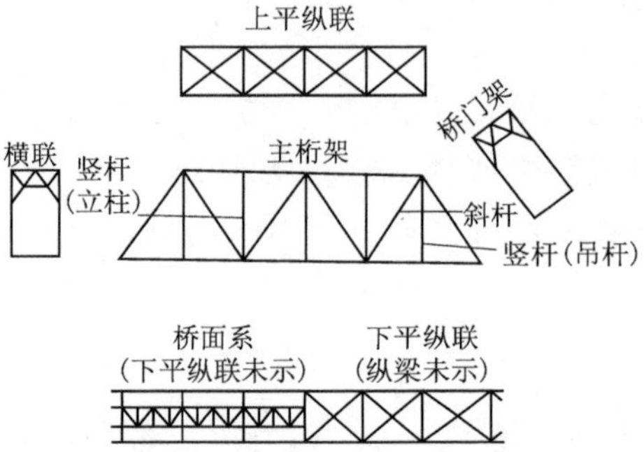


图 2.46　单线铁路下承钢桁梁图式

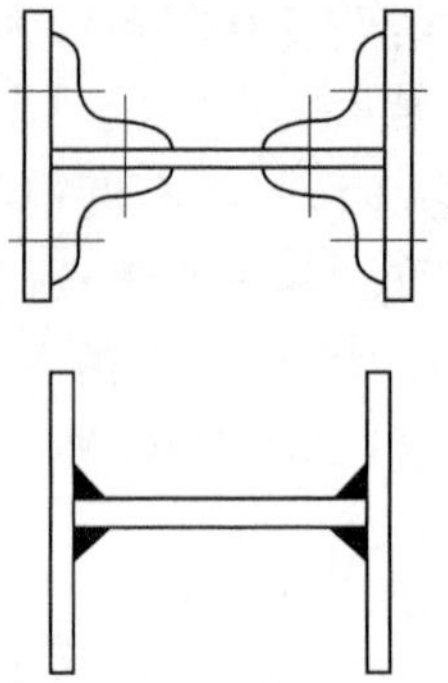

图 2.47　H 形截面杆件

2. 桥面系

桥面系包括纵梁、横梁及纵梁之间的联结系。纵梁和横梁一般都是板梁，纵梁之间的联结系和上承式板梁相同。纵梁长度等于主桁架节间长，它的两端用连接角钢和横梁相连。横梁两端通过连接角钢与肱板连接到主桁节点和竖杆上。

3. 联结系

为了能形成空间稳定结构以承受横向力，减少受压弦杆的自由长度，必须设置各种形式的联结系。

在主桁架的上下平面内，需设置平面纵向联结系以承受横向风力、离心力（在曲线上的桥梁）和由于弦杆变形而引起的力，其构造形式多采用交叉式，杆件截面多为成对角钢。

下承桁梁的端横联除保证桥跨的横向稳定外，还需要将上平纵联所受的风力传给支座。端横联又称为桥门架，它可设置在端斜杆平面内或第一根吊杆平面内，如图 2.48 所示。

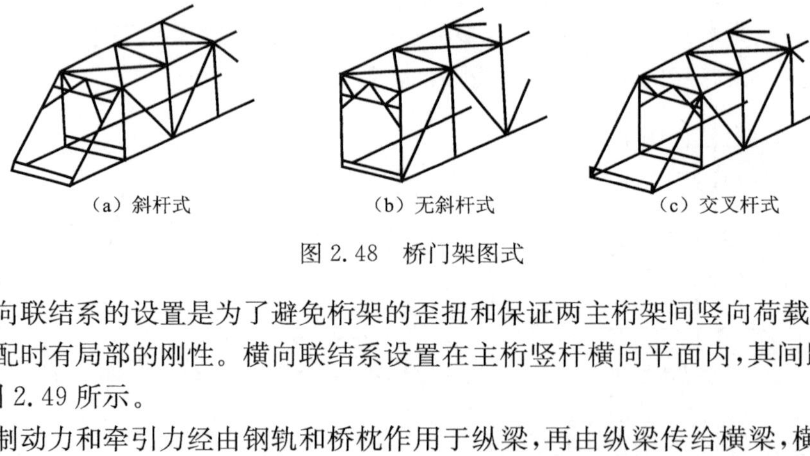

(a) 斜杆式　　(b) 无斜杆式　　(c) 交叉杆式

图 2.48　桥门架图式

中间横向联结系的设置是为了避免桁架的歪扭和保证两主桁架间竖向荷载的均匀分配以及桁架在装配时有局部的刚性。横向联结系设置在主桁竖杆横向平面内，其间距不得超过两个节间，如图 2.49 所示。

列车的制动力和牵引力经由钢轨和桥枕作用于纵梁，再由纵梁传给横梁，横梁产生挠曲，为使横梁避免过大的挠曲，当跨度大于 48 m 时，应设置制动撑架。制动撑架常设于跨度中心。沿纵梁传递的制动力或牵引力将通过制动撑架而传到相应的主桁节点，再沿主桁弦杆传到固定支座上。

制动撑架的两种设置方式（图 2.50）：(a)图为加强下平纵联的斜杆，并将其与纵梁下翼缘紧密连接，同时，在连接处设制动横杆；(b)图为在下平纵联斜杆交汇处到纵横梁连接处增设制动杆，并加强纵联斜杆。

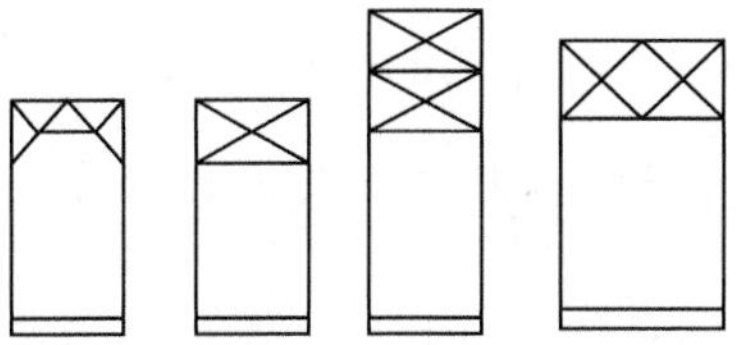

图 2.49　下承桁架横向联结系

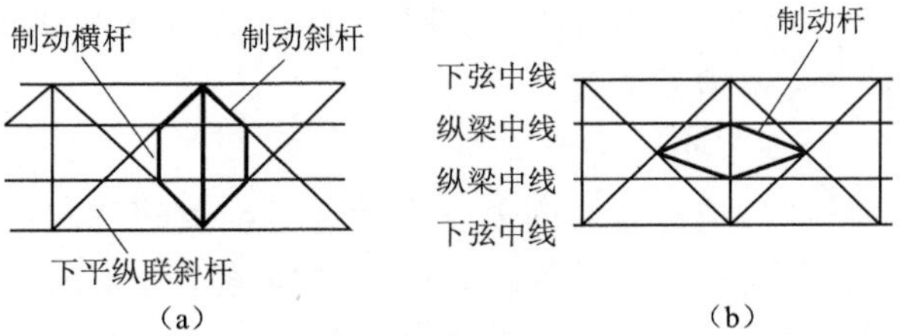


图 2.50　制动撑架设置方式

## 二、钢结构的维修

(一)焊缝及邻近钢材裂纹的维修

1. 焊缝检查方法

(1)目视法。观察焊缝及邻近漆膜状态,发现可疑处,将漆膜除净,用 4～10 倍放大镜观察。

(2)硝酸酒精浸蚀法。将可疑处漆膜除净、打光、洗净(用丙酮或苯),滴上浓度 5%～10%的硝酸酒精(该浓度视钢材表面光洁度而定,光洁度高时,浓度宜低)浸蚀,如有裂纹即有褐色显示。

(3)着色探伤法。将可疑处漆膜除净、打光、洗净,吹干后喷涂渗透液,隔 5～10 min,最长 30 min(时间根据光洁度和气温而定)后,用洗净液除去多余的渗透液,擦干。再喷涂显示液,在缺陷处即可显示红色形象。

2. 检查的重点部位

(1)对接焊缝。

(2)受拉及受反复应力杆件上的焊缝及邻近焊缝热影响区的钢材。

(3)杆件断面变化处焊缝。

(4)联结系节点及焊缝。

(5)加劲肋、横隔板及盖板处焊缝。

(6)加劲肋未顶紧上、下盖板时,腹板上加劲肋两端焊缝处。

(7)工厂手工焊及气割部位。

3. 焊缝裂纹的处理

经检查发现在焊缝及附近的钢材上有裂纹时,应做以下工作:

(1)立即向负责人汇报并根据裂纹的严重程度,采取保证列车安全运行的措施,如限速、限制过桥机型等。

(2)加强观察,必要时派专人监视。检查人员应在裂纹的尖端与裂纹垂直方向用红漆作出箭头标记,箭头指向裂纹的位置并与之相距 3～4 mm,在箭杆端部标明日期,并将裂纹的位置、长度、发展情况及检查日期记入“桥梁检查记录簿”(工桥-3,见附表Ⅰ)。

(3)防止裂纹发展的临时措施是在裂纹的尖端钻与钢板厚度大致相等的圆孔(一般为10～12 mm),但最大不超过 32 mm,裂纹的尖端必须落入孔中。

(4)永久性的加固措施是采用高强度螺栓加固,加固前裂纹尖端处凡能钻孔者均应钻孔,必要时更换杆件或换梁。在不能保证焊缝质量的情况下,桥上焊缝不得补焊。

(二)高强度螺栓的更换

1. 质量标准

栓焊梁的高强度螺栓连接部分不得有淌锈现象。高强度螺栓不得超拧(实际预拉力大于设计预拉力10％及以内)、欠拧(实际预拉力小于设计预拉力10％及以内)、漏拧、松动、断裂或短缺,杆件不得有滑移。

2.检查工作

维修时,应经常对高强度螺栓进行细致的观测,切实掌握其技术状态。如发现异状,应及时分析原因,进行妥善处理,并记入"桥梁检查记录簿"内。

(1)目视法。如发现杆件滑移(一般表现为连接处漆膜拉开或流锈水),导致拱度、挠度变化,即表明连接处高强度螺栓大部分欠拧或铆钉松动,如发现个别螺栓头、螺母周围漆膜开裂脱落或流锈水,即表明该螺栓严重欠拧、漏拧或出现裂纹。

(2)敲击法。高强度螺栓检查用重约0.25 kg检查小锤敲击螺母一侧,手指按在相对另一侧,如手指感到颤动较大,则是严重欠拧的螺栓。

检查重点部位如下:

(1)纵梁与横梁及主梁与横梁联结处的高强度螺栓及铆钉。

(2)受拉及受反复应力杆件的节点及联结系节点的高强度螺栓。

3.病害处理

对经检查判明有严重锈蚀、裂纹或折断的高强度螺栓应立即更换。对延迟断裂的高强度螺栓还应详细记录断裂的时间、温度、所在部位、螺栓断口锈蚀情况,同时将实物送交有关单位分析原因。

对经检查判明有严重欠拧、漏拧或超拧的高强度螺栓应予拆下。如卸下的螺栓无严重锈蚀、严重变形(指不能自由插入栓孔)和裂纹的,或施拧未超过设计预拉力10％以上的,可除锈涂油后再用,否则应予更换。

安装高强度螺栓时,应将栓孔内壁清除干净。高强度螺栓更换,对于大型节点,同时更换的数量不得超过该节点螺栓总数的10％,对于螺栓数量较少的节点,则要逐个更换,并在桥上无车通过时进行。

## 三、钢结构涂装

### (一)钢结构锈蚀的危害性

钢结构锈蚀会造成钢梁杆件断面削弱,造成钢结构联结松弛,降低钢结构的承载能力,缩短钢结构的使用年限,钢结构锈蚀严重者,将危及行车安全。

### (二)钢结构锈蚀的原因

钢结构锈蚀主要是指钢结构与大气中所含的氧气、水分、盐类、二氧化碳、二氧化硫、氮的氧化物等酸性物质及具有化学活泼性的物质发生化学或电化学作用的结果。这种现象我们称为钢铁的腐蚀;这些变化通常会在钢铁表面产生松散堆积物——铁锈。

钢铁腐蚀分为化学性腐蚀与电化学腐蚀两种。漆膜粉化、露底、裂纹、剥落、起泡、吐锈等都是失效的现象。漆膜失效的检查鉴定方法如下。

1.肉眼观察

明显的面漆粉化、露底或龟裂、起泡、剥落、锈蚀等是容易发现的,但细小的裂纹及针尖状的吐锈等不容易被发现,可借助放大镜检查。另外,如发现漆膜表面有不正常的鼓起时(角落部位用光照射有凹凸不平时),下面可能有锈蚀。

2.用手触摸

用手指擦漆膜表面,如有粉末沾手,表示漆膜粉化。对角落隐蔽部位如手摸感到粗糙、凹凸不平，可能有锈蚀存在。

3. 刮膜检验

对有怀疑的部位，铲除表面漆膜检查钢料是否锈蚀，对有脱皮处所，可用刮刀检查其失效范围。如用刮刀铲起漆膜，漆膜成刨花状卷起、底漆色泽鲜艳，则漆膜良好，如漆膜用刮刀一触即碎或呈粉末状、底漆色泽暗淡，或一并带起，说明漆膜已经失效或接近失效。

4. 滴水检验

在漆膜表面喷水，如水珠很快流淌、无渗透现象，则漆膜完好，如水很快往里渗透或扩散，则表示漆膜粉化，其渗水的深度即为漆膜失效的厚度。

（三）除锈措施

钢梁除锈及表面处理的目的在于去除尘埃、油垢、水、氧化皮、铁锈或旧的不坚固的漆膜，以增强新涂漆膜与钢梁表面或旧漆膜间的附着力，提高油漆质量。任何氧化皮或铁锈的余痕均会促使钢梁继续生锈，影响漆膜和钢梁的使用寿命，除锈常采用的方法如下。

1. 手工除锈

一般用各种钢丝刷、平铲、凿子或钢括刀进行除锈，这个方法劳动强度大、效率低，一般在工作量不大时采用。

2. 小型机械工具除锈

可使用风钻（或电钻）装上钢丝刷，如图 2.51 所示，或用小风铲进行除锈，铆钉头等特殊部位可装上特制工具头进行除锈，但在拐角狭窄处，仍辅以手工工具除锈，效率比全用手工除锈高。

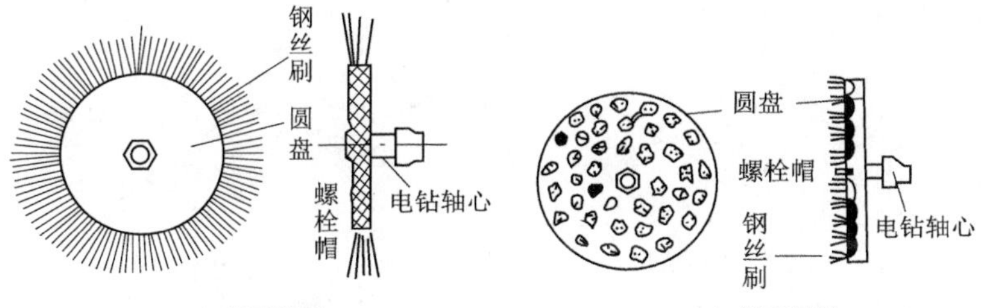


（a）侧面清除　　（b）端部清除

图 2.51　钢丝刷

3. 喷砂除锈

利用压缩空气使洁净干燥的石英砂粒通过专用喷嘴以高速度喷射于钢板表面，由于砂粒的冲击和摩擦，将旧漆膜、污垢、铁锈、氧化皮等全部除去。喷砂器的构造如图 2.52 所示，采用此法除锈效率高、质量好，缺点是施工时的粉尘危害人体健康。通常也有采用湿喷砂的，即水喷砂，它减少了粉尘，但要在水中加少量防锈剂，以保持钢件在短期内不生锈，但其效果不如干喷砂。

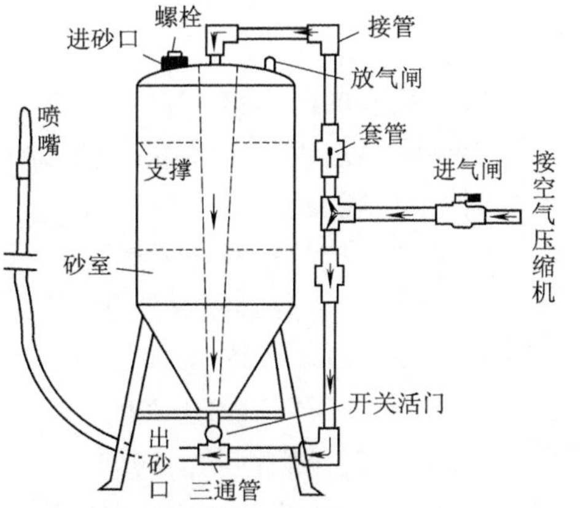


图 2.52　喷砂器

（四）防锈措施

（1）磷化及喷锌喷砂后，如不及时涂漆，为防止重新生锈，需在钢料表面上增涂一道磷化底漆，形成一层不溶性的磷酸盐保护膜，即所谓磷化处理。它能增强漆膜和钢铁表面的附着力，防止锈蚀，延长油漆的使用寿命，但在磷化底漆上仍需涂底漆和面漆。

经过除锈处理后的钢梁表面，特别是上盖板，现多采用喷锌或喷铝后再涂底面漆来增强钢梁的防锈能力，效果比较显著。喷锌或喷铝是将无锈的金属丝(如锌丝、铝丝等)送入金属喷涂枪内燃烧的高温火焰中，使其熔化，然后借压缩空气的气流，以相当高的速度将熔化的金属丝吹成极微细的雾点，喷射在已处理过的钢梁表面上，使钢梁表面喷上一层固结的金属层，在面上再涂聚氨基甲酸酯底漆二度、面漆四度，以达到防锈的目的。一般在空气中可以保持 50 年不锈。

(2)喷漆除锈完毕，在油漆以前应用松节油或松香水洗擦，使钢料表面洁净，钢梁杆件间若有缝隙存在，则先将缝隙清除干净，用亚麻仁油和红丹粉等配成的腻子(也可采用过氯乙烯、环氧树脂等其他腻子)紧密填塞，钢梁油漆的层数，一般为底漆两层、面漆两层，对某些易受侵蚀处宜多涂一层面漆。钢梁用漆要按地区特点和部位的不同配套选用。油漆的种类很多，性能各有不同。底漆可选用红丹防锈漆或近年新研制的过氯乙烯聚氨酯底漆。面漆多用灰铝锌醇酸磁漆(又名 66 户外面漆)，也可用过氯乙烯聚氨酯面漆。

过去涂漆多用手工，近年来广泛采用喷涂方法。喷漆是利用压缩空气在喷枪嘴处产生的负压，将漆流带出，分散为雾状，喷涂在钢梁表面上，喷漆设备如图 2.53 的所示。这种方法工效高、速度快、漆膜光滑平整，适应不同形状的钢梁表面，其缺点是油漆的利用率低。为了适于喷涂，需将油漆稀释到一定黏度，喷漆时喷雾大、影响工人健康，压缩空气应通过油水分离器，使之不含水分，否则漆膜易有斑点。

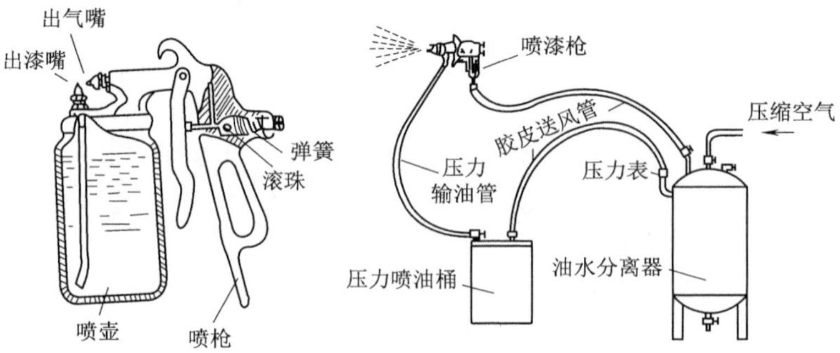


图 2.53　喷漆设备

3. 上盖板的防锈措施

喷砂除锈后也可不喷锌，在上盖板上涂以环氧树脂，在其表面上形成一层胶膜，防锈、耐磨、耐冲击性能显著。

钢结构清洁与排水注意事项如下：

(1)钢梁各部分必须保持清洁，要经常清扫污垢、尘土等(特别注意桥面系、下弦杆、上承式钢梁的上弦杆或上翼缘、纵向联结系的节点板、端节点、支座和结构不良的缝隙等最易污秽的地方)，在冬季还要清除钢梁上的积雪，预防钢梁锈蚀。

(2)要及时排除钢梁上的雨水不发生积存。箱形、H 形弦杆无泄水孔者在适当位置钻直径不小于 50 mm 的泄水孔。对钢梁个别部位特别是角落、缝隙或因结构不良造成的死角等部位应采取腻缝、安装填板及灌注水泥砂浆等办法改善，防止雨水浸入缝内长期积存。

(3)货车上掉落的侵蚀性液体及其他化学品、客车排泄的大小便，最容易损坏油漆、扩大锈蚀，应及时清除。

## 四、钢梁明桥面维修

(一)明桥面桥枕的防腐

(1)桥枕使用前需经防腐处理,挖槽、削平、螺栓孔眼等加工新面应涂防腐油。

(2)新枕要先钻道钉孔,在孔内注入少量防腐油膏或防腐油再打入道钉。螺纹道钉应少量打入不超过钉长的1/3,后旋入道钉孔,以避免枕木持钉不良及枕木劈裂。

(3)道钉拔出后钉孔内要加道钉孔木塞,木塞长110 mm,厚5～15 mm,宽比道钉小1 mm,并先经防腐处理(可在4%～4.5%氟化钠溶液中煮沸后浸泡24 h取出晾干)。

明桥面上线路一般不准安装防爬器。明桥面上采用K形分开式扣件或新型明桥面弹条扣板扣件,能有效地防止钢轨爬行。

(二)桥枕腐朽检查

(1)桥枕容易腐朽的部位,多在裂缝、压伤、凹陷处所,各种孔眼处,轨底铁垫板接触处,护木联结处及步行板下等,尤其是垫板下钉孔部位。

桥枕腐朽有三种情况:

①腐朽由外向内发展,多发生在表面防腐层被削去未作防腐处理处。

②腐朽由内向外发展,多发生在各种孔眼及注油后发生裂缝处所。

③虫害、内部蛀空,北方地区较少发生。

(2)腐朽的检查方法如下:

①看:目视桥枕外表腐朽情况及列车通过时桥枕的挠曲状态。

②敲:用检查锤敲击枕木侧面,根据声音来判断内部是否腐朽,发音清脆则内部良好,发音沉闷或空响,则内部可能腐朽。

③探:用直径3～5 mm的探针,对内部可能腐朽的地方进行探测,容易插入的地方,则内部已腐朽,对确认腐朽部分应测出其腐朽的范围和深度。

④钻:敲击不能判断其腐朽程度时,可用12～14 mm的木钻钻取实样检查。

(三)桥枕修理

桥枕如有裂缝、腐朽或损伤,应及时进行腻缝、捆紧、削平和挖补等修理工作。

1. 桥枕腻缝

(1)腻缝部位:桥枕顶面裂缝及侧面向上能进水的裂缝。

(2)腻缝材料:采用防腐油膏或橡塑油膏(或氟化钠和煤焦油按重量比1∶1混合成的防腐浆膏,调制方法为加热煤焦油至30 ℃,加入氟化钠搅拌,冬季过稠时可在加热的煤焦油中掺入少量的柴油)。腻缝材料既要防腐杀菌力强又要有弹性。

(3)腻缝方法:传统方法是清除裂缝内的污垢,用压缩空气或皮老虎吹净。2～3 mm宽的裂缝用浆膏灌注;3 mm以上宽的裂缝用浆膏浸麻刀(麻刀长10～30 mm,浆膏与麻刀重量比宜为5∶1～6∶1)塞缝;较宽的裂缝,可先灌入部分浆膏再用经防腐处理的木片填塞(但不打紧,木片顶低于枕木面2～3 mm),再灌入浆膏。细小的裂缝可用较稀的浆膏灌嵌。第一次灌满后,在列车振动下会下沉,要再次灌注,直至不再下沉,刮平即可。

2. 桥枕裂缝愈合处理

(1)用直径3.5～4.0 mm的镀锌铁线对枕木进行捆头:捆扎前用枕木夹夹紧枕木,在距枕木端100 mm处捆2～3圈,铁线要与枕木各边垂直,要捆紧,铁线两头均应钉固在枕木侧面上。纵裂缝较长时桥枕中间也要捆扎。

(2)不得使用阻钉板(棘齿板、S钉及C钉)对枕木头进行钉固。阻钉板不具有整治桥枕裂缝的作用。

3. 桥枕削平或挖补

(1)削平:桥枕表层腐朽或钢轨垫板处因列车运行机械磨损产生毛刺或有切入,其深度在3 mm以上时需进行削平,削平范围为垫板外30～60 mm,要求削平面平顺无积水并涂防腐剂。

(2)镶补:桥枕磨损或腐朽加剧时,应进行挖补。将腐朽损坏部分彻底挖除削平,涂以防腐油,填补经过防腐处理的镶木,并用木螺钉固定。镶木厚度以不超过50 mm为限。镶补要做到去腐彻底、挖除最少、镶补密贴、浆膏涂满、连接牢固。镶木应做成梯形,侧面应有斜度,顶面窄、底面宽,以达到嵌紧密实,或胶合以求牢固。

4. 防腐油膏的性质及使用方法

(1)橡塑油膏和特性

呈黑色,常温下为固体,高温80 ℃不流淌,低温−42 ℃不脆裂,弥补了防腐浆膏遇高温下沉塌陷的缺点,且防水防腐性能良好。

(2)防腐油膏配比

橡塑油膏∶煤焦油∶氟化钠=1∶1∶0.25(质量比)。这种油膏流动性好、容易灌注,而且与木质粘结良好、防水性强。对于既深又宽的裂缝整治效果更为明显。

(3)作业方法

①清缝、灌缝前先将缝内尘土、杂质清除干净,缝口旧腻料也应刮净。

②加温:一般在作业现场加温,为方便油膏溶化,先在锅内(或桶内)放入煤焦油,再将橡塑油膏切成小块放入锅内,边加热边加料搅拌。油温升至100 ℃时油膏开始溶化,当温度升至120 ℃时油膏全部溶化;然后加入氟化钠搅拌均匀,即可使用。

③灌缝:将溶化的油膏用扁嘴壶或油灰刀沿裂缝边灌边捣,灌实腻平,最后可用烧热的平铲沿缝与桥枕面刮平。

(4)注意事项

①油膏加温时火力不宜过猛,要徐徐升温,并随之不断搅拌,以油膏不冒烟为宜。

②溶化的油膏要趁热使用,低于45 ℃时,油膏变稠不便灌缝。

③对于桥枕端头裂缝先用木楔堵头再灌,防止油膏流失。

④雨天及潮湿天气不宜施工作业。

(四)明桥面防爬角钢

铺设桥枕的钢梁顶面应按以下要求安装防爬角钢:

(1)防爬角钢的最小尺寸为125 mm×80 mm×12 mm。

(2)每孔钢梁两端至少各安装一对防爬角钢,必要时在梁的中部每隔5～10 m再安装一对。有桥面系的钢梁,每个节间纵梁两端各安装一对。若节间长度小于4 m时,可在每两个节间纵梁两端各安装一对。行车速度大于160 km/h区段的钢梁明桥面,其桥枕与纵梁之间应采用螺栓、加密防爬角钢等可靠连接。

(3)钢梁两端防爬角钢的水平肢应安装成相反方向,防爬角钢的长肢与桥枕应用直径20～22 mm螺栓串联牢固,此处桥枕可不安装钩螺栓。

(五)明桥面的经常保养工作

(1)消灭吊板:按期全面检查上下吊板,对个别超限处所采用在轨下垫板或抽换不良防磨垫板使线路平顺。未设置防磨垫板或轨下垫板层数过多时,应进行桥面抄平,全面增设或调整防磨垫板。

(2)防止爬行:定时观测桥头线路有无爬行,按规定对桥头两端线路进行防爬锁定,固定好防爬器,防止爬行传到桥上。对桥上不合规定的轨缝应串动钢轨进行调整,并采取措施消灭不合格的冻结接头。

(3)螺栓保养:做到各种螺栓无松动失效、无缺损、丝口涂油,钩螺栓正确钩住纵梁上翼缘,拧紧程度既要使螺栓杆无横移可能,又不宜过紧而压伤护木或枕木。

(4)木料养护:除桥枕外其余木料应视情况每隔 1～2 年涂一遍防腐油进行防腐;木料削平后要做防腐处理,特别注意做好铁垫板下及钉孔部位的防腐。旧钉孔要加防腐木塞。桥枕、护木等如有腐朽及时进行挖补或更换。对木料裂缝要及时做好腻缝及防裂工作。

(5)桥面清洁:经常进行清扫,清除垃圾并防止桥面积水;冬季清除积雪,防止结冰,使桥面经常保持清洁干燥。

## 五、圬工梁的维修

圬工梁的维修主要介绍普通钢筋混凝土简支梁与预应力混凝土简支梁的维修,其工作内容包括:清除桥上污秽;修整有蜂窝或剥落的混凝土保护层,修补局部表面损伤;处理裂纹;修补或添设防水层,疏通和改善排水设备等。这些工作与墩台的维修类似,现介绍如下。

### (一)普通钢筋混凝土简支梁常见裂纹及原因

钢筋混凝土梁竖向、主拉应力方向裂缝宽度不得大于 0.5 mm。

(1)腹板上有网状裂纹,如图 2.54(a)所示。裂纹细小、无固定规律,多为混凝土收缩所引起的表面龟裂,各种跨度的梁都有发生。

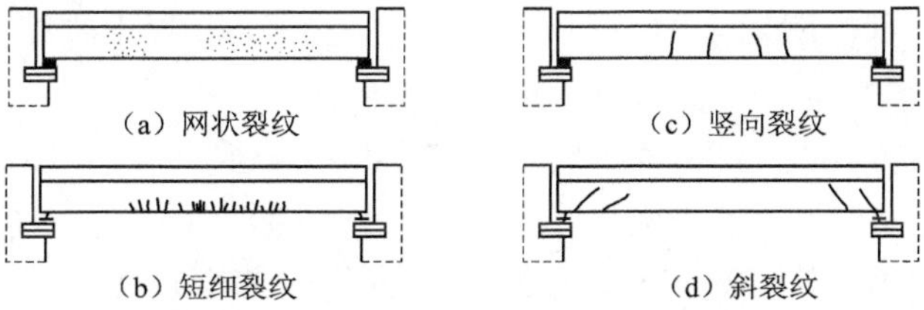

图 2.54　普通钢筋混凝土简支梁常见裂纹

(2)下翼缘受拉区的短细裂纹,如图 2.54(b)所示。裂纹细小,多发生于梁的中部,自下翼缘向上发展至下梗肋处停止。跨度越大、裂缝越多,其原因为混凝土收缩和梁受挠曲所产生。

(3)腹板上的竖向裂纹,如图 2.54(c)所示。当跨度大于 10 m 时,裂纹多处于薄弱部位,在梁的跨中附近裂纹宽度较大,一般在 0.15～0.3 mm。跨度越大、裂纹越宽越长,有时向梁顶和底部延伸,梁外侧比内侧的裂纹宽而长。当跨度小于 10 m 时,裂纹较少,其原因为设计的问题(腹板太薄,分布钢筋太稀疏),而施工质量的不良,会加速裂纹的产生和发展。

(4)腹板上的斜裂纹,如图 2.54(d)所示。裂纹多在梁跨两端,离跨中越远倾斜角越大,离跨中越近则角度越小。腹板变更断面时,裂纹由梁的半高处向上下两端斜伸,不变更断面时多由下翼缘向上斜伸,宽度一般在 0.3 mm 以下。跨度小于 10 m 时,裂纹较少,其原因为设计的问题,而施工质量的不良,会加速裂纹的产生和发展。

### (二)预应力混凝土简支梁常见裂纹

预应力梁混凝土简支梁梁体不允许有竖向裂缝及主拉应力方向的裂缝。

(1)桥面板横向裂纹(图 2.55)。一般只裂到挡砟墙底部,严重的到上梗肋处,个别裂到腹板中部。原因是上翼缘设计拉应力过大;桥面板断面的局部削弱致使该处应力集中;在运输起

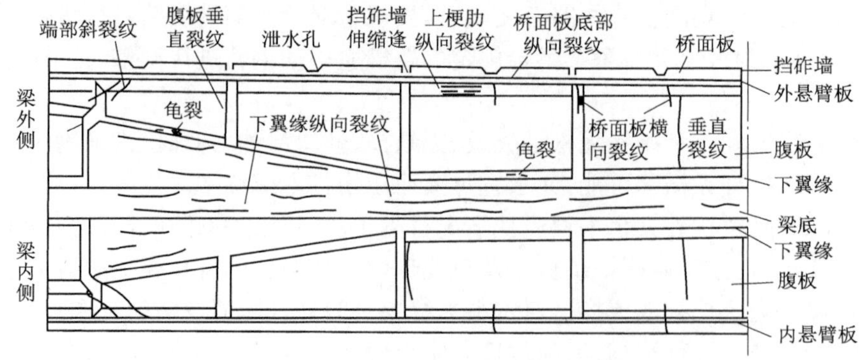


图 2.55　预应力混凝土简支梁常见裂纹

吊过程中支点内移，上翼缘拉应力加大；受振动或混凝土强度不足等。

(2)梁端沿钢丝束的裂纹(图 2.56)，发生在用后张法预制的梁上，方向基本与钢丝束一致，通常发生在端部的扩大部分。裂纹比较细小，长几厘米到 2 m。这种裂纹是由于端部应力集中、混凝土质量不良，再加上各种综合作用所引起的。

梁端沿钢丝束的水平裂纹(图 2.56)，多发生在直线配筋的先张法梁上，裂纹宽度 1 mm 左右，一般由张拉端向跨中延伸至变截面处，是由于钢丝束及锚头产生的局部应力所引起的。

(3)下翼缘纵向裂纹(图 2.55)，是早期生产的预应力梁裂纹中最严重的一种，多发生在下翼缘侧面及梁底，或腹板与下翼缘交界处，最宽可达 0.5 mm。原因是梁体产生过大的横向应变、管道保护层较薄、压力大、混凝土质量不良等。产生严重裂纹的梁需更换。

(4)预应力梁其他部位所发生的裂纹(图 2.55)，是由于混凝土收缩、温差影响、施工与养护不良等原因造成的。

(5)横隔板中留有方孔时，裂纹多出现于方孔下角处的垂直方向(图 2.57)，往往使隔板下部裂通，宽度一般小于 0.1 mm。除由于第(4)条所述原因外，还由于运营中偏载或扭转(线路和主梁轴线不重合、支座不平、活动支座转动不灵等)产生的垂直剪力而引起。

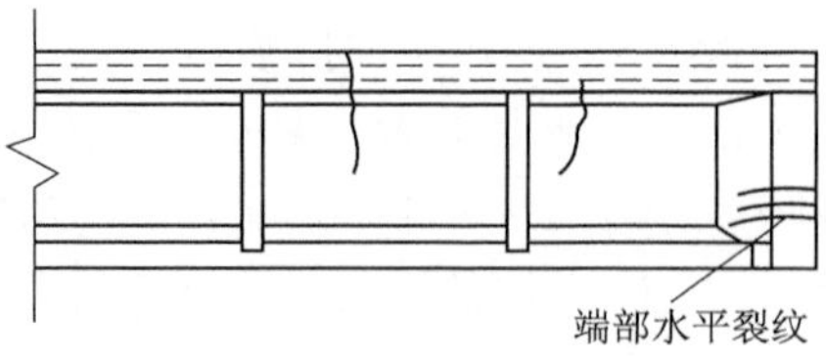


图 2.56　预应力梁端水平裂纹

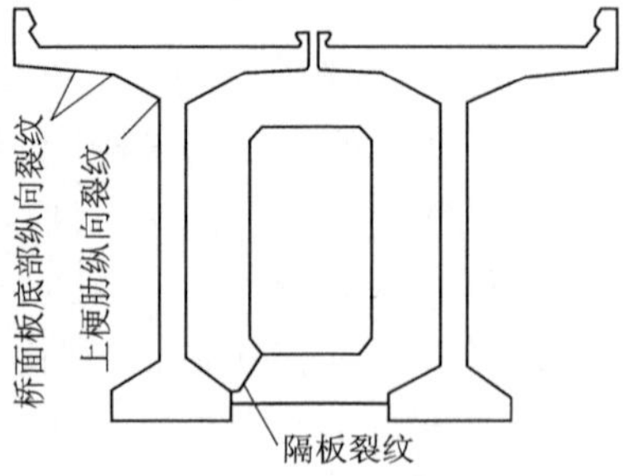


图 2.57　隔板裂纹

普通钢筋混凝土梁中已稳定的裂纹，一般对梁的刚度和耐久性虽有所降低，但影响不大，经过长期观测确无变化时，可进行压浆或表面封闭。对于那些不断发展的裂纹及预应力梁的纵向裂纹，必须给予足够重视，严格监视。

钢筋混凝土梁及预应力混凝土梁制造完毕后，其内部构造情况就难以清楚了解了。因此，除在设计理论、结构构造方面进一步改进，控制裂纹的出现，并在施工中严格控制每一工序的施工质量以外，在运营中也应进行严格的检查和长期观测，以便系统地掌握裂纹发生与发展规律，正确地分析、判断梁体能否确保运营的安全，并为今后控制或消除裂纹提供第一手资料。这是维修工作者的职责。

（三）修补或添设防水层

凡有可能被积水渗入的隐藏面（如道砟槽）均应铺设防水层。如梁的外露面发现有潮湿斑点、流白浆，泄水管外面滴水或有潮湿的痕迹时，应立即查明防水层情况，进行修理，必要时进行增设或更换。

修补或更换防水层是一项比较复杂的工作，需要较长的作业时间。为了不中断行车，通常设置吊轨梁，将线路上部建筑暂时移到吊轨梁上，然后分段挖除道砟，拆除破损防水层，换以新的防水层。

（四）改善排水设备

若在雨天泄水管中无水流出，就可能是泄水管被道砟及泥土等所阻塞，可以把水压进去冲洗，或者抽换管子。冬季要清除冰块，为此可把泄水管做成上小、下大的圆锥管，桥上道砟不洁或拱桥中填筑材料不良时，要及时清扫或更换，以保持排水畅通。

（五）梁拱的加固和改造

视频

粘贴钢板法

钢筋混凝土梁损坏严重或按照计算已不能满足强度的要求时，应进行加固或更换。圬工梁加固一般采用道砟槽边墙补强技术、改变结构体系技术、增大截面技术、外加预应力技术。这里只介绍外加预应力技术、道砟槽边墙补强技术和圬工拱桥加固技术。

1. 外加预应力技术

对钢筋混凝土梁桥，其做法是在梁的下缘受拉区设置用高强度钢筋或钢丝等制成的预应力拉杆（对实腹钢板梁则设置用高强度圆钢或型钢制成的加劲杆），通过张拉对梁体下缘产生偏心预压力。这样，结构刚度增大，梁体上拱，荷载挠度减小；结构内力进行重分配，承载能力得以提高。

（1）预应力钢筋加固

①横向收紧张拉法（图 2.58）

将拉杆（高强度粗钢筋）布置在梁肋底面两侧（图中所示为两层），在靠近梁端适当位置（由受力需要确定）向上弯起，焊接在固定于梁端的U形锚固板上。通过收紧器横向收紧钢筋，从而对梁体下部产生预压应力。

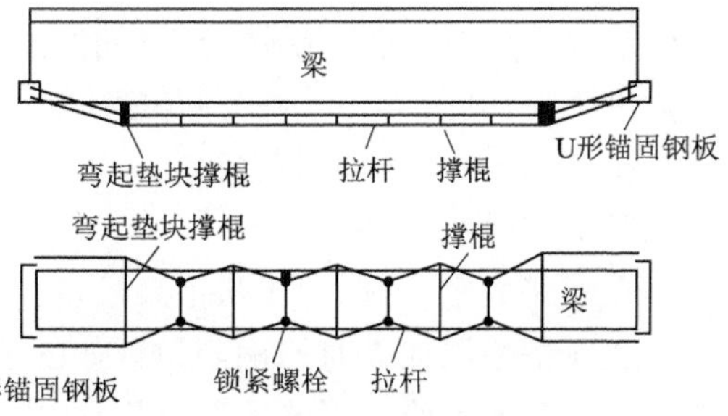

图 2.58　横向收紧张拉法示意

该方法的施工程序如下：

a. 粘贴锚固板。将梁端混凝土保护层凿除，使主筋外露，清除表面后用环氧砂浆粘贴 U 形锚固钢板。

b. 焊接拉杆。先将粗钢筋的弯起段按设计斜度焊在 U 形板上，然后用夹杆将粗钢筋的水平段和弯起段焊接起来。

c. 安装张拉装置。先放置弯起点垫块撑棍，再安置中间撑棍和锁紧螺栓，在紧贴锁紧螺栓处安放横向收紧器。

d. 预张拉法。目的在于检查焊接的质量，预拉力按设计拉力的 80%～90%控制，预拉力需保持 12 h 以上。

e. 张拉。旋紧收紧器，使两侧拉杆向中间收拢，按设计收紧量对称地分次收紧，超过设计量 1～2 mm 后拧紧锁紧螺栓并用双螺帽锁住，最后拆除收紧器。

f. 拉杆和 U 形板的防护处理。

②纵向张拉法(图 2.59)

拉杆沿梁底布置，两端向上弯起，穿过上翼缘板伸至桥面。拉杆端部设有丝扣，用轧丝锚锚固于梁顶的锚固槽内。

施工工艺如下：

a. 在梁端顶部凿出锚固槽。

b. 在锚固槽内沿腹板两侧按设计斜度钻两个平行的孔洞。

c. 粘贴锚固垫板和梁底的短柱支座垫板。

d. 安装拉杆钢筋、张拉、封锚。

e. 防护处理。

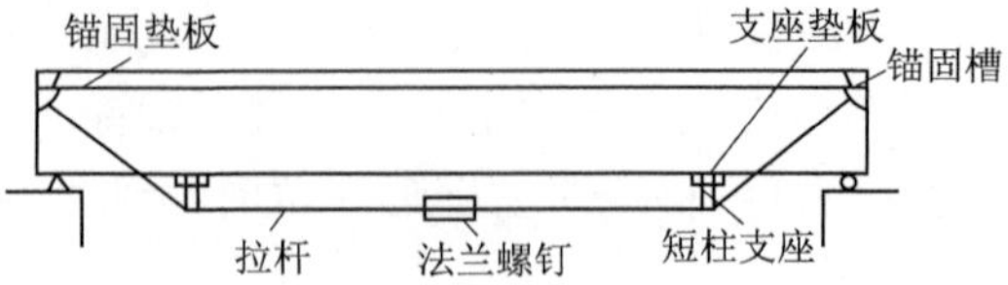


图 2.59　纵向张拉法示意

(2)预应力钢丝束加固

采用预应力钢丝束加固混凝土梁时，钢丝束的布置可以是直线或折线形，也可以是曲线形(如沿梁肋侧面按抛物线布置)，如图 2.60 所示。为保证曲线线形并固定钢丝束位置，可在梁底每隔一定距离设置一个定位箍圈，或在梁肋侧面埋设定位销。钢丝束两端穿过翼缘板上的斜孔，锚固于梁端顶部。

施工工艺如下：

①凿出锚固槽并按设计斜度钻孔。

②安装锚板和定位箍圈或定位销。

③钢筋张拉、钢筋锚固、浇筑封头混凝土。

④防护处理，可在张拉前用套管封闭钢丝束。

另一种方法是在梁底两侧加预应力钢筋。钢筋采用低合金钢，以通电加温使其伸长，当达到设计要求后在梁肋两端锚定，钢筋温度降低回缩即产生预应力使混凝土梁身受压，这就是预应力电张法加固。寿江桥有一跨度 16 m 的钢筋混凝土梁，采取上述办法加固后，裂纹闭合并有上拱度 4 mm，效果较好。

2. 道砟槽边墙补强技术

在线路大中修时，如线路抬高较多，在钢筋混凝土桥上往往需相应地增加道砟槽边墙的高度。道砟槽边墙加高时的钢筋布置如图 2.61 所示。为使边墙的新旧结合形成一个整体，增设边墙的钢箍应与原边墙的钢筋连牢，所以需将原边墙顶墙凿成凹口使之露出原有钢筋。如抬高边墙尚不能满足线路抬高的要求或影响桥梁承载能力时，可把整个桥跨结构抬高。

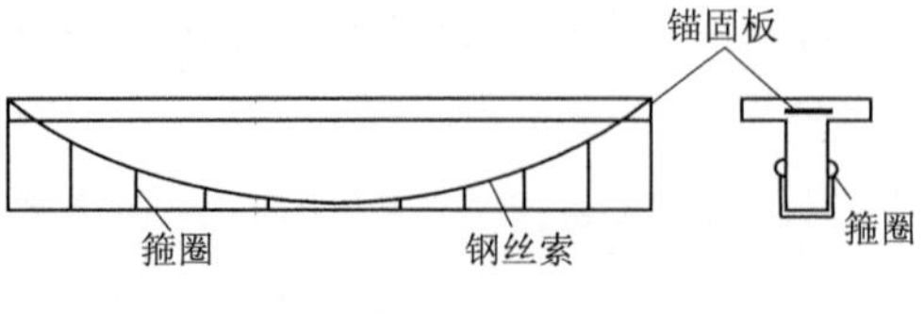


图 2.60　按抛物线设置钢丝束加固示意

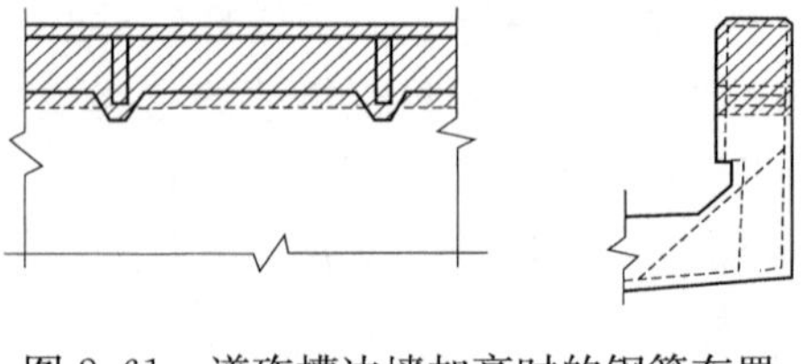

图 2.61　道砟槽边墙加高时的钢筋布置

3. 圬工拱桥加固技术

圬工拱桥损坏严重或不能承担现行增大的荷载时，应进行加固。加固拱桥的常用方法一般有两种：一是对拱圈卸载加固，二是对拱圈补强加固。为了对拱圈卸载，应去掉拱上填充物，并铺设可对拱圈起到全部或部分减载作用的钢筋混凝土板。这种方法（实际上是改建）需封锁线路，施工时间较长。

拱圈补强加固是指在原拱圈之上或下面增设混凝土或钢筋混凝土拱圈，如图 2.62 所示。对空腹式拱桥，若拱顶上部有足够的高度，可在原拱圈上建造新拱圈[图 2.62(a)]，但这种加固办法需封锁线路或架设卸载梁束，施工复杂麻烦。

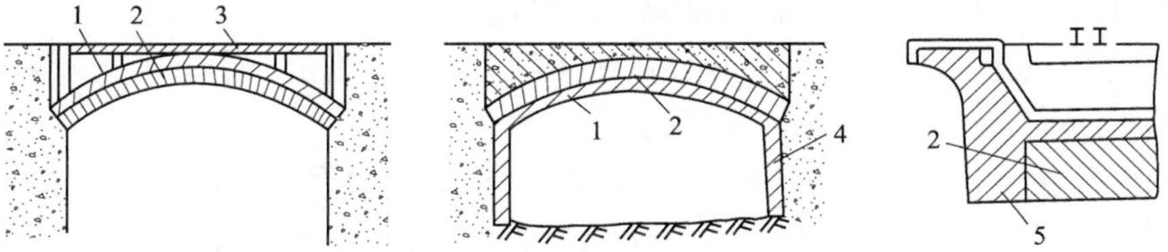


（a）在原有拱上增设新拱圈　（b）在原有拱下增设新拱圈　（c）在原有拱两侧浇筑钢筋混凝土拱肋

1—新拱圈；2—原拱圈；3—轻型拱上建筑；4—加厚的墩台；5—拱肋。

图 2.62　拱桥加固示意

若桥下净空和过水面积允许，可在原拱圈下面增设新拱圈。即紧贴原拱圈下面，喷射钢丝网水泥拱圈或浇筑混凝土拱圈[图 2.62(b)]，这样施工时可不封锁线路，但在混凝土初凝阶段要求列车限速行驶。

新拱圈加固厚度的估算，一般根据原拱圈的厚度以及拱桥使用状况进行综合分析后确定(根据桥规确定的拱圈所需厚度减去原有厚度，再视拱桥使用状况加上适当的安全厚度，就是新拱圈的厚度）。

对不能增设新拱圈的情况，可考虑在原拱两侧建造新拱肋[图 2.62(c)]。无论在拱上或拱下增设拱圈(肋)，都必须在浇筑混凝土之前，在旧拱圈上设置锚杆、阴阳榫接缝等，以保证新旧拱圈的共同工作。另外，在多数情况下，可能需要对墩台进行加固以承受新拱圈的重量。

# 学习项目六　桥梁支座的维修

## 一、支座的维修

支座是桥梁的一个重要部位，必须经常保持其良好状态，发挥它的正常作用。梁跨与上摆、上摆与下摆、下摆与滚轴、滚轴与底板、底板与支承垫石间都应密贴紧靠，不应有缝隙。

支座的滚动面必须经常保持清洁不积水，不积灰尘，冬季应清除积雪防止结冰。支座四周的排水应良好。一般在支座周围做有半圆形排水槽，有内高外低的坡度使水流走。或支座底板底面略高出墩台面 2～3 mm，并凿成流水坡。墩台的支承面与底板接触面也可以略小于底板边缘 2～3 mm，以防止雨水进入支座底板内。

为了防止生锈，上下摆应涂油漆。禁止在辊轴和滚动面上涂油漆，要使活动支座能自由活动，绝不容许其他杂物存在。为了防止煤渣、灰尘、雨雪进入支座滚动面，应有有效的防尘设施，这对大跨度桥梁来说尤为重要。

辊轴滚动时，辊轴的防爬齿应能沿着支座下摆的下部和支座底板上的槽缘内自由滚动，如未到最大位移量，防爬齿的端部紧紧卡在槽缘中而阻碍辊轴滚动时，必须加以修理。若支承的滚动面不平整，底板或轴承座发生裂纹或个别辊轴发生支承不均匀等现象时，应更换有缺陷的部位或直径不合适的辊轴。

轴承座中心线和正常位置有偏差，除可能由于安装时未按计算设置外，也可能是由于墩台的移动所造成的，发现这种情况时，应仔细测量支座位置及墩台间的距离，检查墩台状态有无异状并进行分析。如发现梁端紧靠桥台挡砟墙或邻孔梁端，或者其空隙过小，以及上下锚栓有剪断等情况时，可将挡砟墙凿除一些，也可以将梁身顶起进行纵向移动改正，重新锚定支座。如钢梁间空隙过大，可在梁端增加牛腿予以接长，或在两孔梁间的桥墩上筑钢筋混凝土小墩。要经常保持锚栓不缺少、不缺帽、不松动、不锈死、不弯折。

小桥上线路有爬行或桥头线路爬行力量传到桥上时，有时能使全部钢梁和支座一起沿着支承垫石移动，所以桥头线路必须注意彻底锁定。

较大跨度的板梁，由于日照关系，受太阳直接照射一侧的钢梁温度高，而另一侧钢梁温度低，所以一侧主梁会比另一侧伸长得较多，使钢梁在平面上有挠曲，这也有可能使支座发生歪斜及移动。

一孔梁的四个支座必须在同一平面上，如有受力不均，例如有三条腿等现象时应加以整正。支座各部分不密贴时禁止用木片填塞。锚固螺栓孔灌浆要饱满，孔内不允许有木屑以防进水。要经常保持锚固螺栓不松动、不锈死，并涂以机油，最好加盖。支座有翻浆时必须进行处理。

## 二、支座病害的预防

(1)梁跨与上摆、上摆与下摆、下摆与辊轴、辊轴与底板、底板与支承垫石间都应密贴紧靠，不应有缝隙。

(2)支座的滚动面必须经常保持清洁，不积水、不积灰尘，冬季应清除积雪，防止结冰。

(3)支座周围应保持排水良好。一般在支座周围常做成半圆形排水槽，内高外低，将水排走。支座底板底面应略高于墩台面 2～3 cm，并凿成流水坡。墩台的支承面与底板的接触面，在边缘处也可以略小于底板 2～3 cm，以防止雨水进入支座底板内。

(4)为了防止生锈，上下摆应涂油漆，辊轴和滚动面应定期进行擦拭、擦石墨或填以黄油。禁止在辊轴和滚动面涂油漆，并不允许其他异物存在，以保持活动支座能自由伸缩。

(5)为了防止煤渣、灰尘、雨雪进入支座滚动面，应安装有效的防尘设备，这对大跨度的梁尤为重要。

(6)支座锚栓应用塑料或铁皮制的罩盖住，螺帽下加垫铁垫圈及橡胶垫圈各一层，螺栓应省油，并用油浸棉纱裹缠丝杆，防止雨水进入螺栓孔，并防止螺栓松动、锈死。

(7)辊轴滚动时，辊轴的防爬齿应能沿着支座下摆的下部和支座底板上的槽缘内自由滚动。如未达到最大位移量，防爬齿的端部就紧紧卡在槽缘中而阻碍辊轴滚动时，必须加以修理。

(8)若支座的滚动面不平整，底板或轴承座发生裂纹或个别辊轴发生支承不均匀等现象，应把有缺陷的部位和直径不合适的辊轴进行整修或更换。

(9)支座的滚动面或辊轴经过长期行车的磨耗，底板或轴承座容易压成凹槽，辊轴也可能发生变形(接触部位成椭圆形)影响支座的正常使用，如无材料更换，可视具体情况，将底板或轴承座重新刨平，辊轴重新车圆，再行安装使用。经过修理后的支座高度发生变化，可在底板与支承垫石间增垫干硬性砂浆或环氧树脂砂浆加以调整。

(10)轴承座中心线和正常位置有偏差，其原因多为安装时未按计算设置或墩台位移所造成。所以发现这种情况，应细致测量支座的位置、墩台间的距离、墩台有无异状，然后全面进行分析。

(11)如发现梁端紧靠桥台挡砟墙或邻孔梁端、空隙过小，以及上下锚栓有剪断等情况时，可将挡砟墙凿除一部分，或把主梁或悬臂的端部截短或凿除一些，条件允许时，也可将梁身顶起进行纵向移动，然后重新锚定支座。如钢梁间空隙过大，可在梁端增加牛腿予以接长，或在两孔梁间的桥墩上浇筑钢筋混凝土小墩。

(12)小桥上线路有爬行或桥头线路爬行力传到桥上，有时能使全部钢梁和支座一起沿支承垫石移动，所以桥头线路必须彻底锁定。

(13)一孔梁的四个支座须在同一平面上。如有受力不均匀例如三条腿等现象应加以整正。支座各部分间不密贴处禁止用木片堵塞。锚固螺栓孔灌浆要饱满，孔内不允许有木屑，以防进水。支座有翻浆时需进行处理。

## 三、支座常见病害及维修

支座病害是维修工作中整治的重点之一，由于原因复杂，一定要认真分析进行针对性的综合整治才能收到较好的效果。以下所述为几种病害的维修方法。

(一)小跨度钢筋混凝土板梁横向移动的维修

跨度小于 6 m 的钢筋混凝土板梁，由于梁体质量轻，支座又均系沥青麻布或石棉垫，因而受列车的冲击和振动易发生横向移动。对该种梁，除顶起移正梁身外，均应在墩台顶上靠板梁侧埋设角钢或加筑挡墙(图 2.63)。

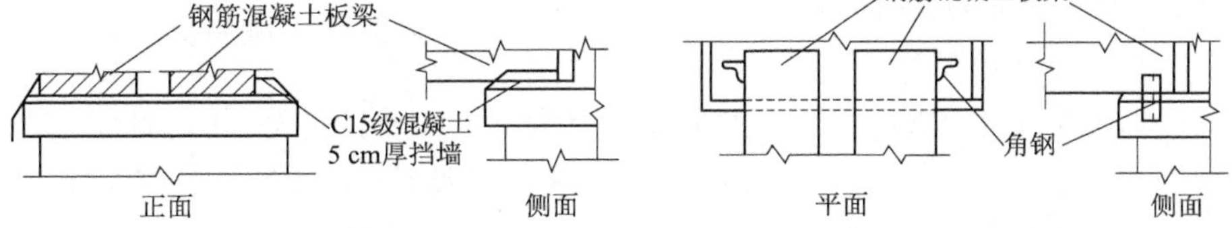


(a) 挡墙　　(b) 埋设角钢

图 2.63　防止板梁横移办法

(二)支座上下锚栓剪断弯曲的维修

墩台上支座锚栓折断或弯折，较彻底的整治办法是在支座旁斜向凿去一部分混凝土，取出旧锚栓，重新安装新锚栓。如锚栓在支承垫石面剪断而剩余部分仍牢固，而现场又有电焊条件时，也可采用凿除一小部分混凝土，清除出被剪断螺栓杆的上部，采用电焊接上一段新螺栓杆的方法进行维修。

圬工梁上锚栓剪断时，可将支座上座板与梁底镶角板焊起来(采用这一办法必须保证镶角板与梁体联成整体，如发现镶角板与梁体里面的支座螺栓外端脱开，则必须将其焊牢)。具体办法：采用 60 mm×40 mm×8 mm 的不等肢角钢，200 mm 长，每个支座用 2 根，沿梁长方向将角钢短肢焊于梁底的镶角板上，长肢焊于支座的座板上(如没有此种角钢也可用 10 mm 厚的钢板弯制)，如图 2.64 所示。

(三)支座位置不正、滑行或歪斜超过容许限度的维修

应用千斤顶顶起梁身并进行适当的修理或矫正，或移正梁身后重新安装支座。利用拉紧框架或弹簧整正支座辊轴的方法可以免除起顶梁身的麻烦。框架由两个角钢和两端带丝扣及螺帽的拉杆组成(图 2.65)。整正时，把一个角钢支承在支座底板上，另一角钢紧贴住辊轴的联结角钢，上紧拉杆螺栓，利用列车通过时辊轴的滚动及时拧紧拉杆，使列车通过后辊轴不能

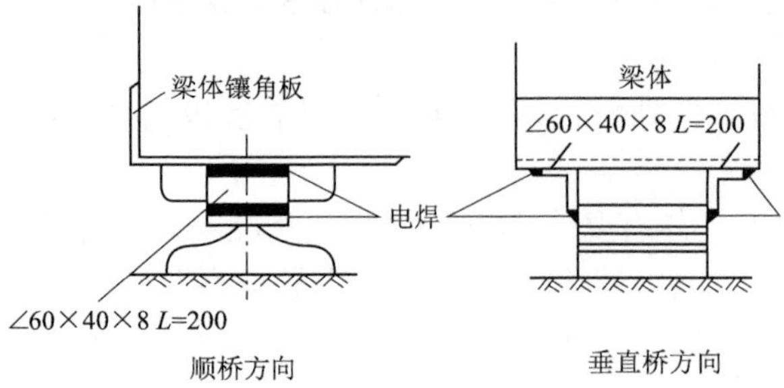


图 2.64　上锚栓折断后加固(上下锚栓未示)(单位:mm)

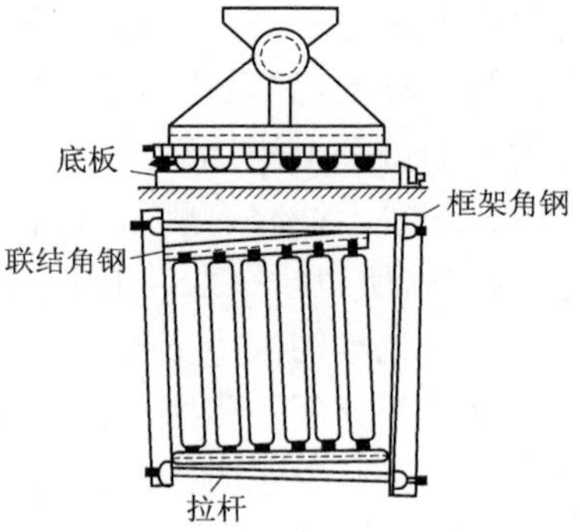


图 2.65　用框架整正支座

返回原位,这样经数次整正,就能把辊轴调整过来。

弹簧整正支座辊轴是用千斤顶横向顶住辊轴来移正位置,千斤顶一端支承在固定支座或挡砟墙上,在千斤顶和辊轴间垫上弹簧,把弹簧顶紧,利用列车通过时辊轴的滚动,辊轴会被顶动,再适当上紧千斤顶,经过多次整正也可以把辊轴顶回原来位置(图 2.66)。

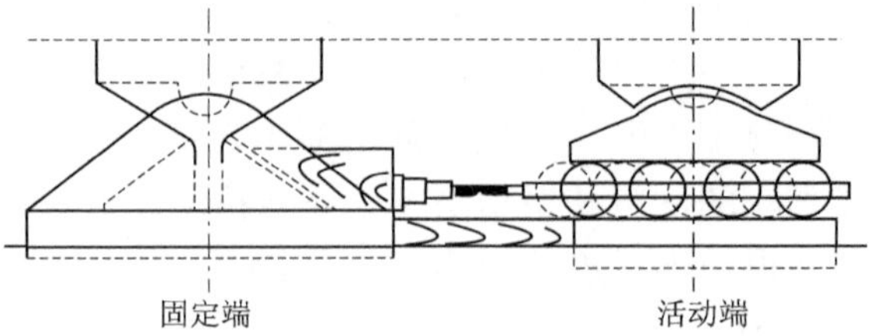


图 2.66　用弹簧整正支座

(四)支承垫石不平的维修

对钢梁或圬工梁平板支座,底板下支承垫石有少量麻坑或少量不平时,可用垫沥青麻布的办法进行维修。这个方法的优点是经过行车挤压能自行弥补填平、效果较好。不宜采用垫铅板、铁板、木板和石棉板等办法,因这几种方法从实践效果来看多数失效。

具体做法是:先将硬沥青(最好是用 10 号石油沥青)加温到 100～190 ℃,再加 20%～30%的滑石粉或石棉粉,边加边搅匀,然后将大小适当的细麻布放入浸制,取出浇水冷却即可使用,最少要垫两层。

(五)支座陷槽、积水、翻浆、流锈病害的维修

一般可用细凿垫石排水坡的办法,结合支座下垫沥青麻布或胶皮板进行处理,能取得一定效果。流水坡约为 3%,使水能很快排走。

具体细凿方法是:先在离石外缘 20 mm 处开始向中心推进(防止损坏边缘),最后将周边的窄条敲下来,稍加修凿即成。细凿完成后用废砂轮打磨光滑。另一种做法是先在垫石四边(桥台为三边)的外侧打上要凿去的线条,用扁凿对准线条朝里敲打,其余同前法。在细凿过程中,如发现有局部麻坑不平或边缘缺损等,可用环氧树脂砂浆腻补,凝固后一并用旧砂轮打磨平整。

要防止挡砟墙上的水流到桥台,必要时挡砟墙与支座垫石间要凿小槽排水,防止支座底板下面进水。

(六)支座、支承垫石导致梁体不平的维修

支承垫石裂损、支座不平(四角支点不在同一平面上),或当梁体有“三条腿”(个别支座出现明显的悬空)现象以及因线路大修需整孔抬高梁体时,可选用下述办法维修:

(1)支座下捣填半干硬水泥砂浆(水灰比 0.2～0.25),适用于抬高量在 30～100 mm。

(2)垫入铸钢板,适用于抬高量在 50～300 mm。

(3)就地浇筑钢筋混凝土垫块或更换钢筋混凝土顶帽,适用于抬高量在 200 mm 以上。

(4)利用其他压力灌注灰浆等。实践经验证明在支座下捣填半干硬砂浆(也可用环氧树脂配制的砂浆)的办法效果好,并且有使用工具简单、封锁较短时间即可恢复正常速度行车的优点。

《桥隧修规》技术标准关于板式橡胶支座使用的规定如下:

(1)限于在线路纵坡小于或等于6‰的混凝土梁上使用。

(2)常温型支座温度适用于$-25\sim+60$ ℃,耐寒型支座温度适用于$-40\sim+60$ ℃。

(3)板式橡胶支座应在接近年平均温度时落梁,否则应在接近年平均温度时再顶落梁调整到正确位置。

(4)为减少梁的横向位移或板式橡胶支座的横向剪切变形,应设置可靠的横向限位装置。

(5)更换橡胶支座时,原则上同一墩台或同一片梁应同时更换。

橡胶支座使用一定时间后,由于受力及老化的作用发生剪切变形,其容许值应小于或等于$0.7h_0$(橡胶支座$h_0=27\sim62$ mm),远远大于2 mm,故根据橡胶支座设计使用条件及准高速容许位移的要求,必须设置可靠的限位装置,并且必须检查梁底支承面有无限位钢板条,如没有,则必须补上。

# 学习项目七　桥梁下部结构的维修

## 一、圬工墩台的维修

墩台的维修工作内容包括:清除墩台顶面污秽和防止顶面积水;对砌缝砂浆脱落处进行勾缝;处理风化表面;修补局部表面破损;修整镶面;处理裂纹;处理因砂浆流失而造成的内部空洞现象;对风化、破损和裂纹等病害进行综合修整;修整损坏的支承垫石;墩台变位的观测和处理;改善台后排水系统等一系列工作。现选择重要的项目简述如下。

### (一)表面局部修补

圬工表面局部损伤或风化剥落时,将破损部分清除,凿毛洗净,然后用M10水泥砂浆分层填补至需要厚度,并将表面抹平,当损坏深度和范围较大时,可在新旧混凝土结合处设置牵钉,其直径为16~25 mm(图2.67)。牵钉间距在纵横方向均不大于50 cm,埋设的方法为打眼,冲洗孔眼,孔内注满水泥砂浆,插入牵钉。待砂浆凝固后,牵钉上挂钢筋网。钢筋网一般用直径12 mm钢筋制成。网孔为20 cm×20 cm,按墩台轮廓线立模,并进行支承,然后浇筑或喷射混凝土。

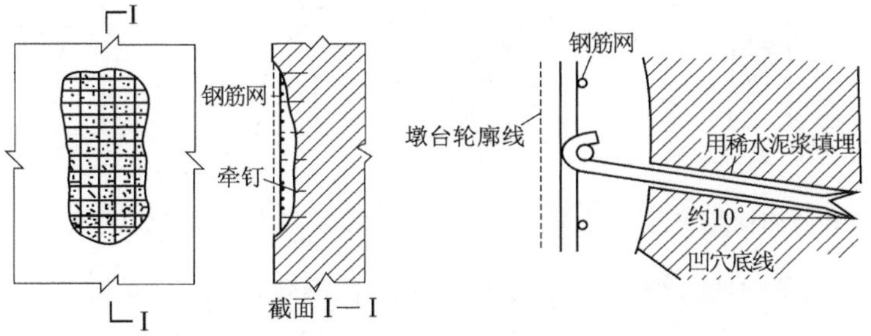


(a)修补方法　　(b)牵钉

图2.67　圬工表面局部修补

### (二)镶面石修理

镶面石破损时,可以个别更换或换以预制混凝土块。如镶面石松动而没有破碎,可先将其周围的灰缝凿去,然后取下镶面石,将内部失效灰浆全部铲除并用水冲洗干净,再用M10级砂浆填实,安上镶面石,并在其周围捣垫半干硬性砂浆。如镶面石更换的面积很大,为了使它能很好地和原有圬工结合牢固，可在原圬工上安装带倒刺的套扣，用锚钉或爪钉与套扣相连来承托新的镶面石。

（三）墩台裂纹整治

1. 墩台裂纹原因分析

（1）由于内外温差（日照影响和气温变化）产生温度拉应力，如图 2.68 所示中的向阳部分。支承垫石边放射状裂纹如图 2.69 所示。

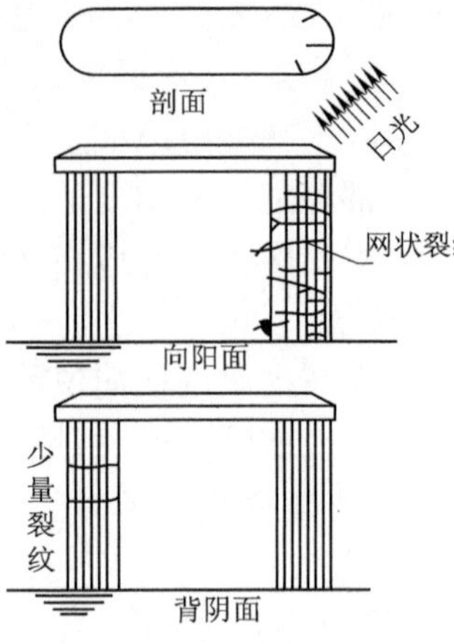

图 2.68　墩身网状裂纹

（2）因混凝土收缩所引起的裂纹如图 2.68 和图 2.69 所示。

（3）由于局部应力在受拉区引起裂纹。桥墩上顺桥轴线横贯墩帽的水平裂纹与支承垫石边的放射形裂纹（图 2.70）。裂纹发生于雉墙棱角部分及中线附近如图 2.70 所示；空心墩内壁四角的垂直裂纹如图 2.71 所示，有的上下贯通，有的断断续续。桥台由于翼墙与台身连接处为折角，而引起的裂纹如图 2.72(f)所示。

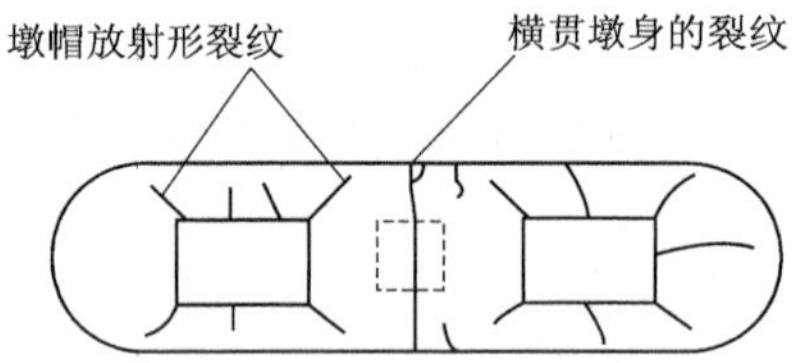

图 2.69　墩帽上的裂纹

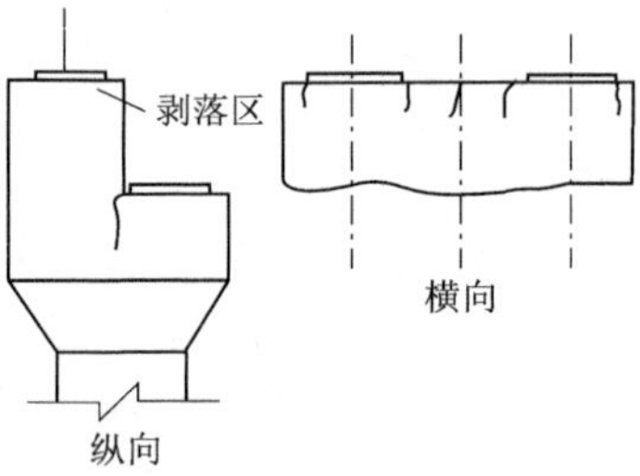

图 2.70　不等跨梁桥墩裂纹

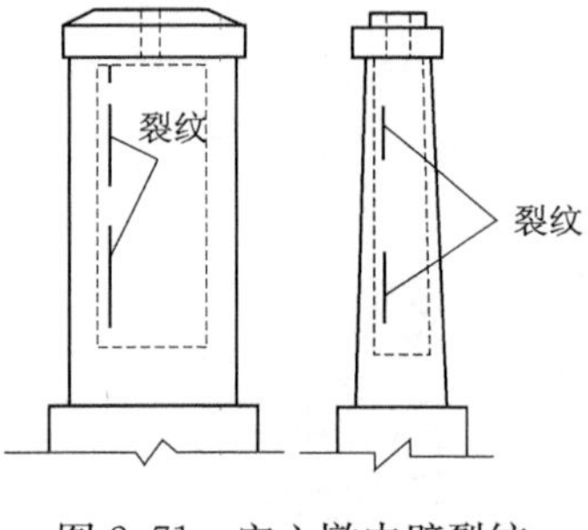

图 2.71　空心墩内壁裂纹

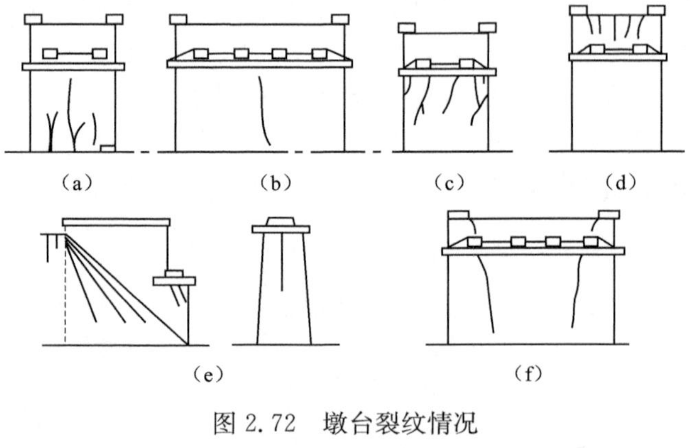

图 2.72　墩台裂纹情况

（4）墩台上线路养护不良，桥台挡砟墙上或附近有钢轨接头，车轮冲击过大，支承垫石从上向下发展的裂纹如图 2.72(c)所示，挡砟墙自上而下发展的裂纹如图 2.72(d)所示。

（5）基础松软，增设第二线墩台后，基础沉陷不均匀，如图 2.72(a)、(b)所示。翼墙下基础承载力不足，产生下沉或倾斜，如图 2.72(f)所示。

（6）养护不良，活动支座不能发挥作用时，如图 2.72(e)所示，墩台身侧面自上而下的垂直裂纹。

（7）施工中，混凝土工作缝连接不良，如 T 形桥台人行道悬臂与台身连接处的纵向裂纹。

（8）桥台和翼墙间填土排水不良发生冻胀，使翼墙和桥台连接处发生裂纹，如图 2.72(f)

所示。产生裂纹的原因是很复杂的，还可能是由于几个因素综合作用的结果，必须仔细观测并找出产生裂纹的原因，才能采取对策整治。

2. 墩台裂纹与内部空隙的观测与监视

在发现裂纹后，应在裂纹的起点和终点画上与裂纹走向相垂直的红油漆记号，并进行裂纹编号，如图 2.73 所示。仔细观测裂纹的部位、走向、宽度、分布状况、大小和长度等。用坐标法将裂纹正确详细地记录下来。根据每条裂纹的部位、裂纹的宽度和长度绘出混凝土梁拱的裂纹展示图。依照编号顺序对每一孔梁和每个墩台的第一条裂纹的长度、宽度、特征等进行详细列表。裂纹宽度应用放大镜测量，精确度应达到 0.1 mm。测量地点应用油漆做好标志以便今后测量时能在同一地点进行对比，观测其宽度有无变化。有必要检查裂纹深度时，可用注射器在裂纹中注入 0.1%的酚酞溶液，然后开凿至不显红色为止，其开凿深度即为裂纹的深度。

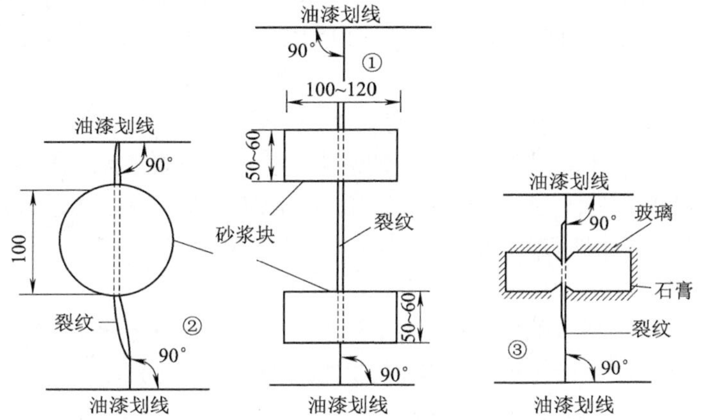


图 2.73　裂纹测标(单位：mm)

观测裂纹的变化情况，除长度可观测裂纹两端是否超出前一次油漆画线外，对裂纹是否沿宽度方向继续扩展，可做灰块或玻璃测标进行宽度观测，如图 2.73 所示。即先将安设测标部位的圬工表面凿毛，然后用 1%水泥砂浆或石膏在裂纹上抹成厚 100～150 mm 的方形或圆形灰块，也可用石膏将细条状玻璃固定在裂纹两侧圬工表面上，对测标编号并注明安设日期，当裂纹继续扩展时，测标就断裂，一般裂纹宽度都较小，应尽可能采用带刻度的放大镜测量。

圬工墩台内部如有空洞或空隙，可用非金属超声波探测仪进行检查，或用小锤轻敲圬工表面听声。

在观测裂纹时，要记录气温的情况，因为气温降低时，圬工的外层比内层冷却的要快一些，因而外表收缩较快，这时裂纹宽度较大，当气温增高时，则情况相反。

裂纹一经出现，就有扩展的趋势。因为水渗进裂缝中，在冬季冻冰，可将其胀裂得更长更宽。另外，由于活载的作用，引起裂纹一开一合，同样会促使裂纹扩展。

裂纹一经查明并确知其不再扩展时，即应进行处理。

3. 裂纹的整治

(1)对于微细而数量较多的裂纹，可用喷浆或抹浆的方法来处理，也可涂一层环氧树脂浆封闭，其配方为：6101(或 634)环氧树脂(胶凝剂)100 g，邻苯二甲酸二丁酯(增塑剂)20 g，乙二胺(硬化剂)8 g。配制方法：将定量的环氧树脂用水浴法(将物品装入器皿置于水中加温)加温至 40 ℃，加入二丁酯搅拌均匀，然后将硬化剂加入迅速搅匀即成环氧树脂浆。如果要求其颜色与普通混凝土相似,可另加细填充料:P·O42.5号普通水泥30 g,立德粉(锌钡白)10 g,拌和均匀后将树脂浆倒入,拌均匀即可使用。涂刷前应用钢丝刷去除裂纹附近圬工表面上的污秽、油漆和灰尘,并用丙酮擦洗(如用水冲洗,则需待干燥后才能涂环氧树脂浆)。

(2)对于一般的表面裂纹,可采用环氧树脂砂浆或环氧腻子腻补。

环氧树脂砂浆配方:照前述配成的环氧树脂浆再加细砂(粗填充料)450 g,如要求与普通混凝土颜色近似,则需另加细填充料(普通水泥100 g,立德粉50 g)。配制方法:粗细填充料拌和均匀后将配制好的树脂浆倒入,拌均匀即成。

环氧腻子配方:6101(或634)环氧树脂100 g,二丁酯25 g,乙二胺8 g,石膏粉150～250 g。配制方法:配制成树脂浆后,根据当时气温,适当加入石膏粉拌匀成膏状物。腻补裂纹做法:对宽0.15～0.3 mm的裂纹,沿裂纹凿一条外宽20 mm、深3～7 mm的"▽"形槽,用压缩空气吹除灰尘并清刷干净后,涂一层厚约0.2 mm的树脂浆,再用树脂砂浆(或腻子)腻补平整,裂纹宽大于0.3 mm时,可沿裂纹凿一条外口宽20 mm、内口宽6 mm、深7～15 mm的梯形槽,修补办法同上。

(3)对裂纹多且深入圬工内部,或内部有空隙时,可用压注环氧树脂或水泥浆的方法进行处理。一般梁部压注环氧树脂,墩台因压注数量大,宜用水泥浆或水泥砂浆。压注前,先在圬工建筑物表面钻好孔眼,利用风压把环氧树脂浆、纯水泥浆或水泥砂浆压入圬工内部填满裂纹及空隙,以增强建筑物整体性,增加圬工强度和延长其使用寿命。

①压注环氧树脂浆

环氧树脂对混凝土有高度的粘合性能,不但粘结力强,且有不透水和耐酸、碱、盐等特性,故多年来已被广泛用来修补圬工裂纹及梁内部空隙,实践表明效果良好。压注时可采用前述环氧树脂浆,但为了压注工作的顺利进行要适当降低其稠度,也可另行配制环氧浆液。配方为:6101(或634)环氧树脂100 g,二甲苯(稀释剂)20～40 g,630号活性稀释剂(多缩水甘油醚的代号)20 g,乙二胺10 g。裂纹宽时可适当减少稀释剂用量。配制方法:将定量的环氧树脂用水浴法加温到40 ℃溶开,加入二甲苯和630活性稀释剂搅拌均匀,冷却至25 ℃后再加入乙二胺拌匀即可使用。要求在2 h内用完,使用时的适宜温度为15～25 ℃,避免在低于5 ℃的温度施工。

②压注水泥浆或水泥砂浆

压注水泥浆依采用动力的不同分为风压灌浆和电动压浆两种。风压灌浆原理与压注环氧树脂浆相同,即以压缩空气将水泥浆或水泥砂浆从预埋灌注孔内注入。电动压浆为泵式压浆机压浆,即用电动机带动活塞往复运动,将拌和好的灰浆不断压入结构物内。

(4)墩台有贯通的裂纹时,仅用压浆方法不易达到理想的效果,可设钢筋混凝土套箍来加固。

有条件时,锚固可采用锚固包。锚固包系临时将特种水泥混合料装入特制筒形纸袋内,放入水中至不再发生气泡时,即可将其从纸袋中取出,塞进孔内捣实,即可牢固地将牵钉锚固,效果较好。

(5)墩台支承垫石在压力分布范围内发生裂纹或损坏时,必须予以更换。用钢料做成的箍,这仅能作为一个临时措施(图2.74)。

4.严寒地区冬季桥梁防护

在结冰期间,应在墩台及破冰凌周围凿成宽0.5～1.0 m的冰沟。实体墩台冰沟与墩台间距离可为0.5(小桥)～5 m(大桥)。冰沟深度应随冰层厚度的增加而增加。为防止沟内继续冻结,可用树枝稻草等物加以覆盖,并在其上填雪或土保温。

在冰层开始移动前，应将墩台、翼墙、堤坝周围（宽约0.5 m）以及破冰凌上游（约 25 m）的一部分冰层破开。

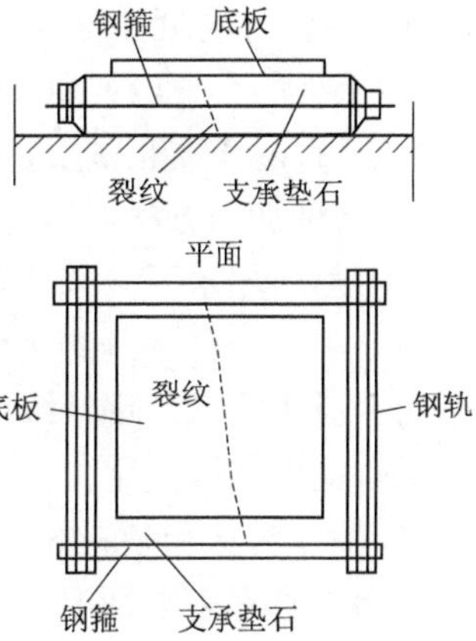

图 2.74　用钢箍临时加固支承垫石

## 二、圬工墩台基础的维修

### （一）一般要求

（1）基础情况不明时，应认真进行挖验或钻探，确认实际情况。

（2）对既有桥梁均应按《桥隧修规》规定，定期进行河床断面的测量，或利用回声测深仪进行全断面测量，查明河床冲刷情况（最大流量时的冲刷深度、流速及流向等），必要时应由潜水工对水下基础进行摸探检查。

（3）限制人为因素造成桥址河床的下沉。任何单位和个人不得在铁路桥梁（含道路、铁路两用桥）跨越的河道上下游各 1 000 m 范围内围垦造田、抽取地下水、拦河筑坝、架设浮桥，及修建其他影响或者危害铁路桥梁安全的设施。任何单位不得在桥梁上下游一定范围内采砂，以保证铁路桥涵安全。

（4）对浅基墩台除掌握其充分的探测资料外，还应掌握计算资料，确认浅基病害的程度。

（5）对有浅基墩台桥梁的整治，一般可采用局部防护、整体防护和加深基础等措施。

### （二）桥梁墩台和基础的加固

桥梁墩台加固的常用方法有：用钢筋混凝土套箍或护套加固墩台身；用支承过梁、增建挡土墙或更换台后填土等方法处理墩台滑移等。基础加固的常用方法有：扩大基础法、补桩加固法和人工地基加固法等。现简要介绍如下。

（1）钢筋混凝土套箍或护套加固墩台

为防止墩台身裂缝的继续发展，可采用钢筋混凝土套箍进行加固，如图 2.75 所示。套箍的数量、宽度根据裂缝情况决定。为加强套箍与墩台的连接，应先在墩台身内埋置锚杆（或拉杆、钢钎等），将围带内钢筋网与其相连，然后浇筑套箍混凝土，最后填塞裂缝。

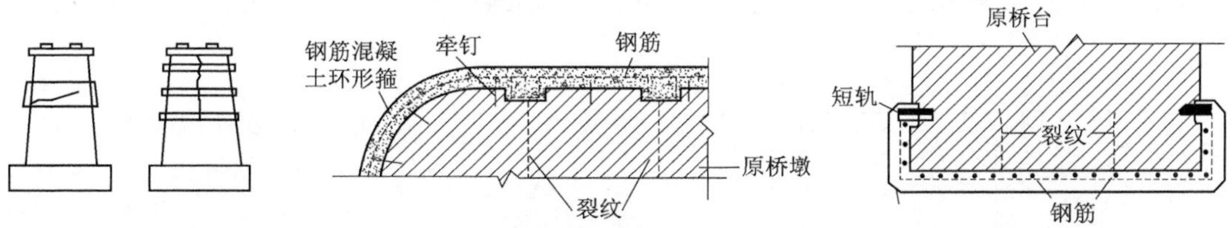

（a）钢筋混凝土套箍　（b）用环形箍加固桥墩　（c）用U形箍加固桥台

图 2.75　用钢筋混凝土套箍加固墩台

墩台身存在影响整体强度的裂缝、表面破损和风化十分严重时，可采用钢筋混凝土护套对墩台进行加固，如图 2.76 所示。护套的尺寸应能满足承受所有或大部分活载的要求。同时，也要对墩台顶部加以改造，用支承于护套上的钢筋混凝土板替代原支承垫石，以便护套参与工作。护套内需配置钢筋网，原墩台与护套的联结仍靠锚杆等与钢筋网相连。在包箍开始至浇筑的混凝土达到一定强度前，最好不使被加固的墩台受力，如采取临时墩架空措施时，列车至少也应慢行，以保证混凝土的浇筑质量。

桥梁墩台的加箍加固，也可采用喷射钢纤维混凝土，其总厚度为 300 mm。在经凿毛（或喷砂)后的旧墩台混凝土表面,先喷上约 30 mm 厚的水泥砂浆,待其凝固后,喷约100 mm厚的早强混凝土,再喷约140 mm厚的钢纤维混凝土,然后喷厚约 30 mm 的水泥砂浆保护层,这种加固方法对防止新加混凝土箍产生裂纹有良好效果。喷射所用水泥可采用硫铝酸盐水泥 R·SAC42.5,石砟粒径 5～15 mm,钢纤维采用 0.5 mm×18 mm,略呈弯形。砂子为普通中粗砂。钢纤维用量为水泥重量的 3%～5%,混凝土配合比由试验决定。

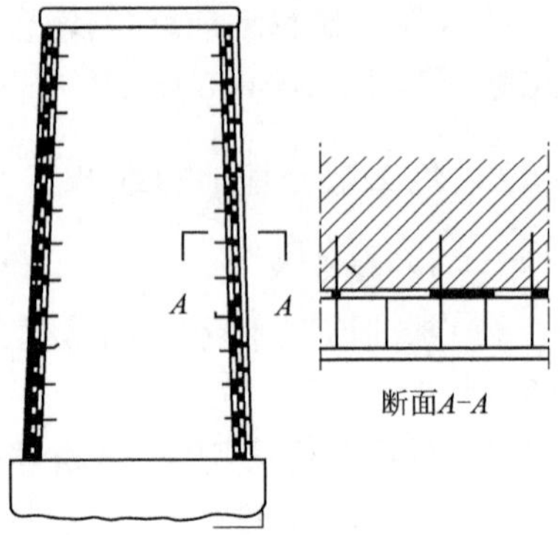


图 2.76　用钢筋混凝土护套加固桥墩

(2)桥台滑移和倾斜的处理

桥台滑移在多数情况下是由于台后土压力、滑坡等产生的或由倾斜引起的。为了减少路基对桥台的水平压力,可采用具有较大内摩擦角的干砌片石等更换台后填土。对筑于软土地基上的桥台,可用透水性较好的材料更换台后填土,如图 2.77 所示。

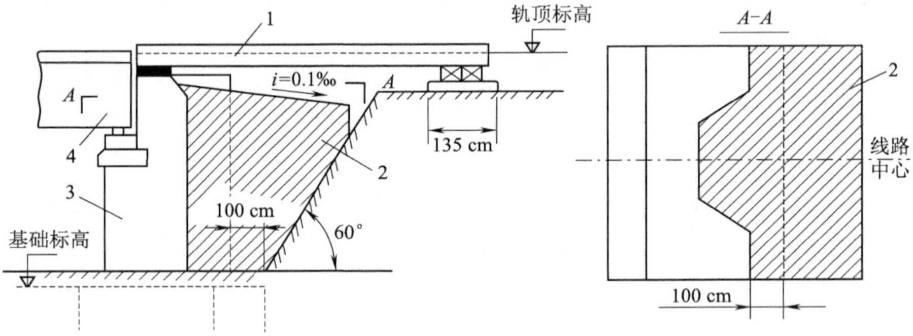


1—常备式便梁;2—干砌体;3—桥台;4—桥跨结构。

图 2.77　更换台后填土加固

对单孔小跨径桥梁,可在两桥台基础之间设置支承过梁,以预防桥台向跨中滑移[图 2.78(a)]。在桥跨方向建造挡墙[图 2.78(b)]或设置支承杆及挡块[图 2.78(c)],可提高埋式桥台的稳定性。

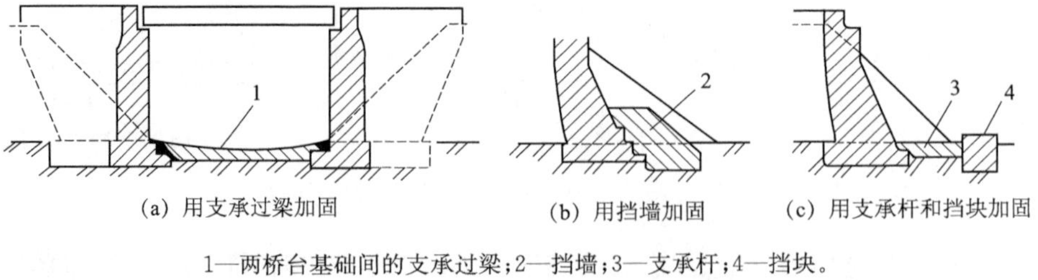


(a) 用支承过梁加固　　(b) 用挡墙加固　　(c) 用支承杆和挡块加固

1—两桥台基础间的支承过梁;2—挡墙;3—支承杆;4—挡块。

图 2.78　用支承过梁或挡块等加固桥台

(3)基础加固

①扩大基础加固法(图 2.79)。指扩大基础的底面积以减轻基底压力的加固方法。该法适用于圬工墩台的明挖基础,且其承载力不足或埋置较浅的情况。基础开挖施工中应特别注意墩台的变位,以免影响行车安全。

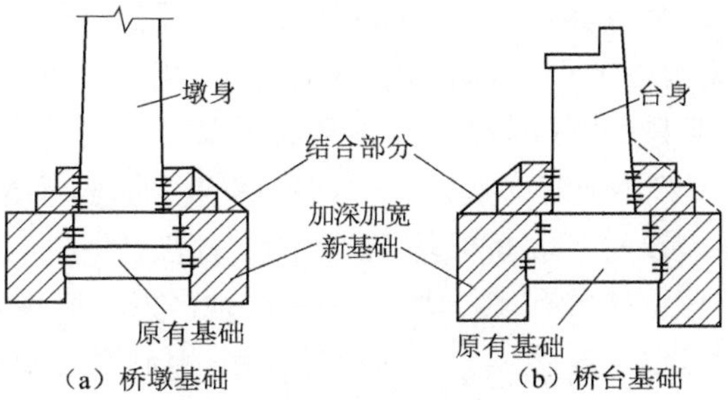


图 2.79　墩台扩大基础加固法

②补桩加固法。在桥下净空允许、或净空不足但施工设备不影响行车的情况下，可在原桩基础的周围补加钻孔桩或打入钢筋混凝土预制桩扩大原承台(图 2.80)。该方法的优点是加固效果显著，缺点是需搭设钻孔打桩设备。

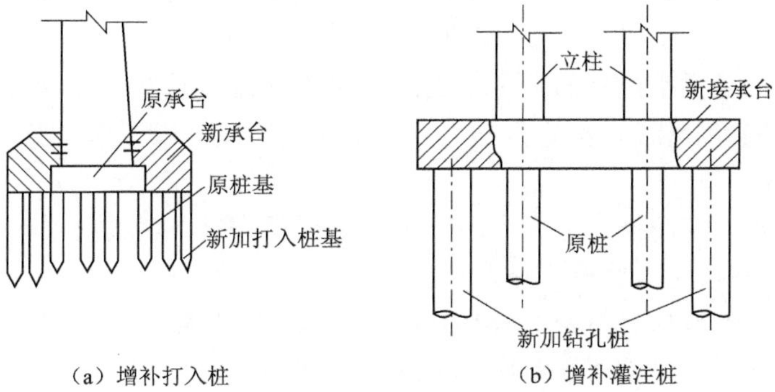


图 2.80　增补桩基加固桥墩基础

③人工地基加固法。对因基础松软而导致承载能力不足，或深层土质不良而引起基础沉降的情况，可采用砂桩或注浆等技术改造加固天然地基，以提高基础的承载能力。

当软弱地基层较厚时，可借用挤密砂桩提高地基的密实度。施工时，将钢管或木桩打入基础周围的软弱土层中，然后将桩拔出，灌入干燥的粗砂，经捣实后形成砂桩。对容易坍孔的地基，可采用砂袋套管的方法处理。

注浆是指在墩台处直向或斜向钻孔或打入管桩，通过孔眼或管孔，用一定压力把浆液(加固剂)注入土层中，随着浆液的渗透凝固，原来松软的土被固结为有一定强度和防渗性能的土体，达到加固地基的目的。

根据注浆压力的不同，有静压注浆和高压喷射注浆之分。针对不同的地质条件和所需解决的问题，静压注浆可分成填充注浆、裂缝注浆、渗管注浆和挤压注浆等方式，高压喷射注浆可分成旋转喷射注浆和定向喷射注浆。其中，旋喷注浆技术的用途广泛、质量可靠、经济效果好，已逐步成为地基加固的重要方法之一。

## 学习项目八　桥梁的养护

为保持桥梁经常处于良好状态，延长其使用寿命，对桥梁病害进行的检查和分析、修理和加固、局部更新和全部重建等工作。

桥梁病害大致有以下几个方面：①桥梁在自然环境中受到侵蚀而产生病害。如桥梁所用钢铁产生锈蚀；通过泥石流沟谷的桥梁，雨季中被堵塞或冲毁；跨河桥梁受洪水或冰凌的危害；通航河流上的桥梁可能受船只的意外碰撞；地震区的桥梁可能受地震的影响等。②桥位不当、桥跨孔径不足或基础深度不够等引起的病害。如钢梁结构不合理，钢梁焊铆质量不佳，结构细节上应力集中，疲劳引起钢梁裂纹等。③桥梁圬工质量不高造成的病害。如圬工梁在横隔板和腹板上产生竖向裂纹病害；支座锚螺栓孔灌注不实，在寒冷地区发生冻融作用，造成混凝土裂损；活动支座滚板粗糙不密贴或翘起，甚至生锈失去应有的作用，引起墩台断裂或剪断锚螺栓。

病害检查用量具和仪器等对桥梁状态进行的检查。中国铁路桥梁检查主要有经常检查、定期检查、临时检查、专项检查和检定试验。经常检查是对桥梁容易发生变化和对行车有直接影响的部位进行监视，以保证行车安全，并按规定格式把监视情况填在病害检查记录簿内。定期检查包括秋季检查和春融、汛前检查，秋季检查是在洪水过后对桥梁进行的全面检查。春融和汛前检查是在春融和洪水到来前对桥梁进行的全面检查。桥梁限界情况，每五年用检查架检查一次。限界不足的桥梁要测出具体部位和具体尺寸，并根据各测点的最小距离绘制该桥的综合限界图。

桥梁检定试验也是桥梁检查的一个组成部分。桥梁检定是在桥梁全面检查的基础上，按照现行标准及规范进行分析研究，以及进行必要的荷载试验，以了解桥梁结构的安全载重能力，确定其使用条件。

养护工作指按照规定的技术标准和验收条件对桥梁进行的养护工作，主要包括桥梁日常保养、桥梁计划维修和桥梁大修等工作。

桥梁日常保养工作包括：保持桥梁清洁，清除积水、冰雪、煤烟、污垢和尘土等；保养好各种螺栓，打紧道钉和防爬器；修理桥面木质的个别部分；修补桥梁小片的油漆；添换防火用的砂、水；保养标志等。

桥梁计划维修工作包括：桥面修理，钢梁局部油漆；钢结构（包括支座）修理；圬工梁拱及墩台修理；防护设备及调节河流建筑物的修理；安全检查及照明设备的修理。

桥梁大修工作包括：更换整孔桥面；油漆整孔钢梁；加固或更换钢梁、圬工梁拱、桥梁墩台及基础；进行桥梁扩孔；更换或增设圬工梁拱防水层；进行整座木桥大修；整治河道；增设或修理防护设备及调节河流建筑物；增设或更换安全检查设备等。

1. 桥面铺装的日常养护

桥面铺装的使用性应满足如下要求：

(1)保护行车道板，使其不受由于交通荷载冲击产生的磨耗和剪切作用。

(2)防止桥面板因雨水等自然条件的作用而受到侵蚀。

(3)对车辆轮重的集中荷载起到一定的分配作用。

因此，桥面铺装的日常养护工作应注意如下要点：

(1)经常清扫桥面使桥面清洁、平整，保持行车的舒适性。

(2)桥面铺装应保持一定的横坡和纵坡，及时将积水排除。

(3)冬季应及时清除桥面上的冻块或积雪。

(4)严禁在桥面上放置杂物或将桥面作为晒场等。

(5)保持桥面防水层具有良好的使用性能。

(6)及时处理桥面铺装存在的裂缝等表面缺陷。对于水泥混凝土铺装层，应及时处理磨光、脱皮等表面缺陷。

(7)保持桥面上的人行道铺装及盲道和缘石完好、平整，若有缺损，则应及时维修。

(8)桥上架设的管线的安全保护设施应保持良好的工作性能。

2. 伸缩缝装置的养护

伸缩缝装置应保证平整，能正常伸缩，处于良好的工作状态，应及时清除伸缩缝装置中的杂物。伸缩缝装置出现渗漏、变形、连接部开裂、跳车现象，或行车有异响，应及时维修。

根据伸缩缝装置的类型，在日常养护中采取相应的养护措施。

(1)钢板伸缩缝

①经常清除自由端缝内塞进的硬物、杂物，保持伸缩缝自由伸缩。

②保持伸缩缝排水顺畅。

③保持钢板焊接部位的清洁，防止锈蚀；钢板开焊、翘曲和脱落时，应及时补焊。

④及时发现角钢与钢筋混凝土梁锚固不牢的部位，防止车辆荷载冲击作用下伸缩缝破损加速。

(2)梳形钢板伸缩缝

①观察梳齿板式伸缩缝梳齿与承托连接处是否牢固。

②经常清除缝内塞进的硬物、杂物，保证排水顺畅和自由伸缩。

③经常检查紧固螺栓，防止梳齿板外翘。

(3)橡胶胶板式伸缩

①保持伸缩缝表面清洁，保证行车平顺，防止硬物破坏橡胶块。

②紧固松脱的螺栓，防止橡胶剥离。

③橡胶板丢失应及时修补，大面积破损时应全部更换。

④清除伸缩缝内的杂物，保持伸缩缝自由伸缩。

⑤防止伸缩缝局部下陷或凸出而产生噪声。

(4)模数式伸缩缝

①清除伸缩缝内杂物，保持伸缩缝自由伸缩。

②经常检查钢板焊接部位是否可靠。

③防止密封橡胶带老化，严重漏水。

(5)填充式伸缩缝

①弹塑体伸缩缝装置出现脱落、翘曲时，应及时清除，并重新浇注弹塑体混合料。

②当槽口的沥青混合料坍塌，附近的沥青混合料不满足平整度要求时、应重新摊铺、碾压。

③当弹塑体混合料与桥梁连接处出现界面开裂时，应及时进行修补。

④弹塑体伸缩缝装置局部沉陷过大时，应进行修理。

(6)型钢伸缩缝

①清除伸缩缝内杂物，保持伸缩缝自由伸缩。

②防止密封橡胶带老化，如有漏水，则应更换密封橡胶带。

3. 排水设施的日常养护

排水设施日常养护主要包括以下内容：

(1)保证路面纵坡、横坡完好，保证泄水孔通畅，迅速排除桥面上的雨水。

(2)保持桥面铺装内设置的防水层使用性能良好，防止雨水渗入梁体引起腐蚀而影响桥梁结构的耐久性、稳固性。

(3)及时修补或更换损坏的排水槽等设施，避免因桥面积水而造成交通事故。

(4)经常疏通排水管，及时清除管内的淤泥等，确保排水通畅。

(5)及时维修导水设施的支承构件,防止由于支承构件的损坏而影响排水。

(6)排水设施和导水设施之间连接可靠,确保排水系统整体的工作性能。

(7)立交桥经泄水管排水,其他地方不得往桥下排水。

4. 支座的养护

桥梁支座的主要作用是将桥跨结构上的恒载与活载反力传递到桥梁的墩台上去,同时它又能保证桥跨结构所要求的位移和转动,以便使结构的实际受力情况能与设计时所采用的计算图式相吻合,因此要求及时、有效地进行日常养护,以保证支座的正常使用和完好,并防止支座损坏的扩大。支座的日常养护工作要求主要如下:

(1)板式橡胶支座可抽样检查,检查其是否老化并做好记录。

(2)对固定支座及盆式橡胶支座应检查锚栓的坚固程度,支承垫板应平整且紧贴支座。

(3)滚动支座滚动面定期更换润滑油(每年一次),在涂油之前,应先清洁滚动面。

(4)钢支座每三年敲铲油漆一次(包括盆式橡胶支座的钢圈部分),清除锈迹、打磨光洁,并重新涂刷防锈油漆保护。

(5)对各种橡胶支座,应经常清除墩、台帽上的污水和垃圾,宜用高压冲水枪冲水,每年 10 月实施一次。

(6)支座各部应保持完整、清洁,每年应检查一次。

5. 桥梁上部结构的一般性养护

(1)养护的目的

保证桥梁上部结构的安全,尽可能长久保持桥梁结构的耐用性与承载能力,保持桥梁应有的运营水准。

(2)养护的内容

养护包括一般性养护、维修和加固。一般性养护工作有时与维修和加固工作类似或相同但是前者在概念上更简单,范围也小得多。维修和加固通常由专业桥梁施工队或承包商来完成,需要使用复杂或非常规的设备,工作程序一般比较复杂。

一般性养护工作包括以下几个方面:清除表面污垢;修补混凝土孔洞、剥落、表面风化、非结构受力影响产生的裂缝;给裸露钢筋除锈、修复其保护层;对纵横梁连接件的钢板开裂、脱焊、锈蚀进行处理等。

6. 桥梁下部结构的日常养护

桥梁下部结构的日常养护主要内容如下。

(1)必须采取措施保持桥梁墩台基础附近河床的稳定。桥梁上下游 200 m 的范围内(当桥的 1.5 倍超过 200 m 时,范围应扩大至 1.5 倍桥长),应做到:

①河床应适时地进行疏导。每次洪水过后,应及时清理河床上的漂浮物,使水流顺利宣泄。

②竖立警示牌,使任何人都不得任意挖沙、取土、采石、倾倒废弃物,不得进行爆破作业及其危及公路桥梁安全的活动。当发现有上述现象时,必须及时制止,并采取相应措施。

③不得任意修建对桥梁有害的水工建筑物,若因抢险、防汛需要修筑堤坝、压缩或拓宽河床则应事先报经主管部门同意,并采取有效的防护措施。

(2)必须保持墩台结构表面整洁,及时清除墩台表面的青苔、杂草、灌木和污秽物等。

(3)桥梁墩台、桩柱排架混凝土结构物表面发生侵蚀剥落、麻面、裂缝、露筋等病害时,应及采用水泥砂浆修补。对因受行车振动影响大,不宜用水泥砂浆补牢的,应考虑采用环氧树脂其他聚合物混凝土等性能较好的材料进行修补。

(4)基础局部掏空,护底、护坡等构筑物局部损坏,应及时分析情况抓紧修复。当损坏严重时,应按损坏情况采取加固措施。

(5)对原有的防撞、导航、警示等附属设施要经常维护,保持其良好的状态。当发现墩立柱被船只碰撞发生损坏时,对被船只、漂流物碰撞的墩台,必须立即进行检测,包括墩台构件的损坏情况等,并立即采取措施确保安全。

(6)对严寒地区的桥梁墩台基础的养护,应特别重视采取防冻措施,以保证河床状态稳定和加固设施可靠。

(7)对于大桥及特大桥应在桥梁墩台设置沉降观测点,并每年进行观测记录,拱桥应设置桥台水平位移观测点。

7.锥坡、桥台搭板及翼墙等附属设施的日常养护

(1)锥坡应保持完好、稳定。检查桥梁,应同时对锥坡进行检查。锥坡受洪水冲空或遭受其他破坏时,应及时采取措施进行维修、加固。

(2)桥台搭板出现破损或下沉应及时维修。当搭板下基础脱空时,可采取注浆加固措施,以保证搭板的稳定。当搭板下沉,使桥头路面不平时,应对路面进行加铺修理,使之连接平顺,减少桥头跳车。

(3)翼墙出现下沉、断裂或其他形式的损坏时,应及时维修、加固。

中国铁路桥梁养护在组织上和费用上都与线路养护、房屋养护完全分开。在工务段内设桥梁工区,负责组织桥梁养护工作,包括日常保养、计划维修和重点病害整治工作。工区本着预防为主的维修方针制订年度、季度和月度维修计划。工区按照工务段规定设置桥梁巡守工,加强看护长大、重要或有病害的桥梁。遇有较大的修理、加固及更换工程由桥隧大修队(段)负责,每个铁路局集团公司设有桥隧大修队(段)或桥隧大修分队(段)和桥梁检定队。

由于修理桥梁一般需在不间断行车情况下进行,更换桥梁亦必须在有限的间断时间内完成,因此,桥隧大修队(段)及桥隧工区应尽可能配备现代化动力及机械工具,以提高工作效率,并保证工程质量。

桥梁养护组织应搜集桥梁及其跨越的河道的历史情况和技术资料。对桥梁设计、施工中存在的问题和运营后产生的病害、损坏等,以及为解决这些问题采取的加固、改善等措施,均应在技术档案中详细记载,以便对设备的情况有一个系统的、全面的了解,并为设备的运用和改善提供科学的依据。

**[相关案例]——注浆加固法在桥梁墩台裂缝病害处治中的应用案例**

1.工程概况

某桥梁工程全长259.2 m,9 m为桥面净宽,两侧设有人行道,各1 m宽,上部结构为5×13 m空心板+6×20 m普通钢筋混凝土T形梁,本桥梁通车运营多年,且多重载车辆,在行车荷载及自然因素反复作用下,本桥出现了不同程度的病害问题,承载力有所下降,为了确保桥梁的安全性,决定对其进行加固处治。经检测可知,本桥梁病害多为裂缝、钢筋外露锈蚀等,如桥面沥青混凝土表面严重老化磨损、人行道表层砂浆普遍网裂。T形梁主梁腹板底面局部存在钢筋外露锈蚀,少数部位甚至存有孔洞、蜂窝等情况。而在桥台部位,存有大面积勾缝砂浆剥落情况,且台帽存有少量贯通纵向裂缝,经检测,宽度在0.16~0.25 m之间,裂缝问题严重,为了更好地解决墩台裂缝问题,决定采用注浆加固法进行施工。

2.注浆加固技术原理

在裂缝病害处治中,采用注浆法加固,可按一定比例配制流动浆液,通过一定压力由喷浆

机箱结构物缝隙内灌入浆液，从而达到裂缝填塞、防止钢筋锈蚀及增强结构整体强度的效果。一般可选用水泥砂浆、水泥浆、环氧树脂等材料作为加固浆液，在墩台结构裂缝处理时，需根据实际情况确定所需注浆材料。一般情况下，在墩台、拱圈裂缝处治中多采用水泥砂浆材料，根据裂缝的大小，确定是否需要在注浆材料内添加砂料，相比其他材料，水泥砂浆成本低、效果好。若为钢筋混凝土结构物，则可采用环氧树脂浆，针对细小裂缝，此类材料易灌满，且具有良好粘结性。

相比其他加固方法，注浆法堵漏效果更好，能够充分填充墩台裂缝孔洞，减少渗透性，降低渗透率，增强结构物的抗渗性能。此外，于桥梁墩台而言，通过注浆加固可增强结构的整体性，进而提升地基的承载力。同时，此方法还具备施工操作简单、施工速度快、质量便于管控、成本低及具有良好的处治效果。

3. 确定施工技术指标

在充分掌握裂缝位置、破损情况的基础上，此次注浆加固设计可采用梅花形在墩台正面进行孔位放样分布，成孔直径为 9 cm，孔深为 10 cm，方向应和水平线之间存有一定倾角，如 5°。在加固施工中，为了保证施工效果，需确定注浆扩散半径与距离，并确定出具体数值。基于桥梁墩台孔隙率、渗透系数等参数，可确定此次注浆扩散半径为 1.5 m。

在注浆施工中，需充分结合裂缝大小进行注浆量的确定，并确定浆液配合比。保证浆液配料充足，并将空隙充分填满，针对局部较大裂缝部位，需根据实际情况增加注浆量。为了确保浆液充足，可按 2%以上进行浆液量的计算。

在墩台加固施工中，需严格控制注浆压力与时间。注浆条件不同，凝固时间也存有差异，可根据凝固时间的长短，合理确定速凝剂、分散剂及膨胀剂等材料，并合理调整注浆液。

在施工技术参数中，注浆压力是最重要的参数之一，为了达到良好的施工效果，必须合理控制注浆压力，根据本工程实际情况，可在 0.3～0.5 MPa 之间控制注浆压力，且结合具体情况，做适当调整。

4. 注浆加固施工工艺

桥梁工程作为交通建设的重要内容，随着科学技术水平的不断提升，桥梁结构已向大跨高墩方向迈进，为了增强结构的承载力，提高基础稳定性，对桥梁质量提出了更高的要求。根据工程实际情况，为了进一步有效控制墩台裂缝病害，决定采用注浆加固法进行施工，具体施工工艺如下：

（1）施工准备。施工前，为保证施工质量，需先做好施工准备工作，保证进场施工材料质量合格，根据施工配合比设计准确配置注浆液。此外，还应提前配置好施工设备，保证配置合理，并做试机工作，设备运行正常，避免施工过程中出现故障，造成不必要的损失。

（2）成孔。钻进施工中，可采用 $\phi$88 mm 钻头，钻孔时，要与钻孔位置对准，在允许范围内合理控制偏差，待钻进后，要做好孔壁保护工作，若存在粉性土，则需下入导管，直到钻进黏性土。

（3）注浆管安放。在钻孔施工结束后，需及时安放注浆管，并做孔口封堵处理，防止浆液外流。此外，还需将软橡皮包裹到花管外壁，防止进入泥沙。

（4）注浆。在注浆搅拌环节，需合理控制材料用量，保证均匀拌和，防止出现离析等情况。要严格按照施工要求进行注浆，通常情况下，需按照“上—下”的顺序进行注浆，待注浆液从孔口溢出，则可停止注浆。在此环节，要指派专人做好观测，避免因注浆压力太大，对其他结构造成不良影响。

（5）封堵孔口。在完成上述施工之后，需对孔口进行及时封堵，并检查孔口质量，若浆液有所不足，可及时补浆，从而保证施工质量。

(6)加固效果。根据施工前以确定注浆结束标准，结合大量实践经验，规定当浆液溢出，或注浆压力超过 0.5 MPa，或注浆口处吸收料速度在 0.6 L/min 且延续 30 min 时，均可结束注浆施工。

在整个注浆过程中，当注浆压力超过 0.4 MPa 的情况下，已经有浆液溢出现象，此时裂缝也被浆液充分填充，表明可达到良好的注浆处治效果。

问题思考：结合案例从施工实际操作角度考虑，思考一下如何检测和控制注浆口吸收料的速度，能满足 0.6 L/min 且延续 30 min 的标准？

## 单元作业

### 一、选择题

1.(　　)不是回弹法用的测强曲线。

A. 统一测强曲线　B. 地区测强曲线　C. 砂场测强曲线　D. 专用测强曲线

2. 荷载试验孔选择应不考虑(　　)。

A. 受力不利　B. 施工质量差，缺陷多

C. 便于检测　D. 施工质量好，缺陷少

3. 桩基础完整性能检测方法中，属于振动检测法的是(　　)。

A. 锤击法　B. 超声脉冲法　C. 射线法　D. 钻芯法

4. 静载试验效率系数可用范围是(　　)。

A. 0.9～1.0　B. 0.85～1.05　C. 0.85～1.0　D. 0.85～1.1

5. 超声回弹综合法检测混凝土缺陷的实施方法是(　　)。

A. 先回弹在超声　B. 先超声在回弹

C. 同时进行　D. 以上都对

6. 桥梁现场动载试验的主要检测内容是(　　)。

A. 桥墩在车辆动力作用下的沉降和裂缝

B. 桥梁结构在车辆动力作用下的挠度和应变

C. 桥梁结构在车辆动力作用下的裂纹和应变

D. 桥梁结构在车辆动力作用下裂纹和应力

7. 桥梁支座采用的材料类型主要有(　　)。

A. 橡胶　B. 塑料　C. 钢筋混凝土　D. 钢

8. 回弹法检测混凝土强度，每一测区应记取(　　)个回弹值。

A. 15　B. 16　C. 18　D. 20

9. 现场无损检测衬砌混凝土强度的常用方法是(　　)。

A. 拉拔法　B. 凿方法　C. 取芯法　D. 回弹法

10. 严禁使用(　　)清理钢表面。

A. 喷砂、喷丸　B. 手工清理　C. 溶剂擦洗　D. 腐蚀性物质

11. 钢筋混凝土桥梁加固方式很多，目前常用的加固方法有(　　)。(多)

A. 浇筑钢筋混凝土加大截面加固法　B. 体外预应力法

C. 粘贴钢板法　D. 改变受力体系法

12. 灌入式粘钢加固粘结面积不得低于钢板面积的(　　)。

A. 60%　B. 95%　C. 70%　D. 80%

## 二、填空题

1. 预应力筋锚具、夹具、连接器组装件试验之前必须进行单根预应力钢绞线(母材)的力学性能试验。母材试样不应少于________根。

2. 桥梁静载试验的加载时间以晚________时至晨________时为宜。

3. 动力荷载试验一般主要通过跑车、________、刹车和________来进行。

4. 桥梁的病害按不同的桥梁结构进行分有________和________两种。

5. 桥梁动载试验的激振方法主要包括________、共振法和脉动法。

## 三、判断题

1. 在计算出测区回弹平均值后,应先进行角度修正。 (　　)

2. 荷载试验应选择温度较稳定的时间进行。 (　　)

3. 混凝土表层缺陷修补常用材料有混凝土材料、水泥砂浆材料、混凝土粘结剂和环氧树脂高分子粘结材料。 (　　)

4. 板式橡胶支座产品标记由名称代号、型式代号、外形尺寸及橡胶种类四部分组成。 (　　)

5. 测强曲线有统一测强曲线地区,地区测强曲线和专业测强曲线。 (　　)

6. 表面粘贴法是指用胶粘剂把玻璃布或钢材等材料粘贴在裂缝部位的混凝土面上,达到封闭裂缝目的的一种修补方法。 (　　)

7. 涂层表面打磨、污垢清除彻底,不损伤底漆是钢结构局部防锈涂装质量标准。 (　　)

8. 钢结构除锈作业是由一端向另一端进行作业,先下后上,先难后易。 (　　)

9. 电动刷的效率、质量比喷砂除锈要高。 (　　)

10. 支座位置不正.滑行或歪斜超过容许限度的整治方法是应用千斤顶顶起梁身并进行适当的修理或矫正,或移正梁身后重新安装支座。 (　　)

11. 为了防止煤渣、灰尘、雨雪进入支座滚动面,应有有效的防尘设施。 (　　)

12. 对由于承载能力不足引起的拱顶横向裂缝及下沉,除了可以采用拱背或拱腹增大截面外,还可同时采用减轻拱上建筑自重来减少恒载,如实腹拱改空腹拱。 (　　)

## 四、简答题

1. 何为混凝土的无损检测技术,无损检测方法根据原理分几种方法,具体名称是什么?

2. 简述回弹法的基本原理和用回弹法检测混凝土构件强度的步骤。

3. 简述何为公路桥梁的静力荷载试验及其目的。

4. 简述钢桥的优点和缺点。

5. 简述桥梁墩台和基础加固的常用方法。

6. 普通钢筋混凝土简支梁常见裂纹有哪些? 产生原因是什么?

拓展阅读

实作技能:
整修支座位
移超限和不
平整病害

拓展阅读

桥梁维修
情景设置

# 单元三　涵洞的维修与养护

## 学习导读

涵洞是铁路在建造施工过程中所采用的重要构造物，一般需要横跨铁路的路基，在铁路下方作为灌溉、排洪以及人行通道。涵洞是铁路线路的重要组成部分，为保证铁路畅通无阻，必须对涵洞构造物进行及时的检查，同时对发现的病害进行原因分析，以便采取合理的维修加固方案进行涵洞维修，同时要加强铁路涵洞的日常养护，保证铁路涵洞运营阶段的绝对安全。

本单元主要介绍铁路涵洞的类型与构造、涵洞的检查与维修，熟悉铁路涵洞的养护技术，了解涵洞的主要特点。

## 能力目标

1. 具备分析涵洞病害原因的能力；
2. 具备编写铁路涵洞养护措施方案的能力；
3. 具备编写铁路涵洞维护方案的能力。

## 知识目标

1. 掌握涵洞的类型和构造；
2. 掌握涵洞的维修技术；
3. 熟悉涵洞的检查内容和养护技术；
4. 了解涵洞的特点和涵洞的病害。

## 素质目标

1. 培养良好的职业道德和吃苦耐劳的优良品质；
2. 培养分析问题、解决问题、积极思考和勇于创新的能力；
3. 培养涵洞施工维护作业中严谨细致、追求卓越的工匠精神。

## 学习项目一　涵洞的概述

铁路涵洞是指在铁路工程建设中为了使铁路顺利通过水渠，设于路基下且修筑于轨面以下的过水通道(过水涵)，或横跨大小道路作为人、畜和车辆的立交通道(交通涵)。铁路涵洞是铁路工程的重要组成部分，在平原地区平均每千米有 1～3 座涵洞，在山岭重丘区平均每千米有 4～6 座涵洞，涵洞占桥涵总数的 60％～70％。小桥涵工程造价约占桥涵造价总额的 50％，在小桥涵中涵洞所占比例又比较高。涵洞无论是在工程数量还是在工程造价上，都占有相当的比重，可以说不存在没有涵洞的铁路。

## 一、涵洞的类型

涵洞可根据以下不同的标准进行分类。

(1)按照建筑材料可分为砖涵、石涵、混凝土涵和钢筋混凝土涵。

(2)按照构造形式可分为圆管涵(图 3.1)、拱涵、盖板涵(图 3.2)和箱涵。

(3)按照填土情况不同可分为明涵和暗涵。明涵是指洞顶无填土的涵洞，适用于低路堤及浅沟渠处。暗涵是指洞顶有填土的涵洞，且最小的填土厚度应大于 50 cm，适用于高路堤及深沟渠处。

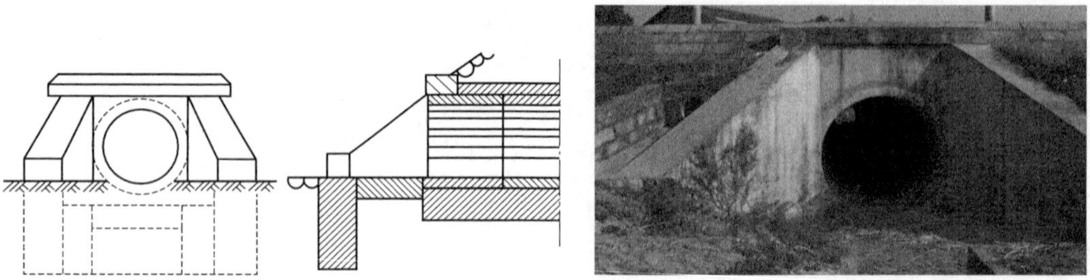

图 3.1　圆管涵

(4)按照水利性能可分为无压力式涵洞、半压力式涵洞和压力式涵洞。无压力式涵洞指的是入口处水流的水位低于洞口上缘，洞身全长范围内水面不接触洞顶的涵洞。半压力式涵洞指的是入口处水流的水位高于洞口上缘，部分洞顶承受水头压力的涵洞。压力式涵洞进出口被水淹没，涵洞全长范围内以全部断面泄水。

图 3.2　盖板涵

铁路涵洞常采用圆管涵和盖板涵构造形式。建筑材料以钢筋混凝土涵为主。

## 二、涵洞的构造

涵洞是设于路基下的排水孔道，通常有洞身、洞口建筑两大部分组成。涵洞的组成部分，如图 3.3 所示。洞身由若干管节组成，是涵洞的主体。它埋在路基中，具有一定的纵向坡度，以便排水；端墙和翼墙位于入口和出口的两侧，起挡土和导流作用，同时还可以保护路堤边坡不受水流冲刷。涵洞一般横穿路堤下部，多数洞顶有填土，采用单孔或双孔。

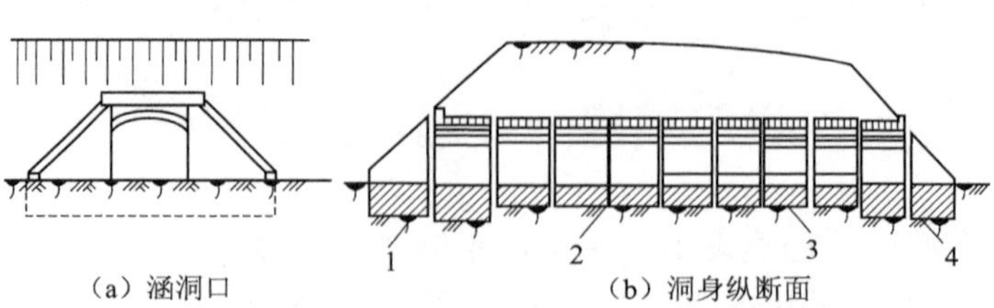


(a) 涵洞口　(b) 洞身纵断面

1—进水口建筑；2—变形缝；3—洞身；4—出水口建筑。

图 3.3　涵洞的组成部分

1.洞身

洞身形成过水孔道的主体，它应具有保证设计流量通过的必要孔径，同时又要求本身坚固而稳定。洞身的作用是一方面保证水流通过，另一方面也直接承受荷载压力和填土压力，并将其传递给地基。洞身通常由承重结构（如拱圈、盖板等）、涵台、基础以及防水层、伸缩缝等部分组成。钢筋混凝土箱涵及圆管涵为封闭结构，涵台、盖板、基础联成整体，其涵身断面由箱节或管节组成，为了便于排水，涵洞洞身还应有适当的纵坡，其最小坡度为0.3%。

2.洞口

洞口是洞身、路基、河道三者的连接构造物。洞口建筑由进水口、出水口和沟床加固三部分组成。常用的洞口建筑有八字翼墙式和端墙式。八字翼墙式洞口与八字翼墙式桥台相似；端墙式洞口外面要做锥形护坡，与U形桥台相似。洞口的作用是：一方面使涵洞与河道顺接，使水流进出顺畅；另一方面确保路基边坡稳定，使之免受水流冲刷。沟床加固包括进出口调治构造物、减冲防冲设施等。

## 三、涵洞的特点

涵洞是铁路工程中的重要组成部分之一。涵洞是处在大自然环境（雨、雪、风、霜、冰冻、高温、水流冲击）和列车荷载反复、长期作用的条件中，要求涵洞必须具备特点如下：

（1）足够的洪水宣泄能力。保证在设计洪水位的情况下，顺利、快捷地排除铁路两侧的水流，不使路基长时间受到水的浸泡和冲刷。

（2）坚固的整体强度和具有一定刚度。保证在设计荷载的作用下，构件不被压坏、压沉和产生位移与变形。

（3）较高的可靠性和耐久性。保证在自然的环境中长期完好，不发生破损和水毁。

## 四、涵洞的病害分析

在现实运营中，铁路涵洞往往会由于自然原因、设计疏忽或者是铁路需求的不断提高，出现一系列的病害问题，严重影响铁路运行的安全性。

### （一）自然环境造成的涵洞病害

自然环境对于铁路施工工程的影响属于不可抗力，其主要包含气象条件和地质条件两个方面。一般来说为了节省工时，提升施工效率，铁路涵洞施工往往就地取材，选择已经初具雏形的沟谷作为施工地点，展开施工。但是这类位置中，地形地貌环境都十分复杂，对于地基处理的要求就更高。在地基处理时一旦忽略了深层勘探，往往就会造成地基不稳，出现涵洞病害。例如在地基施工的过程中，仅考虑到地基表层土质分布均匀，却未考虑到下层存在大面积坑陷甚至洞穴，就会造成地基的不牢固；此外，恶劣的天气情况也会对铁路涵洞的施工造成影响。例如在雨季时大规模的降水，在缺乏排水设施的施工环境中很容易出现水土流失导致地基暴露，造成涵洞病害。

### （二）设计方案造成的涵洞危害

以圆涵设计为例，现阶段的铁路涵洞施工中，施工设计团队往往会按部就班地选择已经成熟并且具有借鉴意义的顶管施工方式开展施工。但是顶管施工方式需要进行整体基础的考量，通过整体式基础，将顶管安置在隧道坑上，且预制好的千斤顶要在预先修好的后背进行。因此可以获知，顶管对于后背的位移会变得十分敏感，当施工设计团队无视施工环境和自然条件，盲目选择顶管方式，就会出现后背无法承受地基变化，从而产生位移，在实践过程中，后背微小的位移都会施加给千斤顶巨大的应力，从而造成圆涵出现严重的开裂。

（三）施工年限造成的涵洞危害

随着时代的发展，铁路运输对于铁路工程的质量要求也逐渐有所提高。我国的大部分普通铁路线路的建设，都受到当时行车密度、速度的影响，设计施工的荷载标准低、防护措施少，且施工质量较差。在多次列车提速的过程中，这些线路已经逐渐无法满足列车密度和车速的要求，出现了大规模的涵洞开裂现象。

## 学习项目二　涵洞的常见病害维修与养护

随着铁路建设的不断加快，铁路网规模不断地扩大，铁路涵洞的数量日益增加。但随着铁路使用年限的增加，很多铁路涵洞出现严重的病害，为了防止涵洞病害影响线路的运营。要对涵洞进行经常性检查和定期检查，特别是在雨季和雪季来临之前要对所有的涵洞进行全面检查。钢筋混凝土涵洞长期处于冰冻、高温、高湿等自然环境中，且承受铁路列车荷载的反复冲击作用，导致盖板涵出现开裂、错位、渗漏水、掉块等病害，涵洞的承载能力逐渐下降。裂缝的出现使得涵内配筋受到潮湿空气及雨雪的侵蚀，导致病害进一步发展，严重威胁行车安全。为了及时发现涵洞病害，并进行有针对性的维修和养护，铁路涵洞的检查尤为重要。

### 一、涵洞的检查

（一）涵洞的主要检查

涵洞的检查基本上类似圬工梁拱及墩台的检查，涵洞的主要检查如下：

(1)涵洞的位置是否恰当，孔径是否足够，洞内是否有淤泥，涵洞是否因受到冲刷而损伤。

(2)涵洞有无开裂，填土有无沉陷，涵底、涵墙有无漏水，八字翼墙是否完整。

(3)进水口是否堵塞，沉沙井有无淤积，洞口铺砌有无因受到冲刷而脱落的现象。

(4)涵洞内有无积水，洞内是否冻裂。

(5)现有涵洞是否能满足需要，是否需新建涵洞。

（二）涵洞的重点检查

1. 涵身裂损、变形、冻害的检查

(1)对于混凝土拱涵要注意拱圈裂缝的发生。拱顶裂缝大小随孔径的增加和填土高度而异，有 0.1～12 mm 不等，且拱顶开裂多贯通全段(两沉降缝之间)，有的贯通全涵，裂缝深度大部分是垂直流水面。在拱圈 1/4 处开裂则较少，裂缝深度与流水面垂直线成 40°～50°方向开裂倾斜。

(2)对盖板涵、钢筋混凝土框构涵应检查有无露筋现象(由于施工不良或保护层厚度不足所造成)。检查沉降缝、盖板涵盖板与盖板、盖板与边墙顶的接缝有无渗水现象。检查盖板与边墙顶是否有瘸腿、盖板有颠簸现象。

(3)检查因高路堤下沉或填土压力不均匀引起涵洞管节的下沉、倾斜、错牙和滑移，以及管段相接处被拉开，防水层损坏使涵洞产生裂缝漏水漏土等病害。

(4)石砌或砖砌涵洞应检查砌体有无松动、风化和勾缝有无脱落；水泥砂浆有无起壳、空响、裂纹等。

(5)当涵洞发生变形裂缝，虽用水泥砂浆或环氧砂浆填塞，但裂缝继续扩大或危及安全时要对该管节涵身进行临时加固，由于加固增加临时结构导致涵洞孔径有所减少，故对水流通过情况进行特别观测,应优先安排这些涵洞进行修理、加固或改建。

(6)严寒地区,对涵洞两端应检查有无冻害。

2. 净空检查

除设洪峰尺以外,平时大雨洪水季节应对水流通过涵洞情况进行观测。运营线上涵洞应能通过规定频率(50 年一遇)洪水及历史上最大洪水。如实际入口处洪水位高于或等于 1.2 倍涵洞高或有严重泥石流影响排洪者即为孔径不足,应有计划地进行扩孔或改建。

3. 河道排水检查、出入口铺砌裂损冲刷检查

涵渠上下游及洞内应定期进行清淤,保证排水畅通。为防止涵渠被漂浮物或泥石等堵塞,必要时应在涵渠前设置护栅或沉淀池(特别是倒虹吸管等)。

如发现水流从涵洞底下流过,有潜流或冒水甚至基底被掏空时,应检查上游河床铺砌涵洞端垂裙深度,并做妥善处理。

4. 防水层及沉降缝的检查

涵洞的沉降缝和管节处缝都应按要求进行防水处理。防水层及沉降缝损坏常使涵洞漏水漏土。常遇到两种情况:

(1)涵洞内的水流,特别是在有压力状态下时由涵洞向路基渗水漏土。

(2)过人涵洞(如地道等)由路基向洞内渗水漏土。

5. 洞口及防护设备状态的检查

检查洞口的端墙、翼墙、护锥状态是否完好,有无因土压力、冻害等而引起的倾斜、挤出、裂缝和损坏等。此外还应检查涵渠有无水标尺、水标尺标注是否清晰。

## 二、涵洞的常见病害维修

### (一)涵洞的常见病害维修

1. 洞口、洞底铺砌层破损漏水的维修

一般的破损按原结构修复;破坏较为严重,且有漏水现象时,应按原结构先修复破损处,再用厚度为 2 cm 的水泥砂浆抹面。

2. 局部冲刷悬空的维修

涵洞基础局部悬空,必须立即修补,用水泥砂浆砌片石或片石混凝土填实,一般应比原基础加宽 10～20 cm,并修复或增设洞口、洞底铺砌层和端部截水墙。

3. 砖、石、混凝土端墙和翼墙外倾、鼓肚或倾斜的维修

(1)由于填土夯实不足而沉落挤压,或填土中水分过大,土压力增大而造成的外倾或鼓肚,应挖开填土、修理外倾或鼓肚部分、更换填土、认真回填夯实。

(2)因为基础不均匀沉陷而发生倾斜时,应先处理基础,一般可采用更换土壤或扩大基础的方法加固,然后再修理倾斜部分。

4. 管涵错裂变形的维修

管涵错裂一般因基础沉陷造成,应挖开填土,采用扩大基础的方法进行加固,一般较原基础加宽 20 cm 以上,必要时还应换基底土壤,并重做砂砾(或砂)垫层。

5. 涵洞排水经常出现混浊或杂物的维修

涵洞排水经常出现混浊或杂物时,很可能造成洞口、洞孔淤积,甚至堵塞,以危及涵洞的安全。因此,应在进水口增设沉淤井,以沉淀泥沙杂物,并应经常清理,尤其要在每次洪水过后立即清除。

6. 压力式涵管进水口周围路堤经常出现冲刷破损现象的维修

压力式涵管进水口周围路堤，每次水淹后，经常出现洞穴、缺口和冲刷破坏路基边坡的现象时，应根据路堤土质，采用单层或双层浆砌片石（或混凝土预制板）护坡进行加固，注意做好砂砾垫层（厚度不小于 10 cm），保持路堤稳定坚实。

7. 砌体勾缝松动、脱落的维修

砌体勾缝松动、脱落，易引起多种病害，必须及时处治。

8. 砌体表面风化剥落的维修

砌体表面风化剥落，影响其结构强度的，必须及时处治，保持完好。此种病害的处治面较大，一般不会在一个面上，甚至是砌体的全部表面，所以应注意处治面的对称，使结构强度一致、美观。对较大涵洞、涵台的破损，面积较大且深度大于 3 cm 时，可采用桥梁墩台的修理方法。

9. 砌体面层块石或混凝土预制松动脱落的维修

圬工面层砌块因水流或漂物冲击、人为撞损、施工不良等，造成的砌体表层个别或局部砌块松动、脱落时，必须及时修补，以保持砌体结构应有的强度。

10. 锥坡沉陷破损的维修

由于填土不实或基础不均匀沉陷而产生的锥坡沉陷破损，应根据不同情况做如下处理：

（1）对基础的不均匀沉陷，应挖开处理，一般可根据基底土质，采用扩大基础，将原基础外侧洗刷干净，按原结构加宽 20～40 cm，新旧部分必须结合坚固；也可采用更换基底土并重建基础、修复锥坡，并应注意做好夯实填土、砂砾垫层、砌石和勾缝。

（2）由于填土不实引起锥坡沉陷破损，修复时须仔细夯实；如土质不好，还应掺拌或更换较好土质。

11. 砌体出现小洞穴的维修

由于施工时偷工减料，往往当勾缝脱落时，砌缝间出现小洞穴，甚至漏水，一般可做如下处理：

（1）砌体尚未发生变形时，先将洞穴的疏松部分凿除、冲洗干净，用压浆法把水泥砂浆或混凝土注入洞穴内填补密实，再修补勾缝。

（2）砌体有局部变形时，应将变形部分拆除，先处治洞穴、按原结构修复，再修补勾缝。

（3）砌体的某个部分（拱圈、一侧涵台）严重变形，已成险涵时，应拆除后按原结构修复，并注意做好施工中的安全措施。

12. 裂缝的维修

涵洞各部位发生裂缝的原因诸多，主要有以下几种：

（1）由于涵基沉陷而引起的拱顶和拱脚处发生裂缝。

（2）砖、石材料的强度不足，质量不同，砌筑不良，均会发生裂缝，甚至引起镶面砖、石外侧或鼓肚。

（3）因涵洞通过超越设计荷载条件下的重型车辆，而引起的墩台正面裂缝。

（4）由于地震、爆炸等剧烈振动而引起的裂缝等。

根据原因及裂缝的程度可以选用填缝、表面抹灰、表面粘贴修补、凿槽修补和压浆修补等维修方法。

（二）设计未预料所造成涵洞病害的维修

1. 进水洞口

（1）涵洞上游路基边沟坡度较大、水流泥沙较多，经常造成洞口、洞底发生冲刷破坏或淤积现象时，应在进口处增设深于涵底的蓄水井。

(2)涵前沟床纵坡为10%～40%,在加固时,除岩石地基外,开挖沟槽的纵坡率应为4%～10%,沟底和沟槽边坡以及路基边沟均需铺砌加固,以改善水流条件。

(3)涵前沟床纵坡大于50%时,水的流速很大,在洞前产生较大水跃冲击洞口。应据地质情况,增设相应的跌水井等消能和加固措施,以减缓流速、削弱水能,保证沟槽稳定坚固。

2.出水洞口

(1)缓坡涵洞($i<5\%$),出水口流翼墙扩散,水流通过时应在下游沟床中产生冲刷现象。造成水毁的主要原因大多是洞口端部未设截水墙,修复时,为防止冲刷,必须增设截水墙,截水墙外还应铺砌加固。上述做法,天然沟床纵坡$i\leqslant15\%$时,也可采用。

(2)在涵洞下游,为变冲为淤,可设置一级、二级或三级挑坎。实践证明,这是一种防止出水口冲刷的有效方法,既安全可靠,又经济实用。它一般布设在涵洞下游八字翼墙的范围内,而不必由水力计算来决定其长度。下游截水墙的深度,采用三级和二级挑坎时,其深度为0.5～0.7 m为宜。

3.陡坡涵洞

由于水流来势凶猛,致使进出水洞口发生水毁破坏较多,其原因主要是设计、施工中设置的洞口排水构造物不适当、不完善或未设置。因此,必须改善或增设涵洞上下游的排水构造物,使涵洞不致冲毁。

对于陡坡涵洞进出水洞口病害的防治,应当根据地形、地质和水流条件,采用急流槽、跌水、缓流、消力槛(池)和人工边槽等工程技术措施。跌水、急流槽可单独或结合采用,其中无消能的跌水,在山区陡坡不宜采用,因铺砌过长、不经济,一般用于较小的坡度上。山坡很陡时,采用具有消能设备的单级或多级跌水,选用的联结形式,使水流以最有利的形式通过。具有消能设备的多级跌水,常用于天然沟床较陡较长的地形上,需适应地形陡度,同时消力池的长度是随着陡度增长而增长的,故当坡度很陡时,采用跌水并不一定经济。

## 三、涵洞的养护

### (一)涵洞日常养护

涵洞日常养护的主要任务与要求如下:

(1)及时清除洞口和洞内的淤积杂物等,并将其清运到路基边以外的适当地点。

(2)洞口和洞底铺砌发生变形、沉陷、破损和漏水时,均需及时修理,并整理上下游沟槽,使水流的坡度保持顺适。

(3)涵洞出水口的跌水、急流槽与洞口结合处发生裂缝,应采用干燥麻絮浸透沥青来将其填实,构件也应根据损坏程度及时修理或更换。

(4)倒虹吸管易破裂、漏水,要认真检查,若虹吸管顶面出现湿斑,应及时停止使用,挖开修理,更换软化的路基填土和破裂的管节。接头处必须填塞紧密。

(5)管涵的接头处和四铰涵管铰点的接缝处发生填缝料脱落时,应采用干燥麻絮浸透沥青来将其填实,不得采用灰浆抹缝的办法修理。

(6)砖、石涵洞的表面发生局部风化、轻微裂缝时,一般可用水泥浆或环氧树脂修理。灰缝脱落应及时修补。

(7)涵洞上下游的路基、护坡、引水沟、泄水槽和沉淀井发生变形或沉陷,一般是设计和施工不良造成的,必须认真修复。

(8)砖石拱涵的洞顶漏水,应挖开填土,用高标号水泥砂浆修理损失部分,再衬铺胶泥防水层或油毡防水层。

(9)开挖修理时，必须开设便道或采取半幅施工，设立标志、护栏，保障施工和行车安全。

(二)涵洞雨季养护

1. 涵洞雨季养护的原则

涵洞雨季养护必须遵循“预防为主”的原则。因此，每年的汛前检查十分重要，必须认真做好涵洞的水毁预防。在检查中发现水毁隐患时，应采取适当的工程技术措施，及时防治，并应注意提高其抗御能力，以减少水害。尤其是一些偏小的涵洞孔，做出评定后提出处治办法。陡坡涵洞的上下游必须增设防护设施时，应采取适当的山坡排水工程技术措施。涵洞的孔径大多按无压力式计算，对无压力式涵洞，可根据洞内顶点至最高流水面净高，做出抗洪能力的评定。

2. 涵洞水毁的主要原因

防治涵洞水毁要做到有的放矢。涵洞水毁的主要原因大致归纳如下：

(1)抗御洪水能力极差。

(2)进水口或洞孔淤积严重，甚至堵塞。

(3)洞口、洞底铺砌层破损，易被洪水冲刷破坏，造成基础冲空。

(4)进水口或洞孔被漂浮物堵塞。

(5)遭受大型漂浮物、流冰或波浪冲击。

(6)涵洞位置不当(主要原因有两个：一是设计、施工缺陷；二是沟床的不利演变，致使水流不顺畅，洪水冲击翼墙和周围路堤，进而造成水毁破坏)。

(7)洞孔偏小，或发生超过设计频率的洪水，造成过高的涵前壅水，从而产生过大的动水压力和浮力，甚至水过涵顶，致使涵洞推倒或冲移破坏。

(8)河道的不利演变致使傍河路线上的涵洞水毁破坏。

3. 涵洞雨季养护注意要点

(1)山区铁路，因沟床坡度陡，水流流速高，洞口、洞底铺砌层和跌水槽、急流槽易受洪水以漂流的大块石冲击而遭受破坏。

(2)平原区铁路，洞口、洞孔和上下游沟槽泥沙、杂物淤积，造成水毁。

(3)傍河路段的下游洞口易遭受大河洪水冲击破坏。

4. 预防涵洞水毁的主要工作

在洪水来临之前，必须认真做好水毁预防，以保证涵洞具有良好的技术状况和抗洪能力。

(1)清除洞口和洞孔淤积杂物。

(2)整修沟床，使水道平整、顺畅，并注意清除涵洞上游有可能源流的大块石，以免冲击涵洞或堵塞洞孔。

(3)认真完成遗留病害的处治，拟建水毁预防工程。

(4)涵洞位置不当的，一般可改建上游沟槽，并用水泥砂浆砌台或混凝土预制加固沟底和沟壁，使水流顺适，保证涵洞不漏水。

(5)山区涵洞必须增设上游或下游陡坡排水设施时，应力争在洪水来临前修建。

(6)孔径偏小的涵洞，应按汛前检查时验算的结果，根据地形、地质情况进行设计、采取一侧或两侧加孔，或扩大孔径(尽可能利用一侧涵台)的措施。施工时要开设便道，或采取半幅施工方式，并设临时标志、护栏，保证交通安全和施工安全。

5. 涵洞汛期养护

大雨或洪水期间，除组织昼夜巡视外，还必须加强养护重点地段。

(1)洪水期间，有些沟谷往往有大量草木等漂浮物或漂流的大块石，在有些高寒地区会有流冰冲击或堵塞涵洞。傍河路线，因为河道的不利演变，洪水波浪和漂浮物也会冲击涵洞。因此，在大雨或洪水期间应主要做好下列工作。

①在涵洞上游及时清除漂浮物。

②洞口发生堵塞现象时，必须立即排除。

③洞口及其周围路堤被洪水破坏时，应立即用草袋、麻袋、编织袋装土石防护，以免水毁扩大。

④当涵洞发生局部和全部水毁，危及行车安全或阻车时，必须立即在其两端竖立危险警告标志或停止通车标志，以保证行车安全。

(2)每次雨后或洪水以后，都要立即进行检查、维修，以减免水害。检查、维修内容有以下几项。

①清除沟槽、洞口和洞沟淤积杂物，尤其是要清除涵洞上游沟床可能漂流的大块石。

②进出水口或洞身、洞底的水毁破损处，均需及时修补，以防破损扩大。

③洞口、洞底已冲刷出深坑或基础冲空时，应及时加固。一般可用拌成半干湿的混凝土装入麻袋或草袋，将冲空部位堆置密实，然后灌注混凝土。若冲空部位无水流或积水，则可用片石混凝土(或混凝土)填实。

④傍河路线因河道的不利演变，危及涵洞安全或造成水毁时，应立即用装土、石草袋(麻袋或各种编织袋)或石笼防护，待雨季后再按设计增设防护工程，修复水毁涵洞。

**[相关案例]——高强度拼装波纹板加固涵洞案例**

1. 工程概况

大秦铁路某涵洞为一孔净宽 5.0 m、净高 3.6 m、长 12.1 m 的盖板涵。钢筋混凝土盖板多处开裂，有的已露出钢筋。涵顶混凝土盖板开裂掉块、涵内积水、铺砌松软变形下沉，造成了盖板涵承载能力降低、抗剪强度减小、稳定性差。此外，盖板涵防水已大部分损毁，潮湿的空气及雨雪侵蚀板内钢筋，使得病害进一步发展，严重威胁行车安全，需立即整治。

结合该涵洞特点，考虑到传统套衬钢筋混凝土加固法在施工工期、运营限界、施工质量控制以及后期维护方面的不足，经理论计算后，决定采用高强度拼装纹波板技术加固该涵洞。

2. 加固方案

(1)拼装波纹板结构及参数设计

拼装钢波纹板结构是将 2.0～8.0 mm 厚的钢板板面压成波纹(正弦、三角形、矩形等)后，经冷弯加工成相应弧度，经热镀锌、绝缘等处理后制成波纹板片，板片间通过高强螺栓连接形成的拱形承载结构。根据设计计算结果，该涵洞需拼装波纹板共 10 环，每环由 3 块波纹板片通过高强螺栓连接，环间采用搭接的连接方式。为了优化结构受力，奇数环与偶数环板片采用不同长度，形成螺栓错缝连接的效果。波纹板参数见表 3.1，拼装波纹板构造如图 3.4 所示。

**表 3.1　波纹板参数**

| 钢材型号 | 波形参数 | 厚度×长度×环宽 | 连接螺栓 |
|---|---|---|---|
| Q345 | 200 mm×55 mm | 8.0 mm×12.1 mm×1.2 m | 10.9 级高强螺栓 |

(2)基础设计

拼装波纹板结构对基础的承载能力要求很高。为保证结构稳定性，本次采用新筑 C30 钢

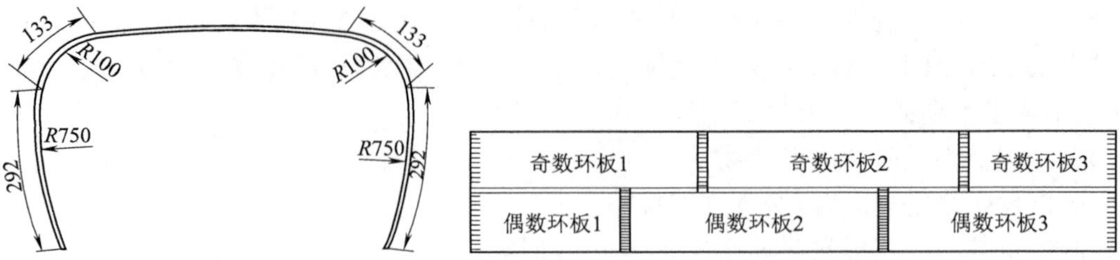


（a）立面 （b）平面展开

图 3.4 拼装波纹板构造(单位:cm)

筋混凝土基础(尺寸为 1 210 mm×70 mm×40 mm),并将其与既有盖板涵基础通过植筋相连接。为保证结构受力均匀,在新筑钢筋混凝土基础里预设倾斜角钢,作为拼装波纹板承载及传力构件。原盖板间缝隙作统一排水处理,波纹板结构与原盖板涵间空隙采用注浆回填。

3. 施工工序

现场踏勘→施工进场→清理涵洞→打磨清理盖板缝隙→缝隙处粘贴土工布(过滤)→新作排水设施→基础开挖→基础植筋及角钢固定→安装波纹管涵→现浇波纹管涵混凝土基础→封闭波纹管涵端部→分区域分次间隔注浆→波纹板防锈处理。

4. 拼装波纹板加固涵洞施工关键技术

(1)排水技术

原盖板涵排水处于无序状态,雨季上部道床处的积水通过盖板间隙杂乱流出。本次重新作了排水设计。通过在盖板间增设排水管及在两端设置集水总管,使得上部道床积水通过半管引排至两侧端口并排至既有水沟。同时,为了防止上部道床泥沙堵塞排水管,在盖板间隙处增设双层土工布作为过滤层。

(2)拼装波纹板精细化安装技术

由于拼装波纹板每环由 3 块板片构成,每环设置纵向连接螺栓与环向搭接螺栓多达 60 多个,为保证结构受力,要求每个螺栓都要精确安装,难度极大。这对波纹板加工弧度和螺栓孔位设置精度要求极高。要求生产厂家加工完成后进行厂内预拼装,对不合格部位需二次处理。在现场安装过程中,通过背面背丝、千斤顶矫正等措施,进行精细化施工安装。

(3)分区域分次充填注浆技术

为充分发挥拼装高强波纹板的承载能力,需对波纹板与原盖板涵结构间的空隙进行注浆充填。对注浆体强度要求不高,只需保证填充密实,尤其是拼装波纹板上部与盖板之间的密实,否则会产生冲击动载,恶化结构受力。

注浆材料:下部结构空隙采用水泥浆液充填,为了避免水泥浆液凝固收缩产生空隙,上部结构与盖板之间预留 2 cm 空隙并采用微膨胀灌浆料充填。

注浆压力:由于注浆在列车正常运营期间进行,为保证运营安全,要求注浆压力不大于上部盖板及道床结构的自重。本次注浆压力控制在 0.5 MPa 以下。

注浆密实保证措施:采用分区域分次间隔注浆措施,每次注浆高度 1 m,间隔 24 h,在注浆过程中设置排气孔、排水孔及监测孔,要求监测孔位高于盖板底部,监测孔溢浆时说明空隙填充饱满,可停止注浆。

(4)波纹钢板多层防锈技术

①整体波纹板热镀锌防锈技术。由于主材采用成品的高强度波纹板,其表面采用 1 200 $g/m^2$ 的热浸镀锌镀层,具有很好的防腐蚀性能,在使用周期内能够有效减少维护次数及费用。

②整体波纹板镀塑防锈技术。在镀锌层外增加镀塑层来增强结构抗锈蚀能力。

③关键部位胶封及喷涂防锈漆防锈技术。为了防止拼接螺栓孔等关键部位在运输、安装及后期服役过程中镀锌层损坏，在结构安装完成后采用结构胶密封螺栓孔并整体喷涂防锈漆，增强防锈能力。

5. 加固效果

盖板涵加固完成后，线路稳定，结构受力及变形均在规定的限值内。同时充分保证了盖板涵洞结构限界，涵洞内社会车辆畅通无阻。用拼装波纹板加固完成后的涵洞，加固效果美观，如图 3.5 所示。

图 3.5　用拼装波纹板加固完成后的涵洞

6. 加固意义

大秦铁路涵洞加固工程，首次将拼装波纹板技术引入国内铁路涵洞加固领域，具有重要的指导意义。有别于钢筋混凝土结构，拼装波纹板用于加固既有涵洞要求精细化施工，对工厂加工质量、现场安装质量等提出了极高的要求。由于该技术具有施工工期短、侵占限界少、便于维护等优点，是铁路既有涵洞加固技术的发展方向，具有较好的推广应用前景。

## 知识拓展——波纹板加固技术

波纹板加固技术主要是利用适当增大截面尺寸来提高抗弯刚度的原理，将复合材料、钢质、铝合金质等板材在受力方向加工成不同尺寸的波纹，而在非受力方向加工成拱(圆)、椭圆、矩形等结构形式，常用于新建承载结构及病害结构加固工程中。

钢筋混凝土涵洞长期处于冰冻、高温、高湿等自然环境中，且承受铁路列车荷载的反复冲击作用，导致盖板涵出现开裂、错位、渗漏水、掉块等病害，涵洞的承载能力逐渐下降。涵洞病害的常用整治措施有内套框构、更换盖板、裂缝灌浆封闭等。内套框构法会大幅减少涵洞净空，导致过水或通行能力下降，并且施工时间长，需封锁线路才能施工。更换盖板法需暂停线路通行，天窗时间要求高，严重影响线路的正常运营。裂缝灌浆封闭法只是对裂缝进行修补，延缓裂缝的发展，对提高涵洞现有承载能力无明显效果。波纹板加固技术整治效果良好。

为了保证波纹板结构的加工精度，加固前应利用三维激光扫描仪对涵洞进行了精细化勘测，以确定涵洞的实际跨径、净高以及病害情况。根据扫描结果进行了波纹板结构设计，确定其截面形状(波距、波高、回转半径等)、板型、基础结构形式等参数。波纹板加固施工流程如图 3.6所示。

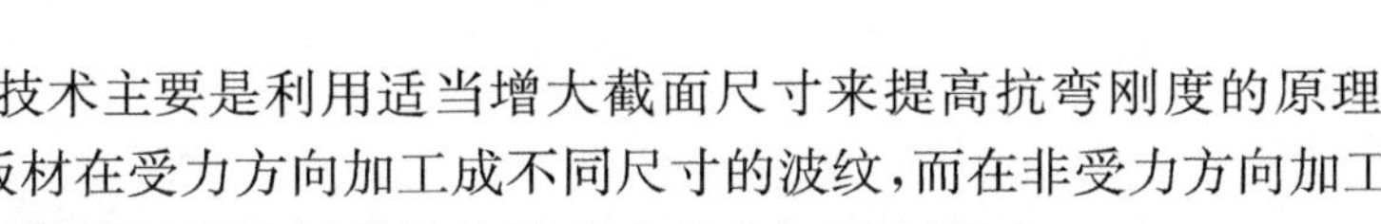


图 3.6　波纹板加固施工流程

1. 具体步骤和方法

(1)对涵洞顶部盖板和边墙的裂缝、渗水等情况进行统计，测试列车荷载作用下涵洞盖板的受力和变形，掌握涵洞实际服役状态。

(2)采用三维扫描仪对涵洞断面尺寸进行高精度测量,以保证加工的波纹板尺寸和涵洞结构匹配。

(3)按照设计要求开凿波纹板基础,清理墙面并凿毛。

(4)清理开凿后的基槽,进行基底植筋。

(5)清理原有施工缝,重建涵洞排水系统。

(6)安装波纹板,波纹板间的连接为螺栓搭接,波纹板底部通过角钢与涵洞原有基础连接。

(7)用素混凝土浇筑基础并养护。

(8)对涵洞两端波纹板和涵洞结构间的缝隙进行封堵,采用高强度、微膨胀浆液对板后孔隙进行填充。

(9)测试加固后涵洞盖板、波纹板的受力和变形。

2. 加固效果

(1)波纹板加固后,涵洞沉降量与加固前相比有明显降低;板材最大主应力为 6.3 MPa,远小于 Q345 的容许应力,波纹板自身具有较大安全保证。

(2)列车荷载作用下,加固前、后钢筋应变分别为 $112.3\times10^{-6}$、$61.3\times10^{-6}$,下降幅度为 45.4%,盖板受力大幅降低;加固前、后盖板跨中挠度分别为 2.10 mm、0.18 mm,下降幅度为 91.4%;波纹板加固显著,极大改善了涵洞的服役状态,保障了铁路线路的安全运营。

(3)波纹板加固技术既提高了既有涵洞的承载能力,恢复了涵洞的服役性能,又具有施工速度快、断面损失少、几乎不影响通行等突出特点,可作为铁路涵洞病害整治的主要措施之一。

## 单元作业

**一、选择题**

1. 加固涵洞,更换盖板是涵洞(　　)。

A. 保养修　　B. 综合维修　　C. 大修　　D. 日常保养

2. 涵洞的组成包括(　　)。

A. 洞身　　B. 基础　　C. 附属设备　　D. 以上都对

3. 钢筋混凝土盖板箱涵应在沉降缝外围敷设(　　)宽的防水层。

A. 0.2 m　　B. 0.3 m　　C. 0.4 m　　D. 0.5 m

4. 盖板箱涵地基承载能力较强时,宜采用(　　)基础。

A. 整体式　　B. 分离式　　C. 联合　　D. 扩大

5. 涵洞基础出入口和自两端洞口向内各 2 m 范围内的涵身基底埋深:对于冻胀土应在(　　)以下 0.25 m。

A. 河床面　　B. 冻结线　　C. 一般冲刷线　　D. 最大冲刷线

**二、填空题**

1. 洞口建筑由________、________和沟床加固三部分组成。

2. 涵洞雨季养护必须遵循“________”的原则。

3. 自然环境对于铁路施工工程的影响属于不可抗力,其主要包含________和________两个方面。

**三、判断题**

1. 小型涵管顶进法施工可分为一般顶入法、对拉法、对顶法、分段顶入法等方法。(　　)

2. 盖板涵的截面形式为矩形,适合于在低填土路基上使用。（　　）

3. 涵洞按照构造形式可分为圆管涵、拱涵、盖板涵和箱涵。（　　）

4. 按照水利性能可分为无压力式涵洞和压力式涵洞。（　　）

5. 涵洞的位置是否恰当,孔径是否足够,是涵洞主要检查内容之一。（　　）

6. 涵洞、明渠、渡槽、倒虹吸管统称为涵渠。（　　）

## 四、简答题

1. 什么是铁路涵洞？涵洞的组成有哪些？涵洞按照建筑材料的分类有哪些？涵洞按照构造形式的分类有哪些?

2. 涵洞的主要检查内容有哪些？涵洞的特点有哪些?

3. 涵洞日常养护的主要有哪些要求？涵洞的重点检查有哪些方面?

4. 涵洞雨季养护的原则及要点有哪些？涵洞汛期养护的要点有哪些?

5. 近年来,涵洞的维修技术有哪些发展?

拓展阅读

实作技能：
涵洞和倒虹吸检查

# 单元四　隧道的维修与养护

## 学习导读

隧道是铁路线路的重要组成部分。铁路隧道是铁路穿山越岭以及江、海水下的重要工程构造物。隧道一般位于地势险要、通行困难又没有绕行道的地段。我国地域辽阔，各地自然条件差异大。隧道所穿越山体的工程地质及水文地质条件复杂多变，如果隧道内出现严重渗漏水、衬砌开裂或设施出现故障等情况，就会妨碍正常通行，病害严重时会造成交通中断，给铁路交通和社会经济造成重大影响。为保证铁路畅通无阻，必须在铁路隧道运营阶段及时检查、发现病害，采用合理的整治设计和施工方法，同时要加强铁路隧道的养护，保证隧道的绝对安全。

本单元主要介绍铁路隧道的病害与防治、隧道的检查及隧道的维修，熟悉铁路隧道的养护技术。对隧道运营阶段的病害防治原则和隧道维修管理理念有所了解。

## 能力目标

1. 具备分析铁路隧道病害产生原因的能力；
2. 具备编写铁路隧道病害整治措施方案的能力；
3. 具备编写铁路隧道维护方案的能力。

## 知识目标

1. 掌握隧道的分类和铁路隧道的检查；
2. 掌握铁路隧道的维修技术；
3. 熟悉隧道的养护技术；
4. 了解隧道的特点和隧道的病害防治原则。

## 素质目标

1. 培养良好的职业道德和吃苦耐劳的优良品质；
2. 培养分析问题、解决问题、积极思考和勇于创新的能力；
3. 培养隧道施工维护作业中严谨细致、追求卓越的工匠精神；
4. 培养在隧道施工维护作业中风险预判的能力，提升安全责任意识。

## 学习项目一　隧道的病害

隧道通常是指修建在地层中的地下通道。它被广泛地应用于铁路、公路、矿山、水利、市政和国防等方面。铁路隧道是指专供铁路运输使用的地下建筑结构物。单纯理解为"地下通道"的隧道概念,可扩大到地下空间利用的各个方面,即以某种用途在地面下用任何方法按规定形状和尺寸修筑的断面面积大于 2 $m^2$的洞室都称之为隧道。隧道是人类利用地下空间的一种形式。

隧道结构主要包括主体建筑物和附属设备两部分。主体建筑物由洞身和洞门组成,在洞口容易坍塌或有落石的危险时,还需要加筑明洞,如图 4.1 所示。用明挖法修建的隧道称之为明洞。附属设备包括避车洞、消防设施、应急通信和防排水设施,长大隧道还有专门的通风和照明设备。隧道照明设备均应安全可靠、维修方便,并具有可靠的防潮、防振、防腐(简称"三防"性能),瓦斯隧道内还应具有防爆性能。

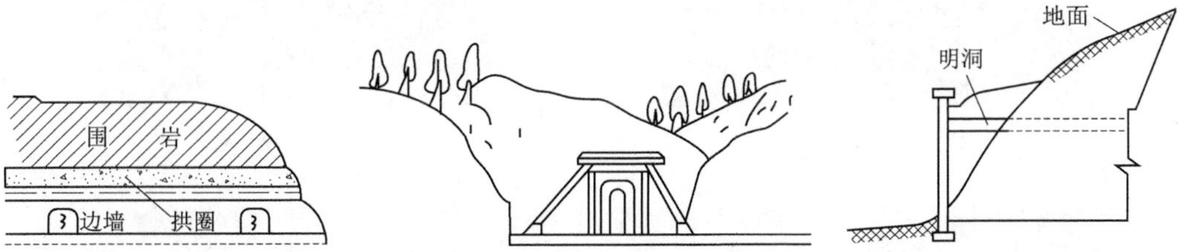


(a)洞身 (b)洞门 (c)明洞

图 4.1 隧道主体建筑物的组成

隧道一般都处于崇山峻岭之中,无绕行可能,如果隧道内出现严重渗漏水、衬砌开裂或设施故障等情况,就会妨碍交通进而使整个交通线完全处于中断状态,给交通造成恶劣影响。了解隧道病害的产生原因,对隧道的整治、维修有一定的作用。

## 一、隧道的类型

隧道可按以下标准进行分类。

(1)按照隧道处所的地质构造可分为土质隧道和石质隧道。

(2)按照隧道的长度分为短隧道、中隧道、长隧道和特长隧道。铁路隧道按其长度分类见表 4.1。公路隧道按其长度分类见表 4.2。

**表 4.1 铁路隧道分类**

| 隧道分类 | 短隧道 | 中隧道 | 长隧道 | 特长隧道 |
|---|---|---|---|---|
| 隧道长度 $L$/m | $L \leqslant 500$ | $500 < L \leqslant 3\ 000$ | $3\ 000 < L \leqslant 10\ 000$ | $L > 10\ 000$ |

**表 4.2 公路隧道分类**

| 隧道分类 | 短隧道 | 中隧道 | 长隧道 | 特长隧道 |
|---|---|---|---|---|
| 隧道长度 $L$/m | $L \leqslant 500$ | $500 < L \leqslant 1\ 000$ | $1\ 000 < L \leqslant 3\ 000$ | $L > 3\ 000$ |

(3)按照国际隧道协会(ITA)定义的隧道的横断面面积的大小划分为极小断面隧道(2～3 $m^2$)、小断面隧道(3～10 $m^2$)、中等断面隧道(10～50 $m^2$)、大断面隧道(50～100 $m^2$)和特大断面隧道(大于 100 $m^2$)。

(4)按照隧道所在的位置分为山岭隧道、水底隧道和城市隧道(地下铁道)。

(5)按照隧道埋置的深度分为明洞、浅埋隧道和深埋隧道。

(6)按照隧道的用途分为交通隧道、水工隧道、市政隧道、人防隧道和矿山隧道。其中交通隧道包括铁路隧道(图 4.2)、公路隧道(图 4.3)、地下铁道和水底隧道(图 4.4)。

(7)按照隧道的施工方法分为矿山法(钻爆法)施工的隧道、掘进机法(TBM)施工的隧道、明挖法施工的隧道、盖挖法施工的隧道、浅埋暗挖法施工的隧道、盾构法施工的隧道和沉埋法施工的隧道。其中隧道的矿山法施工又分为传统矿山法施工和新奥法施工。

(8)按照隧道的洞内线路数目分为单线隧道、双线隧道和多线隧道。

图 4.2　铁路隧道

图 4.3　公路隧道

图 4.4　水底隧道

## 二、隧道的检查及检测

隧道可以理解为是建筑在岩体、水底或土体的，两端有出口的，供车辆、行人、水流及管线等通过的通道，包括交通运输方面的铁道、道路、水(海)底隧道和各种水工隧洞等。隧道既是工程建筑物又是地下工程结构。它涉及工程地质、结构力学、空气动力学、光学、自动控制和工程机械等多种学科，技术较为复杂。而且，隧道一般都处于崇山峻岭之中，无绕行可能，如果隧道内出现严重渗漏水、衬砌开裂或设施故障等情况，就会妨碍交通，进而使整个交通线完全处于中断状态，给铁路交通造成恶劣影响。

隧道作为地下工程建设，其寿命应该大于 100 年。对隧道运营阶段的病害检测与治理应本着"预防为主、早期发现、及时维护、对症施治"的原则，要经常性的对隧道进行检查，及时发现问题，通过对隧道的检查及检测能发现对隧道安全和功能有影响的病害，可以掌握隧道的现状，为隧道进行合理的维修养护管理收集和积累资料，建立隧道维修养护的数据库，为领导决策提供基础的数据，以能尽早采取防治病害的措施，确保隧道安全畅通。

### (一)隧道的检查制度

铁路隧道的检查制度包括经常检查、定期检查、专项检查、临时检查和检定试验等。各项检查必须建立相应的责任制和考核制度，保证各项检查工作的落实。各有关单位应建立检查登记簿、病害观测记录簿，并按规定认真填写，保证数据准确可靠，为状态分析评定和维修工作计划的编制提供依据。为保证检查的工作效率和质量，应配备必要的交通工具，给各级检查人员配备检查工具和仪器、仪表，仪器、仪表应定期标定，统一计量标准。

1. 经常检查

对铁路隧道设备状态变化较快和直接影响行车安全的部位应经常检查。铁路隧道建筑物的日常检查管理责任部门为工务段，由桥隧检测工区负责组织进行经常检查工作。

经常检查是为了发现隧道结构的早期破损、显著病害或其他异常情况，隧道检查项目对照见表 4.3，经常检查的频度一般应不小于 1 次/月，在雨季或冰冻季节可增加经常检查的频度。

**表 4.3　隧道检查项目对照**

| 部位 | 病害类型 | 位置 | 病害具体情况 |
|---|---|---|---|
| 洞口 | 天沟：淤积影响排水、破损 | ___方口<br>___行___侧 | 天沟淤积长___ m，宽___ m，厚___ m，影响排水。<br>天沟破损___ m |
| | 存在危石或松散土质 | | 存在危石或松散土质长___ m，宽___ m，高___ m |
| | 检查梯缺少或破损 | | 检查梯缺少(或破损)长___ m，宽___ m |
| | 防护网失修 | | 防护网失修___处___ m |
| | 隧道标缺少或不清晰 | ___方口 | 隧道标缺少(或不清晰) |
| 洞身 | 隧道限界不足侵限 | ___行___侧<br>___ km ___ m | 隧道限界不足侵限___处，位于___ |
| | 拱顶：掉块、裂纹、渗漏水、腐蚀、积冰侵线 | | 拱顶掉块___处，___ $m^2$。<br>拱顶裂纹___处，___ m。<br>拱顶渗漏水___处，___ $m^2$。<br>拱顶腐蚀___处，___ $m^2$。<br>拱顶积冰侵线___处 |
| | 边墙：空洞露筋、衬砌裂纹、淌水、腐蚀 | | 边墙空洞露筋___处，___ $m^2$。<br>边墙衬砌裂纹___处，___ m。<br>边墙淌水___处，___ $m^2$。<br>拱顶腐蚀___处，___ $m^2$ |
| | 仰拱：变形损坏、冒水、腐蚀 | | 仰拱变形损坏___处，___ $m^2$。<br>仰拱冒水___处，___ $m^2$。<br>仰拱腐蚀___处，___ $m^2$ |
| | 排水沟：破损、淤积、盲管堵塞、盖板缺少及破损 | | 排水沟破损___ m，淤积___ $m^3$。<br>盲管堵塞___处。<br>盖板缺少___ m，破损___ m |
| | 避车洞：裂纹、标志及侧壁指示箭头不清晰、渗水、积水、堆载 | | 避车洞混凝土裂纹___处___ m。<br>避车洞标志(侧壁指示箭头)不清晰。<br>避车洞渗水___处___ $m^2$。<br>避车洞积水___处___ $m^2$。<br>避车洞堆载___ $m^3$ |
| | 整体道床：线间积水、开裂、下沉、露筋、反水、煤尘堆积 | | 整体道床线间积水___处，___ m。<br>整体道床开裂___处，露筋___处，反水___处。<br>整体道床下沉___ m。<br>整体道床煤尘堆积___ m，___ $m^3$ |
| | 排气孔：滴水 | | 排气孔滴水___处 |
| | 照明设备：缺少、失效 | | 照明设备缺少___个，失效___个 |

桥隧检测工区应根据“桥隧检查计划表”，每月对工务段规定的重要隧道设备及重点病害设备检查一遍；至少每半年对管内设备全面检查一遍；在每座隧道综合维修时，应进行一次全面检查。

隧道设备经常检查频率及要求与桥梁设备经常检查一致。

检查计划由桥隧车间编制，经工务段批准后，由车间、桥隧检查工区或检查保养工区执行。

2. 定期检查

春融及汛前，应对隧道设备的排水、度汛防护设施进行一次检查。秋季(三季度)应对隧道设备进行全面检查，据以进行隧道设备技术状态评定，拟定病害整治措施，安排设备改善计划。检查工作由工务段根据铁路局集团公司的要求组织进行。铁路局集团公司应有重点地进行检查。

定期检查的目的是系统掌握隧道的基本技术状况，为制订隧道维修养护工作计划提供依据，对隧道设备各部分的技术状态，进行全面细致的检查，必要时用仪器检测或试验，以查明各种病害情况及产生原因。

工务段根据秋检结果，提出病害产生原因、增减情况等状态分析报告，铁路局集团公司审查汇总后上报国铁集团。

3. 专项检查

铁路隧道专项检查主要是进行限界检查。重要线路的桥隧限界每五年、其他线路的桥隧限界每十年检查一遍，并根据检查结果绘出每座桥隧综合最小限界图，填写“单个桥隧综合最小建筑限界尺寸表”(工桥-9，见附表Ⅲ)及“线路(区段)桥隧综合最小建筑限界尺寸表”(工桥-10，见附表Ⅳ)。铁路局集团公司应绘制管内各区段桥隧综合最小限界图，当发现桥隧建筑物有变形、修理加固、线路拨线后，应立即检查该桥隧建筑物的限界。如影响原有最小尺寸时，应及时修正限界图并上报。

专项检查是根据定期检查和临时检查的结果，或者通过其他途径判断，需要进一步查明某些破损或病害的详细情况而进行更深入的专门检测。例如隧道火灾后的结构损伤评价检查，检查时要邀请一些有经验的专家并辅以专门的检查设备。

专项检查的目的是可以掌握病害的详细资料，为其是否实施处治以及采取何种治理病害的措施等提供技术依据。

4. 临时检查

临时检查是当设备遭受地震、洪水、台风、火灾及车船撞击等紧急情况或发生突发性严重病害时，由工务段组织临时检查，必要时由铁路局集团公司组织。

临时检查的目的是及时掌握隧道结构受损情况，临时检查难以判明破损原因和程度时应作专项检查或检定试验。

(二)隧道的检查内容

1. 衬砌漏水检查

隧道衬砌漏水一般有渗水、滴水、淌水和冒水四种情况。渗水是指地下水从衬砌向外润湿，使衬砌表面出现面积大小不等的润湿，但水仍然附着在衬砌表面。滴水是指水滴间断地脱离衬砌落入隧底，有时连续出水，滴水连成线。淌水是指漏水顺着衬砌连续流淌而下。冒水是指有一定的压力水向外涌流。衬砌漏水检查主要分为洞外和洞内检查。

(1)洞外检查漏水源

①洞顶地表坡面是否平顺，有无裂隙、洞穴、洼地，排水设备是否完好。

②在山顶积水处或高于隧道的远处河流中放入可溶性荧光素,荧光素溶于水能发出强烈绿色荧光检查洞内漏水处是否有绿色水液流出,可查明水源所在。

(2)洞内检查程度

①查清漏水量大小、持续时间及变化。漏水严重处所每月至少观测一次,绘出漏水量变化曲线,特别需观测晴天和雨天的漏水量变化,查明漏水属地下水还是地表水造成的原因。

②每年对流入隧道内的水在流量最大的月份和地点,测量流量和水温(严寒地区冬季最冷月份应增测水温),必要时取样化验水质,了解其对砂浆和混凝土衬砌的侵蚀作用。

③夏季漏水的隧道,在寒冷及严寒地区,冬季还要检查挂冰、围岩冻胀等所造成隧道病害的程度以及对限界的影响。

④应根据流水程度将漏水病害处所标明在衬砌分格检查病害展示图上,定期进行测量,比较病害有无发展。

2. 隧道建筑限界检查

隧道建筑限界是指为保证隧道内各种交通的正常运行与安全,而规定在一定宽度和高度范围内不得有任何障碍物的空间限界。铁路隧道的建筑限界检查主要是检查实际隧道宽度和高度构成的最小限界是否满足隧道空间限界要求。

(三)隧道的检查方法

隧道混凝土的裂缝及强度检查的方法基本上与钢筋混凝土梁拱相同,下面主要介绍其他项目的检查方法。

1. 起、拨道量观测

在需要检查和控制隧道内线路起道量和拨道量的地段,应尽可能利用原设计的基线进行观察,无原基线且能确认边墙衬砌稳定的情况下,可以在两边墙埋设固定测标的方法,量测线路变化。直线地段固定测标宜埋设低于主轨顶面 50 mm 统一水平线上;曲线地段固定测标同一水平线上,曲线地段固定测标要埋设在曲线起始点内轨顶面同一水平线上。观测方法是用测标检查尺量测线路的起道量和拨道量。

2. 衬砌裂损变形观测

①对衬砌腐蚀、裂纹、变形、错牙等采用安设测标,定期观测。对裂纹的扩张程度及错牙,可以安设牵钉测标测量其变化值。衬砌边墙或拱脚发生变形时,可在变形部位埋牵钉,钉上悬挂垂球,与埋设在隧底的固定点对位,如变形发展,可从测标上读出相应的变化值,并可测出牵钉与固定点的距离以求算角变位。

②用分格法,纵向每 25～45 m 为一段,每米为一格,横向衬砌分部位,将查出的病害正确显示在展示图上。

3. 隧道限界检查方法

①横断面法

横断面法是一种定位测量断面的方法,即先选定施测横断面位置,逐个测出隧道的净空轮廓,然后综合全隧道各横断面的最小内轮廓点(包括附属设备突出点),构成综合最小限界的方法。

横断面测量中的测点,由轨面至起拱线间,左右两侧的测点高度间距应不大于 400 mm;隧道起拱线以上拱部左右两侧的测点圆心角应不大于 10°。定点间有突出的控制点应加测补点。

横断面法检查限界所用工具有净空检查尺、净空检查架(开屏式检查架或 W30M 型检查架)。检查架垂直装设在车辆的前部转向架中心线上,一般将装有检查架的车辆挂在机车次位。对于半径小于 800 m 的曲线,由检查架测得的限界应按相应公式进行折减后绘制。

②摄影法

隧道限界摄影检查车:车上装有固定摄影机,可以在行车条件下,对固定焦距处显示隧道内轮廓的光带,定时一个个的拍照,经过冲洗,判读换算出隧道断面的实际尺寸或找出区段的最小综合断面尺寸。

激光带断面仪:它由主体部分、里程显示器、比例方尺、挡光板及摄影机等部分组成。测量时,把激光光带发射仪主体置于被测断面处,摄影机安在任意端 20 m 处,里程显示器安在前两者之间,距摄影机 5 m 处,数字面对摄影机。将摄影机焦轮调至 20 m 刻度对好,激光光带发射器接通电源,进行光带曝光,与此同时进行比例光点曝光,拍好后不卷动胶片,将摄影机焦轮在 5 m 刻度处对好,接通里程显示器电源,进行里程曝光(光带及里程利用重复曝光拍在同一张底片上),拍好后关闭电源、卷好胶片。

(四)隧道的检测

1. 隧道的检测分类

隧道的检测按隧道修建过程分材料质量检测、超前支护与预加固围岩施工质量检测、开挖质量检测、初期支护施工质量检测、防排水质量检测、施工监控量测、混凝土衬砌质量检测、通风检测、照明检测等;也可按材料检测、施工检测、环境检测进行分类。

(1)材料检测

只有用合格的原材料才能修建出合格的铁路隧道。在隧道工程的常用原材料中,衬砌材料属于土建工程的通用材料混凝土、支护材料和防排水材料,具隧道和地下工程特色。支护材料包括锚杆、喷射混凝土和钢构件等。锚杆杆体材质、锚固方式、杆体结构和托板形式等种类繁多、特性各异,分别适用于不同的工程条件,喷射混凝土有干喷、湿喷之分,为了获取较好的力学特性和工程特性,往往在喷射混凝土混合料之外,还添加各种外加剂。所以锚喷材料的检测内容繁多,材料的品质最终由锚喷的强度等指标反映。防排水材料对隧道工程特别重要,有些甚至是隧道与地下工程专用的材料。隧道防排水材料包括注浆材料、高分子合成卷材、排水管和防水混凝土等。合成高分子防水卷材在我国发展很快,修建地铁和部分铁路隧道都采用不同性能、不同规格的合成高分子卷材作防水夹层,取得了良好的效果。

(2)施工检测

施工检测的内容十分丰富,可概括为两个方面,即施工质量检测和施工监控量测。

①施工质量检测

铁路隧道工程上出现的种种质量问题,绝大部分都是在施工过程中埋下了质量隐患,如渗漏水、衬砌开裂和限界受侵等,因此必须对施工过程进行质量检测,其主要内容包括:超前支护及预加固、开挖、初期支护、防排水和衬砌混凝土质量检测。

在浅埋、严重偏压、岩溶、流泥地段、砂土层、砂卵(砾)石层、自稳性差的软弱破碎地层、断层破碎带以及大面积淋水或涌水地段进行施工时,由于隧道在开挖后自稳时间小于完成支护所需时间,或由于初期支护的强度不能满足围岩稳定的要求等原因,而产生坍塌、冒顶等工程事故,影响了施工安全,延误了工期、费工费料,危害极大。为避免上述情况,必须在隧道开挖前或开挖中采用辅助施工方法以增强隧道围岩稳定。显而易见，做好辅助施工措施的质量检查工作也是至关重要的。

爆破成形好坏对后续工序的质量影响极大，在检测爆破成形质量技术方面发展很快。较多国家已广泛使用隧道断面仪来及时检测爆破成形质量，我国在一些长大铁路隧道施工中也已开始使用断面仪。该仪器可以迅速测取爆破后隧道断面轮廓，并将其与设计开挖断面比较，从而得知隧道的超欠挖情况。应用隧道断面仪还可监测锚喷隧道围岩的变形情况。

视频

隧道二次衬砌施工

支护质量主要指锚杆安装质量、喷射混凝土质量和钢构件质量。对于锚杆施工质量检测的内容有锚杆的间排距、锚杆的长度、锚杆的方向、注浆式锚杆的注满度和锚杆的抗拔力等。对于喷射混凝土，施工中应主要检测其强度、厚度和平整度。对于钢构件，则要检测构件的规格与节间连接、架间距、构件与围岩的接触情况和锚杆的连接。此外，对支护背后的回填密实度也要进行探测。

防排水系统的施工方法仍处在研究发展之中，对施工质量的检测也处于探索阶段。

视频

隧道结构防排水

衬砌混凝土质量检测包括衬砌的几何尺寸、衬砌混凝土强度、混凝土的完整性、混凝土裂缝、衬砌背后的回填密度和衬砌内部钢架、钢筋分布等检测。其中外观尺寸容易用直尺量测，混凝土强度及其完整性则需用无损探测技术完成，混凝土裂缝可用塞尺等简单方法检测，衬砌背后的回填密实度可采用地质雷达法和钻孔法检测。

②施工监控量测

施工监控量测是新奥法施工的一项重要内容，它既是施工安全的保障措施，又是优化结构受力、降低材料消耗的重要手段。量测的基本内容有隧道围岩变形、支护受力和衬砌受力。隧道断面仪是先进的隧道围岩变形量测仪器，利用它可迅速测定隧道周边的变形。围岩内部的位移常用机械式多点位移计量测。锚杆受力可用钢筋计量测，喷射混凝土、钢构件和衬砌受力可用各种压力盒、混凝土应变计、表面应变计等量测。将量测结果人工或自动输入计算机，计算机便可根据反算力学模型，推求围岩中的应力场和位移场，据此推断围岩的稳定状态，调整支护或衬砌设计参数。如此反复，使支护与衬砌设计参数与围岩条件相协调，使施工方案不断优化。

(3)环境检测

环境检测可分为施工环境检测和运营环境检测。施工环境检测的主要任务是检测施工过程中隧道内的粉尘和有害气体。这里的有害气体主要指 $CH_4$，我国西南地区修建隧道时经常遇到。若 $CH_4$ 达到一定浓度，施工中防治措施不当，则可能引发爆炸，造成人身伤亡或经济损失。

运营环境检测包括通风、照明和噪声等。其中通风检测相对比较复杂，检测内容较多，主要有 $CO_2$ 浓度、烟尘浓度和风速等，受来往车辆的影响不易获得准确的数据。照明检测技术较为先进，现有专供照明检测的车载照相仪、亮度仪，只要随车从隧道通过一趟，隧道内各区段的照明情况便可查清。噪声的检测也比较简单，用噪声计可直接数显隧道内噪声。

2.隧道的检测方法

隧道的检测方法主要分为无损检测方法和有损检测方法。隧道常用无损检测方法有回弹法和地质雷达法。回弹法适用于隧道二次衬砌结构混凝土强度检测，必要时可用钻芯法进行验证。检测与评定方法应符合《混凝土强度检验评定标准》(GB/T 50107—2010)等规范的规定。地质雷达法适用于检测隧道衬砌厚度、背后回填密实度、隧道虚渣、衬砌内部钢架和钢筋分布检测。

3.隧道的监控量测

隧道施工监控量测是保证工程质量的重要措施,也是判断围岩和衬砌是否稳定、保证施工安全、指导施工顺序、进行施工管理、提供设计信息的主要手段。

(1)隧道的监控量测必要性

隧道是一种特殊的工程结构体系。从岩体力学的角度看,它是处于与围岩相互作用的体系之中的结构物;从地质力学的角度看,它是处于千变万化的地质体之中的工程单元体。在这样的岩体和地质体中,隧道一经开挖,其中所包容的原状力学体系便被打破,四周原有的受力状态已经改变。随着开挖断面增大或者深度的增长,这种改变也将不断地延续。在支护设置后的一段时间内,虽然受力状态已发生改变,但是支护与围岩体之间力的作用还没有达到最终平衡。随着时间的推移,根据得到的信息对支护再作若干变动,这种受力状态的改变才逐渐停止,支护与围岩体间力的作用体系逐渐达到最终平衡。

从隧道的这种复杂的力学发展过程,我们可以认识到以下两点:

第一,隧道如果作为一种工程结构物看待,它的受力特点和地面工程有很大的差别。由于隧道是处于千变万化的岩体之中,其所受外力是不明确的。国内外学术界和工程界对外荷体系的分布和量值仍处于研究阶段,这就决定了隧道与地下工程设计是建立在若干假定条件下进行的。

第二,隧道与地下工程的成形过程,自始至终都存在着受力状态变化这一特性。换言之,隧道从开挖起,一直到受力平衡和体系稳定,或者到结构受损,围岩内部结构一直是在变动,支护和衬砌的内力和外形也在变动之中。

从上面两点可以看出,试验性研究,特别是隧道现场监控量测,是从个体到群体解决隧道与地下工程力学、设计、施工问题的一种重要手段和主要途径。可以断言,如果没有这种手段和途径,要最终解决复杂围岩中的隧道与地下工程问题是不可想象的。正因为如此,国内外的许多隧道与地下工程都应用了并正在不断应用着现场监控量测方法来对付工程中出现的复杂受力问题。

(2)隧道的施工监控量测任务

①确保安全。为此需要掌握围岩和支护状态,进行动态管理,根据量测信息科学施工。

②指导施工。量测数据经过分析处理,预测和确认隧道围岩最终稳定时间,指导施工顺序和施作二次衬砌的时间。

③修正设计。根据隧道开挖后所获得的量测信息,进行综合分析,检验和修正施工预设计。

④积累资料。已有工程的量测结果可以间接地应用到其他类似工程中,作为设计和施工的参考资料。

(3)隧道的施工监控量测要求

①能快速埋设测点。隧道在开挖过程中,开挖工作面四周两倍洞径范围内受开挖影响最大。测点一般是开挖后埋设的,为尽早获得围岩开挖初始阶段的变形动态,测点应紧靠工作面快速埋设,尽早量测。一般设置在开挖工作面范围内,开挖后、下次爆破前测取初读数。

②每一次量测数据所需时间应尽可能短。

③测试元件应具有良好的防振、防冲击波能力。

④测试数据应准确可靠。

⑤测试数据直观,不必复杂计算即可直接应用。

⑥测试元件在埋设后能长期有效工作。

⑦测试元件应有足够的精度。

(4)隧道的施工量测项目与方法

隧道的施工监控量测项目应根据隧道工程地质条件、围岩类别、围岩应力分布情况、隧道跨度、埋深、工程性质、开挖方法、支护类型等因素确定。隧道的施工量测项目及量测方法一般情况下见表 4.4,其中的 1～5 项为必测项目,6～11 项为选测项目。

(5)隧道的施工监控量测计划规定

隧道的施工监控量测计划应综合施工、地质、测试等方面的要求,由设计人员完成。量测结果能否反馈于工程设计与施工,进而达到修改设计和指导施工,在很大程度上取决于量测计划的制订是否合理。

施工监控量测计划包括下列内容:

①监控量测项目、方法及监控量测断面选定包括断面内测点的数量、位置、量测频率、量测仪器和元件的选定及其精度和率定方法、测点埋设时间等。

②传感器埋设设计,包括埋设方法、步骤、各部分尺寸及回填浆液配比、工艺选定及与工程进度衔接等。

③固定测试元件的结构设计和测试元件的附件设计。一般应保证测点的空间或平面位置正确,使测到的力和变形方向明确,防振、安全可靠;包括钻孔内、钻孔口部和引出线的布线方法,测试仪器对环境的要求。

④量测数据记录表格式,表达量测结果的格式,量测数据精度确认的方法。

⑤量测断面布置图和文字说明及量测设计说明书。

⑥量测数据处理方法,并利用量测反馈信息修正设计和施工的方法。

⑦量测数据大致范围,作为判断异常依据。

⑧用初期量测值预测最终位移值的方法,综合判断隧道最终稳定的标准。

⑨施工管理方法,出现异常情况的对策。

(6)隧道的施工监控量测计划实施

计划的实施关键需解决以下三个问题:

①获得满足精度要求和可靠的量测消息。

②正确进行预测和反馈。

③建立管理体制和相应管理基准,进行日常施工管理和量测管理等。

由于开挖工作面是不断推进的,所得到的量测信息也是不断变化的,使得量测信息的管理是动态的,大量的信息需不断地计算和判断。因此,为了及时利用量测信息应使用微型计算机和绘图仪进行数据处理和施工管理。

(7)隧道的施工监控量测管理

①隧道现场监控量测应成立专门的量测小组,并且由施工单位或委托其他单位承担量测任务。

**表 4.4　隧道现场监控量测项目及测量方法**

| 序号 | 项目名称 | 方法及工具 | 布置 | 测量间隔时间 | | | |
|---|---|---|---|---|---|---|---|
| | | | | 1～15 d | 16 d～1 个月 | 1～3 个月 | 3 个月以上 |
| 1 | 地质和支护状况观察 | 岩性、结构面产状及支护裂缝观察或描述,地质罗盘等 | 开挖后及初期支护后进行 | 每次爆破后进行 | | | |
| 2 | 周边位移 | 各种类型收敛计 | 每 10～50 m 一个断面,每断面 2～3 对测点 | 1～2 次/d | 1 次/2 d | 1～2 次/周 | 1～3 次/月 |
| 3 | 拱顶下沉 | 水平仪、水准尺、钢尺或测杆 | 每 10～50 m 一个断面 | 1～2 次/d | 1 次/2 d | 1～2 次/周 | 1～3 次/月 |
| 4 | 锚杆或锚索内力及抗拔力 | 各类电测锚杆、锚杆测力计及拉拔器 | 每 10 m 一个断面,每个断面至少做 3 根锚杆 | — | — | — | — |
| 5 | 地表下沉 | 水平仪、水准尺 | 每 5～50 m 一个断面,每个断面至少 7 个测点,每隧道至少两个断面;中线每 5～20 m 一个测点 | 开挖面距量测断面前后 $<2B$ 时,1～2 次/d;<br>开挖面距量测断面前后 $<5B$ 时,1 次/2d;<br>开挖面距量测断面前后 $<2B$ 时,1 次/周 | | | |
| 6 | 围岩体内位移(洞内设点) | 洞内钻孔中安设单点、多点杆式或钢丝式位移计 | 每 5～100 m 一个断面,每个断面 2～11 个测点 | 1～2 次/d | 1 次/2 d | 1～2 次/周 | 1～3 次/月 |
| 7 | 围岩体内设点(地表设点) | 地面钻孔中安设各类位移计 | 每个代表性地段一个断面,每个断面 3～5 个钻孔 | 同地表下沉要求 | | | |
| 8 | 围岩压力及两层支护间压力 | 各种类型压力盒 | 每个代表性地段一个断面每个断面宜为15～20 个测点 | 1～2 次/d | 1 次/2 d | 1～2 次/周 | 1～3 次/月 |
| 9 | 钢支承内力及外力 | 支柱压力计或其他测力计 | 每个代表性地段一个或两个断面,每个断面钢支承内力 3～7 个测点,或外力 1 对测力计 | 1～2 次/d | 1 次/2 d | 1～2 次/周 | 1～3 次/月 |
| 10 | 支护、衬砌内应力、表面应力及裂缝测量 | 各类混凝土应变计、应力计、测缝计及表面应力解除法 | 每个代表性地段一个断面,每个段面宜为 11 个测点 | 1～2 次/d | 1 次/2 d | 1～2 次/周 | 1～3 次/月 |
| 11 | 围岩弹性波测试 | 各类声波仪及配套探头 | 在有代表性地段设置 | — | — | — | — |

注:$B$ 为隧道开挖宽度。

②量测小组负责测点埋设、日常量测、数据处理和仪器保养维修工作,并及时将量测信息反馈于设计与施工。

③现场监控量测应按量测计划认真组织实施,并与其他施工环节紧密配合。

④各预埋测点应牢固可靠,易于识别并妥善保护,不得任意撤换和遭到破坏。

4. 隧道周边位移量测

隧道内壁面两点连线方向的位移之和称为收敛,此项量测称为收敛量测。收敛值为两次量测的距离之差。

收敛量测是隧道的施工监控量测重要项目，收敛值是最基本的量测数据，必须量测准确、计算无误。周边位移是隧道围岩应力状态变化最直观的反应，通过周边位移量测可以达到根据变形速率判断围岩稳定程度和二次衬砌施工的合理时机，还可以指导现场施工。

收敛量测的设计包括仪器选择、断面间距、量测频率、测线布置、量测点埋设时间等内容。设计的依据为地质条件、地压分布、隧道埋深、开挖方法、施工进度，断面收敛速度等因素。

量测原始记录应呈表格形式，注明断面编号、测点设置时间，列出量测内容并填写具体量测值，表中应留备注栏，以便记录施工情况，最后应有量测和记录人员的签名。每次量测后，需将原始记录及时整理成正式记录。对每一量测断面内的每一条测线，整理后的量测资料应包括：

①原始记录表及实际测点布置图。

②位移随时间以及开挖面距离的变化图。

③位移速度、位移加速度随时间以及开挖面距离的变化图。

在图表中应同时记入开挖、喷射混凝土、锚杆施工工序和时间，并将位移警戒线和极限值算出来。

当收敛值在 3～6 个月后还在发展时，一个月后的位移图可用单对数坐标表示。

每日的记录汇入日报表，整理的图表应及时进行数据处理并指导施工，最后汇入工程竣工档案中。

5. 隧道的拱顶下沉量测

对于浅埋隧道，可由地面钻孔，使用挠度计或其他仪表测定拱顶相对地面不动点的位移值。对于深埋隧道，可在拱顶布设固定测点，将钢尺或收敛计挂在拱顶测点上，读钢尺读数，后视点可设在稳定衬砌上，读标尺读数，用水平仪进行观测。

(1)量测要求

①观测基准点应设在距离观测点 3 倍洞径以外的稳定建筑。

②拱顶下沉量测断面间距、量测频率、初读数的测取等同收敛量测。

③每个断面布置 1～3 个测点，测点设在拱顶中心或其附近。

④量测精度为±1 mm。

⑤量测时间应延续到拱顶下沉稳定后。一般来说，拱顶下沉量的历时变化在开挖后大致呈直线增加，一直到距开挖面 1～3 倍隧道直径处之后下沉发展变慢、坡率变缓、渐近稳定。如果有底鼓时，可按拱顶下沉法量测。

(2)量测仪器

隧道拱顶下沉量测多采用精密水准仪来量测拱顶下沉，较先进的拱顶下沉量测仪器是激光围岩位移实时监测仪。由于隧道净空高，使用机械式测试方法很不方便，测试精度难以把握，激光隧道围岩位移实时监测系统能克服了传统位移量测方法的弊端，较好地监测围岩位移的实时变化。激光隧道围岩位移实时监测系统，有激光指向仪、位移监测仪、调制解调器、信号线路和监控计算机等五部分组成(图 4.5)。工作原理是：在隧道外支架或洞内衬砌结构上固定激光指向仪并向掘进方向发出激光束，该激光束投射到位移监测仪的传感器上，传感器将光信号变为电信号，然后由数字电路进行分析处理。由于位移监测仪与隧道围岩联系在一起，隧道围岩位移时，激光斑在传感器上的位置将发生变化，据此可以检测出该测点的位移大小与方向。调制解调器的作用是先将数字信号调制到高频载波上，经传输线路，在进入计算机前再从

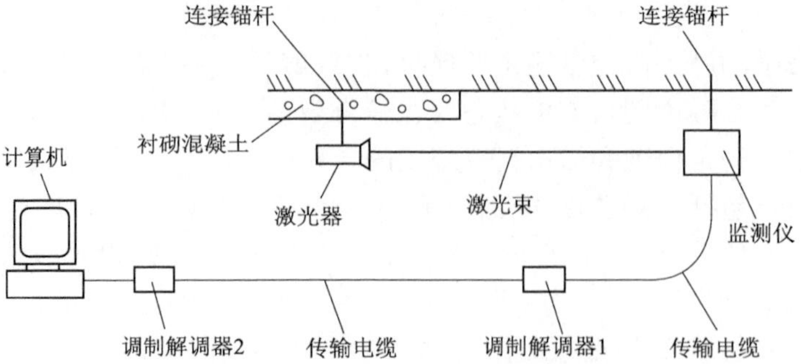


图 4.5　激光隧道围岩位移实时监测系统组成与工作原理

高频载波上检出数字信号，这样可以增加信号的传输距离。量测的原始记录与收敛量测相同，用下沉量、下沉速度的时间关系图来表示。

拱顶下沉值主要用于确认围岩的稳定性，尤其是事先预报拱顶崩塌；其方法与收敛量测相同，拱顶下沉值大约为起拱线附近的水平测线收敛值。一般而言，两者随时间变化规律是一样的(崩塌或浅埋除外)。

6. 隧道的地表下沉量测

浅埋隧道和隧道的洞口段通常位于柔弱、破碎、自稳时间较短的围岩中，施工方法不妥极易发生冒顶塌方或地表有害沉降，当地表有建筑物时会危及其安全。浅埋隧道开挖时可能会引起地层沉陷而波及地表，因此，对浅埋隧道的施工进行地表下沉量测是十分重要的，特别对于城市隧道，地表下沉量测具有特殊的意义。我国铁路部门已将地表下沉量测列为隧道监控量测中的必测项目。

一般用水准仪量测，量测精度±1 mm。隧道浅埋段地表下沉量测宜与洞内净空变化和拱顶下沉量测在同一个横断面内。当地表有建筑物时，应在建筑物周围增设地表下沉观测点。横向布置间距范围为 2～5 m；至少布置 7～11 个测点，隧道中线附近密些，远离隧道中线处疏些。

原始记录表可参考收敛或拱顶下沉记录表，最大下沉量的控制标准根据地面结构的类型和质量要求而定，为 1～2 cm；在变弯点的地表倾斜应小于结构的要求，一般应小于1/300。

根据回归分析，如果地表下沉量超过上述标准，应采取措施。

## 三、隧道的病害

1. 隧道的病害分类

隧道的病害根据隧道病害发生的地点分类见表 4.5。

**表 4.5　隧道的病害分类**

| | | |
|---|---|---|
| 隧道的病害 | 衬砌中出现的 | 开裂错缝错台、剥离、剥落、变形、边墙下沉、漏水、土砂流入、结冰、材料老化 |
| | 路基中出现的 | 混凝土底板开裂、变形、侧沟开裂、变形、下沉、陷落、翻浆冒泥 |
| | 洞门上出现的 | 错台、开裂、前倾、下沉 |
| | 围岩中出现的 | 下沉、塌陷滑动 |

衬砌中出现的隧道病害，因其营运隧道内部光线较差，检查不便，具有较大的隐蔽性，因此

衬砌病害为隧道病害研究的重点。

2. 隧道的病害原因

产生隧道的病害原因是多方面的大体上分为外因(外力和环境等外部因素)和内因(材料和设计、施工等结构上的因素)两大原因(表 4.6)。

**表 4.6　隧道病害原因**

| 隧道病害分类 | 影响因素 | 病害原因 |
| --- | --- | --- |
| 外因 | 外力 | 塑性地压、偏压、坡面蠕动、围压松弛的垂直地压、滑坡、水压、冻胀压、地震、承载力不足、近接施工、车辆振动、空气压变动 |
| | 环境 | 冻害、漏水、盐害、烟害、有害水、经历年代 |
| 内因 | 材料 | 集料中的泥分、异常凝结、碱性集料反应、烟害、温度应力、干燥收缩 |
| | 施工 | 温度应力、干燥收缩、养生不良、拆模时的偶发荷载、不均匀下沉、拱背后空隙、边墙背后空隙、灌注不均匀、模板下沉、接缝施工不良、灌注中断、下沉(急剧地灌注)、支承下沉、振动、防水不良、拱厚不足、直边墙 |
| | 设计 | 拱厚不足、直边墙、基础混凝土不足、填土不足、无仰拱、排水不良、无隔热层 |

山岭隧道是修筑在自然地层中的一种地下结构物,对土压等外力来说是由围岩和支护结构双方共同支持的,并维持其功能,同时采用与漏水、涌水量相匹配的排水系统来维护隧道不受水压的作用。

有外力作用时,隧道的局部动态有隧道壁面向净空内挤出而出现主动区域和向围岩方向挤压而出现被动区域两种情况。在被动区域的衬砌背后有空洞时背后的围岩对变形不能提供反力,对外力来说是易于产生变形的结构。此外空洞部分的围岩形状是凸凹不平的,被动区域和主动区域在衬砌背后与围岩是不均匀接触的,因此会产生较大的应力。另外空洞部分的围岩可以说是和空洞状态一样的围岩会松弛而逐渐扩大,所以衬砌背后的空洞对隧道来说是极为有害的。在没有充分围岩支承力的情况时为不使隧道下沉应设置仰拱等结构物。

排水系统不充分时地下水位会上升产生水压并使围岩劣化,所以要保持隧道内良好的排水条件,同时对衬砌背后的空洞进行回填以防止外力作用而引起的病害。使用阶段外力的变化可分为以下几类:

(1)施工阶段的外力在继续发展。

(2)从施工阶段或较早期,外力有增加的趋势。

(3)外力间断地增大。

(4)外力加速地发展。

(5)外力间断地增减。

对外力的增加,如结构物的耐久性不充分时,或坡面不稳定再加上围岩劣化、气象等条件时,病害将发展、扩大。因此,有无发展性对外力的增加和耐久性的降低是很重要的。

地压等外力产生的病害,衬砌劣化产生的剥落、剥离等病害,漏水冻结产生的病害等场合,在进行健全度判定和处理对策的设计、施工时，应根据洞内调查结果正确地掌握衬砌和路基的病害现象，同时，根据资料调查、环境调查的结果和整理的量测结果等，确实地推定病害原因。但是，推定隧道的病害原因需要丰富的经验和工程学、地质学、结构力学等多方面的知识。隧道病害的机理根据病害事例的积累、试验、解析等逐渐地被掌握但还有许多不明确的问题。施工造成的病害也有许多是不明确的。同时隧道竣工很长时间后当时的施工资料很难找到，再加上其他原因推定病害原因就更为困难。考虑地压作用的病害场合需要推定有多大的地压，但隧道是一个利用围岩相互作用来保持荷载的结构物，由于围岩的不均匀性(裂隙的存在等)、隧道自身的不均匀性(厚度的差异、施工缝的存在、背后空洞的存在等)与桥梁等作用荷载比较明确的结构物是不同的荷载的推定也是极为困难的。

因此推定隧道病害原因绝不是一件容易的事，但对各个病害隧道应从各个角度进行调查、分析同时听取专家的意见和指导推定出可能性高的原因并以正确的原因推定编制合理的对策以及设计和施工方法。

在进行原因推定时从衬砌开裂推定病害原因是最直接的方法，其前提是开裂必须模式化。一般来说开裂是隧道病害最有代表性的现象。开裂的形态一般分为四类，见表 4.7。在一般情况下这四类均按开裂处理。

**表 4.7　开裂的形态**

| 部位 | 台阶状态 | |
|---|---|---|
| | 有台阶 | 无台阶 |
| 母材 | 错动 | 开裂 |
| 施工缝 | 错缝 | 离缝 |

开裂与隧道产生病害的因素一样大体上分为内因和外因两种。实际上开裂都不是由单一的因素引起的，而是几种因素综合作用的结果。也就是说开裂有的一开始运营就存在，也有的是在运营开始后因外力等因素而出现。对两者的划分是需要经验的积累。

隧道施工和运营期间出现的各种病害现象的最终表现形式为结构的开裂、压溃和错动。因此各国对病害的处理也是根据病害的形式分析、推断其原因，采取相应的措施进行补强处理，主要分为现场原位试验、室内模型试验和数值模拟三种方法。此三者中现场原位试验最能反映结构的真实情况。

但由于现场原位试验受施工影响较大、费用高、试验周期长等缺点故在现场中只能选择有代表性的几个断面进行原位试验，以验证模拟计算结果的正确性。室内模拟试验是根据现场提供的物性指标，根据相似原理配制相似材料，在室内模拟现场施工方法并测定。所需试验参数方法由于该法费用适中、周期短、效果好且不影响施工等明显的优点故在地下工程的研究中大量使用。数值模拟是将现场原型模型化，利用计算机高速计算性能，用数值模拟现场的施工方法以取得所需的数据。由于模拟计算费用低、效率高能模拟各种工况故在科研中大量使用。但由于在建模中做了一定的假设因此其计算结果的正确性，必须经过现场试验或室内试验的校核。故此可知 3 种研究方法各有其特点且互为补充。

3. 隧道的常见病害

按照铁路隧道病害发生的原因分类，常见病害有水害、衬砌腐蚀病害、衬砌裂损病害、隧道冻害、明洞的病害及洞口的病害等。

(1)水害

隧道水害是指隧道修建和运营过程中遇到地下水干扰所形成的危害，是最常见的隧道病害。

①隧道渗水和涌水

隧道围岩的地下水以渗漏方式或涌出形式进入隧道内造成危害。这类病害因气候因素、地质条件、隧道结构、洞内设备种类和漏水与涌水的规模不同而异。表现如下：

a. 会导致电绝缘失效。

b. 混凝土衬砌风化、腐蚀、剥落。

c. 通风、通信等设备的锈蚀腐烂。

d. 在寒冷及严寒地区的隧道会出现挂冰、冰锥，路面形成“冰湖”而发生冻害。

e. 承压水的涌出、岩溶水的突涌，都会造成衬砌开裂，中断行车。

f. 洞内空气潮湿、淋水，使养护环境恶化，影响养护人员身体健康。

g. 影响行车的通畅、安全。

②衬砌周围积水

隧道建成后，地表水或地下水向隧道周围渗流汇集，如不能迅速排走，会引起病害。表现如下：

a. 因水压较大压破衬砌。

b. 软质岩因浸水发生泥化和软化失去承载力或产生塑性流动，对衬砌的压力增大，导致衬砌破坏。

c. 围岩的结构面及软弱夹层因浸水发生软化、滑移失稳，对衬砌压强增大，导致衬砌破坏。

d. 膨胀性围岩浸水发生体积膨胀，导致衬砌破坏。

e. 寒冷及严寒地区的隧道发生冰胀和围岩冻胀。

③潜流冲刷

由于地下水渗流和流动而产生的冲刷和溶蚀作用，引起铁路隧道病害。表现如下：

a. 铺底、仰拱下沉，路面开裂下沉。

b. 衬砌基础下沉，边墙开裂。

c. 围岩滑移错动，导致衬砌变形开裂。

d. 拱部围岩松动落石（无衬砌）或发生隐蔽坍方（衬砌超挖没有全部回填），导致衬砌裂损。

（2）衬砌腐蚀病害

铁路隧道内金属构件的锈蚀、砌体的风化、混凝土衬砌被侵蚀破坏，都属于腐蚀病害。

混凝土衬砌的腐蚀：混凝土衬砌具有良好的耐久性，但是当遇到侵蚀介质经常作用时，会出现起毛、酥松、麻面蜂窝、起鼓剥落、孔洞露石、骨料分离等材质破坏。有的用手可捏成粉末，严重者成豆腐渣状。腐蚀病害能导致材料强度降低，衬砌厚度变薄，渗水、漏水日趋严重，落石掉块而打伤人，衬砌失去对围岩的支护作用，其他病害也会接踵而来，危及行车及人身安全。此种病害按其致害原因不同，可分为以下几种。

①水蚀

地下水对隧道衬砌的侵蚀是极为严重的。根据围岩地下水的化学成分不同，对混凝土的侵蚀作用主要有溶出型侵蚀、碳酸型侵蚀、一般酸性侵蚀和碱性侵蚀、硫酸盐侵蚀和镁侵蚀。

隧道的拱部、边墙、仰拱、排水沟和电缆槽等各部位都可能出现此种病害。尤其是高度在 1 m 以下的墙角部位最为严重，漏水的拱顶、衬砌接缝、各种施工缺陷和裂纹的周围也较普遍。对于钢筋混凝土衬砌结构，水蚀可以导致钢筋锈蚀，而钢筋锈蚀体积膨胀，又会加快混凝土的破坏和裂纹的发展，周而复始、恶性循环。

②烟蚀

长期运营的隧道内，排出的废气中含有大量 $CO$ 和 $CO_2$，与水作用而产生碱性侵蚀，烟气对衬砌长期渗水、漏水部位的腐蚀最为严重。

a. 化学性腐蚀

蒸汽机车排出的废气中含有大量的有害气体，如一氧化碳（CO）、二氧化碳（$CO_2$）和二氧化硫（$SO_2$）等。这些有害气体都溶于水，与水作用形成腐蚀性强酸，对混凝土衬砌腐蚀很大。在蒸汽机车牵引区段上的隧道，常常在拱部宽 1～2 m 范围内有条带状的腐蚀剥落，尤其是渗水或漏水部位腐蚀剥落更为严重。

在内燃机车牵引区段，因内燃机车排放的废气中含有大量的氮氧化物，尤其是二氧化氮（$NO_2$）极易溶于水，与水结合成硝酸，这也是一种腐蚀很强的有害物质，对衬砌产生酸性和碱性侵蚀，这些侵蚀是无孔不入的。在旧隧道的衬砌翻修中，发现衬砌内部及衬砌背后围岩处都有化学侵蚀的迹象。

b. 机械性磨蚀

机械性磨蚀主要指蒸汽机车烟筒喷出的高压高温烟气中含有煤颗粒，对隧道衬砌起到喷砂作用。尤其是净高较低的旧隧道，这种高温高压喷砂作用，对隧道衬砌侵蚀很严重。不仅是机械磨蚀作用，长期在循环高温高压作用下，混凝土强度降低，甚至粉化。

③冻蚀

在严寒地区的隧道，由于混凝土中存在各种开敞的孔隙，冬季孔隙中充水结冰冻胀而使混凝土材质破坏。尤其地下水丰富、排水不良的隧道，衬砌内含水，一旦结冰，破坏更为严重。这种破坏与冻融次数有关，渗水、漏水部位及墙脚排水不良部位，较易充水受冻，也是最常见的腐蚀部位。

④骨料溶胀

使用遇水能发生溶解和体积膨胀的岩块作为粗细骨料，在水的作用下而发生腐蚀。而经常干燥无水，则不会发生这种腐蚀。

（3）衬砌裂损病害

作用在隧道衬砌结构上的压力，与隧道围岩的性质、应力的大小以及施工方法、衬砌修建的时间等因素有关。由于受技术和资金条件的限制，一些因素在设计前是难以准确确定的，所以在隧道衬砌结构设计中常带有一定的盲目性，导致结构强度不够或与围岩压力不协调，造成衬砌结构开裂、破坏。我国高速铁路的隧道施工，已广泛采用新奥法施工。新奥法原本是种动态设计理论，根据设计指导施工，在施工中完善设计，它需要设计、施工紧密接合，及时沟通。它最适合设计施工总承包项目。而我国的工程管理办法很难适应这一要求，导致设计与工程实际不符，不是设计过于保守，就是存在不安全因素，造成采用新奥法设计，用老办法施工，各种施工环节很难按新奥法的要求衔接。这也是导致某些衬砌结构强度不够的一个因素，并存在某些潜在的危害，这种危害也许在将来的某个时间发生。当然，工程上出现的衬砌开裂更多的则是由于施工管理不当或是因为衬砌厚度不足，或是因为混凝土强度不够造成的。

①常见的衬砌开裂

衬砌开裂破损是隧道中主要的病害之一，其危害主要表现为：

a. 隧道净空变小，界限受侵，影响货物的运输。

b. 衬砌对围岩的支护能力降低，不能有效地约束岩体变形与保持围岩稳定。

c. 衬砌碎裂失去整体性；随时可能发生掉块，打伤人，严重者会突然发生坍塌而中断行车，并存在造成交通事故的隐患。

d. 沿裂缝漏水，带来其他病害。

e. 仰拱或路面开裂破损，直接影响隧道的稳固状态，危及行车安全。

f. 修建在含瓦斯地层中的隧道，衬砌开裂破损容易出现瓦斯浓度超限。

②常见的衬砌裂损

拱顶出现下弯形内缘受拉开裂居多，裂纹走向多与隧道纵向轴向平行。以拱脚内移为主。仰拱因上拱下弯而发生裂纹或断裂。

(4)隧道冻害

常见的隧道冻害现象有：

①挂冰。衬砌背部有地下水，在衬砌渗漏过程中逐渐冻结形成悬挂冰溜。其危害是浸入限界，如不及时清除会增多变粗，越冷越坚硬，危及行车安全。

②冰塞。隧道内排水设备如果没有可靠的防冻措施，就可能在某一处先行结冰，逐渐造成堵塞。

③冰湖。隧道渗漏、水流渗漏到隧道内路面上结冰，逐渐覆盖全部路面，形成冰湖，冰湖一旦形成，消融需要很长时间，严重危及行车安全。

④冰楔。当隧道周围岩体自身没有冻胀性，纯属由于衬砌背后积水，结冻后体积膨胀，对衬砌产生冰劈作用或冰压力，造成衬砌变形破坏。

⑤围岩冻胀。隧道周围岩体具有冻胀性时，在受冻后自身体积膨胀。它比冰楔破坏作用大，常见的开裂状况有：

a. 衬砌变形开裂。

b. 路面破坏。

c. 隧道排水设备破坏，排水沟破坏。

d. 洞门墙、翼墙前倾开裂。

e. 洞口仰坡边坡冻融坍塌。

f. 衬砌材质冻融破坏。衬砌的孔隙被围岩地下水充满，经反复冻融，材质结构遭受破坏作用，变得酥松破碎，剥落破坏。

g. 衬砌冷缩开裂。隧道衬砌构筑和合龙时的气温，一般多高于 0 ℃，建成后遇到较低的负温，衬砌必然发生较大的冷缩，当收缩达到一定限度时，衬砌发生冷缩开裂。

在非寒冷季节发生水害的隧道，到了寒冷季节就发生冰窖。特别是多年冻土地区，冬季大地封冻时，层上水会通过构造裂隙带、断层破碎带补给层间水，使融化圈内未冻水增加。层下水也含补给层间水，使多年冻土段衬砌周围含大量未冻水。这些未冻水沿衬砌各种漏水薄弱处漏入隧道就会产生各种冰窖。从隧底突破季节冻层的水来看，如果水压力不大、水温不高，就会在隧道形成无压泉冰锥。如果有一定的压力、水温较高，突破隧道底冻层之后冒上来，当时不冻，流出一段距离再冻，就形成冰湖。即使多年冻土段没有地下水冒出，但在非多年冻土段仍然会有冻结层下的水突破隧底冻层进入隧道，在隧道冻层之上向洞外漫流，并沿流冻冰。

严寒地区隧道只要将排水沟埋在季节冻融层之下的不冻层内，冬季就能排水通畅，不会再发生冰窖。但是隧道一端或两端有多年冻土段，水沟即使埋在季节冻融层以下，却又通过多年冻土层内，如果沟内水流在通过多年冻土过程中也会发生沿流结冰，冻结时间长了，上游来水的初始温度越低，水量越小，穿过多年冻土层的沟段越长，冻结指数越大，其危害越严重。

修建在多年冻土层内的隧道病害，主要是冻害和水害，其中冻害是重点。冻害有冰窖、冻胀和融沉三种形式。

(5)明洞的病害

①衬砌裂纹：明洞的衬砌裂纹主要拱部纵向裂缝，拱圈内缘受损胀裂，多发生在拱顶。边

墙水平裂缝，边墙内缘受拉裂缝，多发生在墙腰。环形裂缝较纵向裂缝少见，多发生在洞口附近及施工接缝处。

②洞口端墙竖向开裂，洞门翼墙、挡墙裂断等。

③洞口山体边坡落石坍方、流泥、滑坡等，会埋没线路中断行车。

④洞内漏水，特别是沉降缝处较为严重。

(6)洞口的病害

①洞门建筑物常见病害

洞门端墙前倾、裂缝，与衬砌环节脱离错台；洞口段衬砌出现环形裂缝；洞门及衬砌纵向裂缝；洞门排水设施不良或失效。

②边、仰坡主要病害

边、仰坡崩塌，砸坏洞口建筑物，堵塞交通，中断行车；边、仰坡沿一定软弱面整体下滑。

③洞外水害

水流冲刷仰坡、边坡及洞口路基；洪水向隧道内倒灌；洞顶泥石流掩埋洞口；山体坡脚被洪水冲刷产生滑动，造成隧道倾斜、滑移、下沉、衬砌开裂、掉块和变形侵限。

**[相关案例]——某铁路隧道监控量测方案**

(一)编制依据

(1)《铁路隧道监控量测技术规程》(Q/CR 9218—2024)。

(2)《工程测量标准》(GB 50026—2020)。

(3)《国家三、四等水准测量规范》(GB/T 12898—2009)。

(4)《铁路隧道工程施工质量验收标准》(TB 10417—2018)。

(5)设计提供技术文件和施工图纸和标准化手册。

(二)监控量测目的

(1)监控量测是确保施工安全、结构安全的长期稳定性和施工安全监控的重要手段，是铁路隧道施工作业中关键的重要作业环节。

(2)验证支护结构效果，确认支护参数和施工方法的准确性或为调整支护参数和施工方法提供依据。

(3)确定二次衬砌施作时间，全面掌握监控量测实施全过程。

(4)监控工程对周围环境影响，综合评价隧道在施工过程中的安全性，并提出注意事项和建议。

(5)积累量测数据，为信息化设计与施工提供依据。

(三)工程概况

新建叙永至毕节铁路(川滇段)位于川滇黔三省交界的边远山区，施工起讫里程：DK194＋516.98～DK230＋910，线路全长 36.393 km。其中隧道 8 座，共计 29.697 km。线路位于大娄山山脉西端崇山峻岭中，地形起伏大，山间平地少见，一般坡度 20～40°，地面高程 395～2 400 m，相对高差 300～600 m。自然横坡陡峻，峡谷两侧可达 60°～70°，部分为悬崖峭壁，相对高差 500～1 600 m。碳酸盐岩地区，喀斯特地貌发育，地表石漠化较严重。

沿线上覆第四系全新统(Q4)冲洪积、坡洪积、崩坡积、滑坡堆积及坡残积黏土(局部具弱膨胀性)、粉质黏土、卵砾石土、碎块石土等，一般厚 0～5 m，局部滑坡、岩堆及古洪积扇体较厚，达 20～40 m；下伏基岩为侏罗系(J)、三叠系(T)、二叠系(P)、石炭系(C)、泥盆系(D)、志留系(S)、奥陶系(O)、寒武系(∈)地层。可溶岩以灰岩、白云岩、白云质灰岩、灰质白云岩、泥质灰岩等为主，非可溶岩以砂岩、泥质砂岩、砂质泥岩、泥岩等碎屑岩为主，线路通过含煤地层。

不良地质主要有滑坡、岩堆、危岩落石、岩溶、顺层、偏压、瓦斯、有害气体等。

(四)量测仪器配备

本标段隧道测量要求精度高，测量误差应严格控制在规范允许的范围之内。配备的主要测量仪器及工具配置见表4.8。

表4.8 主要测量仪器及工具配置

| 测量仪器及工具 | 仪器类型 | 型号或规格 | 精度 | 单位 | 数量 |
|---|---|---|---|---|---|
| 全站仪 | 徕卡 | TS06 | $2''$，2 mm+$2\times10^{-6}D$/3 s | 套 | 4 |
| 电子水准仪 | 天宝 | DINI03 | 0.3 mm | 套 | 2 |
| 铟钢水准标尺 | 天宝 | 3 m | 0.01 mm | 对 | 2 |
| 普通水准仪 | 苏一光 | DSZ2 | 0.5 mm | 台 | 2 |
| 钢卷尺 | — | 30 m | 1 mm | 把 | 2 |
| 钢卷尺 | — | 5 m | 1 mm | 把 | 5 |
| 游标卡尺 | 数显游标卡尺 | 0～150 | 0.01 mm | 把 | 2 |
| 收敛仪 | 数显收敛仪 | JSS30A | 0.1 mm | 把 | 3 |

(五)监控量测断面、测点布置、监控量测频率及监控量测基准

1.监控量测项目

根据设计要求，结合某隧道具体情况，确定围岩量测必测项目(表4.9)以及监控量测选测项目(表4.10)。必测项目是隧道工程应进行的日常监控量测项目，施工前应对工程有影响的环境敏感点，地表建筑物、水源、水量、植被及地形地貌现状进行调查、记录，必要时进行认证。

表4.9 监控量测必测项目

| 序号 | 监测项目 | 测试方法和仪表 | 测试精度 | 备注 |
|---|---|---|---|---|
| 1 | 地质和初期支护观察监测 | 现场观察、数码相机、罗盘仪 | — | 全隧必测，了解隧道支护结构及围岩地稳定情况 |
| 2 | 净空变化 | 隧道净空变化测定仪(收敛计、全站仪) | 0.5～1 mm | 全隧必测，一般进行水平收敛量测 |
| 3 | 拱顶下沉 | 水准测量的方法，水准仪、钢挂尺或全站仪 | 0.5～1 mm | 全隧必测 |
| 4 | 地表沉降 | 水准测量的方法，水准仪、铟钢尺或全站仪 | 0.5～1 mm | 隧道进口段、浅埋段必测 |

表4.10 监控量测选测项目

| 序号 | 监控量测项目 | 常用量测仪器 |
|---|---|---|
| 1 | 围岩压力 | 压力盒 |
| 2 | 钢架内力 | 钢筋计、应变计 |
| 3 | 喷混凝土内力 | 混凝土应变计 |
| 4 | 二次衬砌内力 | 混凝土应变计、钢筋计 |
| 5 | 初期支护与二次衬砌间接触压力 | 压力盒 |
| 6 | 锚杆轴力 | 钢筋计 |
| 7 | 围岩内部位移 | 多点位移计 |
| 8 | 隧底隆起 | 水准仪、铟钢尺或全站仪 |

续上表

| 序号 | 监控量测项目 | 常用量测仪器 |
|---|---|---|
| 9 | 爆破振动 | 振动传感器、记录仪 |
| 10 | 孔隙水压力 | 水压计 |
| 11 | 水量 | 三角堰、流量计 |
| 12 | 纵向位移 | 多点位移计、全站仪 |

注：①隧道开挖后应及时进行地质素描及数码成像；

②初期支护完成后应进行喷层表面裂缝及其发展、渗水、变形观察和记录。

2. 监控量测断面及测点布置原则

(1)地表沉降测点布置原则

浅埋隧道地表沉降测点应在隧道开挖前布设。地表沉降测点和隧道内测点应布置在同一断面里程。

对于浅埋或超浅埋隧道，隧道横断面方向的地表沉降量测边界应在隧道开挖影响范围以外，并在开挖影响范围以外设置基准点。一般条件下，地表沉降测点纵向间距应按要求布置，见表 4.11。

**表 4.11　地表沉降测点纵向间距表**

| 隧道埋深与开挖宽度 | 纵向测点间距/m |
|---|---|
| $2B<H_0<2.5B$ | 20～50 |
| $B<H_0\leqslant 2B$ | 10～20 |
| $H_0\leqslant B$ | 10 |

注：$H_0$ 为隧道埋深，$B$ 为隧道开挖宽度，无地表建筑物时可取上限值。

地表沉降测点在横断面上至少应布置 11 个测点，两测点的横向间距为 2～5 m。在隧道中线附近测点应布置密一些，远离隧道中线应疏一些。隧道中线两侧量测范围不应小于 $H_0+B$，当地表有建筑物时，应在建筑物周围增设地表沉降观测点。在隧道纵向(隧道中线方向)至少布置一个纵向断面，其测点布置如图 4.6 所示。

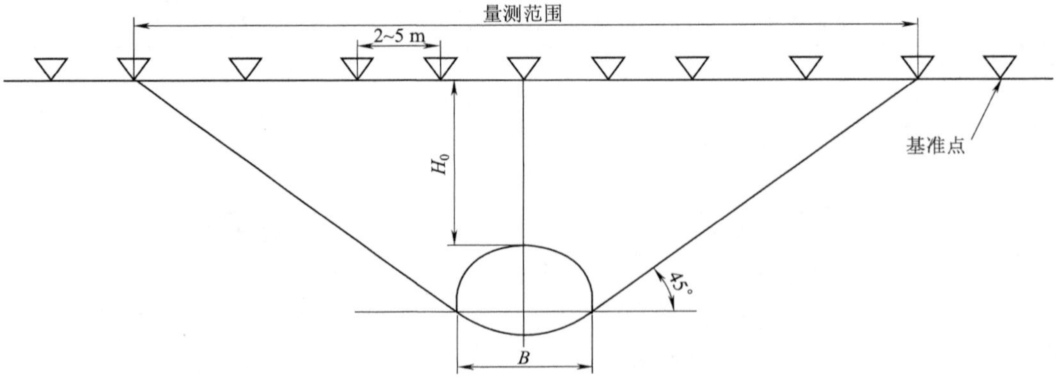


图 4.6　地表沉降横向测点布置示意

浅埋隧道地表沉降观测的重要性，随隧道埋深变浅增大，见表 4.12。

表 4.12 地表沉降量测的重要性

| 埋深 | 重要性 | 测量与否 |
|---|---|---|
| $3B<H_0$ | 小 | 不必要 |
| $2B<H_0<3B$ | 一般 | 最好量测 |
| $B<H_0<2B$ | 重要 | 必须量测 |
| $H_0<B$ | 非常重要 | 必须列为主要量测项目 |

(2)拱顶下沉测点和净空变化测点应布置在同一断面上

监控量测断面按要求布置(表 4.13)。拱顶下沉测点原则上设置在拱顶轴线附近。当隧道跨度较大时,应结合施工方法在拱部增设测点,参照图 4.7 布置。

表 4.13 必测项目监控量测断面间距

| 围岩级别 | 断面间距/m |
|---|---|
| Ⅴ | ≤5 |
| Ⅳ | ≤10 |
| Ⅲ | ≤30 |

注:Ⅱ级围岩视具体情况确定间距。本表内间距适用于拱顶下沉、净空变化、隧底隆起三项。

(3)本标段净空变化量测测线(表 4.14)及测点的埋设位置

表 4.14 净空变化量测测线数

| 开挖方法 | 地段 | |
|---|---|---|
| | 一般地段 | 特殊地段 |
| 全断面法 | 一条水平测线 | — |
| 台阶法 | 每台阶一条水平测线 | 每台阶一条水平测线,两条斜测线 |
| 分部开挖法 | 每分部一条水平测线 | 双侧壁导坑法左右侧部,每分部一条水平测线,两条斜测线、其余分部一条水平测线 |

①全断面法施工时测线测点布置图如下:1 号点为拱顶下沉点,2 号、3 号点为水平收敛点。1 号点设在隧道中心顶端,2 号、3 号点设在隧道中部拱腰处。(此断面类型为单线隧道,双线隧道测点布置和图 4.7 相同)

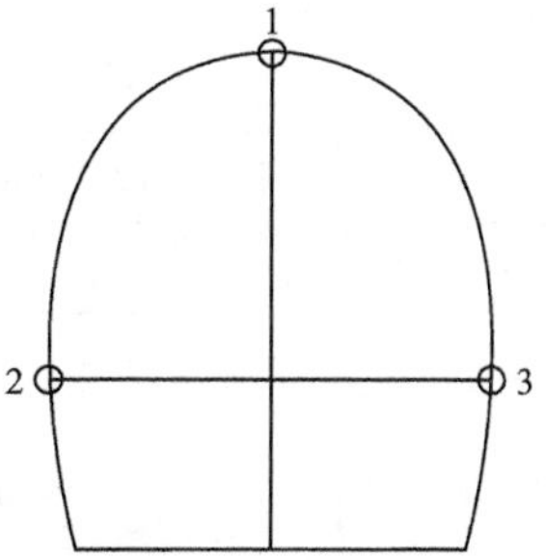

图 4.7 拱顶测点和净空变化量测 1 条水平测线示例

②台阶法施工时测线测点布置图如下:1 号点为拱顶下沉点,2 号、3 号、4 号、5 号点为水平收敛点。上台阶施工完成后先布设拱顶下沉点和 2 号、3 号水平收敛点,同时开始观测,待全断面开挖完成后在同一断面布设 4 号、5 号点。1 号点设在隧道中心顶端,2 号、3 号点设在距仰拱 5.0～5.5 m 的拱腰处,4 号、5 号点设在距仰拱 1.5～2.0 m 的拱腰处。(此断面类型为单线隧道,双线隧道测点布置和图 4.8 相同)

③双侧壁导坑法施工时测线测点布置图如下:1 号点为拱顶下沉点,2～7 号点为水平收敛点。先施工完成的一侧要立即布点开始观测,待全断面开挖完成后,1 号、2 号、3 号、4 号、7 号点要做好保护,继续观测。1 号点设在隧道中心顶端,2 号、3 号点设在两个导坑处的顶端,4～7 号点设在距仰

拱 1.5～2.0 m 的拱腰处。(此断面类型为单线隧道,双线隧道测点布置和图 4.9 相同)

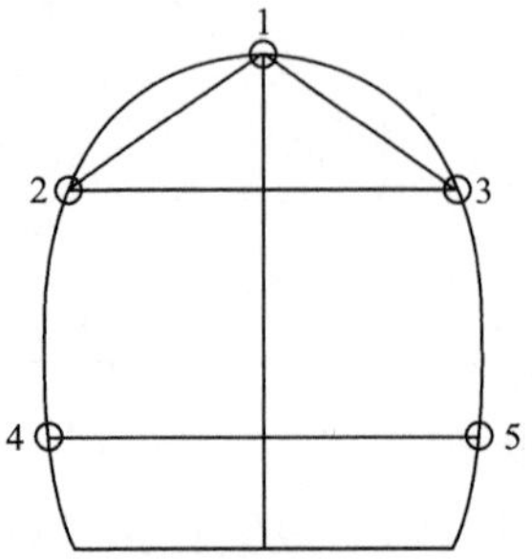


图 4.8　拱顶测点和净空变化量测
2 条水平测线、2 条斜侧线示例

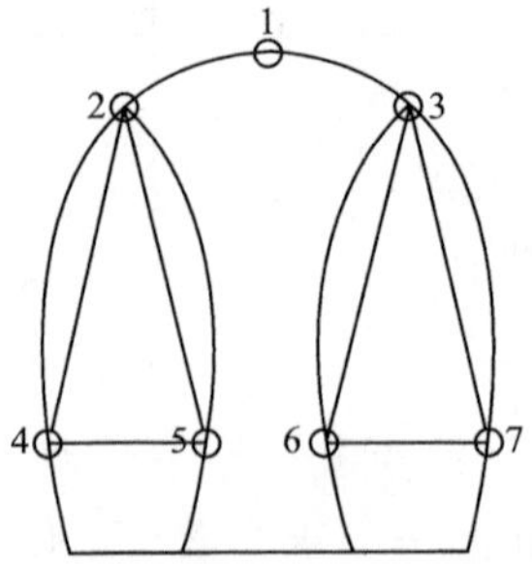


图 4.9　拱顶测点和净空变化量测
2 条水平测线、4 条斜侧线示例

不同断面的测点应布置在相同部位,测点应尽量对称布置,以便数据的相互验证。

3. 监控量测频率

(1)必测项目量测频率应根据测点距开挖面的距离及位移速度分别按表 4.15 和表 4.16 确定,然后取两者中较高者作为实际量测频率。出现异常情况或不良地质时,应增大监控量测频率,在塑性流变岩体中,位移长期(开挖后两个月以上)不能变化时量测要继续到每月为 1 mm 为止。

**表 4.15　按距开挖面距离确定的监控量测频率**

| 监控量测断面距开挖面距离/m | 监控量测频率 |
| --- | --- |
| (0～1)$B$ | 2 次/d |
| (1～2)$B$ | 1 次/d |
| (2～5)$B$ | 1 次/2～3 d |
| (2～5)$B$ | 1 次/3 d |
| >5$B$ | 1 次/7 d |

注:监控量测断面距开挖面距离依据系数×$B$,$B$ 为隧道开挖宽度。

**表 4.16　按位移速度确定的监控量测频率**

| 位移速度/(mm/d) | 监控量测频率 |
| --- | --- |
| ≥5 | 2 次/d |
| 1～5 | 1 次/d |
| 0.5～1 | 1 次/2～3 d |
| 0.2～0.5 | 1 次/3 d |
| <0.2 | 1 次/7 d |

注:当拱顶下沉、水平收敛速率达 5 mm/d 或位移累计达 100 mm 时,应暂停掘进,并及时分析原因,采取处理措施。

(2)开挖面地质素描、支护状态、影响范围内的建(构)筑物的描述应每施工循环记录一次。必要时,应增大描述频率。

(3)选测项目监控量测频率应根据设计和施工要求以及必测项目反馈信息的结果确定。在没有特殊要求的情况下,选测项目可以采用和必测项目相同的量测频率。

4. 监控量测控制基准

(1)Ⅲ级管理制度

本标段实行Ⅲ级管理制度,见表 4.17。

**表 4.17　Ⅲ级管理制度表**

| 管理等级 | 管理位移 | 施工状态 |
|---|---|---|
| Ⅲ | $U_0 < U_n/3$ | 可正常施工 |
| Ⅱ | $U_n/3 \leqslant U_0 \leqslant 2U_n/3$ | 发出警告、加强监测,必要时采取相应工程对策 |
| Ⅰ | $U_0 > 2U_n/3$ | 暂停施工,应采取相应工程对策 |
| $U_0$:实测位移值;$U_n$:允许位移值 | | |

注:工程对策主要应包括下列内容。

①一般措施

a. 稳定开挖工作面措施;

b. 调整开挖方法;

c. 调整初期支护强度和刚度并及时支护;

d. 降低爆破振动影响;

e. 围岩与支护结构间回填注浆。

②辅助施工措施

a. 地层预处理,包括注浆加固、降水、冻结等方法;

b. 超前支护,包括超前锚杆(管)、管棚、超前插板、水平高压旋喷法、预切槽法等。

(2)监控量测控制基准

监控量测控制基准包括隧道内位移、地表沉降、爆破振动等,根据本隧道的地质条件、施工安全性、结构的长期稳定性,以及周围建(构)筑物的特点和重要性等因素制订。

①隧道初期支护基线相对位移可参照表 4.18 使用。

**表 4.18　跨度 7 m≤*B*≤12 m 隧道初期支护极限相对位移**

| 围岩级别 | 隧道埋深 $h$/m | | |
|---|---|---|---|
| | $h \leqslant 50$ | $50 < h \leqslant 300$ | $300 < h \leqslant 500$ |
| 拱脚水平相对净空变化/% | | | |
| Ⅱ | — | 0.01～0.03 | 0.01～0.08 |
| Ⅲ | 0.03～0.10 | 0.08～0.40 | 0.30～0.60 |
| Ⅳ | 0.10～0.30 | 0.20～0.80 | 0.70～1.20 |
| Ⅴ | 0.20～0.50 | 0.40～2.00 | 1.80～3.00 |
| 拱顶相对下沉/% | | | |
| Ⅱ | — | 0.03～0.06 | 0.05～0.12 |
| Ⅲ | 0.03～0.06 | 0.04～0.15 | 0.12～0.30 |
| Ⅳ | 0.06～0.10 | 0.08～0.40 | 0.30～0.80 |
| Ⅴ | 0.08～0.16 | 0.14～1.10 | 0.80～1.40 |

注:①本表适用于复合式衬砌的初期支护,硬质围岩隧道取表中较小值,软质围岩隧道取表中较大值;表列数值可在施工中通过实测资料积累作适当修正;

②拱脚水平相对净空变化指两拱脚测点间净空水平变化值与其距离之比,拱顶相对下沉指拱顶下沉值减去隧道下沉值后与原拱顶至隧底高度之比;

③墙腰水平相对净空变化极限值可按拱脚水平相对净空变化极限值乘 1.1～1.2 后采用。

②位移控制基准应根据测点距开挖面距离，由初期支护极限相对位移按表 4.19 要求确定。地表沉降控制基准应根据地层稳定性、周围建(构)筑物的安全要求分别确定，取小值。

**表 4.19　位移控制基准**

| 类别 | 距开挖面 17.8 m($U_1B$) | 距开挖面 35.6 m($U_2B$) | 距开挖面较远 |
|---|---|---|---|
| 允许值 | 65%$U_0$ | 90%$U_0$ | 100%$U_0$ |

注：$B$ 为隧道开挖宽度，$U_0$ 为极限相对位移值，$U_1$ 为距开挖面 17.8 m 处的位移控制基准值，$U_2$ 为距开挖面 35.6 m 处的位移控制基准值。

③采用分部开挖法施工的隧道应每分部分别建立位移控制基准，同时应考虑各分部的相互影响。

④钢架内力、喷混凝土内力、二次衬砌内力、围岩压力(换算成内力)、初期支护与二次衬砌间接触压力(换算成内力)、锚杆轴力控制基准应满足《铁路隧道设计规范》(TB 10003—2016)的相关规定。

⑤爆破振动控制基准应按表 4.20 的要求确定。

**表 4.20　爆破振动安全允许振速**

| 序号 | 保护对象类别 | 安全允许振速/(cm/s) | | |
|---|---|---|---|---|
| | | <10 Hz | 10～15 Hz | 50～100 Hz |
| 1 | 土窑洞、土坯房、毛石房屋 | 0.5～1.0 | 0.7～1.2 | 1.1～1.5 |
| 2 | 一般砖房、非抗震的大型砌块建筑物 | 2.0～2.5 | 2.3～2.8 | 2.7～3.0 |
| 3 | 钢筋混凝土结构房屋 | 0.0～4.0 | 3.5～4.5 | 4.2～5.0 |
| 4 | 一般建筑与古迹 | 0.1～0.3 | 0.2～0.4 | 0.3～0.5 |
| 5 | 水工隧道 | 7～15 | | |
| 6 | 交通隧道 | 10～20 | | |
| 7 | 矿山巷道 | 15～30 | | |
| 8 | 水电站及发电厂中心控制设备 | 0.5 | | |
| 9 | 新浇大体积混凝土<br>龄期：初凝～3 d<br>龄期：3～7 d<br>龄期：7～28 d | <br>2.0～3.0<br>3.0～7.0<br>7.0～12 | | |

注：①表列频率为主频率，系指最大振幅所对应波的频率；
②频率范围可根据类似工程或现场实测波形选取；选取频率时亦可参考下列数据，a. 深孔爆破 10～60 Hz；b. 浅孔爆破 40～100 Hz；
③有特殊要求的根据现场具体情况确定。

⑥一般情况下、二次衬砌的施工应在满足下列要求时进行：

a. 隧道水平净空变化速度及拱顶或底板垂直位移速度明显下降。

b. 隧道位移相对值已达到总相对位移量的 90%以上。

c. 对浅埋、软弱围岩等特殊地段，应视现场具体情况确定二次衬砌施工时间。

d. 软弱围岩及不良地质铁路隧道的二次衬砌应及时施作，二次衬砌距施工面的距离：Ⅳ级围岩不大于 90 m，Ⅴ、Ⅵ级围岩不大于 70 m。

⑦地质和初期支护观察分开挖工作面观察、已施工区段初期支护观察及地表观察。

(六)监控量测方法

1. 时间要求

洞内、外观察和地表沉降观测根据本方案要求进行。净空变化和拱顶下沉量测布点应在开挖后至初喷前进行,若围岩出现变化异常应尽早布设;初始读数在每次开挖后 2 h 内取得,最晚不得迟于下一个循环开挖前。

2. 洞内、外观察

洞内观察可分为开挖工作面观察和已施工地段观察两部分。其中,开挖工作面观察应在每次开挖后进行,及时绘制开挖工作面地质素描图、数码成像,填写开挖工作面地质状况记录表,并与勘查资料进行对比;已施工地段观察,应记录喷射混凝土、锚杆、钢架变形和二次衬砌等工作状态。洞外观察重点应在洞口段和洞身浅埋段,记录地表开裂、地表变形、边坡及仰坡稳定状态、地表水渗漏情况等,同时还应对地面建(构)筑物进行观察。

3. 净空变化量测

(1)根据围岩条件确定量测间距埋设测点,并按规定量测频率进行量测。主要原理:每次测出两点间净长,求出两次量测的增量(或减量),即为此处净空变化值。读数时读三次,然后取其平均值,并按附表记录。

(2)预埋测点由钢筋加工而成,采用冲击电锤或风钻钻孔,埋入钢筋采用直径不小于 20 mm的螺纹钢,前端外露钢筋与埋入钢筋焊接,直径不小于 6 mm,加工成闭合三角形,保证牢固不变形。测点用快凝水泥或锚固剂与围岩锚固稳定,埋入围岩深度不小于 20 cm,若围岩破碎松软,应适当增加测点埋入深度。

(3)量测方法

①利用收敛仪进行测量,检查预埋测点有无损坏、松动,并将测点灰尘擦净。

②把净空收敛仪的尺头及尺架挂钩分别固定在预埋测点孔内,选择合适的尺孔,将尺孔销插入,用尺卡将尺与联尺架固定。

③调整调节螺母,记下钢尺在联尺架端时的基线长度与数显读数。为提高量测精度,每条基线应重复测三次取平均值。当三次读数极差大于 0.05 mm 时,应重新测试。每次开挖后 12 h 内取得初读数。

④测试过程中,若数显读数已超过 25 mm,则应将钢尺收拢(换尺孔)重新测试,两组平均值相减,即为两尺孔的实际间距,以消除钢尺重孔距离不精确造成的测量误差。

⑤一条基线测完后,应及时逆时针转动调节螺母,摘下收敛仪,打开尺卡收拢钢尺,为下一次使用做好准备。

⑥利用全站仪进行测量,测量反射片的坐标,根据坐标反算每条测线的距离。依次重复上面的操作。

4. 拱顶下沉量测

(1)采用精密水准仪和钢挂尺进行。主要原理:通过测点不同时刻相对标高,求出两次量测的差值,即为该点的下沉值。读数时应该读三次,取平均值,并按附表记录。Ⅳ级围岩不大于 10 m,Ⅴ级围岩不大于 5 m。按规定量测频率进行量测。

(2)在隧道拱顶轴线附近通过焊接或钻孔预埋测点,测点应与隧道外监控量测基准点进行联测。拱顶下沉量测测点布置在拱中,每断面布置一点,布设原则和间距按规定进行。预埋测点由钢筋加工而成,钢筋直径不小于 6 mm,前端加工成闭合三角形,保证牢固不变形。测点用快凝水泥或锚固剂固定在拱顶选定位置,埋入围岩深度不小于 20 cm,若围岩破碎松软,应适当增加测点埋入深度。

(3)量测方法:设置水准基点(水准基点选择在围岩稳定地段设置)。量测时采用水准仪、塔尺及钢挂尺,测出该点相对标高即可。每次开挖后 12 h 内取得初读数。同一测点每次量测必须采用同一基点。当拱顶下沉速率达 5 mm/d 或位移累计达 100 mm 时，应暂停掘进，并分析原因，采取处理措施。利用全站仪进行测量，拱顶沉降及隧底隆起的监控量测主要是为了监视拱顶和隧底的变化值，了解断面变化，判断围岩的稳定性，防止塌方。

5. 地表沉降量测

(1)采用精密水准仪、钢尺进行，主要原理：通过测点不同时刻标高，求出两次量测的差值，即为该点的下沉值，其量测精度为±1 mm，当隧道埋深小于 3 倍洞径时进行量测，小于 2 倍洞径时必须进行量测。

(2)基准点应设置在地表沉降影响范围之外。测点采用地表钻孔埋设，测点四周采用水泥砂浆固定。布点原则和量测频率按规定执行。当地表有建筑物时，应在建筑物周围增设地表下沉观测点。

(3)量测方法：与拱顶下沉量测方法相似，采用精准水准仪和铟钢尺测出各沉降点标高即可。在工程开挖前对每一个测点读取初始值。首次观测时，对测点进行三次观测(三次差值小于±1 mm)，取平均值作为初始值。量测过程中读数时各项限差宜严格控制，每个测点读数误差不宜大于 0.3 mm。

6. 监控量测注意事项

(1)监控量测布点应在喷混凝土前预埋，测点布置时应避开钢架和脱空回填处，并保证布点打入围岩，严禁将测点布在钢架上。及时进行测点的布设，并做好保护，可采用桩点沿初期支护边墙向内凹陷，防止破坏。如果测点被破坏，应在被破坏测点附近补埋，重新进行数据采集；如果测点出现松动，则应及时加固，当天的量测数据无效，待测点加固后重新读取初读数。

(2)测点布设以后，在测点位置用红色油漆作醒目标识。监控量测桩点上严禁悬挂重物。

(3)拱顶下沉和地表下沉量测基点应与洞内、外水准基点建立联系。

(4)各监控量测小组须保证量测数据的真实性、准确性和及时性，如实的反映实际变化情况，不得弄虚作假。

(5)现场监控量测与施工易发生干扰，必须紧密配合。施工现场应及时提供工作面，创造条件保证监控量测工作的正常进行；监控量测工作也要尽量减少对施工工序的影响。监控量测元件的埋设计划应列入工程施工进度控制计划中。

(6)量测仪器设备在使用前和使用过程中必须进行定期的检查、校对和率定。收敛仪使用时调节螺母逆时针转动最大范围不得露出螺纹。在收敛仪使用一段时间后应进行对零校正，检查数显读数是否为零，若存在偏差，必须进行对零。收敛仪量测完成后，用棉纱擦除灰尘并定期对钢尺擦涂机油，以防生锈。

(七)信息反馈及对策

(1)监控量测信息反馈根据监控量测数据分析结果，对工程安全性进行评价，提出相应工程对策与建议，以经验方法为主(图 4.10)。

(2)施工过程中进行监控量测数据实施分析和阶段分析。

①实时分析：每天根据监控量测数据及时进行分析，发现安全隐患分析原因并提交异常报告。

②阶段分析：按周、月进行阶段分析，总结监控量测数据的变化规律，对施工情况进行评价，提交阶段分析报告，指导后续施工。

当拱顶下沉和收敛值出现预警时，对于发现问题及时提请领导采取措施，妥善处理，处置措施如下：

a. 增设临时支护，暂时稳住或减少沉降，加快仰拱、二次衬砌的施作速度，仰拱、二次衬砌

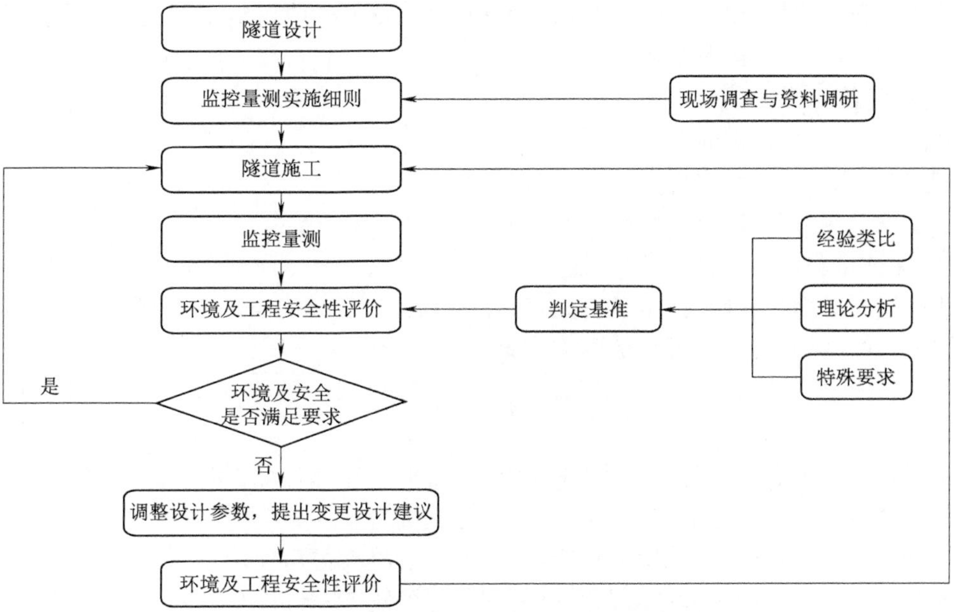


图 4.10　监控量测信息反馈程序流程

施作完成后会对沉降的遏制起一定的作用。

b. 沉降情况严重可以采取小导管注浆的办法，此办法的优点是见效快、效果明显，缺点是对人员、机械、物资的投入较大。

c. 根据围岩性质做好沉降量的预留，防止二次衬砌的侵线，造成后续工作的难施作。

(3)信息反馈应以位移反馈为主，主要依据时态曲线的形态对围岩稳定性、支护结构的工作状态、对周围环境的影响程度进行判定，验证和优化设计参数，指导施工。由于施工的连续性和循环进行，施工中应保证信息反馈渠道的畅通，确保信息反馈的及时性和有效性。监控量测反馈程序应贯穿于整个施工全过程。

(4)工程安全性评价流程如图 4.11 所示。

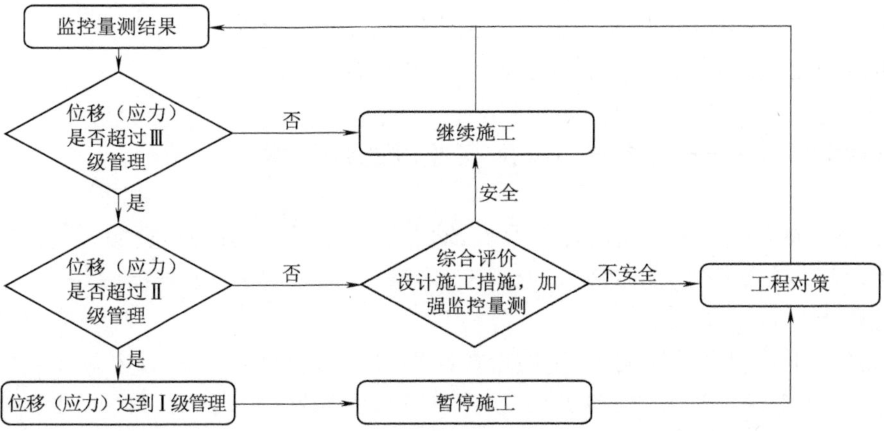


图 4.11　工程安全性评价流程

(八)监控量测验收资料

监控量测资料是竣工文件不可缺少的部分，纳入竣工文件管理程序中。项目部设专人负责监控量测资料的收集、整理、签认、归档和上报，监控量测验收资料主要包括以下内容：

(1)监控量测实施细则及批复。

(2)监控量测结果及周(月)报。

(3)监控量测数据汇总表及观测资料。

(4)监控量测工作总结报告。

(九)监控量测质量保证措施

(1)为保证量测数据的真实可靠及连续性，特制订以下各项质量保证措施：

①监测组与监理工程师、技术负责人密切配合工作，及时向监理工程师、技术负责人报告情况和问题，并提供有关切实可靠的数据记录。

②制订切实可行的监测实施方案和相应的测点埋设保护措施，并将其纳入工程的施工进度控制计划中。

③量测项目人员、仪器设备、观测线路和观测方法相对固定，保证数据资料的真实性和连续性。

④量测仪器采用专人使用、专人保养、专人检校的管理。

⑤量测设备、元器件等在使用前均应经过检校，合格后方可使用。

⑥各监测项目在监测过程中必须严格遵守相应的规范、标准。

⑦量测数据均要经现场检查，室内两级复核后方可上报。

⑧量测数据的存储、计算、管理均采用计算机系统进行。

⑨各量测项目从设备的管理、使用及资料的整理均设专人负责。

(2)监控量测安全保证措施

①施工区域内的监控量测断面及测点要设置明显标识，严禁施工机械和人为因素对监控元件的破坏，造成监测人员二次返工。

②监控量测工作必须紧接开挖、支护作业，按设计要求进行布点和监测，并根据现场情况及时进行调整或增加量测的项目和内容。量测数据应及时分析处理，并与工程类比法相结合，及时调整支护参数或施工决策。

③监控量测外业作业时，要有专人指挥、调度，防止隧道施工作业对监控量测作业的干扰，确保施工安全和降低外界干扰对数据采集精度的影响。

④监控量测外业作业时，作业人员要按照要求佩带好安全帽。

⑤作业人员进洞进行监控量测作业，要佩带口罩等防护用品。

## 知识拓展——铁路隧道检测与监测的新技术

隧道作为一种优越的区域通道连接形式，缩短了行车里程、节约了资源、改善了行车条件、保护了自然环境、降低了交通事故率。近年来，伴随着高速铁路的大规模建设，新建的和投入运营的铁路隧道日益增多。

运营隧道由于前期设计缺陷、施工质量控制不严，后期自然灾害、结构腐蚀老化等原因导致结构病害，主要表现为错台、衬砌变形、裂缝、掉块、渗漏水、蜂窝麻面等。因此，加强对铁路隧道衬砌结构物理力学参数、健康状态及相关环境的检测与监测十分必要。而检测与监测的有效窗口时间却非常有限，传统的检测与监测技术越来越难以满足需求。科技的发展推动着隧道检测与监测技术快速进步，检测与监测设备向自动化、智能化、集成化方向发展。国内外隧道检测与监测的新技术如下。

1. 衬砌内部及背后状态检测新技术

衬砌混凝土的检测方法有多种，但最常用的还是人工打击，通过打击回声判断衬砌内部及背后有无缺陷。由于手工打击作业效率低、劳动强度大，且安全隐患大，日本开发出了一种新技术——激光打击声，如图 4.12 所示。该方法是采用高强度脉冲激光照射隧道壁面，诱发混凝土共振，根据共振频率判断混凝土内部缺陷。

搭载在轨道车上，可以实现远距离、非接触式探测衬砌内部病害，但检测深度有待进一步提高。敲击回音诊断机是另一种敲击检测设备，如图 4.13 所示，采用大型通用的臂式机械手，机械手前端安装有 5 个并列小锤，每隔 0.2 s 敲击一次，每隔 0.1 s 根据声压级和声压衰减特性分析收到的回音诊断衬砌内部及背后存在的病害。

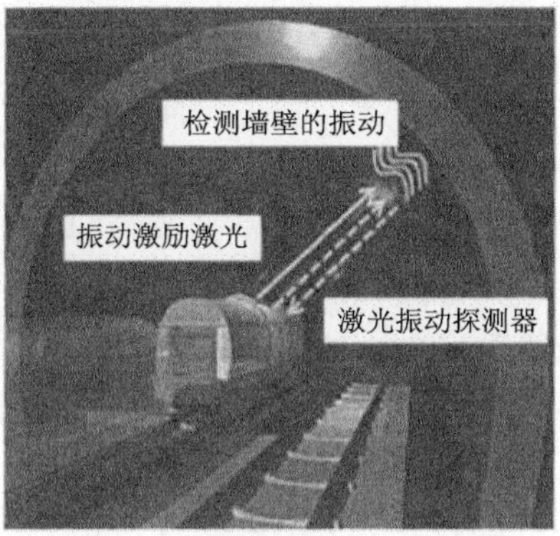


图 4.12　激光打击声检测系统

图 4.13　敲击回音诊断机

该诊断机可一次对 30 cm 的阵列点进行敲击诊断，最大诊断效率可达 400 $m^3/h$，但仍需要进一步提高。

2. 衬砌变形检测新技术

三维激光扫描技术利用激光测距原理，如图 4.14 所示，记录被测物体表面大量密集点的三维坐标信息和反射率信息，即点云数据，通过计算机技术建立被测目标的三维矢量模型。

在衬砌变形检测方面，同济大学谢雄耀等提出了基于三维激光扫描技术的隧道全断面变形测量方法，使隧道变形可视化。西南交通大学李宗平等提出基于三维激光扫描数据，采用点云及模型嵌套技术，快速实现隧道三维变形、支护侵限、二次衬砌厚度评估等。三维激光扫描不受外界光源限制，但采集过程需要不断移动设备，采集信息数据量大，后期处理任务重。

光纤传感技术的工作原理是：由于外界被测参数作用，入射光与在光纤传输过程中，其光学性质如频率、波长（颜色）、强度、相位、偏振态等发生变化，通过光探测器进行调解处理后即可获得被测参数，如图 4.15 所示。

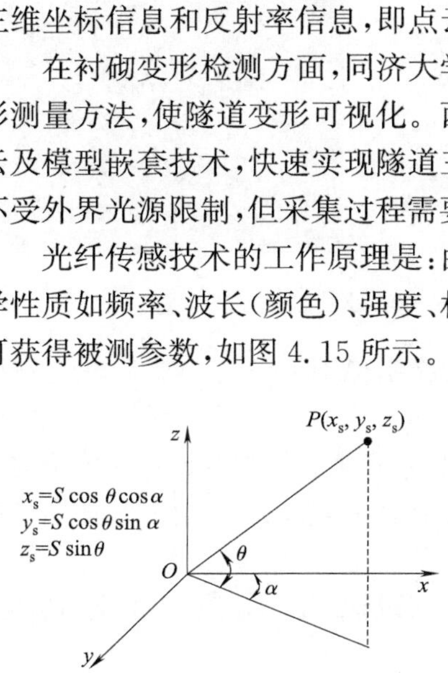


图 4.14　三维激光扫描原理

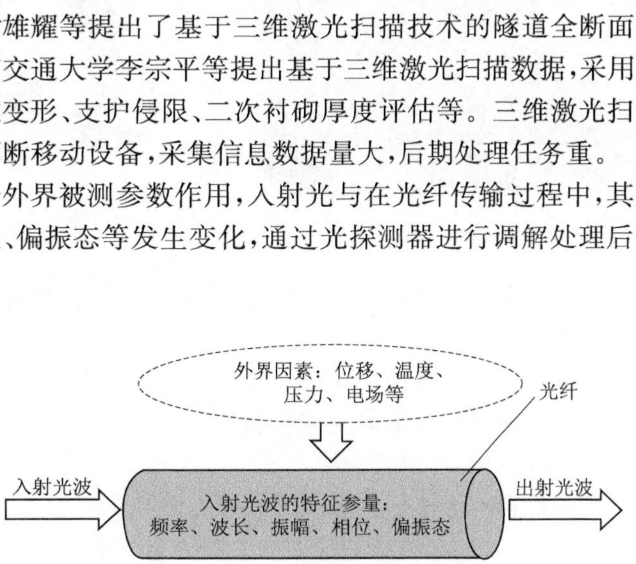


图 4.15　光纤监测技术原理

与传统监测技术相比，光纤监测具有距离长、精度高和耐久性好等特点。以分布式光纤为例，定位误差在±5 cm，应变误差为±(2～50)×$10^{-6}$。光纤传感技术在隧道纵向和环向变形监测上发挥着重要作用，但该方法对安装精度要求极高、光纤本身易折断、安装成本高。

3. 检测平台行走方式新技术

(1)在病害检测方面

西班牙开发出了隧道检测设备 Tunneling，时速已超过 40 km。瑞士开发的裂缝检测设备 tCrack，如图 4.16 所示，可用于隧道裂缝检测，时速约为2.5 km。中国研发出了MTI-100隧道检测车，时速 3～5 km，利用 6 台 CCD 线阵相机，可实现裂缝、渗漏水、掉块、剥落等病害的识别与位置记录。西南交通大学王睿等研制了车载式高铁隧道衬砌裂缝检测系统，检测速度为 13 km/h，可识别 0.2 mm 裂缝。中国铁道科学研究院集团有限公司开发的隧道全息成像测量系统，可在时速 5 km 条件下动态生成隧道表面全息图像，检测分辨率优于3 mm。

(2)在衬砌变形方面

瑞士生产的 GPR5000 移动测量系统如图 4.17 所示。该设备搭载二维激光扫描仪，在轨道上边走边扫描。通过 IMS5000 或 TunnelMap 软件，对采集的点云数据进行解析和评价。该系统工作时激光头以 200 r/s 超高速旋转，采集速率为 100 万点/s。其基于反射率的隧道全断面扫描图像，不仅可以测量隧道限界，还可用于人工识别衬砌渗漏水、掉块、裂缝等病害。在测量行走速度≤1.5 km/h 时，可识别 0.3 mm 宽的裂缝；在测量行走速度≤6 km/h时，可识别1.5 mm宽的裂缝。最新型的 GPR5000 设备可自动行走，行驶速度较慢，约为4 km/h。如何提高检测速度、自动识别表面病害是该系统仍需改进的地方。中国铁道科学研究院集团有限公司自主研发的手推式铁路净空检测仪 SJ-S-100 由检测模块和手推式小车组成，与该套设备功能相近。北京交通大学李鹏等开发了隧道限界检测车，通过搭载了多台 CCD 线阵相机交叉采集隧道断面信息并转化成数字图像实现隧道限界检测目的，时速能达到 70 km。

图 4.16　裂缝检测设备 tCrack

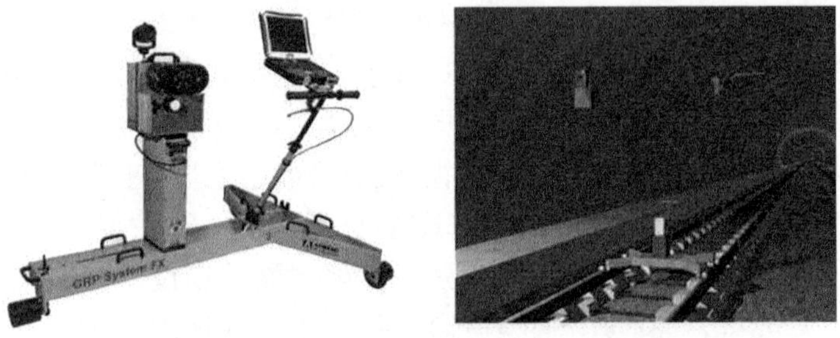

图 4.17　GPR5000 及其工作原理示意

隧道建设的显著特点是长距离、大断面。虽检测与监测技术得到了一些发展，但仍存在以下 3 个问题。

①数据传输速度慢。隧道检测与监测范围扩大、精度提高，必然会增加数据量。传统的传输方法远不能满足海量检测与监测数据的传输，人工携带存储设备的方法速度慢，从而影响后续数据处理分析。

②人工识别效率低。采集的大量检测数据需要专门人员分析处理，不仅增加了人力成本、劳动强度大，而且检测结果受人为主观因素影响大。

③检测与监测体系不完善。检测与监测技术日益增多，一种检测手段可同时检测多种病

害，对同一种缺陷或病害也有多种检测与监测手段。如何运用好这些检测与监测技术，充分发挥其作用，隧道结构病害综合检测体系仍在不断完善。

为了解决存在的问题，隧道检测与监测今后应向人工智能识别和检测与监测数据系统化的趋势发展，为铁路修建和运营维护提供更好技术支撑。

## 学习项目二 隧道的常见病害维修与养护

我国铁路工务部门对铁路隧道技术状态进行统计，发现渗漏水隧道占隧道总数的30%左右，实际上我国20世纪五六十年代修建的隧道，其渗漏水所占比例远远高于这一数字，有的隧道雨季就像水帘洞一样，严重影响了行车安全。可见渗漏水是隧道常见的病害，除此之外，隧道的常见病害还有衬砌裂损、明洞病害和道床翻浆冒泥等，下面就这几个方面的常见病害维修与养护进行简单介绍。

### 一、隧道的常见病害维修

(一)隧道渗漏水维修

隧道渗漏水与隧道所处的环境和结构以及施工质量有关，应在充分调查掌握资料的基础上(如隧道所处的地质、衬砌构造及施工质量、水源、漏水位置及水量的大小等)，遵循“防、截、排、堵相结合，因地制宜，综合治理”的原则进行整治，达到防水可靠，经济合理。

1.洞顶地表水处理

(1)隧道外地表水丰富时，特别是对埋置较浅，覆盖层系易于渗漏冲刷的大孔隙砂质土壤、松散岩石等，应填平坑洼、清除杂草树丛乱石等易积水处所，并采用疏导、修补、铺砌等方法利于排水，必要时设置浆砌片石的截、排水沟。

(2)对原地质钻孔、探孔、施工集水坑应回填夯实，或加以铺砌，废弃的竖井及斜坑应封闭出口。

2.隧道周围岩层排水维修

隧道周围岩层排水维修与岩层排水措施有关，排水系统是一个互相关联的整体系统，山岭公路隧道排水系统的构成：排水管和环向排水盲管——纵向排水管——横向排水管——路基路面排水管沟。

(1)维护隧道内外排水设施的完好，发现破损及时修复。

(2)排水管堵塞时，可用高压水或压缩空气疏通。

3.衬砌结构漏水维修

(1)拱部(或边墙)漏水

注浆是将不透水的胶凝物质(防水材料可根据情况，可选用丙凝、聚氨酯浆液等)通过钻孔注入扩散到初砌及背后一定深度(例如最大冻深)的岩层裂隙中去，把裂隙中的水挤走，堵住地下水的通路，减少或防止衬砌漏水，同时起到固结破碎岩层的作用。这种方法只要应用得当，对整治隧道漏水是有一定作用的。但要注意压注浆液不是为了简单地把水流封闭在围岩内，一般都应给每一压浆防水段落的地下水安排一条出路，禁止使用水玻璃浆液作永久堵水材料。因为水玻璃短期内效果虽好，但不耐久，故永久防水不得使用。

衬砌外贴防水层，如和排水设施结合得好是能够根治水害的，可采用防水性较好的焦油聚氨酯冷涂或其他防水材料。由于外贴防水层施工困难，失效后不易重做，现基本不用。

衬砌内贴防水层是整治衬砌大面积漏水病害的常用方法。常用的有抗裂性防水涂料和防水砂浆(掺入防水剂和速凝剂的水泥砂浆)抹面等。

(2)边墙淌水

可采用边墙内间隔一定距离设竖向排水暗槽或边墙背后设竖向盲沟排除。为扩大集水范围,在不影响围岩稳定或引起盲沟堵塞的前提下,可以盲沟为轴心,在垂直面上、左、右三方面适当钻一些集水孔,以拦截水流、集中排出。

(3)施工缝、伸缩缝、沉降缝渗漏水

可采用嵌填弹性防水橡胶条、橡胶止水带等,对施工接缝也可用压注水溶性聚氨酯等速凝止水浆液。

(4)隧底冒水

一般可采用压注水泥砂浆或化学堵水浆液以堵塞隧底裂隙,加大、加深或增设排水沟使隧底水流能迅速排除等方法维修。

当隧道内结冰时,不论是挂浆、冰瘤、冰柱、侧冰以及冰椎,当其侵入限界或冰椎覆盖轨面都将危及行车安全,或者隧道内排水设备出现冰塞,不但造成沟、管自身破碎不能再用,冬季不能排水,同时隧道内各种病害现象接踵而来,所以都必须及时刨除。电气化区段隧道应离接触网带电部分 2 m 以外才能作业,故起拱线以上要进行刨冰时,接触网必须停电或采取隔离防电措施,并应由接触网工区派人安设临时接地线后方可进行工作。

隧道漏水病害的整治采用"拱堵边排"方案,即拱部以封堵为主,边墙为引排为主,通过堵与排的结合处理,尽可能将渗漏水引排流入侧沟。为了保证治漏的质量,不论堵或排的部位,均应按先后顺序,设有临时堵漏(用双快水泥或水泥水玻璃)、柔性防水(氯丁乳胶水泥浆或改性聚氨酯涂料)和刚性防水(改性环氧砂浆或防水砂浆)等多道防水层,切忌单一处理,以防止堵水材料因收缩而失效。因此,在进行漏水整治时,一定要因地制宜、优化材料、精心施工。

4. 排水设备应满足的要求

(1)排水沟应有足够的坡度和排水断面。水沟断面应视水量的大小选定,应有足够的过水能力,特别是当洞内排水量较大时,除扩大水沟断面外,还应有足够的深度以利于疏干衬砌及隧道地下水。

根据运营经验,排水沟底部或疏水盲沟中心深度应在隧道铺底或仰拱底面以下至少 0.5 m,否则难以疏干道床底部积水。

(2)为了使隧道排水沟流水畅通,排水沟应具有一定的沟底坡度。以往规定一般不少于 3‰是考虑排水的需要,现在要求水沟坡度应与线路坡度一致。

若在隧道中的分坡平道范围内不设水沟坡度,将影响水流的排泄。水沟坡度过大,则将增加水沟边墙基础工程量。分坡平道多设于隧道中间坡顶地段,长度不长、水流量较小,故可适当减少坡顶水沟的深度。但在隧道中的分坡平道范围内,排水沟底部应有不少于 1‰的坡度,车站内的隧道排水沟坡度也不应小于 1‰,否则不利于水流排泄。如果造成洞内积水漫流,将影响隧道运营、养护和车站作业。

为了防止道床积水漫流,加速水流的排泄,要求流水排水沟的横向排水坡不小于 2‰。

(3)排水沟间隔一定长度应设置检查井,以便于清理和检查,沟顶应有混凝土或石质盖板。

(4)寒冷及严寒地区的排水设备,应有防寒设施,或设有在冻结线以下的深埋水沟。

由于影响隧道内气温、水温的因素较多,目前防寒水沟的形式与长度主要根据当地最冷月平均气温和参照邻近的隧道确定。根据现有运营线的使用经验,一般最冷月平均气温在 −10～−15 ℃应设两侧保温水沟,其设置长度一般为洞口起 200～500 m 即可。

最冷月平均气温低于－15 ℃的严寒地区，只要确定冬季有水，其水沟均应采取防寒措施。

（二）衬砌裂损维修

1. 压浆加固

(1)圬工体内压浆加固：衬砌裂损发展非常缓慢或者已呈稳定状态时，可向圬工体内压浆。一般以压注超早强水泥浆或改性树脂类等高分子化学浆液为多。

(2)衬砌背后压浆加固：衬砌背后压浆的目的是增加拱或边墙的约束提高衬砌刚度和稳定性的作用，所以一般可以在外鼓部位局部应用。如果衬砌同时存在外鼓和内鼓部位，应首先采取临时措施控制内鼓继续发展，然后在外鼓变形的部位压浆加固之后再对内鼓采取加锚措施。最后达到对全断面进行整体加固目的。

2. 嵌补

对已呈稳定暂不发展的局部裂损，可以采用嵌补的方法进行修补。即将裂损部分凿除剔净，再用防水防蚀砂浆或混凝土进行嵌补。

3. 钢拱架加固及嵌轨加固

当衬砌裂损严重而且发展很快时，为确保行车安全，可以采用钢拱架临时加固。加固拱部时，拱架脚应嵌入边墙顶或支承于埋设在边墙牛腿上，并加纵向连接。全断面加固时，可以用长腿钢拱架直接支承于墙脚基础上，做好纵向连接。钢拱架与被加固的衬砌间的缝隙，应用密排的木楔楔紧顶严，木楔间距不可过大并要注意均匀分布，要保证拱脚或墙脚不会发生下沉和移动。如需钢拱架作永久加固，当限界允许时，可以把钢拱架作为加设套拱的劲性构架，先在钢拱架之间加纵向联结，然后再挂网喷射混凝土做成套拱。

采用嵌轨加固的施工方法与钢拱架大致相同，但应注意避免对衬砌原有截面的过大削弱。

4. 锚杆加固

衬砌内鼓变形和向内位移，当背后围岩坚固良好时，采用锚杆加固是有效的。有条件时，最好采用预加应力锚杆加固，效果更好。

5. 喷射混凝土加固

喷射混凝土作裂损衬砌的加固措施，其作用大致有：

(1)高压喷射的混凝土在裂损衬砌上形成极密实的喷层，与衬砌圬工体在高压下紧密粘合，大大提高了粘结强度，可以有效地阻止破损衬砌的变形。

(2)喷射混凝土可使水泥浆在喷射压力下嵌入裂缝内一定的深度，使碎裂的衬砌重新粘合起来，增强整体性。

(3)新旧混凝土间粘结力强，加之水泥浆的渗入，提高了碎裂的衬砌整体性。新旧混凝土共同承力，较大幅度地提高了裂损衬砌的承载力，达到了加固的目的。

为了减少和防止喷层的收缩裂纹，一般常采用挂钢筋网喷射混凝土。这种钢筋混凝土喷层，增加了结构的整体性和抗震、抗冲击的能力，在运营线上多被采用。

6. 喷锚结合加固

把锚杆加固与喷混凝土加固并用，可以使锚杆、高压喷层和钢筋网互相发挥其优点，弥补其缺点，对提高裂损衬砌的刚度、稳定性、承载能力效果更好，故被广泛采用。

（三）明洞病害的防治

大部分的明洞都是以明挖法施工修建的隧道，因此明洞病害类型不多，其防治措施如下：

(1)明洞顶应按设计要求保持足够的填土厚度。对于滑坡塌方的堆积物要及时清理，避免产生额外荷载。

(2)建立完善的防排水系统，在明洞顶部填土与边坡交接处要增设截水沟，并经常保持良好状态。

(3)局部岩体失稳导致的墙脚内移，可在底部墙脚间增设横向支承。当整段洞身在横向有蠕动滑移时，可在洞外设抗滑挡墙或抗滑锚固桩及抗滑沉井等。

(4)在洞口两端及洞顶有针对性的增设必要的支(拦)挡和防护建筑物，防止危石坍落影响运输。

(5)专为泥石流跨越铁路而修建的明洞，要增设必要的导流建筑物，保证泥石流的宣泄，防止泥石流溢流改道，威胁行车安全。

(6)在明洞顶部及其周围，有针对性增设防护冲刷措施，保持洞顶填土及其周围压力平衡。

(7)维修养护时要特别注意边墙基础的防护，确保稳固和不被冲刷。根据不断变化的情况，适时加固洞口挡墙，确保仰坡边坡稳定。

(8)当明洞病害非常严重、加固的难度和费用较大时，可考虑局部改线废弃明洞，重建。

(四)隧道内的基床病害维修

1. 隧道内的基床常见病害

隧道内基床常见病害有道床裂损下沉、翻浆冒泥以及流水冲空道床。这些病害如不及时整治，严重时会危及行车安全，一旦发生脱轨事故，则救援就十分困难。所以，必须根治这些病害。

上述病害产生的原因是多方面的，有水的影响，有设计和施工存在的问题，也有由于种种原因而使维修不及时等情况造成的病害继续发展。

2. 基床病害维修

(1)采用破底加厚铺底，对碎石道床翻浆冒泥进行维修，我们了解到隧道铺底过薄，容易破裂，产生翻浆冒泥。为此，常常采用破除旧的铺底，重做新铺底，并将铺底增厚到 20～30 cm，甚至达 40～50 cm。单线隧道需扣轨分段施工，双线隧道则可封锁一线、施工一线。为减少封锁时间，浇筑铺底混凝土时，加入适量的速凝剂。

破底加厚铺底整治碎石道床翻浆冒泥，虽然有一定的效果，但对于行车干扰大，而且造价高，施工难度也较大，不建议采用。

(2)设置反滤层治理碎石道床翻浆冒泥，阻止水夹带的泥浆进入道床，同样也可起到防止翻浆冒泥的作用。设置反滤层处理碎石道床翻浆冒泥，就是基于这一原理。施工方法是：在底上铺 5～10 cm 的砂垫层，再铺一层土工纤维布，土工布上再铺 5～10 cm 的砂垫层，形成三层过滤层，阻止泥浆进入道床达到治理翻浆冒泥的目的，其短期效果尚可，造价较低。但病害容易复发，施工干扰大，应与其他治理方法比较后选用。

(3)增设双侧水沟，改整体道床为碎石道床。中心水沟式整体道床的隧道，洞内水的排除都要经过中心水沟，两侧边墙的地下水潜入隧底后无法排除，积聚在整体道床之下，泡软围岩，从而引起整体道床下沉、裂纹及翻浆冒泥。对此，可增设侧水沟和改整体道床为碎石道床方法治理。但采用这种方法治理施工复杂、对行车干扰大、造价高，应慎重选用。

(4)密井暗管法处理翻浆冒泥。水的存在是引起隧道基床翻浆冒泥的根本原因，阻断一定深度内的地下水潜入铺底及进入道床，同样也可整治隧道翻浆冒泥。密井暗管法的施工方法是：采用预制暗管埋设于轨面 1.3 m 以下，暗管两侧预留泄水孔，将暗管埋设在隧道一侧或两侧，暗管与基坑间设无砂混凝土作反滤层，每隔一段距离设一检查井，以便清理暗管。埋设暗管后，其上浇筑混凝土支承于边墙与围岩之间，对于仰拱地段，暗管应埋设于仰拱以下。

密井暗管法的施工注意事项：

①铺底混凝土及围岩不允许爆破施工，以免损伤边墙基础围岩，危及边墙稳定。

②施工中应及时加设支承，保证线路稳定。

③施工段不大于 4 m，而且应跳槽开挖，确保施工期间隧道边墙稳定。

④施工期间应加强基坑四周围岩的检查及线路情况的检查，确保施工期间列车安全运行。

⑤施工期间加强防护，确保施工人员的人身安全。

密井暗管法处理隧道基床翻浆冒泥，效果好、造价低，给运营带来的干扰少，被认为是目前处理隧道基床翻浆冒泥的最好方法。

## 二、隧道的养护

1. 隧道养护范围

隧道养护范围包括隧道的土建结构、机电设施及其他附属工程设施的养护维修工程等。

2. 土建结构养护

土建结构的养护维修工作主要包括经常性或预防性的保养和轻微破损部分的维修等内容，以恢复和保持结构的良好使用状态。

(1)洞口

及时清除洞口边仰坡上的危石、浮土，冬季应清除积雪和挂冰，保持洞口边沟和边仰坡上截(排)水沟的完好、畅通，修复洞口挡土墙、护坡、排水设施和照明设施等结构物的轻微损坏，维护洞口花草树木的完好。

(2)洞身

无衬砌隧道出现的碎裂、松动岩石和危石，应本着少清除、多稳固的原则，加以处理；围岩的渗漏水，应开设泄水孔接引水管，将水导入边沟排出；冬季应及时清除洞顶挂冰。有衬砌隧道出现的衬砌起层或剥离，应及时加以清除或加固；对衬砌的渗漏水，可将水流引入边沟排出；冬季应及时清除洞顶挂冰等。

3. 防排水设施

做好隧道的防排水设施，是保持隧道干燥、预防隧道病害、保证隧道正常运营的一个重要条件。隧道防水设施指用来阻止地下水渗入隧道的各种设施。如衬砌外面的柔性防水层、衬砌内面的刚性内敷式防水层、复合衬砌中的防水板及衬砌背后压注的水泥浆等。衬砌内表面的内敷式刚性防水层，是利用高速喷射到衬砌内表面的水泥砂浆或混凝土以及分层多次抹上的水泥砂浆作为防水层。密实的刚性防水层效果良好，我国创造的五层抹面防水层，亦有较好的效果。

衬砌中的防水板是新奥法施工推广后使用的防水材料。因为新奥法以全断面开挖、全断面衬砌为原则，在喷射混凝土面上用防水板连续铺设防水层。我国京广线大瑶山隧道及南岭隧道都使用了聚氯乙烯防水板作为隧道的防水层。由于防水层材料本身的缺陷(如弹性模量与混凝土相差较大)及施工工艺上存在问题，使得防水板的防水效果不尽如人意。

压浆是指向衬砌背后压注水泥砂浆，是我国常用的防水措施之一。它能够堵塞围岩中的缝隙，填实衬砌与围岩间空洞，从而堵住地下水的通路，使衬砌与围岩形成一个整体，大大改善衬砌的受力状态。采用分段压浆堵水，使地下水集中一处或几处引入隧道后排除，可收到良好效果。

维护隧道内外排水设施的完好，发现破损及时修复，排水管堵塞时，可用高压水或压缩空气疏通。

4. 隧道通风设备

隧道内应排除或稀释由机车排出的有害气体，使有害气体的浓度符合人体健康要求，对于长大隧道而言，隧道通风显得更重要。

(1)隧道自然通风

由于洞外自然风、洞内外温度差的影响和进出洞口高程差以及越岭长隧道两端洞口气压差的影响，一般长度为 1.5～2 km 的单线隧道，依靠自然通风，基本上可以达到相关规范中有关有害气体规定的要求。

(2)机械通风

机械通风的设备包括通风机、风道及帘幕。

通风机械的养护应注意如下问题：

①防潮。保持通风机的干燥，对于延长使用寿命有着重要的作用。

②防振。风机必须安装平稳，其固定地脚螺栓必须拧紧，以减少风机振动、降低噪声。

③加强检查，做好日常保养工作。

5. 隧道照明设施

隧道照明设施是隧道建筑物的重要组成部分，其安装与管理的好坏直接关系到隧道及隧道内线路的养护质量和行车安全，各设计、施工和养护部门必须给予高度重视。

隧道照明设施按其设置方式和功能作用分为固定式照明和移动式照明设施。隧道长度大于 1 000 m 应设置固定式照明设施，并按规定设昼夜巡守，隧道长度小于或等于 1 000 m 但大于 500 m 的曲线隧道应设置移动式照明设施。

(1)隧道照明灯具的特点

隧道照明灯具均应安全可靠、维修方便，并具有可靠的防潮、防腐、防震动(简称“三防”性能)。瓦斯隧道内还应具有防爆性能。

(2)灯具的安装

各种照明设施的安装应牢固可靠，并不得侵入基本建筑限界。安装孔眼应妥善处理，不得有渗漏水现象。

灯具安装在避车洞洞顶的隧道边墙上，灯底悬挂高度距轨面 4.1 m。单线隧道装在一侧避车洞洞顶上及相邻洞间边墙上，曲线隧道安装在较宽一侧，灯距 30 m。单线隧道也有采用双管双向灯，其灯罩为折线形，发光照射避车洞两端，灯距为 60 m。双线隧道内灯具，应交错安装在两侧避车洞顶上，各侧灯距为 60 m。

6. 电气化铁路隧道的养护特点

电气化铁路中，牵引变电所输出的电能通过接触网供给电力机车。隧道内的接触网，通过埋设杆件支承在衬砌上。

(1)电力牵引带来的有利条件

电气化铁路给隧道的养护创造了如下有利条件：

①消除了浓烟，减少了排入空气中的有害气体，改善了隧道内的工作环境，保证了在隧道内(特别是长大隧道及隧道群)工作的工人的身体健康。电力机车功率大、速度快、活塞风大。另外，电力机车靠受电弓接受电能牵引，只是各部件摩擦产生少量的有害气体，对于隧道的通风极为有利。

②保持了隧道内的干燥，减少了钢轨及连接零件的腐蚀，因而可延长其使用寿命。

③机车采用了斜齿轮传动，振动减少，减轻了对钢轨的冲击，也减少对照明灯具的振动影响。

④提供了电源。利用接触网的高压电源，经变压器降压后，可作为隧道的照明电源及作业电源。

(2)电力牵引对隧道的不利影响

电气化铁路给隧道的养护带来上述有利条件，但也相应带来了不利影响。

①限界检查极为不便。因接触网高压电的存在，使得很多传统限界检查方法无法使用。即使停电测量，由于接触网的存在，也难以测出准确地控制断面。

②给隧道病害整治带来很多困难。如对起拱线至拱顶之间的漏水、裂纹整治，必须停电作业。

③电气化铁路隧道对漏水整治要求更高。因为隧道漏水容易造成放电、跳闸、出现供电故障，或者危及养护作业人员人身安全。

④电力机车通过时，接触网的感应电流极大，故给施工防护带来新的麻烦。

养护维修作业须针对上述特点，严格按有关规定进行，尤其要特别注意接触网的高压电(21.5～27.5 kV)，确保施工人员安全。

## 三、隧道的维修管理

### (一)隧道工程维修管理的概述

隧道工程维修管理是指隧道结构在使用期间，保持结构物性能在容许范围内的技术行为。在合适的设计、施工和维修管理条件下，隧道结构物会具有良好的承载性、耐久性和满足耐久性要求的使用寿命，但如设计、施工不当或对某些潜在的因素考虑不周，或维修管理不善就会出现劣化现象或加速劣化的发展，从而造成结构物耐久性的降低或使用寿命的缩短。

隧道维修管理的目的就是保证隧道良好的运营条件和结构物的使用功能，不断地延长结构物的使用寿命，世界各国对此都非常重视。

隧道维修管理工作的基本原则是确保隧道的功能和运营环境的质量，为此应对影响隧道结构物安全性、耐久性的病害进行检查及调查，并采取适当的对策和措施。

对隧道结构物的要求是由其特殊的性质所决定的。隧道结构物与一般工程结构物在性质上有很大的不同，不了解这一点就不可能真正地认识隧道。从维修管理角度看隧道结构物的性质，概括地说有以下几点是需要我们关注的。

1. 隐蔽性

地下结构与其他结构最大的不同就是它的隐蔽性。隐蔽性使我们无法迅速发现结构物的病害，增加了判断结构物病害的“隐蔽”原因的难度。

2. 环境影响

隧道的运营环境，如车辆运行振动引起的结构疲劳、供电系统的迷流等对结构物使用寿命的影响是不可忽视的。地下结构物除受自然环境的影响外，还受到地下环境，如围岩和地下水条件变动的影响。

3. 可维修性

工程结构一般都是可维修的，只是有的较容易，有的较困难。隧道属于难于维修的一类，它的可维修性是比较差的。因此，在隧道结构物的设计施工中建立“少维修”的概念是非常重要的。

4. 既有结构物的状态

既有结构物使用期的长短、结构物病害状态和程度等，对维修管理的影响是巨大的。正是由于隧道结构物的这种与众不同的性质，对隧道结构物的耐久性、可靠性及可维修性提出了不同的要求。

从现有的资料看，满足结构物功能要求的混凝土的耐久性可能只有 60 年左右。喷射混凝土就更低些，只能满足 30 年不维修的要求。而一般混凝土结构物的使用寿命都应该在 100 年以上。这样提高混凝土的耐久性就成为当务之急。

结构物维护费和改建费，将成为国家财政的巨大负担。我国铁路隧道的修建已有超过100 年的历史，许多隧道都已经进入高维修管理阶段，维修管理费将大幅度地增长，这是不容忽视的。公路隧道正进入建设的高潮期，应该从一开始就重视引入“少维修”的概念，使结构物具有符合要求的耐久性。

要构筑一个把设计、施工、维修管理结合到一起的体系，这也是各国土建工程技术的重要发展趋势。

在山岭隧道中，即使结构的病害状态相同，结构物的安全性和耐久性也会有很大的差异，这是屡见不鲜的。

在结构物中如何考虑维修管理的作用，大体上有三种观点：

(1)能完全防止劣化现象发生，不需进行维修管理的观点。

(2)容许某些劣化现象发生，同时采取有计划的维修管理，保证结构物使用年限的观点。

(3)以维修管理为前提，劣化现象发生时，进行补修、补强的观点。

从隧道及地下工程使用过程中的经验看各国采取的维修管理基本模式是：检查→发现病害→推定病害原因→明确病害后的结构物的健全度→制订相应的整治措施→整治。也就是采用“早期发现—及时维护”或者说是“勤检查、早发现、少维修”的维修管理模式。这也是我们应该建立的隧道及地下工程维修管理模式。

针对存在的问题，隧道工程维修管理的要点就是“预防为主、早期发现、及时维护、对症下药”。

(1)预防为主

预防维修管理是最好的维修管理方法。也就是说，在劣化发现之前进行详细的检查，并采取必要对策不让劣化发生是最经济的维修管理方法。因此，建立一个完善的检查体系是十分重要的。

(2)早期发现

隧道病害的发生一般都是有前兆的，早期发现这些前兆，并作出正确的判定，及时处理可能发生的病害，是各国进行隧道维修管理的基本前提。这一点对我们具有更重要的意义。早期发现、正确诊断、推定病害发生原因应该成为我们进行维修管理的基本原则。

(3)及时维护

拖延处理发生的病害，只会使病害继续发展，最后可能导致隧道各种事故的发生。实践证明，出现了病害就要及时处理，这样会收到事半功倍的效果。隧道是修筑在地下的线状结构物，围岩动态及环境条件是十分复杂的。因此，即使进行了详细的调查，有时也很难充分掌握隧道的病害状态。在病害有发展趋势的情况下，在病害发生的初期阶段，只要采取一些简单的措施就可解决问题。

(4)对症下药

隧道发生病害，就和人生病一样。有人把隧道的维修管理认为是“隧道临床医学”“对症下药”就是临床医学的重要原则，因此，必须了解病害和各种整治对策的相互对应关系，以期获得最好的治理效果。总之要大力提高我国隧道工程的维修管理技术水平。

(二)隧道工程维修管理的现状和存在的问题

如何利用工程学的方法，有效地解决、防治和减轻灾害的破坏效应是结构工程学一个重要研究领域。为了解决这一问题，许多国家都把确立结构物使用期(寿命)的研究作为基础性研究而给予了极大的关注。

日本从 20 世纪 80 年代起，在铁路隧道、水工隧洞中引入健全度的概念，对结构物的剩余寿命进行评估，获得了实质性的进展。特别是将专家系统引入结构物健全度的评定，效果很好。美国则以结构损伤度的概念，进行结构物损伤评估方法的研究，也取得了一定的进展。但从整体上看，对地下结构物使用期的研究是相当不充分的。

我国铁路、公路隧道是一笔巨大的社会财富。管好、用好这些财富，是维修管理的重要任务。因此，从设计、施工阶段就开始考虑今后的维修管理问题，为今后运营阶段的维修管理工作创造良好的条件是非常重要的。

日本是修建隧道工程较多的国家之一。日本隧道协会的维修管理研究委员会在广泛调查研究的基础上，对隧道工程的维修管理提出了许多有价值的建议，其中许多建议和方法可以供我们参考。

从各国的现状看研究主要集中在以下几个方面：

(1)维修管理的基本模式。

(2)隧道结构病害现象的分类及其标准化。

(3)结构病害的原因、病害现象和病害原因的因果关系。

(4)结构病害程度的分级及其判定。

(5)结构病害的防治措施(整治、对策)等。

我国采用矿山法修筑的铁路、公路隧道，在维修管理方面存在的主要问题有以下几点。

(1)还没有真正地把维修管理的理论和方法运用到隧道的维修管理中，在这方面与一些发达国家的差距十分明显。也就是说在维修管理中要建立一个新的概念，即结构物在设计基准期内受到劣化外力作用(环境条件的变化等)，以把劣化状态控制在容许水准以内为目标；同时，根据经济性来设定材料规格、设计基准和施工工艺，并确定相应的维修管理基准的概念。

(2)缺乏早期发现病害现象的检查和检测方法，由于隧道内的运营条件差(潮湿、阴暗等)，很难早期发现病害的前兆和病害现象。因此在日常检查中，充实、改进和完善检查和检测方法是当务之急。

(3)我国 20 世纪 80 年代修建的隧道已经进入“高维修”管理期。为了延长或提高隧道的使用寿命必须改变“重工程、轻维护”“重治理、轻检查”“重晚期、忽视早期”等传统观念建立“预防为主、早期发现、及时维护、对症下药”的基本观念。形成这种传统观念的原因是多方面的，有体制上的有经济上的，也有技术上的。

(4)我国隧道病害的整治方法仍在研究中。将一些成熟的、有效的和先进的整治方法模式化是十分必要的。

### [相关案例]——高速铁路隧道二次衬砌空洞整治与预防

#### 一、工程概况

沪昆铁路客运专线是国家《中长期铁路网规划》中“八纵八横”中快速客运通道的一横。湖南段站前施工 CKTJ-4 标段，起讫里程为 DK167＋155～DK217＋366.15，从娄底南站到新化南站，正线长度为 50.2 km，其中隧道总长 25.5 km，占正线长度的 51％。本标段设立 5 个项目分部，其中第 5 分部管段内铁炉隧道出口段施工长度为 1.5 km。铁炉隧道穿越低山区，冲沟较发育。隧道区内主要的不良地质现象为岩溶，岩溶的表现形态以线状、缝状的溶隙、溶洞为主，岩溶发育强度等级为中等；断层带内局部有断层泥分布，其结构呈散状体，遇水软化、崩解，易引起塌方。针对高铁隧道拱顶衬砌施工易产生空洞的问题，铁炉隧道出口段衬砌施工前就制订了隧道二次衬砌(相对于二次衬砌的初期支护即初期衬砌)注浆预防拱顶脱空的方案，将衬砌注浆、地质雷达检测纳入关键工序，以减少或避免出现衬砌空洞。

## 二、高速铁路营业线隧道二次衬砌空洞的成因及整治方法

### 1. 隧道衬砌空洞的危害

隧道衬砌空洞的危害主要有:(1)空洞处会产生应力集中,衬砌破坏较为明显;(2)衬砌空洞不仅改变了隧道衬砌的整体刚度和受力状态,还降低了其承载能力;(3)空洞会与裂缝、振动、冻害、衬砌厚度不足等病害耦合产生破坏;(4)容易诱发其他病害;(5)地震会加剧空洞的破坏作用,地震烈度越大,破坏性越大。

### 2. 空洞产生的原因

(1)施工质量方面的原因:①二次衬砌厚度不足,浇筑方量不足;欠挖或沉降收敛等原因引起的二次衬砌背后实际线位小于设计线位;混凝土自密导致混凝土面下沉;浇筑质量检查方法不当;②混凝土质量控制不当,混凝土中水泥用量过大、隧道内养护条件不足均会引起混凝土收缩;③钢筋布置密集处混凝土振捣不到位,易形成蜂窝、空洞。

(2)经济方面的原因:因超挖导致初期支护二次衬砌混凝土厚度应大于设计厚度,实际施工中却仍按设计方量浇筑。

(3)施工组织方面的原因:架子队各成员分工不明确、不详细;个别施工作业人员操作不到位;缺乏有效监督等。

(4)技术方面的原因:未制订预防衬砌空洞的方案;防水卷材不密贴;拱顶集气;模板下沉。

### 3. 空洞整治方法及程序

(1)隧道二次衬砌缺陷情况

按照空洞深度、位置、大小及其他病害程度、其他病害耦合等情况,进行等级划分,按照缺陷可分为:Ⅰ级,轻微缺陷,衬砌承载力降低虽不太明显但有发展为破坏的可能;Ⅱ级,严重缺陷,衬砌承载力降低明显但进一步破坏可能致承载力丧失;Ⅲ级,较严重缺陷,衬砌承载力几乎丧失。按照破坏形式划分为围岩自承力降低、衬砌承载力降低、导致其他灾害。

(2)常用的处理方法

常用的处理方法有注浆回填、锚杆补强、内衬拱架补强、表面补强。衬砌空洞的形成原因复杂,破坏形式多样,且具有易与多种病害耦合等特点,采用单一的治理措施只能治标,难以从根本上消除病害。将多种措施相结合,对空洞病害进行综合治理,能充分发挥各种措施的特长,取得更好的整治效果。

(3)处理程序

空洞处理程序一般是:通过排查确认空洞的位置、深度、大小等基本情况,综合考虑多方面因素后选择最合理的处理方案;施工单位编制处理方案并上报给线路运营管理单位审批;通过审批后实施整治处理;处理完毕后,采用以地质雷达为主、敲击法为辅的综合检测方法,对已处理的段落再次进行空洞排查。

## 三、做好在建隧道空洞预防的必要性

随着隧道施工的日益增多,既有线隧道空洞整治所消耗的人力、财力、物力将大幅增长,因此预防才是最好的治理方法。隧道衬砌空洞作为质量通病,施工时应将其列为关键工序和质量控制重点项目。要严格执行二次衬砌空洞预防措施,确保二次衬砌施工质量达标,并且按期完工,做到安全运营。

## 四、预防隧道二次衬砌空洞的方法

以铁炉隧道施工为例,为有效预防二次衬砌拱顶脱空的质量通病,从方案、技术、工艺、管理等多方面着手,全面创新工艺,同时实施精细化管理。具体的预防措施如下。

(1)做好初期衬砌。在二次衬砌施工之前,应严格按照规范要求检查初期衬砌喷射混凝土的平整度,对不满足要求的要进行补喷整平;防水层(土工布、防水板)的铺挂应保证适度的松铺系数,既不能太紧,也不能太松,使之与初期衬砌达到密贴的效果。

(2)做好防水板搭接。加强对防水板材质以及防水板连接所采用的双缝热熔焊接质量的把关,避免因热熔焊搭接不达标,造成浇筑时混凝土从防水板接缝处流入,造成二次衬砌混凝土分层;避免造成防水板前后水通路导致防水板丧失作用。

(3)二次衬砌加筋。对于塌方形成的较大空洞,先期虽进行过回填处理,但后期还易产生较大的松弛压力。为了减小或避免塌方段后期松弛压力所造成的衬砌开裂,在回填处理塌方段空腔后,施作二次衬砌时应申请设计变更,进行配筋或加密配筋,特别是在衬砌内侧。

(4)防收缩。混凝土凝固的过程中容易产生收缩,衬砌的拱部易产生空洞,可通过添加泵送剂、减水剂来减小混凝土的水灰比,或者通过加入适量的膨胀剂来控制混凝土的收缩。

(5)保持模板整体稳定。为防止衬砌模板下沉,可在台车的底纵梁下设置限位器,用以提高台车的刚度和强度,同时宜在台车底纵梁上设置闭合支承的支架,或者在仰拱填充混凝土中预留台车固定辅助孔。

(6)浇筑孔位。隧道坡度较小时,应从中间孔泵送混凝土;隧道坡度较大时,应从高孔位泵送混凝土。

(7)预留注浆孔。衬砌模板安装前,在拱顶安设纵向排气管和注浆管,如图 4.18 所示。

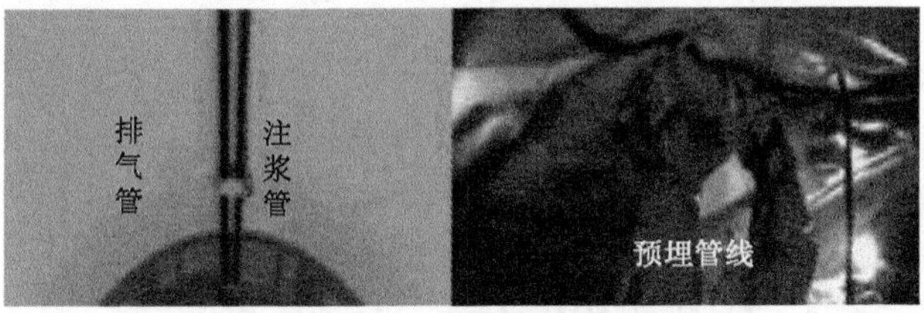


图 4.18　注浆管线预埋

(8)做好拱顶混凝土浇筑。针对隧道拱顶混凝土难以饱满这一问题,可通过加入泵送剂、减水剂以及调整砂率等措施来提高混凝土的流动性,同时要确保泵管内混凝土的泵送压力,并设置辅助排气孔将二次衬砌拱顶集气排出。每次浇筑前后,应仔细检查混凝土泵送管,确保管壁内没有混凝土粘结而增大混凝土输送的阻力。现场设专职技术员、质检员、领工员、工班长等,全程监控拱顶混凝土浇筑施工。

(9)做好养护和检测工作。二次衬砌施工机具设备中增设检测养护移动式台架(图 4.19),综合运用敲击法和地质雷达法进行空洞检测并同步跟进处理;配备高压水泵,采用间歇式的洒水养护工艺,使混凝土的强度得到更有效的保证。

图 4.19　检测养护移动式台架

(10)压浆。二次衬砌施工完成后 7～28 d,及时对衬砌空洞进行检测。如有空洞,则采用预留的高压注浆管、套丝式注浆孔对存在空洞的位置进行衬砌背后回填压浆处理(图 4.20),详细记录此段二次衬砌的相关情况并存档。现场可通过扫描拱墙上张贴的二维码读取每板二次衬砌混凝土的施工情况及是否存在空洞等信息,与第三方检测结果对比,即可确认对应位置的空洞情况。

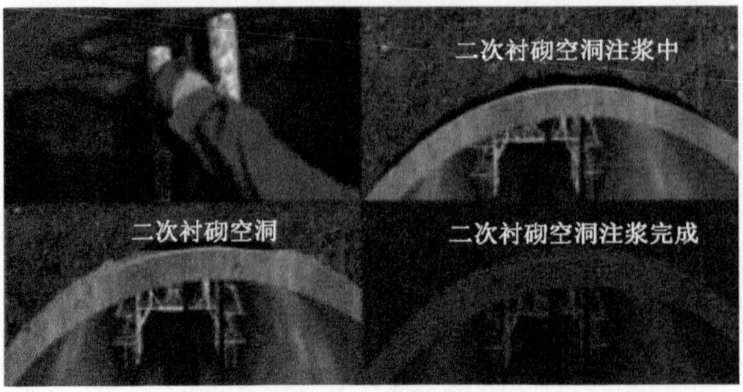


图 4.20　衬砌空洞注浆前后对比

### 五、隧道衬砌空洞预防效果对比

采取预防措施前后隧道衬砌空洞预防效果对比见表 4.21。

**表 4.21　隧道衬砌空洞预防效果对比**

| 隧道空洞预防情况 | 组织协调 | 费用 | 病害 | 时间安排 | 缺陷问题 | 信誉评价 | 安全风险 |
|---|---|---|---|---|---|---|---|
| 未采取预防措施 | 1. 营业线病害整治工作审批流程复杂；<br>2. 营业线作业所需的工、料、机均需再次准备且一切物品每次上线搬运困难，作业时特别需要注意对既有设备的保护；<br>3. 天窗作业不能完全按照施工计划获批，常被取消；<br>4. 施工作业条件有限（自发电、自供水、反复拆装支架、作业面小、每个天窗作业时间短等）；<br>5. 增加了项目收尾工作量 | 整治费用高，平均 50 万元/km，包括施工配合费、整治管理费、整治作业费（工、料、机） | 极易形成或逐渐发展扩大 | 耗时，占用营业线维修天窗 | 易发生通病情况 | 影响或减分 | 大（概率高） |
| 采取预防措施 | 1. 工、料、机方便利用；<br>2. 空洞检测、注浆等几个关键步骤，可按照正常的施工流程与其他工序顺序进行，工序间互不影响；<br>3. 提高了施工质量，顺利验收；<br>4. 减小了项目收尾工作量 | 整治费用低，平均 3 万元/km，包括工、料、机（主要为制作衬砌检测台车、租用地质雷达探测仪）等费用 | 没有或不发展 | 几乎不影响关键工序的正常施作 | 没有或减少 | 不影响或加分 | 小（几乎无） |

问题思考：理解案例中的对比注浆回填、锚杆补强等整治方法，思考一下哪种方法更适合处理隧道拱顶部位空洞，为什么？

## 知识拓展——地质雷达在高铁隧道检测中的应用

截至 2024 年底，我国铁路营业里程达到 16.2 万 km，其中高铁 4.8 万 km。运营高铁隧道的检修数量多、天窗时间短，主要采用目视检查、敲击等传统人工手段检测，效率低、准确性不高，给高铁隧道管理部门带来巨大的养护维修压力。利用地质雷达检测隧道衬砌与传统人工检查方法相比，具有无损、准确、高效等优点，并经过多年实践和发展，技术手段已日益成熟。

1. 检测原理

使用地质雷达对隧道衬砌进行无损检测时，地质雷达天线向地下发射高频电磁波，电磁波信号在衬砌内部传播时遇到存在电性差异（如介电常数差异）的介质界面时，会发生反射、透射和折射。地质雷达主机精确记录反射的电磁波双程走时、振幅与相位等特征，获得衬砌的断面扫描电磁波信号，通过对电磁波信号的处理和图像解译，可掌握隧道衬砌内部及背后状况。

2. 检测准备工作

（1）制订检测方案，内容包括：检测计划、测线布置、天线配置、系统参数、安全防护措施等。

（2）进行现场调查，做好测量里程标记。

（3）检测工作开始前应进行设备状态检查，包括外观检查、电源检查、附属设备检查和联机调试等。

3. 现场检测

高铁隧道检测采用纵向布置测线为主，考虑运营高铁隧道拱顶部分对行车的影响，沿拱顶中心线两侧 1～2 m 各对称布置 1 条测线，并可根据检测结果加密测线布置（图 4.21）。

运营高铁隧道的养护维修作业管理要求严格，因此在运营高铁隧道检测过程中还应注意以下事项。

（1）高铁隧道现场检测前，需对现场人员和检测设备逐一清点，然后有序进入检测现场。检测工作完成后离开检测现场须做到工完料清，防止遗漏物品在高铁隧道内。

（2）检测工作必须严格控制在天窗时间内进行。检测过程中，需确保检测区间内接触网线路断电、接地，同时封闭检测区间，做好现场的安全防护，以保障检测人员及设备的安全。

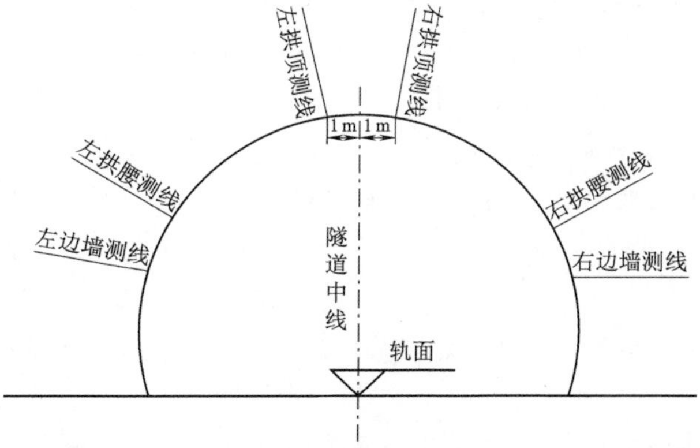


图 4.21　测线布置示意

（3）高铁隧道内布置有等间距的接触网吊柱等附属设施，检测过程应尽量避免检测设备触碰接触网设施：当检测设备行进到接触网吊柱周围时，应将雷达天线放低至不与接触网吊柱发生触碰的位置，待其通过接触网吊柱后，再将天线恢复到采集位置，不断反复该操作过程。

(4)检测时天线应移动平稳、速度均匀,检测速度应满足采样间距不大于 2 cm 的要求;分段检测时,相邻检测段搭接长度应大于 10 m。

(5)检测过程中应做好记录,包括测线编号、位置、方向、标记间隔、技术参数、天线中心频率、异常或干扰(如避车洞、接触网吊柱等)位置以及衬砌破损,并需根据检测过程中的干扰变化和图像效果及时调整参数设置。

(6)检测时应每 10 m 标记现场里程,以利于数据处理阶段的里程校正。

4. 数据处理

由于不同介质介电常数不同,电磁波在不同介质界面处产生强烈反射信号,反射电磁波被地质雷达接收,以雷达图的形式记录。地质雷达图像间接反映了介质的各种状态,因此正确解释雷达图像需要进行合理的数据处理、正确的试验类比及丰富的判读经验等。数据处理主要用于剔除随机干扰和压制规制,避免达到凸显异常信号(振幅、波形及电磁波速度)。地质雷达数据处理包括预处理与处理分析,预处理一般包括里程校正、标题修正、添加标识等。数据处理流程如图 4.22所示。

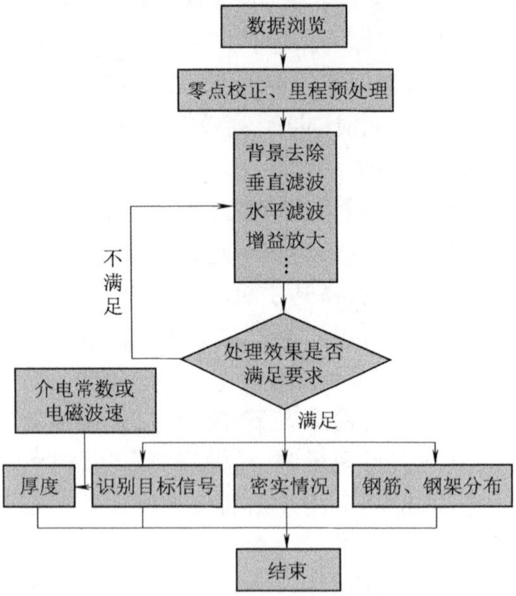


图 4.22　数据处理流程

## 单元作业

### 一、选择题

1. 铁路特长隧道是指长(　　)m 以上的隧道。

A. 5 000　　B. 8 000　　C. 10 000　　D. 12 000

2. 下列结构物,不属于隧道洞口工程是(　　)。

A. 洞门　　B. 仰坡　　C. 排水设施　　D. 照明

3. 隧道衬砌厚度常用的检测方法有(　　)。(多)

A. 钻孔取芯法　　B. 超声波法　　C. 地质雷达法　　D. 红外成像法

4. 以下不是隧道施工监控量测的必测项目是(　　)。

A. 地质和支护状况观察　　B. 地表下沉

C. 周边位移　　D. 拱顶下沉

5. 严寒地区隧道使用盲沟排水时,盲沟深度最少为(　　)以上,还应考虑保温措施。

A. 13 cm　　B. 15 cm　　C. 18 cm　　D. 20 cm

6. 隧道渗漏水按其渗漏形式一般可分为点渗漏、(　　)、面渗漏。

A. 浸渗　　B. 滴漏　　C. 涌流　　D. 线渗漏

7. 隧道衬砌裂缝根据裂缝走向及其和隧道轴线方向的相互关系,分为(　　)、环向裂缝、斜向裂缝三种。

A. 网状裂缝　　B. 纵向裂缝　　C. 温度裂缝　　D. 施工缝

8. 遇有(　　)等恶劣天气影响瞭望时，应停止线上作业和上道检查，必须作业时，应采取特殊安全措施，保证来车之前按规定的距离及时下道。(多)

A. 微风　　B. 降雾　　C. 暴风雨(雪)　　D. 扬沙

## 二、填空题

1. 隧道围岩的地下水以________方式或________形式进入隧道内造成危害。

2. 隧道治水应实行以________为主，排、堵、截相结合的综合整治措施。

3. 维修管理的目的就是保证隧道良好的________和结构物的________，不断地延长结构物的使用寿命。

4. 隧道的病害根据隧道病害发生的地点一般分________类。

## 三、判断题

1. 隧道工程维修管理的要点就是“预防为主、早期发现、及时维护、对症下药”。(　　)

2. 早期公路隧道普遍采用双洞分离式的结构形式。(　　)

3. 支护质量主要指锚杆安装质量、喷射混凝土质量和钢构件质量。(　　)

4. 隧道渗漏、水流渗漏到隧道内路面上结冰，逐渐覆盖全部路面，形成冰挂。(　　)

5. 隧道施工过程中的有害气体主要指 $CH_4$。(　　)

6. 隧道应急检查是发生异常事件后(灾害、事故)采取的详细检查。(　　)

7. 公路隧道防水混凝土的试验抗渗等级应大于设计抗渗等级。(　　)

8. 在严寒地区，靠防排水系统能彻底避免冻害。(　　)

9. 隧道内有漏水时，应查明水源、漏水位置及漏水量大小，遵循实际控制的原则进行整治，达到防水可靠，经济合理。(　　)

10. 在隧道内处理松动衬砌、危石及翻修衬砌时，必须有预防塌落伤人的安全措施。(　　)

## 四、简答题

1. 何为隧道？铁路隧道按长度分为哪些类型？

2. 何为收敛量测？量测的成果怎样整理？怎样应用？

3. 铁路隧道的检查的内容有哪些？根据混凝土中添加材料的不同通常有哪些类型？

4. 简述隧道产生病害的原因。简述隧道治水措施。

5. 现场监控量测的项目有哪些？常用什么方法量测有哪些？

6. 简述隧道拱顶下沉量测的方法及量测要求。

7. 地表下沉量测的目的是什么？

8. 常见的隧道冻害现象有哪些？隧道冻害防治的措施有哪些？

9. 隧道工程维修管理工作的基本原则及存在的问题有哪些？

拓展阅读

实作技能：整修隧道防排水设施病害

# 单元五　路基的维修与养护

## 学习导读

铁路路基、桥梁、隧道是铁路线路的重要组成部分。铁路路基是基础，为铁路线路提供稳定支撑，铁路路基其稳定性直接关系列车运行的安全。本单元主要介绍路基及过渡段基本知识和维修养护的大致范围。

## 能力目标

1. 具备依据规范制定路基维修方案的能力；
2. 具备正确选择路基防护措施的能力。

## 知识目标

1. 掌握路基结构组成及分类；
2. 熟悉地基处理的方法；
3. 了解路基常见病害类型。

## 素质目标

1. 培养良好的职业道德和团队精神；
2. 培养环保的意识和独立思考的能力；
3. 培养路基施工维护作业中严谨细致、追求卓越的工匠精神；
4. 培养创新思维，提升沟通协调能力。

## 学习项目一　路基及过渡段基本知识

在铁路工程中，路基作为线路结构的基础，承载着整个线路系统的重量，其质量直接关系到线路的稳定性、承载力和使用寿命。而过渡段作为路基与桥梁、涵洞等其他结构物之间的衔接部分，更是保障线路系统顺畅运行的关键环节。

### 一、基床结构和形式

基床是指路基上部承受列车动力作用和水文气候变化影响较大的土层，其状态直接影响列车运行的平稳和速度的提高。基床分表层与底层两部分。基床表层和底层是铁路路基的重要组成部分，其厚度是设计和施工中需要重点考虑的因素，根据相关规定和实践经验，基床表层的厚度通常为 0.7 m 左右，而基床底层的厚度则通常为 2.3 m 左右。

基床在各种因素影响下，产生各种类型的永久变形，称为基床病害。基床部分的路基病害可分为四大类，即翻浆冒泥、基床下沉、剪切外挤、基床冻害。

1. 基床结构

视频

路基横断面形式和基本构造

一般情况，路基基床结构由基床表层和底层两层组成，基床底层的顶部和基床以下填料部位的顶部应设 4%的人字排水坡。陡坡地段的半填半挖路基，路基面以下 1 m 范围内应予以挖除换填，填料应满足现行规范对基床表层和基床底层填料的要求。挖方顶面应设 4%的向外排水坡。

对于高速铁路路基基床，有的国家针对填料、气候、无砟轨道等不同线路情况，将基床表层再细分成两层或多层结构，每层使用不同材料或结构。最典型的是德国无砟轨道的线路结构，包括钢筋混凝土板连续板、混凝土绝热层和支承层、素混凝土、矿渣混凝土、填土、道砟等。日本在基床表层的表面铺设一层 5 cm 厚的沥青混凝土，德国在有砟线路基床表层加设一层混凝土板和过滤层。

2. 路基断面

高铁路基基床状态主要受基床厚度、填料及其压实度、防排水构造等因素的影响，并直接关系到列车的平稳运行和速度提升。路基基床结构应满足强度和变形的要求，保证其在列车荷载、降水、干湿循环及冻融循环等多重因素作用下具有长期变形稳定性。无砟轨道基床表层厚 0.4 m、基床底层厚2.3 m，如图 5.1 所示；有砟轨道基床表层厚 0.7 m、基床底层厚 2.3 m，如图 5.2 所示。

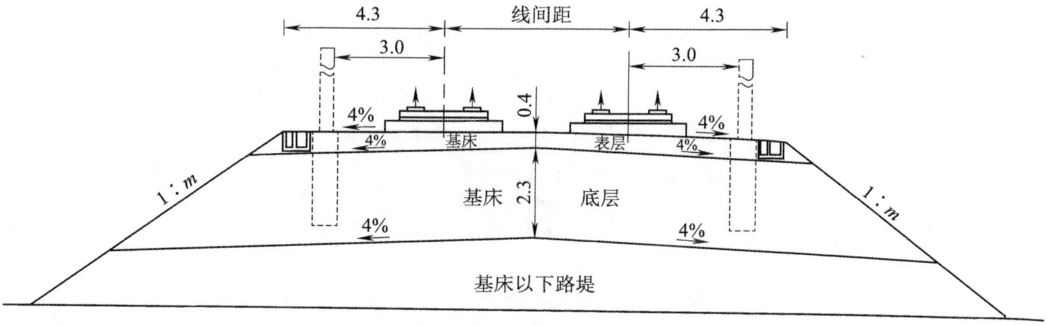


图 5.1　无砟轨道双线路基断面示意(单位：m)

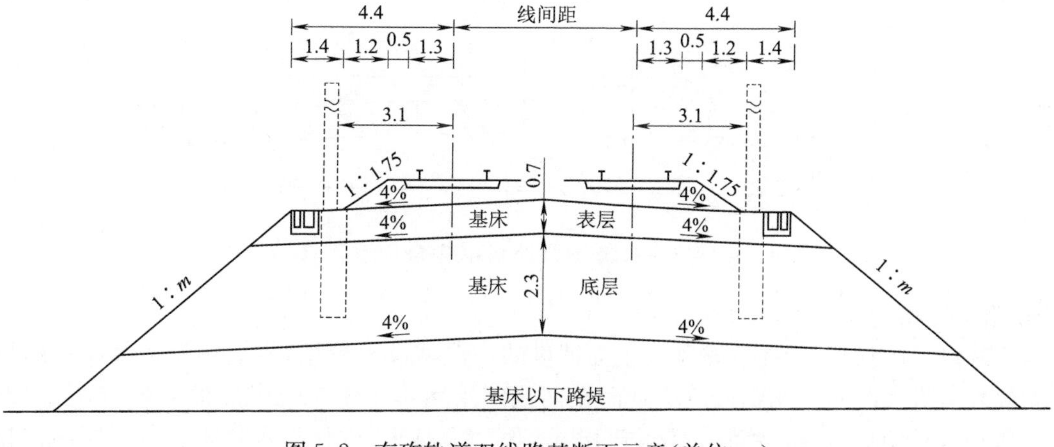


图 5.2　有砟轨道双线路基断面示意(单位：m)

基床表层填料为粒径不大于 60 mm 的级配碎石，基床底层填料为粒径不大于 60 mm 的砾石类、砂类土中的 A、B 组填料或化学改良土。级配碎石、砾石类及砂石类土采用压实系数 $K$、地基系数 $K_{30}$ 及动态变形模量 $E_{vd}$ 作为基床压实控制指标，化学改良土采用压实系数及7 d 饱和无侧限抗压强度作为基床压实控制指标。基床表层和基床底层填料的压实标准见表 5.1。

**表 5.1　基床表层、基床底层填料的压实标准**

| 位置 | 填料 | 压实标准 | | | |
|---|---|---|---|---|---|
| | | 压实系数 $K$ | 地基系数 $K_{30}$/(MPa/m) | 7 d 饱和无侧限抗压强度/kPa | 动态变形模量 $E_{vd}$/MPa |
| 表层 | 级配碎石 | ≥0.97 | ≥190 | — | ≥55 |
| 底层 | A、B 级粗砾土、碎石类 | ≥0.95 | ≥150 | — | ≥40 |
| | A、B 组砂类土(粉砂除外)、细砾 | ≥0.95 | ≥130 | — | ≥40 |
| | 土化学改良土 | ≥0.95 | — | ≥350(550) | — |

注：括号数值为严寒地区化学改良土考虑冻融循环所需强度值，参考《铁路路基设计规范》(TB 10001—2016)。

3. 路堑路基断面

当铺设轨道的路基面标高低于天然地面时，路基以开挖的方式构成，这种路基为路堑，如图 5.3、图 5.4 所示。

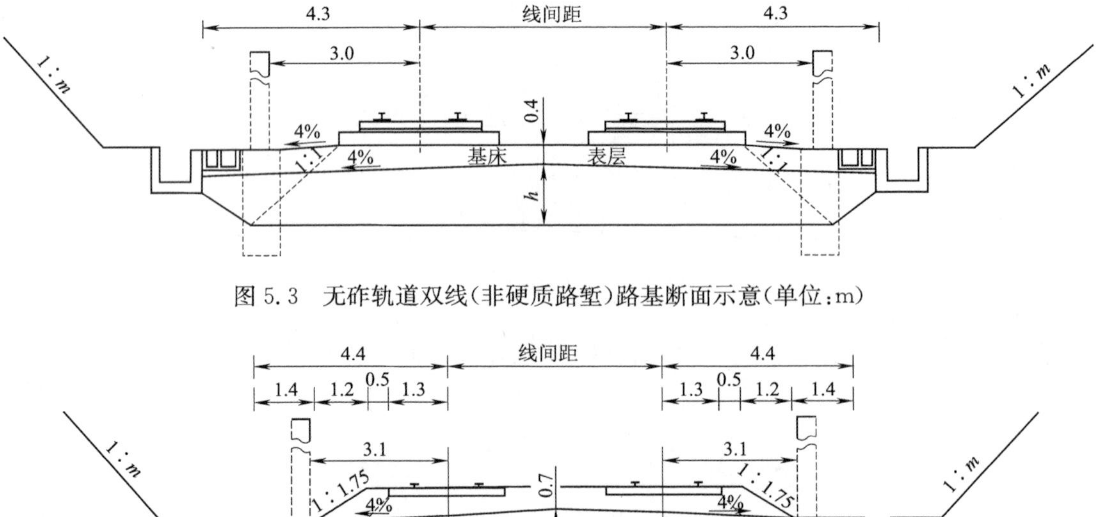


图 5.3　无砟轨道双线(非硬质路堑)路基断面示意(单位：m)

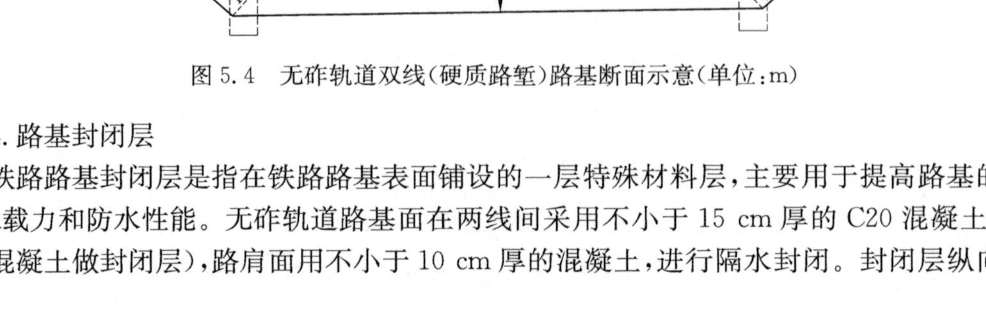


图 5.4　无砟轨道双线(硬质路堑)路基断面示意(单位：m)

4. 路基封闭层

铁路路基封闭层是指在铁路路基表面铺设的一层特殊材料层，主要用于提高路基的稳定性、承载力和防水性能。无砟轨道路基面在两线间采用不小于 15 cm 厚的 C20 混凝土(或用沥青混凝土做封闭层)，路肩面用不小于 10 cm 厚的混凝土，进行隔水封闭。封闭层纵向排水坡度不小于2%，横向排水坡度不小于4%。封闭层间设断缝，以免冬季封闭层拉裂、夏季封闭层拱起。

## 二、路堤和路堑

1. 路堤

路堤是指高于原地面的填方路基，用合格填料碾压而成具有一定密实度的土工结构物(图5.5)。填筑施工前，应根据地形条件和设备组合选取代表性地段进行填筑压实工艺性试验，确定松铺厚度、碾压遍数、最优含水率等主要施工参数，并报监理单位确认。路堤边坡宜采用加宽超填施工，超填宽度按设计要求执行。路堤边坡成型宜采用机械刷坡。刷坡时应采取挂线法控制边坡坡率和平整度，控制线间距宜为10～15 m。路堤边坡应平顺、密实、稳固，主要检验方法是观察，钢钎探查。

图5.5　路堤地段

2. 路堑

当铺设道的路基面标高低于天然地面时，路基以开挖方式构成，这种路基为路堑，如图5.6所示。路堑施工前应完善排水系统，做好堑顶截、排水天沟。临时排水设施应与原有排水系统及永久性排水设施相结合。堑顶为土质或含有软弱夹层的岩层时，天沟应及时铺砌或采取其他防渗措施。

图5.6　路堑地段

(1)土方路堑开挖

根据路堑深度和纵向长度，土方路堑开挖可按下列方式进行。

①横挖法：以路堑整个横断面的宽度和深度，从一端或两端逐渐向前开挖的方式成为横挖法。横挖法适用于短而深的路堑。

②纵挖法：沿路堑全宽以深度不大的纵向分层挖掘的方法称为分层纵挖法。分层纵挖法适用于较长的路堑开挖。

视频

土方路堑开挖

(2)石方路堑开挖

石方应根据岩石的类别、风化程度和节理发育程度等确定其开挖方式。对于软石和强风化石，能用机械直接开挖的均应采用机械开挖。凡不能采用机械或人工直接开挖的石方，应采用爆破方法开挖。

### 三、过渡段处理

1. 路基与其他结构物的过渡段

铁路线路是由不同特点、性质迥异但又相互作用、相互依存、相互补充的构筑物(桥隧、路基等)和轨道构成的。由于组成线路的结构物强度、刚度、变形、材料等方面的差异巨大，因此必然会引起轨道的不平顺。为了满足列车平稳舒适且不间断地运行，必须将其不平顺控制在一定范围之内。轨道的不平顺有静不平顺和动不平顺之分。静不平顺是指轮轨接触面不平顺，如钢轨轨面不平顺、不连续(接头、道岔)、车轮不圆顺等；动不平顺是指轨下基础弹性不均匀，如扣件失效、枕下支承失效、路基不均匀以及桥台与路基、路堤与路堑、路基与隧道等过渡段的弹性不均匀等。在路基与桥梁连接处，由于路基与桥梁刚度差别很大，一方面会引起轨道刚度的变化，另一方面，路基与桥台的沉降也不一致，在桥路过渡点附近极易产生沉降差，导致轨面发生弯折。当列车高速通过时，必然会增加列车与线路的振动，引起列车与线路结构的相互作用力的增加(图 5.7)，影响线路结构的稳定，甚至危及行车安全。在路基与桥梁之间设置一定长度的过渡段，可使轨道的刚度逐渐变化，并最大限度地减少路基与桥梁之间的沉降差，达到降低列车与线路的振动，减缓线路结构的变形，保证列车安全、平稳、舒适运行的目的。

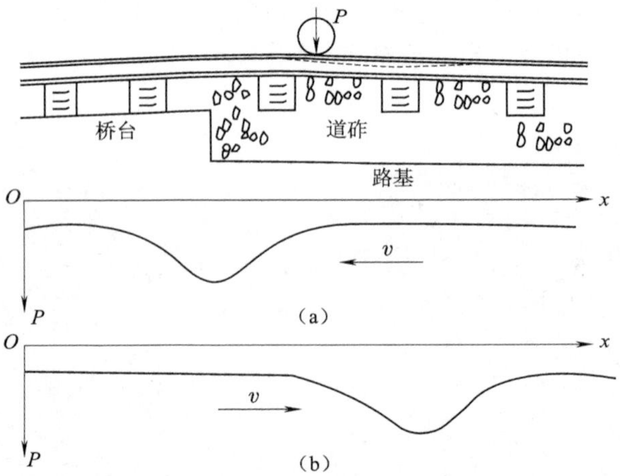


图 5.7 轮轨作用力在路桥过渡段的分布

基床表层以下过渡段填层及锥体填筑应符合下列规定：

(1)过渡段及锥体填筑前应确认地基处理已经完成且验收合格。

(2)过渡段应与相邻的路堤及锥体同步施工，并将过渡段与连接路堤的碾压面按大致相同的水平分层高度同步填筑并均匀压实。

(3)桥台后 2.0 m 范围外及涵背等大型压路机能碾压到的部位，应采用大型压路机机械碾压。大型压路机碾压不到的部位或在台后 2.0 m 范围内、横向结构物的顶部填土厚度小于 1 m 时，应采用小型振动压实设备进行压实。

(4)横向结构物两侧的过渡段填筑必须对称同步填筑，并与相邻路堤同时施工。

(5)掺水泥级配碎石应在填筑压实工艺性试验确定的时间内压实完毕。

2. 无砟轨道过渡段

为减小过渡段线路的刚度突变，需要在无砟轨道与有砟轨道、路基与桥涵、路基与隧道、路堤与路堑的连接处设置过渡段，以实现过渡段范围内线路刚度的渐进过渡。

轨道结构不同的情况下，需要考虑不同轨道结构之间的过渡；轨道结构相同的情况下，桥上、隧道内无砟轨道与路基上无砟轨道间的过渡主要是线路下部基础间的过渡。

(1)无砟轨道与有砟轨道间的过渡段

无砟轨道的整体刚度大于有砟轨道，为减缓列车通过两种轨道连接处时由于轨道刚度突变引起的动力不平顺，需要设置过渡段来缓解或消除不平顺。通常的处理原则是在有砟轨道一侧增大轨道竖向刚度，而在相邻无砟轨道一侧减小轨道的竖向刚度，从而使轨道的刚度变化平顺。国内已采用的是在无砟轨道和有砟轨道的连接处，设置两根 50 kg/m 的辅助钢轨，以加强过渡段有砟轨道的垂向抗弯刚度，同时在相邻一定长度的无砟轨道板底部增设一层弹性垫层，以减小与有砟轨道的刚度差。

(2)路桥过渡段

桥台(涵)、隧道基础与路基的工后沉降不同，将造成轨道不平顺，导致轮轨动力作用加剧，会直接影响上部无砟轨道结构的稳定性和耐久性。因此在对普通路基区段工后沉降提出严格要求的前提下，要求路桥(涵)、路隧过渡段区域的工后沉降差异不得大于 5 mm。如预测沉降大于 5 mm 时，需采取特殊处理措施。

对于路桥、路隧等过渡段沉降差造成的折角，日本《新干线铁路轨道维护规则》规定不大于 1/1 000，德国《德国铁路无砟轨道设计与施工指南》等相关标准规定不大于 1/500。我国首次在路基上应用无砟轨道，折角应小于 1/1 000。

(3)路隧过渡段

路隧过渡分为隧道内无砟轨道与隧道外有砟轨道之间的过渡和隧道内外均为无砟轨道的过渡，前者需要线路和基础都设置过渡装置，而后者仅需要考虑基础间的过渡。

视频

路堤与桥台、涵洞过渡段施工

(4)道岔区与区间无砟轨道过渡段

道岔区与区间无砟轨道过渡的主要问题在于降低道岔区基础刚度，较好的方法是采用硫化弹性基板。在道岔区分别设置不同刚度的高弹性基板是解决道岔区减震、限位的良好途径。

## 四、地基处理方法

为了保持高速铁路行车的高平顺性，预防路基产生过大的工后沉降，因此必须对高速铁路地基原地面进行处理，地基处理一般采用以下方法：

1. 排水固结法

排水固结法是一种广泛应用于铁路路基地基处理的技术，它主要用于处理软土地基，以提高地基的承载力和稳定性。该方法的基本原理是在地基中设置排水系统，通过预压或自然沉降的方式使地基土中的水分排出，从而加速地基的固结过程，提高地基的整体性能。

2. 强夯及强夯置换

强夯及强夯置换施工前，应按设计初步确定的夯实参数，选择有代表性的场地进行试夯(图 5.8)。通过夯实前后测试数据的对比，检验夯实效果，确定强夯的单击夯击能、单点夯击次数、夯击遍数、夯击时间间隔、夯击点布置以及强夯置换的单击夯击能、单点夯击次数等工艺参数。

强夯第一遍完成后，应在规定的间隔时间后进行下一遍夯点夯击。强夯置换施打顺序宜由内向外，隔孔分序跳打，逐一完成全部夯点的施工；地基表面需要满夯加固时，夯点布置应满足搭接面积不小于四分之一；强夯置换夯点周围软土挤出影响施工时，应及时清理并在夯点周围铺垫碎石，继续施工。

强夯置换墩体材料宜采用级配良好的块石、碎石、矿渣等坚硬粗颗粒材料，粒径大于300 mm的颗粒含量不宜超过总量的 30%，并应满足设计要求。强夯及强夯置换施工应针对振动、噪声制订相应的安全环保措施，按照设计要求采取隔振、降噪措施。

图 5.8　强夯法地基处理

3. 袋装砂井

袋装砂井的原理是通过设置排水砂柱来缩短软土地基中孔隙水的排水距离，减少固结时间，提高软土地基的承载力(图 5.9)。

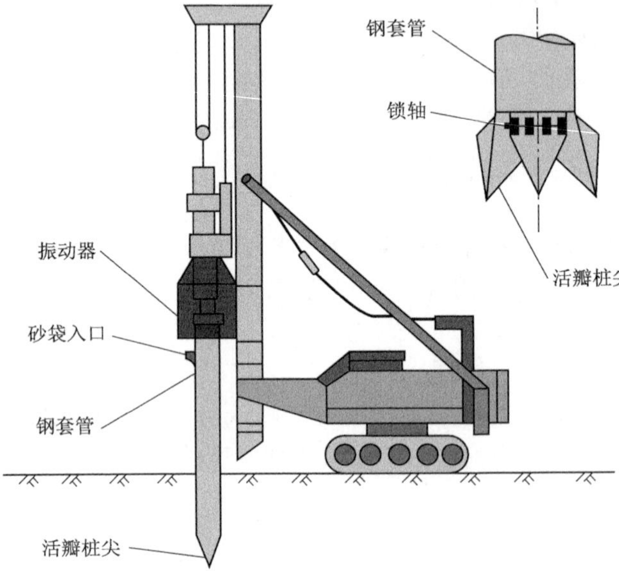


图 5.9　袋装砂井地基处理

视频
袋装砂井
施工流程

袋装砂井主要施工工艺应符合下列规定：

(1)袋装砂井打设机具就位。

(2)用振动贯入法、锤击打入法或静力压入法将成孔套管沉入土中，直至设计深度。

(3)将整个砂袋吊起，下端放入套管口，徐徐下放至设计深度。

(4)连续缓慢提升套管，直至拔离地面。砂井孔口周围由于拔管带出的泥土应及时清除，并用砂回填密实。

(5)检查袋装砂井袋口，若砂袋不满，应及时向袋内补砂。

(6)露出地面的砂袋头部应埋入砂垫层中，埋入长度应大于 0.5 m 或符合设计要求。

4. 砂(碎石)桩

砂桩桩体用砂应选用一定级配的中、粗、砾砂，含泥量不应大于 5% ，用于排水的砂桩，其砂中含泥量不应大于 3%。碎石桩桩体应选用一定级配且不易风化的碎石或砾石，粒径宜为

20～50 mm，含泥量不应大于 5%。

砂(碎石)桩施工前应选择有代表性地段进行成桩工艺试验，确定拔管高度、振密电流、留振时间、锤击贯入度、分段填砂(碎石)量及充盈率等工艺参数，检验成桩效果。重复压拔管法时注意施工工艺，桩管打到终孔深度，通过料斗向桩管内投入规定数量的砂(碎石)料；边振动边拔管；停止拔管后继续振动，一般停拔悬振时间宜为 10～20 s。成桩施工宜采用振动成桩法或锤击成桩法。振动成桩法宜采用重复压拔管法，锤击成桩法宜采用双管法。成桩设备应配置电流表。

5. 灰土(水泥土)挤密桩

原理为通过在地基中形成桩孔并侧向挤密土体，相邻桩孔间的土体的密实度增大。随后，向桩孔内分层回填并夯实灰土，形成密实而强度较高的桩体。这种桩体与桩间土共同组成复合地基，以提高地基的承载力和稳定性。

挤密桩施工前应复核地基土的含水率、饱和度，当地基土的含水率 24%、饱和度大于 65% 时，应及时通知设计单位予以确认。桩体使用的材料应符合设计要求，并按相关规定进行检验。石灰粒径不应大于 5 mm、夹石量不应大于 5%，水泥不应受潮、结块，粉煤灰应晾干。土的有机含量不应大于 5%，其颗粒粒径不应大于 15 mm。

6. 旋喷桩

旋喷桩的施工过程主要依赖于钻机和高压喷射设备。通过钻机，旋喷注浆管及喷头被准确置于桩底设计高程。预先配制好的浆液经过高压发生装置后获得巨大能量，从注浆管边的喷嘴中高速喷射出来，形成一股能量高度集中的液流，直接破坏土体。在喷射过程中，钻杆边旋转边提升，使浆液与土体充分搅拌混合，从而在土中形成一定直径的柱状固结体，使地基得到加固。

7. 水泥粉煤灰碎石(CFG)桩

CFG 桩宜采用振动沉管灌注法成桩，施工设备宜采用振动沉管打桩机。

CFG 桩法适用于处理黏性土、粉土、砂土和桩端具有相对硬土层、承载力标准值不低于 70 KPa 的淤泥质土、非欠固结人工填土等地基。它是由碎石、石屑、砂、粉煤灰掺水泥加水拌和，用各种成桩机械制成的具有一定强度的可变强度桩(图 5.10)。CFG 桩是一种低强度混凝土桩，介于刚性桩与柔性桩之间的一种桩型。

视频

CFG桩

图 5.10　CFG 桩地基处理

## 五、路基防排水及防护设施

### (一)路基防排水

路基各种病害和变形的产生，都与地面水和地下水的浸湿和冲刷等破坏作用有关。要保证路基的稳定，提高路基的抗变形能力，必须采取相应的排水措施，以消除或减轻地面水和地下水的危害，使路基处于干燥状态。

降落到地面的大气降水，一部分形成地表径流，另一部分渗入地层形成地下水。它们以高于路基的一侧，流经路基，然后流向路基的下侧，汇入各种沟渠或河道内。在此过程中，地面水浸湿和冲刷路基，削弱其强度、抗变形能力和稳定性；而地下水则使地基或坡面的岩(土)受到软化、侵蚀等破坏作用。设置路基排水系统的目的和作用是拦截路基上方的地面水和地下水，迅速汇集基身内的地面水和地下水，并把它们导入顺畅的排水通道，并通过桥涵将其宣泄到路基下方。路基排水根据排水设备的不同作用可分为地面排水和地下排水两大类。

1. 地面排水

地面排水设备有排水沟、侧沟、天沟、截水沟、跌水及急流槽等。地面排水设备的纵坡不应小于 2‰，地面平坦地带或反坡排水地段，仅在困难情况下才可减小至 1‰。

2. 地下排水

路基范围内的地下水及其活动，往往给路基的稳定性带来很大的危害。例如，对于一般的黏性土及泥质岩石的路堑，由于地下水的存在，增加了路基土体中的含水率，降低了其抗剪强度，在列车荷载及其他外力的作用下，产生路基病害或严重变形；地下水浸湿基床土，将引起翻浆冒泥、冻胀路肩、隆起等基床病害；地下水在边坡中的活动，可引起表土滑动、坍塌等边坡变形；路基傍山的土体中地下水的活动是促进滑坡、崩塌等山体变形的重要原因之一。因此，在路基范围内的地下水，必须给予足够的重视，及时采取排除措施。在地下水危及路基稳定或严重降低土体强度的情况下，应根据具体情况采用不同的地下排水设备来拦截、疏干地下水或降低地下水水位。常用的地下排水设备主要有明沟、排水槽、渗水暗沟、边坡渗沟、支承渗沟、渗水隧洞、水平钻孔、立式集水渗井(渗管)等类型。

(二)路基边坡防护

坡面防护主要就是保护路基边坡表面免受雨水冲刷，减小温度及湿度变化的影响，防止或延缓软弱岩土表面的风化、剥落等演变过程，从而保护路基边坡的整体稳定性。坡面防护设施本身不承受外力作用，必须要求坡面岩土整体牢固。此外，坡面防护还应与排水设施相配合，以便雨水能尽快排出路基范围。坡面防护应根据路基边坡的土质、岩性、水文地质条件、边坡坡度与高度等，选用适宜的防护措施。常用的坡面防护措施主要采用植草防护(图 5.11)、喷护防护、浆砌片石护坡、混凝土骨架护坡(图 5.12)、浆砌片石护墙(图 5.13)等。

图 5.11　植草防护

图 5.12　混凝土骨架护坡

(三)路基支挡

路基支挡建筑物是指为使路基本体及路基周围土体稳定而修建的建筑物，显然，路基支挡建筑物可用来平衡路基及路基面以上荷载形成的土压力，也可用来承受滑动土体的下滑推力。后者也常称为抗滑建筑物。两者承受的作用力计算方法不同，但结构基本相同。

路基支挡建筑物中最常见的是挡土墙，可分为重力式挡土墙和轻型挡土墙两大类，重力式挡土墙(图 5.14)利用挡土墙的自重和地基反力来支挡土体，一般由浆砌片石、混凝土或砖等圬工材料建造；轻型挡土墙是近几十年来随着土木工程技术的发展而迅速发展起来的挡土结构，不同类型的挡土墙其平衡土压力的原理各不相同，但建筑材料均以钢筋混凝土为主，也包括其他一些材料。还包括悬臂式、锚杆式挡土墙(图 5.15)、扶壁式挡土墙(图 5.16)、加筋挡土墙、锚定板挡土墙、抗滑桩或桩板式挡土墙、托盘式挡土墙、土钉墙等路基支挡结构。

图 5.13　浆砌片石护墙

图 5.14　重力式挡土墙

图 5.15　锚杆式挡土墙

图 5.16　扶壁式挡土墙

## 学习项目二　路基的常见病害维修与养护

### 一、路基常见病害

1. 路基沉降

路基沉降主要是指路基上部土体的压缩或沉降造成的路基下沉问题。这可能是由于地基加固不足、软土地基的预压加固不够或者沉降补偿措施不当导致的。路基的不均匀下沉对铁路的危害尤其严重，可能导致基床形状变化、轨道几何尺寸受影响以及行车平稳性降低。

2. 边坡冲刷

边坡冲刷是指较高大的土质路堑、路堤边坡等受到水流的冲蚀、冲刷作用，形成冲沟或冲坑。这可能导致路基稳定性降低，影响行车安全。

3. 翻浆

翻浆主要是由于路基土质中的可溶性盐类被地下水腐蚀溶解、渗出地面造成的。这种现象会影响路基的强度和稳定性。

4. 挤出变形

挤出变形主要表现为路肩隆起、侧沟被挤等，主要是由于土体强度不足而产生的剪切破坏或塑性流动，基床内的土经常处于软塑状态，在列车荷载的作用下，基床上发生剪切破坏，产生外挤变形。

5. 塌陷、侧滑、冻胀和腐蚀

塌陷是指路基土体受到外力作用或地下水冲刷等原因而发生坍塌现象；侧滑是指路基土体由于松散或水分排泄等原因而使地基发生侧向滑移或倾斜现象；冻胀是指路基土体在低温下受冻胀力作用而引起的路基破坏现象；腐蚀是指铁路路基受到酸性物质、盐蚀等因素的侵蚀而发生的破坏现象。

6. 冻害和陷穴

冻害主要发生在寒冷地区，由于路基土中水重新分布和聚集形成冰块，引起不均匀的冻胀现象；陷穴指路基下及其附近存在洞穴，其坍塌可引起基床和道床突然沉落，影响行车安全。

基床病害的发生和发展取决于三个主要因素：①基床土的工程性质；②地表水和地下水的作用；③动荷载的性质、大小和分布。此外，如果轨道状态不良，列车动应力增大，可使路基面上出现更大的积水坑凹，这种坑凹必先出现在应力较大的轨枕下的路基面上，以后逐渐发展。

## 二、路基维修与养护

铁路路基维修与养护是铁路运营中的重要环节，其目的在于保持路基及其附属设备的坚固和稳定状态，确保列车运行的安全性和平稳性。维修方法包括路基加固、排水系统改善、边坡防护等。加固方法可采用土工格栅、土工布等材料增强路基稳定性；排水系统需定期清理，确保水路畅通；边坡防护可采用植物防护或工程防护等方法。

### (一)路基修理

路基设备修理分为路基维修和路基大修。修理的基本任务是经常保持路基本体及其排水、防护、加固等设备的完好状态，延长设备使用寿命。及时整治路基病害，预防病害的发生和发展。有计划地改善路基设备状态，不断提高路基整体强度。

路基维修工作应贯彻“预防为主，检修并重，综合整治，排水第一”的原则，做到综合维修、小型病害整治与经常保养相结合，应重视检查和巡守工作，对路基病害应治早、治小，防患于未然。

路基大修工作应根据路基设备的技术状态和病害情况，按轻重缓急合理安排修理和病害整治。

路基大修、维修工作应采用信息化管理技术，积极应用新技术、新材料、新工艺及先进的检测手段，努力发展机械化，提高作业效率和工作质量。应建立健全路基检定制度及机构，对路基设备的稳定性、强度、刚度、承载力等指标进行检测，掌握路基设备技术状态。

1. 路基维修

路基维修工作包括路基设备的计划维修、小型病害整治、经常保修和巡守工作。因此，从这一概念出发，路基养护工作也可以理解为路基维修工作的一项内容。

计划维修范围包括：

(1)整修各种排水设备。

(2)修补边坡草皮。

(3)整修各种护坡、护墙、挡墙、支顶墙等防护、加固设备。

(4)修理路基范围内的河岸防护、河流调节等建筑物。

(5)整修路基安全设备(栏杆、检查梯、检查台阶等)。

(6)清除或固定危石。

(7)修补坡面岩石裂缝。

小型路基病害系指工程量较小(圬工 100 $m^3$，土石方 500 $m^3$ 以下)，技术不太复杂的路基病害，如处理堑坡、山坡上的危岩；岩(土)体裂缝；边坡溜坍、风化剥落、基床下沉外挤、基床翻浆冒泥、河岸冲刷以及排水不良等。

2. 路基大修

路基大修工作范围包括：

整治路基维修工作范围以外的各种崩塌、落石、边坡溜坍、滑坡、陷穴、基床下沉外挤、泥石流、基床翻浆冒泥、排水不良、冻害、沙害及河岸冲刷等路基病害以及加宽路基，改善边坡坡度，翻修、接长或增加防护加固设备。

路基大修件名，应以一处病害为单位，并尽可能将病害处所的其他路基病害安排在同一大修件名内整治。

大修设计工作，原则上应由专业设计单位承担。工作量不大，技术不复杂的件名，也可由工务段自行编制设计文件。路基大修设计文件，主要由设计说明书、设计图、预算书三部分组成。

路基大修工程，原则上应由专业的工务大修队伍或经铁路局集团公司指定的基建工程队伍施工。

大修工程竣工后，由建设单位组织验交。

(二)路基养护与路基设备状态评定

1. 路基养护

路基是轨道的基础，其质量的好坏直接影响行车的安全。铁路路基设备的恶化，除了受设备状态、运输强度以及气候、环境等因素的影响外，失修、失养也是其中的重要因素。

就铁路部门而言，传统的设备管理手段，不外乎养护、维修和大修三个主要修程。路基养护是一项经常性的工作，其目的是以较少的投入，减缓设备的劣化速度，延长设备的使用寿命，充分发挥设备的使用功能，保持设备状态良好。通过路基养护，尽可能地把各种有害因素消灭在萌芽状态。

2. 路基设备状态评定

对正线、站线路基设备基本状态的检查评定和病害分级，是反映路基及附属设备质量和考核路基养护管理工作的重要指标，是安排路基大修、维修计划的主要依据。

工务段应于每年 9 月份结合秋季设备检查，对管内正线和站线全面评定一次，铁路局集团公司具体负责评定工作的组织指导和抽查验收。设备状态评定时按照线路公里标分段进行，评定单位为 km，路基评定长度 $L$ 为线路长度减去桥梁、隧道和明洞全长。每线路公里满分为 100 分，得分 85～100 分(含 85 分)为优良，60～85 分(不含 85 分)为合格，60 分以下为失格。状态评定结果为失格，表明该评定范围内的路基已产生严重的甚至是危及行车安全的病害，或表明该范围病害数量多而集中，因此必须引起重视并优先采取相应整治措施。对扣分的项目，要有计划地安排大修和维修，消除病害，恢复路基的完好状态。

路基养护质量评定和路基状态评定是两个不同的概念。前者是对设备管理水平的一种评价,体现维修责任单位控制路基养护状态的能力;后者是对设备质量的评价,体现路基设备在保证铁路运输畅通方面的可靠度。

**[相关案例]——某路基处理案例**

天津生态城经六路上跨蓟运河故道桥梁工程,位于天津生态城 03 号片区与 04 号片区之间,自清净湖南路向东跨越蓟运河故道,落地后与现状中新大道(汉北路)相接,全长 959.47 m(K0+184.067～K1+143.537),其中主桥 270 m,引桥 229.86 m,引路及道路顺接段为459.61 m。

经六路两侧设置 W 辅道、E 辅道。W 辅道位于蓟运河西岸,长 504.659 m(WK0+009.743～+514.402),E 辅道位于蓟运河故道东岸,长 450.882 m(EK0+005.882～+455.882),W、E 辅道全长 955.541 m。

根据设计要求,经六路两侧采用钢筋混凝土挡土墙,修筑起讫里程为小里程侧 K0+272.570～ZSK0+362.570(长 90 m),大里程侧 K0+862.430～K0+942.430(长 80 m)。

小里程侧 K0+272.570～ZSK0+362.570 段挡土墙基底标高为+2.531,大里程侧 K0+862.430～+892.430 段挡土墙基底高为 3.25 m,K0+892.430～+942.430 段挡土墙基底高为 3.5 m。

根据路基处理要求,K0+272.570～ZSK0+302.570 段(碎石顶标高+2.53 m)、K0+912.430～ZSK0+942.430 段(碎石顶高程 3.55 m)采用浅层处理+二灰填料的路基处理方法;K0+302.570～ZSK0+362.570 段(桩顶高程+1.93 m、碎石顶标高+2.53 m)、K0+892.430～ZSK0+912.430(桩顶高程+2.95 m,碎石顶高程 3.55 m)采用浅层处理+二灰填料的路基处理方法。

根据碎石顶面标高与挡土墙基底高之间的相对关系,K0+272.570～ZSK0+362.570,挡土墙底混凝土垫层底标高低于挡土墙所在段落碎石顶标高 0.1 m;K0+862.43～+892.430 段低 0.4 m,K0+892.430～+942.430 段低 0.15 m。

碎石垫层与路基处理层碎石垫层同步施工,并严格控制填筑标高。待碎石垫层铺筑完成,经检查中线、标高、厚度合格后,上报监理工程师验收,经验收合格后,进行 C15 混凝土垫层施工。

问题思考:若工程所在区域雨水频繁,结合案例路基处理内容,思考一下需新增哪些防水、排水措施,来保障路基和挡土墙的长期稳定性,依据是什么?

## 单元作业

**一、选择题**

1.(　　)不属于地基容易出现的问题。

A. 路基沉降　　B. 路基封闭层　　C. 挤出变形　　D. 边坡冲刷

2. 土方路堑开挖形式中,适用于短而深的路堑开挖方式是(　　)。

A. 分层纵挖法　　B. 纵挖法　　C. 横挖法　　D. 爆破开挖法

3. 当使用插入式振捣器振捣混凝土时,应快插慢拔,插点要均匀排列,移动间距不大于振捣棒作用半径的(　　)倍。

A. 1.0　　B. 1.5　　C. 2.0　　D. 2.5

## 二、填空题

1. 土方路堑开挖，根据路堑深度和纵向长度，土方路堑开挖方式有________、________。

2. 地基处理一般方法为________、________、________、________、________。

3. ________的原理是通过设置排水砂柱来缩短软土地基中孔隙水的排水距离，减少固结时间，提高软土地基的承载力。

4. 基床病害的发生和发展取决于三个主要因素：________、________、________。

5. 路基支挡建筑物中最常见的是挡土墙，可分为________、________两大类。

## 三、判断题

1. 土方路堑开挖的分层纵挖法适用于较短的路堑开挖。（　　）

2. 高速铁路梁体拆模的顺序与立模顺序一致，拆模之后要进行清洗并涂刷防护油。（　　）

3. 当铺设轨道的路基面标高低于天然地面时，路基以开挖的方式构成，这种路基为路堑。（　　）

4. 铁路路基封闭层纵向排水坡度不小于2%，横向排水坡度不小于4%。（　　）

## 四、简答题

1. 高速铁路地基的处理方法及适用条件有哪些？

2. 路基边坡防护的方法有哪些？

3. 插入式振捣器的作业要求有哪些？

4. 高速铁路地基处理方法及适用条件有哪些？

5. 如何合理选择路基边坡的防护措施？

# 单元六　桥隧维修与养护的标准

## 学习导读

桥隧维修工作应按照“预防为主，预防与整治相结合”的原则进行。采取综合维修和经常保养相结合的方式，整治既有病害，及时消除危及行车安全处所，经常保持桥隧建筑物状态均衡完好，使列车能以规定的速度安全、平稳和不间断地运行，整治后的质量我们要进行评定，以保证桥梁隧道运营的绝对安全。

本单元主要介绍桥隧建筑物的技术标准、保养质量评定标准和维修作业验收标准，熟悉桥隧建筑物状态评定的劣化程度评定，了解桥隧维修与养护验收表的基本内容。

## 能力目标

1. 具备对应桥隧建筑物保养质量评定标准进行保养质量评定的能力；
2. 具备对应桥隧建筑物维修作业验收标准进行维修质量评定的能力；
3. 具备填写桥隧建筑物维修验收资料的能力。

## 知识目标

1. 掌握桥隧建筑物主要项目的保养质量评定标准；
2. 掌握桥隧建筑物主要项目的维修作业验收标准；
3. 熟悉有病害的桥隧建筑物的状态评定按劣化程度分级；
4. 了解桥隧综合维修与养护作业质量验收工作的原则、流程和基本内容。

## 素质目标

1. 培养良好的职业道德和吃苦耐劳的优良品质；
2. 培养分析问题、解决问题、积极思考和勇于创新的能力；
3. 培养遵守桥隧技术作业验收标准的职业素养。

## 学习项目一　桥隧建筑物的标准

### 一、桥梁建筑物的标准

(一)圬工梁拱的标准

1. 圬工梁拱技术标准

圬工梁拱发现下列状态，应及时处理：

(1)防排水设施失效,梁体表面泛白浆。

(2)混凝土保护层中性化大于 25 mm。

(3)钢筋混凝土梁沿主筋裂纹流锈水。

(4)混凝土梁碱—集料反应导致梁体产生裂纹。

(5)圬工梁拱及墩台恒载裂缝宽度大于表 6.1 规定的限值。

**表 6.1　圬工梁拱恒载裂缝宽度限值**

| 梁　别 | 裂缝部位 | | 最大裂缝限值/mm |
|---|---|---|---|
| 预应力混凝土梁 | 梁体 | 下缘竖向及腹板主拉应力方向 | 不允许 |
| | | 纵向及斜向 | 0.2 |
| | | 横隔板 | 0.3 |
| 钢筋混凝土梁及框架结构 | 主筋附近竖向 | | 0.25 |
| | 腹板竖向及斜向 | | 0.3 |
| 石、混凝土拱 | 拱圈横向及斜向 | | 0.3 |
| | 拱圈纵向 | | 0.5 |

(6)预应力混凝土梁跨中道砟厚度不足 20 cm。

(7)相邻跨梁端或梁端与桥台胸墙间顶紧,或相邻跨作业通道栏杆顶紧,影响梁跨自由伸缩。

(8)意外事故造成梁体或墩台混凝土局部溃碎或钢筋变形、折断。

2. 圬工梁拱维修标准

圬工梁拱及墩台严重裂损,可采用修补、灌浆、表面封闭、加固等办法处理。病害严重、危及行车安全、整治处理不经济的梁拱应进行更换或改建。桥面及梁端应加强防排水设施。桥面排水坡应不小于 2%,泄水管内径不宜小于 15 cm 泄水管向下设置,出水端需伸出梁体不少于 15 cm。泄水管顶端应采取可靠的防渗漏措施。道砟槽板内、外侧下缘宜设置通长滴水檐(槽)。

更换或改建的混凝土梁或预应力混凝土梁跨宜采用整体结构,不得采用无联结的双主梁、多主梁结构。预应力混凝土桥跨结构的凝土强度等级不应低于 C40,钢筋混凝土桥跨结构的混凝土强度等级不应低于 C30。预应力混凝土梁及钢筋混凝土梁采用的钢材应符合国家有关标准。既有无砟无枕、无砟有枕小跨度结合梁,应根据轻重缓急逐步更换或改造;横向无连接的混凝土并置梁应逐步增设横向连接。

圬工梁拱框构桥及桥台顶面可能被积水渗入的处所,均应铺设防水层。框构桥涵顶面应沿轴向设置人字形排水坡,雨水不应排向路基内。

若发现圬工体表面有湿润渗水、流锈水白浆时,应查明防水层状态,如有破损应进行修理,必要时予以更换或增设。防水层应采用耐久性好的防水材料和 C40 级纤维混凝土保护层,厚度不小于 4 cm。

(二)钢桥桥跨结构的标准

1. 钢结构的技术标准

钢结构的技术标准如下:

(1)钢结构应具有要求的刚度、强度和稳定性。运营中根据钢结构形式,加强对各部联结节点、杆件、铆钉、销栓、焊缝的检查养护,使其经常处于良好状态。对承载能力或刚度不足,结构不良的钢梁,应进行加固或改善,确保行车安全。

(2)钢结构应保持清洁,要经常清扫污垢、尘土,冬季要及时清除冰雪。钢梁上的存水处应设直径不小于 50 mm 的泄水孔，钻孔前需对杆件强度进行检算。

(3)钢梁杆件伤损容许限度超过表 6.2 的规定时，应及时进行整修、加固或更换(经检定不影响钢梁正常使用者除外)。

**表 6.2　钢梁杆件伤损容许限度**

| 序号 | 伤损类别 | | 容许限值 |
|---|---|---|---|
| 1 | 竖向弯曲 | | 弯曲矢度小于跨度的 1/1 000 |
| 2 | 板梁、纵梁、横梁 | 横向弯曲 | 弯曲矢度小于自由长度的 1/500 并在任何情况下不超过 20 mm |
| 3 | | 上盖板局部垂直弯曲 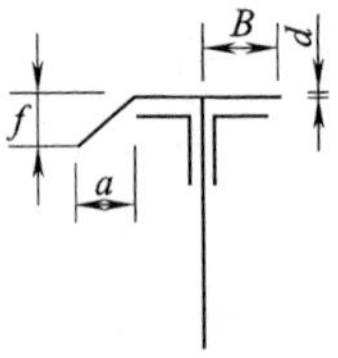 | $f<a$ 或 $a<B/4$<br>$d$——钢板或钢板束的厚度<br>$B$——由腹板至盖板边缘的宽度 |
| 4 | | 盖板上有洞孔 | 洞孔直径小于 30 mm，边缘完好 |
| 5 | | 腹板上有洞孔 | 工字梁的洞孔直径小于 50 mm，板梁小于 80 mm，边缘完好边 |
| 6 | | 腹板受拉部位有弯曲 | 凸出部分直径小于断面高度的 0.2 倍或深度不大于腹板厚 |
| 7 | | 同上，但在受压部位 | 凸出部分直径小于断面高度的 0.1 倍或深度不大于腹板厚 |
| 8 | 桁梁 | 主梁压力杆件弯曲 | 弯曲矢度小于杆件自由长度的 1/1 000 |
| 9 | | 主梁拉力杆件弯曲 | 弯曲矢度小于杆件自由长度的 1/500 |
| 10 | | 主梁杆或连接杆件弯曲 | 弯曲矢度小于杆件自由长度的 1/300 |
| 11 | | 洞孔 | 制孔直径小于杆件宽度的 0.15 倍并不得大于 30 mm |

(4)新换钢梁或加固杆件的组拼应符合以下要求：

①组拼或加固部件尺寸应符合设计图纸要求。

②组拼板层用螺栓均匀拧紧，板层密贴，缝隙用 0.3 mm 插片探入深度不大于 20 mm。

③组拼杆件工作应在无活载情况下进行，并至少有 1/3 的孔眼安装螺栓及冲钉，其中 2/3 为冲钉，1/3 为螺栓。

④无活载情况下铆合时，一般应每隔 2 个钉孔装一个螺栓，螺栓间距不得超过 400 mm，必要时，应每隔 1 个钉孔穿一个螺栓，每组孔眼应打入 10%的冲钉。

(5)钢梁有下列状态之一时，应及时处理：

①主桁腹杆铆接接头处裂纹长度≥50 mm。

②下承式桁梁的端横梁与纵梁连接处下端裂纹长度≥50 mm。

③受拉翼缘焊接盖板端部裂纹长度>20 mm。

④主梁、纵横梁受拉翼缘边裂纹长度>5 mm，焊缝处裂纹长度≥10 mm。

⑤纵梁上翼缘角钢裂纹。

⑥主桁节点和拼接板接头铆栓失效≥10%。

⑦主桁构件、板梁结合铆钉松动连续 5 个及以上。

⑧纵横梁连接铆钉有拔头。

⑨纵梁受压翼缘、上承板梁主梁上翼缘板件断面削弱≥20%。

(6)对于栓焊梁、全焊梁，若在焊缝及附近钢材上发现裂纹，可根据裂缝位置、性质、大小及数量，采取以下相应措施：

①在裂缝的尖端钻圆孔，孔的直径大致与钢板厚度相等，但最大不超过 32 mm，裂缝的尖端，必须落入孔中。

②用高强度螺栓连接拼接的方法进行加固。加固前裂缝尖端处凡能钻孔者均应钻孔。

③抽换杆件或换梁。

(7)高强度螺栓要求：

①高强度螺栓的施工预拉力应符合设计要求，欠拧值或超拧值均不应超过规定值的 10%。

②高强度螺栓更换，对于大型节点，同时更换的数量不得超过该节点螺栓总数的 10%，对于螺栓数少的节点则要逐个更换；在一个连接处(或节点)少量更换的螺栓、螺母及垫圈的材质、规格、强度等级应与原桥上使用者相同，不准混用。高强度螺栓发生超拧时应按报废处置，严禁再次使用。

③高强度螺栓拧紧后，为防止雨水及潮湿空气侵入板缝，节点板束四周的裂缝均应腻缝封闭，高强度螺栓、螺母和垫圈的外露部分均应进行涂装防锈。

(8)其他：

①对运营中的钢梁，禁止使用电焊加固或采用电焊联结主梁的方式增加检查和安全设备。

②相邻钢梁间及梁端与桥台挡砟墙间的净距，必须满足梁跨的正常伸缩，并不得小于 100 mm(既有钢梁净距不足 100 mm 时，经检算及观测不影响正常伸缩者，可暂缓处理)，如净距大于 300 mm，可增加悬臂(牛腿)，或在两孔梁间增加连接梁。

③对使用年久、跨度 40 m 及以下的上承钢板梁，技术状态不良的、跨度 32 m 及以下的其他钢梁，应有计划地更换或改造。

2. 钢结构的维护涂装技术标准

钢结构的维护涂装技术标准如下：

(1)钢梁涂膜粉化达 3 级时，应清除涂层表面污渍，用细砂纸除去粉化物，然后覆盖相应的面漆两道。

(2)涂膜起泡、裂纹或脱落劣化达 2～3 级时，底漆完好，清理损坏区域周围疏松的涂层，并延伸至未损坏的涂层区域 50～80 mm 坡口，局部涂相应的底漆和相应的中间漆、面漆，如要保持涂层表面一致，可在局部涂面漆后，全部再覆盖面漆。

(3)涂膜劣化达 2～3 级生锈时，应清除松散的涂层，直到良好结合的涂层区域为止，表面清理应达到 St3 级或 PSt3 级，未损坏的涂层区域边缘按(2)中要求处理，然后局部涂装相应的底漆和相应的中间漆、面漆。如要保持涂层表面一致，可在局部涂面漆后，全部再覆盖面漆。

(4)旧喷锌或铝涂层发生锈蚀劣化类型为 2～3 级生锈时，应除去松动的锌或铝涂层和涂料涂层直到良好结合的锌或铝涂层区域为止，钢表面锈蚀清理应达到 $Sa2^{1/2}$ 级或 $PSa2^{1/2}$ 级。对于未损坏的涂料和锌或铝涂层区域边缘按上述(2)中要求处理。对于电弧喷锌或铝涂层清理部位，也可改涂特制环氧富锌防锈底漆两道，然后涂相应的中间漆和面漆。

(5)涂膜局部严重损坏应及时清理和涂装。

(三)桥梁支座的技术标准

桥梁支座的技术标准如下。

(1)钢支座使用时，应保持各部分完好。有下列状态之一时，应及时处理：

①钢部件裂纹深度≥10 mm，主要受力部位焊缝脱焊。

②辊轴支座底板变形凹陷≥3 mm。

③销钉剪断。

④锚栓折断数量≥25%。

⑤支座位移超限,纵向>5 mm、横向>2 mm。

⑥活动支座不活动。

⑦支承垫石开裂、积水、翻浆。

⑧摇轴倾斜、辊轴位移或倾斜超过容许值。

⑨聚四氟乙烯板磨耗严重,外露厚度不足 0.2 mm。

(2)板式橡胶支座使用应符合以下规定:

①限于在线路纵坡小于或等于 6‰的混凝土梁上使用。

②常温型支座温度适用于−25～+60 ℃,耐寒型支座温度适用于−40～+60 ℃。

③板式橡胶支座应在接近年平均温度时落梁,否则应在接近年平均温度时再顶落梁调整到正确位置。

④为减少梁的横向位移或板式橡胶支座的横向剪切变形,应设置可靠的横向限位装置。

⑤更换橡胶支座时,原则上同一墩台或同一片梁应同时更换。

(3)板式橡胶支座有下列状态之一时,应及时处理。

①支座压溃,四周出现明显不规则的凹凸、弯曲或扭曲。

②支座剪切变形过大,活载作用时剪切变形≥24°,无活载作用时永久剪切变形≥15°。

③橡胶剥落掉块,导致加劲钢板表面或周边外露长度>100 mm。

④橡胶裂纹宽度≥2 mm,且连续长度达周边长度的 50%以上。

⑤支座串动大于相应边长的 25%或有脱空。

⑥横向限位装置与梁体间不密贴,限位装置失效。

(4)盆式橡胶支座出现下列状态之一时,应及时处理:

①盆环开裂或脱焊。

②聚四氟乙烯板磨损严重,外露厚度不足 0.2 mm。

③位移或转角超限,位移量≥10 mm,转角超过设计值的 20%。

④锚栓剪断数量>25%。

### (四)桥梁墩台的技术标准

#### 1.墩台伸缩缝

墩台上相邻钢筋混凝土梁间、梁端与桥台挡砟墙间的间距,应能保证梁体自由伸缩,一般梁跨小于等于 16 m 时为 6 cm,梁跨大于 16 m 时为 10 cm。梁端及两片主梁中间的缝隙均应设有挡砟盖板,防止道砟流失。拱桥跨度大于 10 m 的混凝土边墙或跨度大于 15 m 的石砌边墙,应在拱脚附近设置温度伸缩缝,相邻孔的拱上刚架及刚架与墩台间也应设伸缩缝,缝宽一般为 1.0～2.0 cm。并线桥梁梁间无法设置作业通道时,梁间应设置盖板。梁端步行板缝隙应根据需要设置钢步板,并一端固定。

#### 2.墩台防排水要求

桥台顶面可能被积水渗入的处所,均应铺设防水层。若发现圬工体表面有湿润渗水、流锈水白浆时,应查明防水层状态,如有破损应进行修理,必要时予以更换或增设。防水层应采用耐久性好的材料和 C40 纤维混凝土保护层,厚度不小于 4 cm。

采用整体灌注混凝土墩台,混凝土强度等级台身不低于 C30,基础不低于 C30。

3. 桥墩台防撞措施

运营桥墩台受船、筏、漂流物撞击、磨损或受冰压力等作用时，在外力作用高度以下，不宜采用空心墩。桥墩有可能受到汽车撞击且影响行车安全时，应对桥墩采取防撞、加固防护等措施。位于水库、江河中的桥梁，其墩台不足以承受冰压力时，应在冬季结冰期进行破冰工作。

4. 桥梁墩台标准

圬工墩台应具有要求的强度、刚度、抗渗、耐久性和整体稳定性，并经常保持状态良好。发现下列状态，应有计划地安排处理：

(1)混凝土保护层中性化大于 25 mm。

(2)圬工墩台恒载裂缝宽度大于表 6.3 规定的限值。

(3)相邻跨梁端或梁端与桥台胸墙间顶紧，或相邻跨作业通道栏杆顶紧，影响梁跨自由伸缩。

(4)意外事故造成墩台混凝土局部溃碎或钢筋变形、折断。

(5)有流冰的河流，在墩台前应设有破冰棱和其他防冰设施。破冰设备可附在墩身上或单设。单设时破冰棱的结构形式，视水流流向与墩台交角而定，破冰棱尾端距墩台一般为 2～8 m。如流冰量较大，可在破冰棱前 30～50 m 处设置前哨破冰棱，其数量为墩台数的 1/3～1/2。

**表 6.3　墩台恒载裂缝宽度限值**

| 类型 | 裂缝部位 | | 最大裂缝限值/mm |
|---|---|---|---|
| 墩台 | 顶帽 | | 0.3 |
| | 墩身 | 经常受侵蚀性环境水影响 | 有筋 0.2，无筋 0.30 |
| | | 常年有水但无侵蚀性 | 有筋 0.25，无筋 0.35 |
| | | 干沟或季节性有水河流 | 0.4 |
| | 有冻结作用部分 | | 0.2 |

(五)桥梁基础加固作业的验收标准

1. 地基处理

(1)换填地基

①换填用砂应为中、粗砂，有机质和含泥量均≤5%；碎石料粒径≤100 mm，含泥量≤5%；石灰等级≥Ⅲ级。

②换填范围、填料比例、填筑及压实工艺、压实密度符合设计要求。

③换填地基底部和顶部高程偏差为±50 mm。

(2)夯实地基

①处理范围、施工技术方案、夯点布置、密实度、承载力和有效加固深度符合设计要求。

②重锤夯实最终总下沉量应大于试夯总下沉量的 90%。

③允许偏差为顶面平整度：50 mm；夯点间距：重锤夯实±0.1$d$($d$ 为夯锤直径，单位 mm)，强夯±500 mm。

(3)旋喷桩加固

①柱的加固范围、数量和布置形式、水泥浆配合比例、桩身无侧限抗压强度、地基承载力符合设计要求。

②允许偏差：桩位中心±50 mm；桩径±50 mm；桩长+100 mm/0 mm；桩体垂直度 1.5%。

2. 明挖基础

(1)基坑平面位置、坑底尺寸、开挖方式、支护形式、基底地质条件、回填填料应满足设计要求，夯实符合规定。

(2)岩层基底应清除岩面松散石块、淤泥、苔藓，凿出新鲜岩面，表面清洗干净，应将倾斜岩面凿平或凿成台阶；碎石类土及砂类土层基底承重面应修理平整，黏性土层基底整修时，应在天然状态下铲平，不得用回填土夯平；砌筑基础时，应在基础底面先铺一层 5～10 cm 水泥砂浆。

(3)基础浇筑、砌筑应在无水情况下施工，混凝土和砌体砂浆终凝前不得浸水。

(4)基底高程偏差：土质 10 mm，石质＋50 mm/－200 mm。

3. 灌注桩基础

(1)孔径、孔深、孔型、钻(挖)顺序、防护措施、桩头处理、桩顶高程、主筋伸入承台长度和桩承载力试验符合设计、施工技术要求。

(2)浇筑水下混凝土前应清底，桩底沉渣允许厚度：摩擦桩不大于 300 mm，柱桩不大于 100 mm。

(3)孔位中心允许偏差为：钻孔桩群桩 100 mm，单排桩 50 mm；挖孔桩 50 mm。

(4)成孔倾斜度：钻孔桩不大于 1%；挖孔桩不大于 0.5%。

## 二、涵洞建筑物的技术标准

涵洞应保持状态完好。如发现下列状态之一时，应有计划地安排处理：

(1)钢筋混凝土结构裂缝宽度大于等于 0.3 mm；混凝土拱形结构(含砖、石等砌体拱形结构)裂缝宽度大于等于 20 mm。

(2)涵身破损变形、错位、拉开造成漏土或排水不畅；冻害引起线路变形。

(3)涵身、端、翼墙基础冲坏、基底全部或局部冲空。

(4)涵洞基底冒水潜流，洞内渗漏水，影响路基稳定。

(5)涵洞严重腐蚀风化、脱落深度≥20 mm，面积≥0.5 $m^2$。

(6)涵洞淤积严重，影响排洪。

(7)涵洞进出口护锥及防护设施冲毁。

## 三、隧道建筑物的技术标准

1. 整修隧道注意事项

隧道内应保持清洁，定期清除衬砌表面及整体道床上的煤粉、尘土、杂物。隧道、明洞应保持完好。如发现下列病害，应查明原因、安排处理。

(1)衬砌开裂、变形、损坏——衬砌裂纹长度＞5 m、宽度＞5 mm；衬砌变形速率＞10 m/年；拱部衬砌压溃范围＞1 $m^2$、掉块深度＞10 mm。衬砌多条裂缝贯通有掉块可能时应立即有计划的安排处理。

(2)衬砌严重风化、腐蚀风化造成衬砌崩塌、剥落——衬砌腐蚀疏松深度大于衬砌厚度的 1/6、面积在 0.3 $m^2$ 以上。

(3)严重漏水、涌砂、涌水——电力牵引区段隧道拱部漏水直接传至接触网，影响接触网正常使用；非电力牵引区段隧道拱部漏水成线、边墙淌水，造成严重翻浆冒泥、道床下沉；严寒地区漏水造成结冰侵限；涌水、涌砂浸泡道床。

(4)仰拱或整体道床变形损坏，导致基床下沉、道床翻浆，影响轨道稳定。

(5)内外排水设施损坏、失效，影响排水功能。

2. 整修隧道质量标准

(1)整治漏水后无滴水。

(2)煤灰清扫无堆积。

(3)排水沟无渗漏、积水,盖板齐全、有效,局部淤积但不影响排水。

(4)圬工裂损修补符合圬工修补要求。

(5)洞门、避车洞及指示箭头刷白清晰。

(6)通风照明设施整修完好、使用正常。

## 学习项目二　桥隧建筑物维修与养护的验收标准

为了切实掌握并改善桥隧设备的技术状态,合理安排维修及更新改造计划,工务段每年应结合秋季设备大检查,对每座桥隧建筑物按项目进行一次状态评定。对于有病害的项目,其状态评定按劣化程度分为 A、B、C 三级,A 级又分为 AA、Al 两等。凡结构物或主要构件功能严重劣化,危及行车安全,评定为 A 级 AA 等;凡结构物或主要构件功能严重劣化,进一步发展会危及行车安全,评定为 A 级 Al 等;凡结构物或构件功能劣化,进一步发展将会升为 A 级,评定为 B 级;凡结构物或构件劣化,对其使用功能和行车安全影响较小,评定为 C 级。评定项目及标准见《桥隧修规》。

结构物或构件状态评定为 A 级者,其病害一般需要通过大修或更新改造进行整治;当结构物存在影响行车安全的病害时,应采取相应的限速或限载措施,遇紧急情况,应立即采取临时加固措施,并视具体情况,尽快安排彻底整治或列入下一年度的桥隧大修或更新改造计划,及时进行整治。结构物或构件状态评定为 B 级者,其病害一般需要通过维修进行整治(个别病害需要通过大修进行整治)。结构物或构件状态评定为 C 级者,其病害可通过维修进行整治,个别病害只需加强观测并根据其变化情况采取相应的措施。

### 一、桥隧建筑物维修验收标准

《桥隧修规》中,对综合维修作业质量验收工作列出了五项要求,并明确了验收标准。

桥隧综合维修作业质量的验收,要严格执行工务段、车间、工区三级验收制,分级把关、控制质量。作业过程中,每天应在作业中及收工前进行质量自检、互检和回检,发现不符合标准的项目应及时返修达标。车间、工务段应对钢梁涂装、圬工整修等隐蔽工程项目认真检查把关,做到每项作业勤检细修一次达标,每次检查的情况都应填记在日计划完成表或施工记录上。

每座设备综合维修作业全部完工后,应按《桥隧修规》中的附录九桥隧建筑物修理作业验收标准(见附表Ⅴ)中的有关规定,进行质量验收评定。根据三级验收制度的要求,先由工区工长组织工人进行全面检查,初检合格后,报请车间复验,车间主任组织复验合格后,报请工务段验收。如发现不合格处所,由工区继续整修,整修合格后再报请工务段复验。长大桥隧或混合桥可分孔或分段进行验收。

每次进行维修验收时,工区、车间、工务段均应根据验收记录填写验收质量评定结果。综合维修作业质量评定分为优良、合格、不合格三个等级。全部项目一次验收达到合格及以上,主要项目均达优良即评为优良;全部项目达到合格及以上,可评为合格,否则为不合格。若出现不合格处所,经返修复验合格,只能评为合格。

### 二、桥隧建筑物养护质量评定标准

通过对桥隧建筑物的经常保养,及时消灭超限处所和临近超限处所,保持桥隧设备状态经常均衡完好，确保行车安全平稳。

经常保养工作一般以整座设备进行，也可分区段进行。保养周期应按不同设备类型的状态变化加以控制，钢梁桥（含混合钢梁桥）每半年一遍，其他设备1～2年一遍。在做好适时保养的同时，还应加强预防性的周期保养，使设备质量经常控制在保养合格状态。

《桥隧修规》明确规定桥隧建筑物保养质量评定工作的三项要求：

(1)通过工区自评，车间定期评定和工务段抽查评定的方式进行。定期评定工作，可由车间主任组织有关人员，对管内钢梁桥每半年、其他设备每年进行一次。

(2)每座设备的保养质量评定是根据该设备各部分存在的问题，按照表6.4桥隧建筑物保养质量评定标准的规定，根据扣分的情况来评定保养质量的优劣。每座设备扣分的总和，除以该设备的维修长度（取整数）即为该设备的保养质量平均分（取小数点后一位）。保养质量每米平均分在5分及以下且无单项质量扣10分者为合格，否则为不合格。

(3)每次评定的情况，均应填写表6.5"桥隧保养质量评定记录表"（工桥-16，见《桥隧修规》），以备抽查。

工务段每月应对车间、工区经常保养的质量和数量进行现场抽查核实，根据抽查结果进行考核。车间对工区也应进行相应的考核。

**表6.4　桥隧建筑物保养质量评定标准**

| 项目 | 保养标准 | 扣分条件 | 单位 | 扣分 |
|---|---|---|---|---|
| 1.明桥面护轨 | 1-1　护轨与基本轨间距离符合规定，顶面不应高出基本轨5 mm，也不低于基本轨25 mm | 超过规定允许误差 | 处 | 10 |
| | 1-2　轨底悬空大于5 mm处所不超过15%，并不得连五出现 | 护轨底、垫板、桥枕间悬空大于5 mm处所超过15%或连五出现 | 处 | 5 |
| | 1-3　梭头各部完好，联结牢固，尖端悬出桥枕不大于5 mm | 联结松动或尖端底部悬出桥枕大于5 mm | 个 | 5 |
| | 1-4　护轨垫板设置符合规定，厚度大于30 mm处所不得超过15% | 护轨垫板设置不符合规定或厚度大于30 mm处所超过15% | 块 | 5 |
| | 1-5　护轨道钉或扣件齐全，浮离2 mm及以上不超过15%，并不得连五出现 | 护轨道钉或扣件缺少、断头或浮离2 mm及以上超过15%或连五出现 | 个 | 5 |
| 2.桥枕 | 2-1　腐朽部分或垫板切入深度在3 mm及以上处所不超过15% | 表层腐朽或垫板切入深度在3 mm及以上未削平、未挖补处所超过15% | 根 | 5 |
| | 2-2　桥枕顶面2 mm及以上裂缝漏灌不超过15% | 桥枕顶面裂缝宽度大于2 mm，漏灌处所超过15% | 根 | 5 |
| | 2-3　桥枕端部裂缝宽大于3 mm应做防裂处理 | 未处理或处理失效处所超过15% | 根 | 5 |
| | 2-4　桥枕无连二失效或接头四根中无单根失效，净距符合标准 | 有连二失效或接头四根中有单根失效或桥枕净距超过180 mm | 处 | 10 |
| | 2-5　桥头双枕完好，联结牢固 | 桥头双枕腐朽，联结松动 | 根 | 5 |
| | 2-6　时速120 km及以上区段的桥枕无隔一或连二失效 | 有隔一或连二失效 | 处 | 10 |

续上表

| 项目 | 保养标准 | 扣分条件 | 单位 | 扣分 |
|---|---|---|---|---|
| 3. 护木及道心步行板 | 3-1　护木腐朽或垫圈切入深度在 3 mm 及以上处所不得超过 15% | 腐朽或垫圈切入深度在 3 mm 及以上未削平、未挖补处所超过 15% | 处 | 5 |
| | 3-2　顶面宽 2 mm 以上裂缝漏灌处所不得超过 15% | 护木顶裂缝宽度大于 2 mm，漏灌处所超过 15% | 处 | 5 |
| | 3-3　道心步行板无缺少，无翘头，无失效 | 步行板缺少，翘头、失效 | 块 | 5 |
| 4. 各种螺栓 | 4-1　钩螺栓无连三及以上失效 | 有连三及以上失效 | 处 | 10 |
| | 4-2　钩头、护木螺栓顶面不超过基本轨面 20 mm | 钩头、护木螺栓顶面高度超过基本轨面 20 mm | 个 | 10 |
| | 4-3　护轨夹板螺栓安装符合规定 | 安装不正确或缺少 | 个 | 10 |
| | 4-4　各种螺栓齐全，无折断，无松动，无锈蚀 | 各种螺栓缺少、折断、松动 | 个 | 5 |
| | | 各种螺栓锈蚀超过 10% | 个 | 5 |
| | 4-5　行车时速 120 km 及以上区段的桥面螺栓不得有缺少或连二失效 | 有缺少或连二失效 | 个 | 10 |
| 5. 钢梁 | 5-1　涂层无大于 25 $cm^2$ 的局部锈蚀 | 局部锈蚀大于 25 $cm^2$ | 处 | 5 |
| | 5-2　高强度螺栓和铆钉无松动 | 高强度螺栓及铆钉松动、缺少 | 个 | 5 |
| | 5-3　腻缝无开裂、流锈 | 腻缝开裂、脱落、流锈 | 处 | 5 |
| | 5-4　梁体各部清洁 | 梁体有灰渣，尘土堆积 | m | 5 |
| 6. 圬工梁拱及墩台 | 6-1　梁拱及墩台裂缝修补完好 | 修补脱落延长 0.5 m 以上 | 处 | 5 |
| | 6-2　梁端伸缩缝挡砟板完好，缝内无石砟、杂物 | 梁端伸缩缝缺少挡砟板，缝内有石砟、杂物，影响梁体伸缩 | 处 | 10 |
| | 6-3　排水管通畅 | 排水管失效 | 个 | 5 |
| | 6-4　表面无缺损、露筋 | 掉块露筋 | 处 | 5 |
| 7. 支座 | 7-1　支座排水良好，无翻浆、流锈 | 支座积水、翻浆、流锈 | 个 | 5 |
| | 7-2　支座清洁、润滑良好 | 支座不洁，活动部分未涂固体油脂或石墨 | 个 | 5 |
| | 7-3　支座螺帽无缺少、松动，螺栓无折断 | 支座螺帽缺少、松动，螺栓折断 | 个 | 5 |
| | 7-4　上下座板与梁体及支承垫石间密贴 | 不密贴，用 1 mm 塞尺插入深度超过 50 mm | 个 | 10 |
| | 7-5　限位装置齐全有效 | 限位装置缺失、失效 | 个 | 10 |
| 8. 隧道 | 8-1　隧道排水沟畅通，盖板完好 | 排水沟有杂草、淤泥、碎石影响排水 | m | 5 |
| | | 排水沟盖板缺少、损坏 | 块 | 5 |
| | 8-2　洞内煤尘无堆积 | 煤尘堆积 | m | 5 |
| | 8-3　洞内积冰无侵限 | 积冰侵限 | 处 | 10 |
| 9. 涵洞 | 9-1　涵内淤积轻微，不影响排洪 | 涵内淤积，影响排洪 | 座 | 10 |
| | 9-2　涵洞内管节接缝完好 | 接缝脱落 | 处 | 5 |
| | | 漏土 | 处 | 10 |
| | 9-3　混凝土表面无缺损 | 剥落掉块 致使露筋 | 处 | 5 |
| 10. 限高防护架 | 10-1　结构完整、连接安全、可靠 | 结构不完整，连接不安全、可靠 | 处 | 10 |
| | 10-2　涂装无大于 25 $cm^2$ 的局部锈蚀 | 局部锈蚀大于 25 $cm^2$ | 处 | 5 |

续上表

| 项目 | 保养标准 | 扣分条件 | 单位 | 扣分 |
|---|---|---|---|---|
| 11. 其他 | 11-1　河道排水通畅 | 桥涵上下游规定范围内泥石淤积影响排洪 | 座 | 10 |
| | 11-2　防护砌体状态完好 | 局部损坏,影响设备稳定 | 处 | 10 |
| | | 勾缝脱落 | 处 | 5 |
| | 11-3　防火设备齐全 | 防火设备缺少 | 处 | 5 |
| | 11-4　作业通道栏杆、步行板、安全检查设备完好 | 栏杆、步行板、安全检查设备严重失修,连接不牢固,危及人身和行车安全 | 处 | 10 |
| | | 涂装失效、步行板状态不良 | 处 | 5 |
| | 11-5　抗震设施完好 | 失修损坏 | 处 | 5 |
| | 11-6　各种标志齐全、完好、清晰 | 桥隧标、水位标、桥枕、油漆大修年度标志,病害观测标等缺少、破坏,不清晰 | 处 | 5 |

注:①项目超过允许百分数时,扣分包括百分数在内;

②护木腐朽 1 m 长为 1 处;

③作业通道栏杆 10 m 为 1 处,托架每个为 1 处;

④桥枕、护木、明桥面护轨悬空、各种螺栓等缺陷均以孔或一个墩台范围计量。

**表 6.5　桥隧保养质量评定记录表**　　工桥-16

________工务段　________桥隧车间　________桥隧养修工区

| 线名 | | 行别 | | 中心里程 | | 桥隧号 | | 全长 | | 维修长 | |
|---|---|---|---|---|---|---|---|---|---|---|---|

| 编号 | 缺点项目 | 单位 | 扣分标准 | 评定日期: | | | | 评定日期: | | | | 评定日期: | | | | 评定日期: | | | |
|---|---|---|---|---|---|---|---|---|---|---|---|---|---|---|---|---|---|---|---|
| | | | | 检查数量 | 缺点数量 | 百分数% | 扣分 | 检查数量 | 缺点数量 | 百分数% | 扣分 | 检查数量 | 缺点数量 | 百分数% | 扣分 | 检查数量 | 缺点数量 | 百分数% | 扣分 |
| | | | | | | | | | | | | | | | | | | | |
| | | | | | | | | | | | | | | | | | | | |
| | | | | | | | | | | | | | | | | | | | |
| | | | | | | | | | | | | | | | | | | | |
| | | | | | | | | | | | | | | | | | | | |
| | | | | | | | | | | | | | | | | | | | |
| | | | | | | | | | | | | | | | | | | | |
| | | | | | | | | | | | | | | | | | | | |
| | | | | | | | | | | | | | | | | | | | |
| | | | | | | | | | | | | | | | | | | | |
| 评定情况 | | 扣分总计 | | | | | | | | | | | | | | | | | |
| | | 平均扣分 | | | | | | | | | | | | | | | | | |
| | | 评定质量 | | | | | | | | | | | | | | | | | |
| | | 评定人 | | | | | | | | | | | | | | | | | |

## [相关案例]——某线路上的桥梁设备保养质量评定

**桥梁设备保养质量评定表**

| 顺号 | 线别 | 桥号 | 里程 | 孔跨式样 | 维修长 | 保养质量评定 | | | 状态评定 | | | |
|---|---|---|---|---|---|---|---|---|---|---|---|---|
| | | | | | | 评分 | 平均分 | 评定结果 | AA | A1 | B | C |
| 1 | 京哈 | 37 双 | 27.86 | 2—20.825 框构 | 92 | 5 | 0.05 | 合格 | | | 1 | |
| 2 | 京哈 | 38 双 | 28.776 | 1—4.4 框构 | 10 | — | — | 合格 | | | | |
| 3 | 京哈 | 39 | 29.212 | 1—17.2 框构 | 19 | 10 | 0.53 | 合格 | | | | |
| 4 | 京哈 | 39A | 29.212 | 1—16 普低 T | 26 | 160 | 6.15 | 失格 | | 1 | | |
| 5 | 京哈 | 40 双 | 30.372 | 1—8.15 框构 | 20 | 10 | 0.50 | 合格 | | | | 1 |
| 6 | 京哈 | 41 | 31.543 | 1—6.5 框构 | 7 | — | — | 合格 | | | | |
| 7 | 京哈 | 41A | 31.543 | 1—6.5 框构 | 7 | 5 | 0.71 | 合格 | | | | |
| 8 | 京哈 | 42 | 32.128 | 19—20 低 T | 403 | 1035 | 2.57 | 合格 | | | | |
| 9 | 京哈 | 42A | 32.126 | 19—20 低 T | 402 | 215 | 0.53 | 合格 | | | 2 | |
| 10 | 京哈 | 42 甲 | 32.423 | 1—14 框构 | 30 | — | — | 合格 | | | | |
| 11 | 京哈 | 43 双 | 33.170 | 2—17.325 框构 | 74 | 280 | 3.78 | 合格 | | | | |
| 12 | 京哈 | 44 双 | 33.779 | 1—10.9 框构 | 24 | 15 | 0.63 | 合格 | | | | |
| 13 | 京哈 | 45 双 | 34.286 | 1—5.45 框构 | 12 | 10 | 0.83 | 合格 | | | | |
| 14 | 京哈 | 46 双 | 34.902 | 5.5+9+5.5 框构 | 44 | 10 | 0.23 | 合格 | | | | |
| 15 | 京哈 | 47 双 | 37.164 | 5.5+9+5.5 框构 | 44 | 10 | 0.23 | 合格 | | | | |
| 16 | 京哈 | 48 双 | 37.964 | 1—5.45 框构 | 12 | 10 | 0.83 | 合格 | | | | |
| 17 | 京哈 | 48 甲 | 39.500 | 2—10.225<br>2—13.95 框构 | 104 | 405 | 3.89 | 合格 | | | | |
| 18 | 京哈 | 49 | 40.166 | 1—17.2 框构 | 20 | 20 | 1.00 | 合格 | | | | |
| 19 | 京哈 | 49A | 40.167 | 1—16 低 T | 30 | 165 | 5.50 | 失格 | | | | |
| 20 | 京哈 | 50 双 | 40.460 | 1—4.45 框构 | 10 | 20 | 2.00 | 合格 | | | | |
| 21 | 京哈 | 51 双 | 41.461 | 1—5.45 框构 | 12 | 5 | 0.42 | 合格 | | | | |
| 22 | 京哈 | 52 上 | 41.921 | 1—3.4 普板 | 13 | 15 | 1.15 | 合格 | | | | |
| 23 | 京哈 | 53 双 | 42.406 | 2—13.15 框构 | 56 | 420 | 7.50 | 失格 | | | | |
| 24 | 京哈 | 54 | 43.526 | 1—12 低 T | 23 | 45 | 1.96 | 失格 | | | | |
| 25 | 京哈 | 54A | 43.528 | 1—12 低 T | 24 | 35 | 1.46 | 失格 | | | | |
| 26 | 京哈 | 54B | 43.526 | 1—12 低 T | 24 | 35 | 1.46 | 失格 | | | | |
| 27 | 京哈 | 55 | 44.951 | 3—16 低 T | 63 | 450 | 7.14 | 失格 | | | | |
| 28 | 京哈 | 55A | 44.951 | 3—16 低 T | 63 | 130 | 2.06 | 合格 | | | | |
| 29 | 京哈 | 56 | 45.036 | 1—6.5 框构 | 7 | — | — | 合格 | | | | |
| 30 | 京哈 | 56A | 45.036 | 1—6.5 框构 | 7 | 10 | 1.43 | 合格 | | | | |
| 31 | 京哈 | 57 双 | 45.770 | 1—4.45 框构 | 10 | — | — | 合格 | | | | |
| 32 | 京哈 | 58 双 | 46.515 | 1—10.9 框构 | 24 | 125 | 5.21 | 失格 | | | | |
| 33 | 京哈 | 58 甲 | 46.536 | 17.825+10.825 框 | 62 | 310 | 5.00 | 失格 | | | | |

续上表

| 顺号 | 线别 | 桥号 | 里程 | 孔跨式样 | 维修长 | 保养质量评定 | | | 状态评定 | | | |
|---|---|---|---|---|---|---|---|---|---|---|---|---|
| | | | | | | 评分 | 平均分 | 评定结果 | AA | A1 | B | C |
| 34 | 京哈 | 59 双 | 47.291 | 1—4.45 框构 | 10 | 5 | 0.50 | 合格 | | | | |
| 35 | 京哈 | 60 上 | 47.303 | 1—3.4 普板 | 13 | — | — | 合格 | | | | |
| 36 | 京哈 | 61 | 48.162 | 1—4.4 框构 | 5 | — | — | 合格 | | | | |
| 37 | 京哈 | 61A | 48.163 | 1—4.5 低板 | 14 | 5 | 0.36 | 合格 | | | | |
| 38 | 京哈 | 62 双 | 48.648 | 1—4.45 框构 | 10 | — | — | 合格 | | | | |
| 39 | 京哈 | 63 双 | 49.421 | 1—4.45 框构 | 10 | 10 | 1.00 | 合格 | | | | |
| 40 | 京哈 | 64 双 | 49.902 | 1—9.65 框构 | 22 | 10 | 0.45 | 合格 | | | | |
| 41 | 京哈 | 65 双 | 50.473 | 1—4.45 框构 | 10 | — | — | 合格 | | | | |
| 42 | 京哈 | 66 三 | 51.794 | 1—4.45 框构 | 15 | — | — | 合格 | | | | |
| 43 | 京哈 | 67 双 | 52.853 | 1—4.45 框构 | 10 | 5 | 0.50 | 合格 | | | | |
| 44 | 京哈 | 68 | 54.013 | 1—3.4 普板 | 26 | — | — | 合格 | | | | |
| 45 | 京哈 | 69 | 54.488 | 1—16 低 T | 28 | 45 | 1.61 | 合格 | | | | |
| 46 | 京哈 | 69A | 54.491 | 1—17.2 框构 | 19 | — | — | 合格 | | | | |
| 47 | 京哈 | 70 双 | 54.686 | 6.45+9.45 框构 | 36 | 5 | 0.14 | 合格 | | | | |
| 48 | 京哈 | 71 双 | 54.701 | 1—6.5 框构 | 14 | — | — | 合格 | | | | |
| 49 | 京哈 | 72 下 | 54.715 | 1—3.4 普板 | 13 | 5 | 0.38 | 合格 | | | | |
| 50 | 京哈 | 73 | 55.343 | 1—4.5 低板 | 18 | 5 | 0.28 | 合格 | | | | |
| 51 | 京哈 | 73A | 55.343 | 1—4.4 框构 | 5 | — | — | 合格 | | | | |
| 52 | 京哈 | 74 双 | 56.039 | 1—4.45 框构 | 10 | — | — | 合格 | | | | |
| 53 | 京哈 | 75 双 | 56.561 | 1—2.4 框构 | 6 | — | — | 合格 | | | | |
| 54 | 京哈 | 76 双 | 57.504 | 1—3.4 框构 | 8 | 5 | 0.63 | 合格 | | | | |
| 55 | 京哈 | 77 双 | 57.839 | 1—3.4 框构 | 8 | 15 | 1.88 | 合格 | | | | |
| 56 | 京哈 | 78 | 57.852 | 1—10 低板 | 21 | — | — | 合格 | | | | |
| 57 | 京哈 | 78A | 57.852 | 1—9.85 框构 | 11 | 15 | 1.36 | 合格 | | | | |
| 58 | 京哈 | 78B | 57.852 | 1—9.85 框构 | 11 | 10 | 0.91 | 合格 | | | | |
| 59 | 京哈 | 79 双 | 57.866 | 1—3.4 框构 | 8 | — | — | 合格 | | | | |
| 60 | 京哈 | 80 | 60.923 | 8—20 低 T | 177 | 1960 | 11.07 | 失格 | | | | |
| 61 | 京哈 | 80A | 60.925 | 8—20 低 T | 177 | 355 | 2.01 | 合格 | | | | |

## 单元作业

### 一、选择题

1. 工务段应配有(　　)人员，经常保养.定期检修隧道照明设备，使其经常保持完好状态。

A. 木工　　B. 瓦工　　C. 电工　　D. 水暖工

2. 桥隧建筑物的综合维修应以(　　)设备进行，混合桥可分类、特大桥可分孔或分段进行。

A. 整座　　B. 分部　　C. 分部　　D. 分批

3. 桥涵上下游(　　)m 范围内河床的小量清理，隧道内结冰和洞口危石处理工作属于综合维修。

A. 10　　B. 30　　C. 50　　D. 100

4. 大修使用的主要材料应提供材质说明书和(　　)，并按有关规定进行检验，检验合格并经监理或监护员审核签认后，才准领用和运往工地。

A. 文件　　B. 报表　　C. 说明　　D. 合格证

5. 涂膜粉化等级评定中，属于 1 级粉化的是(　　)。

A. 用力擦拭，手指沾有少量颜料粒子

B. 用力擦拭，手指沾有较多颜料粒子

C. 用力较轻，手指沾有较多颜料粒子

D. 轻轻一擦，整个手指沾有大量颜料粒子或出现漏底

**二、填空题**

1. 作业过程中，每天应在作业中及收工前进行质量________、________和回检，发现不符合标准的项目应及时返修达标。

2. 预应力混凝土梁跨中道砟厚度不足________ cm，及时处理。

3. 每座设备扣分的总和，除以该设备的维修长度(取整数)即为该设备的保养质量平均分(取小数点后一位)。保养质量每米平均分在________分及以下且无单项质量扣________分者为合格。

**三、判断题**

1. 钢结构维护性涂装包括钢梁上盖板，少量铆钉、螺栓或联结系杆件的更换，杆件裂纹、损伤和弯曲等就地修理，结构不良的小型改善，增设防爬角钢工作属于综合维修。(　　)

2. 更换或增设整孔圬工梁拱防水层不属于桥梁大修。(　　)

3. 漆膜粉化是涂层失效的现象之一。(　　)

4. 桥梁钢结构保护涂装，在大气环境中受有害物质的侵蚀，随着使用年限的延长，其状态将逐步劣化。(　　)

**四、简答题**

1. 保养周期应按什么类型和月份进行保养?

2.《桥隧修规》中规定桥隧建筑物保养质量评定工作的三项要求是什么?

3. 桥隧维修工作的基本任务是什么?

4. 对于有病害的项目，其状态评定按劣化程度分为 A、B、C 三级：A 级的意义是什么? B 级的意义是什么? C 级的意义是什么?

# 参考文献


[1] 中国铁路总公司. 普速铁路桥隧建筑物修理规则:TG/GW 103－2018[S]. 北京:中国铁道出版社,2018.

[2] 夏禾. 铁路桥梁养护维修[M]. 北京:中国铁道出版社,2010.

[3] 向群. 铁路桥隧维修技术[M]. 2 版. 北京:中国铁道出版社有限公司,2023.

[4] 孙虎,杜祝遥. 公路桥梁隧道养护技术[M]. 武汉:华中科技大学出版社,2017.

[5] 张树仁,王宗林. 桥梁病害诊断与改造加固设计[M]. 北京:人民交通出版社,2006.

[6] 黄平明,陈万春. 桥梁养护与加固[M]. 北京:人民交通出版社,2009.

[7] 靳晓燕,隋永兴. 铁路桥涵施工及维修[M]. 2 版. 北京:中国铁道出版社有限公司,2022.

[8] 铁道部劳动和卫生司,铁道部运输局. 高速铁路桥隧维修岗位[M]. 北京:中国铁道出版社,2012.

[9] 中国铁路总公司. 高速铁路桥隧维修岗位(修订版)[M]. 2 版. 北京:中国铁道出版社,2018.

# 附　　录

## 附表Ⅰ
## 桥隧检查记录簿

工桥-3

线　名________　行别________　中心里程________　桥隧名________

桥隧号________　全长________　孔跨式样________

| 检 查 日 期 | 检 查 情 况 记 录 | 处 理 日 期 |
|---|---|---|
| | | |
| | | |
| | | |
| | | |
| | | |
| | | |
| | | |
| | | |
| | | |
| | | |
| | | |
| | | |
| | | |
| | | |
| | | |
| | | |
| | | |
| | | |
| | | |
| | | |
| | | |
| | | |
| | | |
| | | |
| | | |
| | | |

工桥-3

## 病　害　略　图

（A6）

**附表Ⅱ**

工桥-4

## 桥隧检查结果汇总表

________工务段　________桥隧车间　________桥隧检查工区

| 序号 | 线名 | 行别 | 中心里程 | 桥隧号 | 设备类型 | 孔号 | 检查日期 | 检查人 | 检查情况 | | | | | | 处理措施 | 计划项目 | 计划数量 | 单位 | 计划月份 | 完成日期 | 紧急处理日期 | 紧急处理负责人 | 紧急处理后复查情况 | 备注 |
|---|---|---|---|---|---|---|---|---|---|---|---|---|---|---|---|---|---|---|---|---|---|---|---|---|
| | | | | | | | | | 项目 | 病害结构 | 病害 | 单位 | 数量 | 病害描述 | | | | | | | | | | |
| | | | | | | | | | | | | | | | | | | | | | | | | |
| | | | | | | | | | | | | | | | | | | | | | | | | |
| | | | | | | | | | | | | | | | | | | | | | | | | |
| | | | | | | | | | | | | | | | | | | | | | | | | |
| | | | | | | | | | | | | | | | | | | | | | | | | |
| | | | | | | | | | | | | | | | | | | | | | | | | |
| | | | | | | | | | | | | | | | | | | | | | | | | |
| | | | | | | | | | | | | | | | | | | | | | | | | |
| | | | | | | | | | | | | | | | | | | | | | | | | |
| | | | | | | | | | | | | | | | | | | | | | | | | |
| | | | | | | | | | | | | | | | | | | | | | | | | |
| | | | | | | | | | | | | | | | | | | | | | | | | |
| | | | | | | | | | | | | | | | | | | | | | | | | |
| | | | | | | | | | | | | | | | | | | | | | | | | |
| | | | | | | | | | | | | | | | | | | | | | | | | |
| | | | | | | | | | | | | | | | | | | | | | | | | |
| | | | | | | | | | | | | | | | | | | | | | | | | |
| | | | | | | | | | | | | | | | | | | | | | | | | |
| | | | | | | | | | | | | | | | | | | | | | | | | |
| | | | | | | | | | | | | | | | | | | | | | | | | |
| | | | | | | | | | | | | | | | | | | | | | | | | |
| | | | | | | | | | | | | | | | | | | | | | | | | |
| | | | | | | | | | | | | | | | | | | | | | | | | |
| | | | | | | | | | | | | | | | | | | | | | | | | |
| | | | | | | | | | | | | | | | | | | | | | | | | |
| | | | | | | | | | | | | | | | | | | | | | | | | |
| | | | | | | | | | | | | | | | | | | | | | | | | |
| | | | | | | | | | | | | | | | | | | | | | | | | |

(A4)

注:此表由桥隧检查工区根据检查、复查情况汇总填报。

## 附表Ⅲ

工桥-9

### 单个桥隧综合最小建筑限界尺寸表

线路名称(复线注明上下行)：　　区段:(起讫站名)　　面向站名：

| 桥隧名称 | | | | | 中心里程 | | | | | | 起讫里程 | | | | | |
|---|---|---|---|---|---|---|---|---|---|---|---|---|---|---|---|---|
| 最小曲线半径/m | | | | | 最大外轨超高/mm | | | | | | 最低接触网高度/mm | | | | | |
| 距轨面高度/mm | 直线部分 | | | | 左曲线 | | | | | | 右曲线 | | | | | |
| | 实际尺寸/mm | | 控制点位置、设施设备名称 | | 折减后尺寸/mm | | 曲线半径/m | | 控制点位置、设施设备名称 | | 折减后尺寸/mm | | 曲线半径/m | | 控制点位置、设施设备名称 | |
| | 左侧 | 右侧 | 左侧 | 右侧 | 左侧 | 右侧 | 左侧 | 右侧 | 左侧 | 右侧 | 左侧 | 右侧 | 左侧 | 右侧 | 左侧 | 右侧 |
| 8 000 | | | | | | | | | | | | | | | | |
| 7 500 | | | | | | | | | | | | | | | | |
| 7 000 | | | | | | | | | | | | | | | | |
| 6 600 | | | | | | | | | | | | | | | | |
| 6 400 | | | | | | | | | | | | | | | | |
| 6 200 | | | | | | | | | | | | | | | | |
| 6 000 | | | | | | | | | | | | | | | | |
| 5 800 | | | | | | | | | | | | | | | | |
| 5 600 | | | | | | | | | | | | | | | | |
| 5 500 | | | | | | | | | | | | | | | | |
| 5 400 | | | | | | | | | | | | | | | | |
| 5 200 | | | | | | | | | | | | | | | | |
| 5 000 | | | | | | | | | | | | | | | | |
| 4 800 | | | | | | | | | | | | | | | | |
| 4 600 | | | | | | | | | | | | | | | | |
| 4 500 | | | | | | | | | | | | | | | | |
| 4 400 | | | | | | | | | | | | | | | | |
| 4 200 | | | | | | | | | | | | | | | | |
| 4 000 | | | | | | | | | | | | | | | | |
| 3 800 | | | | | | | | | | | | | | | | |
| 3 600 | | | | | | | | | | | | | | | | |
| 3 200 | | | | | | | | | | | | | | | | |
| 3 000 | | | | | | | | | | | | | | | | |
| 2 800 | | | | | | | | | | | | | | | | |
| 2 400 | | | | | | | | | | | | | | | | |
| 2 000 | | | | | | | | | | | | | | | | |
| 1 600 | | | | | | | | | | | | | | | | |
| 1 250 | | | | | | | | | | | | | | | | |
| 1 210 | | | | | | | | | | | | | | | | |
| 1 100 | | | | | | | | | | | | | | | | |
| 1 000 | | | | | | | | | | | | | | | | |
| 800 | | | | | | | | | | | | | | | | |
| 600 | | | | | | | | | | | | | | | | |
| 500 | | | | | | | | | | | | | | | | |
| 350 | | | | | | | | | | | | | | | | |
| 300 | | | | | | | | | | | | | | | | |
| 200 | | | | | | | | | | | | | | | | |
| 150 | | | | | | | | | | | | | | | | |
| <150 | | | | | | | | | | | | | | | | |
| 线路中心线上方最低净高________ mm。 | | | | | | | | | | | | | | | | |

注：桥梁包括半穿式及下承式桁梁、天桥、公路或跨越铁路的跨线桥等。本综合最小建筑限界包括桥隧内附属设施。控制点位置填中心里程。

## 附表Ⅳ

工桥-10

### 线路(区段)桥隧综合最小建筑限界尺寸表

线路名称(复线注明上下行)： 区段：(起讫站名) 面向站名：

| | | | | | | | | | | | | | | | | |
|---|---|---|---|---|---|---|---|---|---|---|---|---|---|---|---|---|
| 桥隧总座数 | | | | | 小于国家标准直线建筑限界桥隧座数：桥梁________座，隧道________座 | | | | | | | | | | | |
| 最小曲线半径/m | | | | | 最大外轨超高/mm | | | | | | 最低接触网高度/mm | | | | | |
| 距轨面高度/mm | 直线部分 | | | | 左曲线 | | | | | | 右曲线 | | | | | |
| | 实际尺寸/mm | | 控制点位置、设施设备名称 | | 折减后尺寸/mm | | 曲线半径/m | | 控制点位置、设施设备名称 | | 折减后尺寸/mm | | 曲线半径/m | | 控制点位置、设施设备名称 | |
| | 左侧 | 右侧 | 左侧 | 右侧 | 左侧 | 右侧 | 左侧 | 右侧 | 左侧 | 右侧 | 左侧 | 右侧 | 左侧 | 右侧 | 左侧 | 右侧 |
| 8 000 | | | | | | | | | | | | | | | | |
| 7 500 | | | | | | | | | | | | | | | | |
| 7 000 | | | | | | | | | | | | | | | | |
| 6 600 | | | | | | | | | | | | | | | | |
| 6 400 | | | | | | | | | | | | | | | | |
| 6 200 | | | | | | | | | | | | | | | | |
| 6 000 | | | | | | | | | | | | | | | | |
| 5 800 | | | | | | | | | | | | | | | | |
| 5 600 | | | | | | | | | | | | | | | | |
| 5 500 | | | | | | | | | | | | | | | | |
| 5 400 | | | | | | | | | | | | | | | | |
| 5 200 | | | | | | | | | | | | | | | | |
| 5 000 | | | | | | | | | | | | | | | | |
| 4 800 | | | | | | | | | | | | | | | | |
| 4 600 | | | | | | | | | | | | | | | | |
| 4 500 | | | | | | | | | | | | | | | | |
| 4 400 | | | | | | | | | | | | | | | | |
| 4 200 | | | | | | | | | | | | | | | | |
| 4 000 | | | | | | | | | | | | | | | | |
| 3 800 | | | | | | | | | | | | | | | | |
| 3 600 | | | | | | | | | | | | | | | | |
| 3 200 | | | | | | | | | | | | | | | | |
| 3 000 | | | | | | | | | | | | | | | | |
| 2 800 | | | | | | | | | | | | | | | | |
| 2 400 | | | | | | | | | | | | | | | | |
| 2 000 | | | | | | | | | | | | | | | | |
| 1 600 | | | | | | | | | | | | | | | | |
| 1 250 | | | | | | | | | | | | | | | | |
| 1 210 | | | | | | | | | | | | | | | | |
| 1 100 | | | | | | | | | | | | | | | | |
| 1 000 | | | | | | | | | | | | | | | | |
| 800 | | | | | | | | | | | | | | | | |
| 600 | | | | | | | | | | | | | | | | |
| 500 | | | | | | | | | | | | | | | | |
| 350 | | | | | | | | | | | | | | | | |
| 300 | | | | | | | | | | | | | | | | |
| 200 | | | | | | | | | | | | | | | | |
| 150 | | | | | | | | | | | | | | | | |
| <150 | | | | | | | | | | | | | | | | |
| 线路中心线上方最低净高________ mm。 | | | | | | | | | | | | | | | | |

注：桥梁包括半穿式及下承式桁梁、天桥、公路或跨越铁路的跨线桥等。本综合最小建筑限界包括桥隧内附属设施。控制点位置填中心里程。

## 附表Ⅴ

## 桥隧建筑物修理作业验收标准

| 分类 | 工作项目 | 质量标准 | 附注 |
|---|---|---|---|
| 一、整修更换钢梁明桥面 | 1. 线桥偏心 | 符合线桥偏心的允许值 | |
| | 2. 上拱度 | 跨中上拱度值与设计值误差不超过±3 mm，轨面平顺，并应于钢梁两端线路的衔接平顺 | |
| | 3. 制作、修理桥枕 | (1)树心向下，槽口平整，槽深不大于 30 mm，与上盖板顶面缝隙小于1 mm，与钢梁翼缘间隙每边不大于 4 mm<br>(2)镶垫木板尺寸符合规定，联结牢固，缝隙不大于 2 mm<br>(3)螺栓孔位置正确，垂直误差不超过 4 mm<br>(4)顶面 2 mm 以上裂缝漏灌处所不超过 5%<br>(5)新面防腐油涂刷均匀，漏涂、流淌不超过 3%<br>(6)端头 2 mm 以上裂缝未作防裂处理头数不超过 3%<br>(7)表面腐朽(或垫板切入)深度达 3 mm 以上，未处理处所不超过 5%<br>(8)钢轨接头处 4 根木桥枕(支接时为 5 根)中无一根或其他部位无连续 2 根及以上的失效，行车速度大于 120 km/h 区段钢梁明桥面无隔一或连二失效桥枕 | (3)以根计<br>(6)以根计<br>(7)以处计<br>(8)以处计 |
| | 4. 更换铺设桥枕 | (1)材质、规格尺寸符合标准<br>(2)桥枕与钢梁中心线垂直，并一头找齐<br>(3)桥枕底与钢梁联结系杆件(含钉栓)间隙大于 3 mm，与横梁间隙大于 15 mm<br>(4)横梁短枕无松动，与钢轨底间隙不小于 5 mm<br>(5)钩、护螺栓顺直，中心左右偏差不超过 7 mm | — |
| | 5. 更换护木 | (1)材质、制作铺设符合规定，三面刨光并作防腐、灌缝、防裂处理，螺栓孔眼目视正直<br>(2)与桥枕间缝隙大于 2 mm 的槽口不超过 10%<br>(3)梁端断开，两孔护木左右错牙小于 10 mm，护木接头连接牢固，缝隙不大于 2 mm | — |
| | 6. 更换、整修明桥面护轨 | (1)符合桥面布置图规定<br>(2)轨底悬空大于 5 mm 处所不超过 8%<br>(3)梭头各部联结牢固，尖端悬空小于 5 mm<br>(4)接头靠基本轨一侧左右错牙不大于 5 mm<br>(5)护轨道钉或扣件齐全完好，浮离 2 mm 及以上不超过 5% | — |
| | 7. 修理及安装各种螺栓 | (1)螺杆、螺帽及垫圈除锈彻底，沾油厚度适宜或经镀锌处理<br>(2)螺杆顶部不高出基本轨 20 mm，且无不满帽现象<br>(3)螺栓拧紧后扭矩达到要求，不足者不超过 5%<br>(4)各种垫圈符合标准无缺少，歪斜损坏或多层垫圈(作业通道支架除外)不超过 5%<br>(5)钩螺栓钩头位置正确，有 2/3 钩头面积与钢梁钩紧，如遇到铆钉允许钩头偏斜。螺杆与钢梁翼缘间隙大于 4 mm 者不超过 5%<br>(6)行车速度大于 120 km/h 区段钩(护木)螺栓无缺少和连二失效<br>(7)自动闭塞区间，钩螺栓铁垫圈与钢轨垫板间必须有 15 mm 以上的间隙 | — |
| | 8. 更换安装防爬角钢 | 安装位置符合规定，与盖板及桥枕间联结牢固，缝隙小于 1 mm | — |
| | 9. 上盖板涂装 | 符合上盖板喷涂标准 | — |
| | 10. 更换作业通道、步行板及栏杆 | (1)各部尺寸符合设计要求，钢支架的铆接、栓接、焊接及涂装质量符合有关规定<br>(2)步行板四角整平，连接牢固，钢筋混凝土板平整无裂无损，边缝填塞饱满，钢质、橡胶步板等应与作业通道托架有防止移动、脱落的扣系<br>(3)步行板铺设平直，边缘成一直线，钢步板无锈蚀<br>(4)栏杆平直，联结牢固，无扭曲，10 m 弦矢度小于 20 mm<br>(5)梁端断开，活动端处能与梁体共同移动 | 栓钉、焊接、涂装质量同钢结构；<br>钢筋混凝土板质量同钢筋混凝土结构 |

续上表

| 分类 | 工作项目 | 质量标准 | 附注 |
|---|---|---|---|
| 二、钢梁保护涂装 | 1. 钢表面清理 | (1)电弧喷铝或涂装环氧富锌底漆，达到Sa3级或P St3级<br>(2)红丹醇酸、红丹酚醛或聚氨酯底漆，达到Sa2$^{1/2}$级或P Sa2$^{1/2}$级<br>(3)桥栏杆、扶手、人行道托架、墩台吊篮等桥梁附属钢结构涂装红丹防锈底漆，非密封的箱形梁和非密封的箱形杆件内表面涂装环氧沥青涂料，达到Sa2级或P Sa2级<br>(4)附属钢结构的光圆钢涂装红丹防锈底漆，达到St3级或P St3级<br>(5)涂装涂料涂层时，钢表面粗糙度为25～50 μm；电弧喷铝时，钢表面粗糙度为50～100 μm | — |
| | 2. 涂膜粉化清理 | 涂层表面打磨、污垢清除彻底，不损伤底漆 | — |
| | 3. 腻缝 | 作业范围内，凡能积水的缝隙内的旧漆污垢除净无漏腻，腻子填实压平，无开裂积水 | — |
| | 4. 涂装涂层<br>(1)涂料涂装 | (1)涂装体系、层数、厚度符合规定<br>(2)涂层表面平整均匀，新旧涂层衔接平顺，色泽不匀不超过10%<br>(3)无剥落、裂纹、附着力不小于3 MPa<br>(4)起泡、气孔每平方米不超过两个5 cm×5 cm缺陷 | — |
| | (2)电弧喷铝 | (1)涂装体系、涂层厚度符合规定<br>(2)涂层表面平整均匀、附着力符合要求<br>(3)基本无起皮、鼓泡、大熔滴、散粒、裂纹、掉块，有细微缺陷，但不影响防护性能 | — |
| 三、基础加固 | 1. 地基处理 | 正式施工前应进行试夯、试桩，且资料完整 | — |
| | (1)换填地基 | (1)换填用砂应为中、粗砂，有机质和含泥量均≤5%；碎石料径≤100 mm，含泥量≤5%；石灰等级≥Ⅲ级<br>(2)换填范围、填料比例、填筑及压实工艺、压实密度符合设计要求<br>(3)换填地基底部和顶部高程偏差为±50 mm | 砂和碎石同产地、同品种、同规格以连续进场量每400 m$^3$为一批；石灰每200 t为一批 |
| | (2)夯实地基 | (1)处理范围、施工技术方案、夯点布置、密实度、承载力和有效加固深度符合设计要求<br>(2)重锤夯实最终总下沉量应大于试夯总下沉量的90%<br>(3)允许偏差为顶面平整度：50 mm；夯点间距：重锤夯实±0.1$d$，强夯±500 mm | 检查数量为每基坑不少于5处 |
| | (3)旋喷桩加固 | (1)桩的加固范围、数量和布置形式、水泥浆配合比例、桩身无侧限抗压强度、地基承载力符合设计要求<br>(2)允许偏差：桩位中心50 mm；桩径−50 mm；桩长$^{+100}_{0}$ mm；桩体垂直度1.5% | 检查桩数的2%，并不少于5根；地基承载力检查总桩数的2‰，且每基坑不少于1处 |
| | 2. 明挖基础 | (1)基坑平面位置、坑底尺寸、开挖方式、支护形式、基底地质条件、回填填料应满足设计要求，夯实符合规定<br>(2)岩层基底应清除岩面松散石块、淤泥、苔藓，凿出新鲜岩面，表面清洗干净，应将倾斜岩面凿平或凿成台阶；碎石类土及砂类土层基底承重面应修理平整，黏性土层基底整修时，应在天然状态下铲平，不得用回填土夯平；砌筑基础时，应在基础底面先铺一层5～10 cm水泥砂浆<br>(3)基础浇筑、砌筑应在无水情况下施工，混凝土和砌体砂浆终凝前不得浸水<br>(4)基底高程偏差：土质±50 mm，石质$^{+50}_{-200}$ mm | 模板、钢筋、混凝土及砌体按有关标准评定 |
| | 3. 灌注桩基础 | (1)孔径、孔深、孔型、钻(挖)顺序、防护措施、桩头处理、桩顶高程、主筋伸入承台长度和桩承载力试验符合设计、施工技术要求<br>(2)浇筑水下混凝土前应清底，桩底沉渣允许厚度：摩擦桩不大于300 mm，柱桩不大于100 mm<br>(3)孔位中心允许偏差为：钻孔桩群桩100 mm，单排桩50 mm；挖孔桩50 mm<br>(4)成孔倾斜度：钻孔桩不大于1%；挖孔桩不大于0.5% | 钢筋、混凝土按有关标准评定 |

续上表

| 分类 | 工作项目 | 质量标准 | 附注 |
| --- | --- | --- | --- |
| 四、整修加固钢梁 | 1. 加固 | 部位及尺寸符合设计要求 | — |
| | 2. 钢料切割 | 切割刨边后，边缘平整尺寸误差：宽度：$^{+4}_{-2}$ mm；<br>长度：$^{0}_{-4}$ mm | — |
| | 3. 钻孔 | 新钻钉孔与钢面自下而上垂直，孔壁平滑，不良钉孔（指直径误差不超过：$^{+0.5}_{-0.2}$ mm，斜孔偏斜小于 2 mm 错孔小于 1 mm）的个数不超过 20％ | — |
| | 4. 组拼 | 钢料接触面间无铁屑，锈皮、污垢，组装紧密用 0.3 mm 塞尺插入深度不大于 30 mm | — |
| | 5. 铆合 | 铆钉无松动，钉头无裂纹及全周浮离，其他不良铆钉不超过 10％ | — |
| | 6. 高强度螺栓连接 | (1)无缺少、松动，超拧或欠拧螺栓不超过节点螺栓总数的 5％<br>(2)栓焊梁螺栓联结部位摩擦系数不小于 0.45 | 应同时检查同一节点的原有铆钉是否松动 |
| | 7. 弯曲整修 | 整修后，无压痕及裂纹，弯曲矢度在容许范围以内，整修处附近铆钉无松动，其他不良铆钉不超过 10％ | — |
| | 8. 洞孔伤损 | 钢料伤损及洞孔边缘修磨平整，填补后，钢料间接触紧密，无缝隙 | — |
| | 9. 清扫 | 各部分清洁、无积垢，排水良好 | — |
| 五、更换钢梁 | 1. 位置 | 钢梁中心线与设计线路中心线位置偏差小于 15 mm | 拨正钢梁按本项评定 |
| | 2. 支点位置 | (1)钢梁一端支承垫石顶面高差小于钢梁宽的 1/1 500<br>(2)每一主梁两端支承垫石顶面高差：当跨度小于 55 m 时为 5 mm；当跨度大于 55 m 时为计算跨度的 1/10 000，并不大于 10 mm<br>(3)前后两孔钢梁在同一墩顶支承垫石顶面高差不大于 5 mm<br>(4)支座底板四角相对高差不大于 2 mm | — |
| | 3. 钢桁梁拼装位置 | (1)弦杆节点对梁跨端节点中心连接线偏移不大于跨度的 1/5 000<br>(2)弦杆节点对相邻两个节点中心连线偏移不大于 5 mm<br>(3)立柱在横断面内垂直偏移不大于立柱理论长度的 1/700<br>(4)拱度偏差：<br>设计拱度 60 mm 不超过±4 mm<br>设计拱度 120 mm 不超过±8％<br>设计拱度大于 120 mm，按设计规定 | — |
| 六、整修圬工梁拱及墩台 | 1. 抹面 | 抹面压实，裂纹、空响面积不超过 2％，砂浆符合规定 | — |
| | 2. 压浆 | (1)注浆孔位置、深度及灰浆配合比、水灰比符合要求<br>(2)不因钻孔而损坏原圬工，裂纹和空隙内经压水冲洗，并注满浆<br>(3)注浆孔用砂浆填实，无裂纹，淌出灰浆清除干净 | — |
| | 3. 修补 | (1)材料配合比、工艺符合要求<br>(2)槽宽度误差不超过±5 mm，深度不小于 8 mm<br>(3)勾缝平实，凸凹不超过±3 mm，与圬工结合牢固，无断道<br>(4)色泽协调均匀 | — |
| | 4. 整修更换防水层 | (1)垫层抹平无坑洼，与原圬工联牢<br>(2)防水层平顺密实，与边墙及泄水孔衔接严密，无渗漏现象<br>(3)保护层厚度不小于 30 mm，坡度不小于 3％，压实抹平，无裂损和空响，与圬工边缘衔接处无裂纹，流水坡度平顺 | — |
| | 5. 整修更换泄水管 | (1)管内畅通，无杂物堵塞<br>(2)外露部分无锈蚀<br>(3)排水不污染梁体 | — |
| | 6. 整修伸缩缝（或沉降缝） | 缝内杂物清除干净，填塞密实，表面平整，无漏水、无断裂或挤出 | — |

续上表

| 分类 | 工作项目 | 质量标准 | 附注 |
|---|---|---|---|
| 六、整修圬工梁拱及墩台 | 7. 灌注混凝土及钢筋混凝土 | (1)混凝土配合比、水灰比、各部尺寸符合要求<br>(2)钢筋的品种规格应符合设计要求，无出厂合格证时应试验合格<br>(3)钢筋的锈蚀、油污清除干净、加工正直，组配及弯曲尺寸符合设计要求。在“同一截面”内，受力钢筋闪光接触对焊接头在受拉区不得超过50%，电焊接头应错开，主筋横向位置偏移不大于±7.5 mm，箍筋位置偏移不大于±15 mm，其他钢筋位置偏移不大于±10 mm<br>(4)新旧圬工连接按规定凿毛并埋设牵钉(牵钉直径、间距及埋深符合设计要求)，冲洗干净<br>(5)混凝土拌和均匀，分层灌注，捣固密实，施工接缝连接牢固<br>(6)混凝土表面有微小的麻面、蜂窝和龟裂，但不得露主筋 | 混凝土试块强度符合设计要求，并有施工检算记录 |
| | 8. 分片式混凝土梁横向加固 | (1)加固方案及布置形式、加固位置、数量、施工工艺等符合设计要求<br>(2)新增联结板(隔板)尺寸偏差：宽度(顺桥向)±10 mm；高度$^{+10}_{-5}$ mm；厚度$^{+10}_{0}$ mm；表面平整度≤3 mm/m；中心偏离设计位置≤10 mm<br>(3)钢筋锚固孔深允许偏差$^{+15}_{-5}$ mm，孔内清洁无杂物，使用植筋胶时应干燥<br>(4)封锚混凝土高度偏差≤10 mm，封锚前锚具外露端涂黄油，安装防水塑料盖<br>(5)预应力筋张拉回缩量≤1 mm<br>(6)新增混凝土与梁体间的施工缝表面涂2～3层聚氨酯防水涂料，涂层厚度≥1 mm | 钢筋混凝土、混凝土及预应力筋符合有关标准 |
| 七、更换圬工梁拱及墩台 | 1. 架梁位置 | 梁的中心线与设计位置偏差不大于20 mm | 拨正圬工梁按本项评定 |
| | 2. 梁体尺寸 | (1)梁高度的偏差不超过$^{+20}_{-5}$ mm<br>(2)跨度±20 mm<br>(3)梁长$L_p$>16 m±30 mm，$L_p$≤16 m±12 mm<br>(4)下翼宽度$^{+20}_{-0}$ mm<br>(5)腹板厚度：钢筋混凝土梁为+3%；预应力混凝土梁为+15 mm | 圬工质量、防水层铺设、支座安装参照有关项目评定 |
| | 3. 墩台尺寸 | (1)结构各部分尺寸与设计中心线误差：基础平面尺寸为±50 mm，墩台前后左右平面尺寸为±50 mm<br>(2)顶面流水坡不小于3% | |
| | 4. 支承垫石 | (1)表面平整，局部凹陷深度小于5 mm<br>(2)标高与设计误差不超过±10 mm | |
| | 5. 表面裂纹 | 符合限值规定 | |
| 八、整修更换支座 | 1. 整修支座 | (1)各部分清洁，无灰渣，活动端涂固体油脂或擦石墨涂擦均匀，无缺漏<br>(2)支座位置平整密实，各部分相互密贴<br>(3)锚栓无松动、缺少<br>(4)排水良好，无翻浆、流锈<br>(5)涂装油漆良好 | |
| | 2. 凿埋锚栓 | 锚栓直径及埋入深度符合规定，位置偏差小于5 mm，螺栓杆正直无松动，周围砂浆填实、无裂纹 | |
| | 3. 支座更换安装 | (1)支座的质量和规格符合标准，安装位置正确<br>(2)支座平整、密贴、无缝隙<br>(3)活动支座滚动(滑动)面洁净滑润，梁跨伸缩、转动自由。固定支座应稳固可靠<br>(4)支承及限位设备齐全 | |
| | 4. 支座捣垫砂浆 | (1)原圬工面凿毛洗净。水灰比、砂浆配合比符合规定，拌和均匀，捣固密实，周围抹面平整，无裂纹，抹面少量有轻微空响<br>(2)与座板间缝隙小于1 mm，深度小于30 mm<br>(3)排水良好 | |

续上表

| 分类 | 工作项目 | 质量标准 | 附注 |
| --- | --- | --- | --- |
| 九、整修更换涵洞 | 1. 整修涵洞 | (1)勾缝无脱落,节缝无漏水、漏土<br>(2)清除淤积,排水通畅 | 圬工部分修理加固质量标准同圬工梁拱墩台 |
| | 2. 更换或增设涵洞 | (1)孔径与各部尺寸与设计相符,误差:<br>孔径:$^{+20}_{0}$ mm<br>厚薄:钢筋混凝土$^{\pm 10}_{-5}$ mm,混凝土±15 mm,浆砌块石料石±20 mm<br>(2)涵身顺直,弯曲矢度小于1/250<br>(3)沉降缝垂直、整齐、无交错,填塞紧密,无漏土、漏水,接头错牙小于10 mm | 圬工质量符合有关标准 |
| | 3. 框架桥涵顶进 | (1)外形尺寸误差:<br>宽度:±50 mm<br>轴向长度:±50 mm<br>顶底板厚度:$^{+20}_{-5}$ mm<br>中边墙厚度:$^{+20}_{-5}$ mm<br>肋:±3%<br>(2)顶进误差:<br>中线:一端顶进200 mm,二端顶进100 mm<br>高程:顶程的1%,但偏高不得超过150 mm,偏低不得超过200 mm | 钢筋混凝土、混凝土及砌石圬工质量按有关规定标准 |
| | 4. 圆涵顶进 | 顶进误差:<br>中线:50 mm<br>高程:偏高20 mm,偏低50 mm<br>管节错口:10 mm<br>对顶法接头的管节错口:30 mm | |
| 十、整修加固隧道 | 1. 整修隧道 | (1)整治漏水后无滴水<br>(2)煤灰清扫无堆积<br>(3)排水沟无渗漏、积水,盖板齐全、有效,局部淤积但不影响排水<br>(4)圬工裂损修补符合圬工修补要求<br>(5)通风照明设施整修完好、使用正常 | |
| | 2. 加固更换模注混凝土衬砌 | (1)限界及各部尺寸与设计相符,向内无偏差<br>(2)圬工质量符合标准<br>(3)墙顶封口处与拱脚底面结合无浮渣,并用同等级较干的砂浆捣实结合平整 | |
| | 3. 锚喷混凝土(或钢筋混凝土)衬砌 | (1)混凝土配合比和添加剂掺量符合要求<br>(2)受喷面无浮渣,并经高压风、水清洗<br>(3)试块的抗压强度等级平均值不低于C25,任意一组试验抗压强度平均值,最低不得低于设计等级的85%<br>(4)喷射厚度所有检查断面上全部检查孔处喷射混凝土的厚度80%以上应不小于设计厚度,网喷最小厚度不小于6 cm,素喷最小厚度不小于4 cm<br>(5)喷射混凝土与围岩或受喷面应紧密粘结,锤敲击无空声(或仪器检测粘结紧密)<br>(6)锚杆材质、尺寸、间距和锚固力符合设计要求<br>(7)钢筋网与受喷面的空隙应不小于3 cm<br>(8)无裂缝、露筋,非寒冷和严寒地区有个别面积漏水 | (1)检查施工纪录<br>(2)观察、检查<br>(3)隧道每30延米取一组试块,检查试验报告单<br>(4)凿孔测量厚度单线每30延米、双线每20延米至少检查一个断面,检查锚固力试验报告,每300根至少做3根试验,检查隐蔽记录 |

续上表

| 分类 | 工作项目 | 质量标准 | 附注 |
| --- | --- | --- | --- |
| 十、整修加固隧道 | 4. 翻修整体道床 | (1)道床基底无风化、虚渣软土、杂物和地下水等，钢筋布置和道床混凝土强度符合设计要求；道床混凝土与支承垫块联牢，无松动，混凝土无裂缝、蜂窝、露石；道床顶面平整，排水坡流向正确，道床面标高误差不大于设计±10 mm，表面整洁无脏物<br>(2)整体道床与弹性道床之间的过渡段，其平面布置、结构尺寸符合设计要求<br>(3)伸缩缝设置数量和位置符合要求 | — |
| 十一、整修加固防护及河调建筑物 | 1. 浆砌料石或块石 | (1)砌体尺寸、砂浆等级符合设计要求，石质无风化、裂纹，耐久性、抗冻性符合要求<br>(2)旧圬工损坏部分清除彻底、清洗干净，并且砂浆抹平，新旧圬工联牢<br>(3)分层砌筑，丁顺相间，石块间砂浆饱满密实，无松动及空隙<br>(4)缝宽：块石不大于 20 mm，料石 10～15 mm，垂直灰缝无贯通，错缝间距离块石不小于 80 mm，如有超限，每 10 $m^2$ 不超过 3 处 | 一条砌缝算 1 处 |
| | 2. 浆砌片石 | (1)砌体尺寸、砂浆等级符合设计要求，石质无风化、裂纹、水锈、泥土、清洗干净<br>(2)基底符合设计要求，岩石基底表面无风化及松软土石。非基底夯实平整，表面无浮土杂物，土质基底铺有砂石垫层<br>(3)分层填筑(每层约 1 m 左右找平)，大面向下咬接密实，石块间砂浆饱满，缝宽不大于 40 mm，不小于 20 mm，垂直无空缝，错缝距离不小于 80 mm，三块石料相砌，内切圆不大于 70 mm，灰缝下限处所每 10 $m^2$ 不超过 5 处 | 一条砌缝算 1 处 |
| | 3. 干砌片石 | (1)砌体尺寸符合要求<br>(2)石质无风化、裂纹，片石中部厚度不小于 15 cm<br>(3)碎石垫层夯实平稳，厚度不小于 10 cm<br>(4)大块在底层，大面向下，咬接密实，支垫稳固<br>(5)砌石面坡平顺，用 2 m 弦线丈量凹陷矢度不超过 50 mm | — |
| | 4. 勾缝 | (1)勾缝无脱落<br>(2)勾缝深度不小于 30 mm，新旧缝相接良好，砂浆符合规定，勾缝压实。断道空响处所不超过 5% | — |
| | 5. 铁线石笼 | (1)铁线石笼断面、长度、材料符合设计要求，网格不大于 14 cm×18 cm，并双扣拧紧(六角形)不松弛<br>(2)铺设范围、标高符合设计要求，基础平整，根部稳固，各石笼骨架间相互联牢，笼内石块填满，铁线无折断 | — |
| 十二、整修其他设备 | 1. 修理及增设水位标尺 | 位置、式样符合要求，尺寸准确，描绘整齐鲜明，并标出历史最高洪水位及发生年、月、日 | — |
| | 2. 整修或增设其他标志 | 位置、式样符合要求，尺寸字样准确，标志清晰 | — |
| | 3. 整修或增设安全检查设备 | 位置、式样符合要求，质量参照钢结构、圬工部分标准 | — |
| | 4. 整修或增设桥涵限高防护架 | 位置、式样符合要求，质量参照钢结构、圬工部分标准 | — |